安徽古籍叢書

黃山書社

杜徵三友朋手札

〔清〕杜冠英等/著
朱曉凱 翁 飛/整理

圖書在版編目(CIP)數據

杜徵三友朋手札/(清)杜冠英等著;朱曉凱　翁　飛整理.—合肥:黄山書社,2016.10
(安徽古籍叢書第十五輯/安徽古籍叢書編審委員會編纂)
ISBN 978—7—5461—5695—8
Ⅰ.①杜…　Ⅱ.①朱…②翁…　Ⅲ.①杜冠英(1840—1890)—書信集　Ⅳ.①K827=5

中國版本圖書館CIP數據核字(2016)第260353號

安徽省古籍整理出版辦公室
安徽省古籍整理出版基金會　資助項目

選題策劃　彭君華
責任編輯　老　鼓
裝幀設計　馬　芳
出版發行　時代出版傳媒股份有限公司(http://www.press—mart.com)
　　　　　黄山書社(http://www.hspress.cn)
地址郵編　安徽省合肥市蜀山區翡翠路1118號出版傳媒廣場7層　230071
印　　刷　合肥精藝印刷有限公司
版　　次　2016年12月第1版
印　　次　2016年12月第1次印刷
開　　本　880×1230　1/32
字　　數　450千
印　　張　24.875
書　　號　ISBN 978—7—5461—5695—8
定　　價　80.00圓

服務熱綫　0551—63533706
銷售熱綫　0551—63533761
官方直營書店(http://hsssbook.taobao.com)

安徽古籍叢書編印緣起

我國歷史悠久，典籍豐富。我省地處南北之交，學術尤擅其盛。數千年來，哲學、史學、文學、藝術、語言、科技，作者輩出，著述如林，或自名一家，或蔚然成派，多爲中華民族文化之菁華，有裨於社會主義文化之建設。允宜及時整理，以廣流傳。

粤自明清，以至近世，南北郡邑已有《涇川叢書》、《龍眠叢書》、《貴池先哲遺書》、《南陵先哲遺書》諸刻。一九三一年，復有《安徽叢書》之編刊，所收皆皖人著作，分期影印。出至第六期，以抗戰軍興而中止。盛業未竟，論者惜之。

今者，中央倡導整理古籍，我省領導對此尤爲關心。省古籍整理出版規劃委員會幾經商討，決定編纂《安徽古籍叢書》。編纂宗旨是在歷史唯物主義指導下，批判繼承，古爲今用，弘揚民族優秀傳統文化，爲建設中國特色社會主義服務。最其體例，約有數端：

一、所收皆爲歷代皖人著作，時間一般以辛亥革命之前爲限，内容以文、史、哲爲主，分類成輯。尤其注意稿本、稀見本之搜輯與傳布。

二、整理方式包括輯、校、標點和注釋、今譯。校勘，力求採用善本爲底本，校以他書，或加補輯、編次。標點，採用新式標點。注釋，務求精確，但不作煩瑣考證。整理中，儘量吸收國内外研究的新成果。

三、先秦、兩漢著作及語言、文字之類，皆用繁體字，其餘則酌用簡體字。版皆竪排，以期一律。

四、凡熱心於本叢書編印及捐貲助刊者，得於書内題名。

《安徽古籍叢書》編審委員會

徵三仁兄大人閣下日前把晤快挹
芝芬頃奉
惠函敬聆壹是海口加釘洋木刻屆冬令嚴寒
宜令兵勇稍為休息自係正辦開正後再
行商酌辦理可也梅墟之事俟鶴笙公牘
到時即當轉稟
撫憲以了此案專復順請
台安不宣
愚弟薛福成頓首

薛福成來函

徵三尊兄大人麾下：吴守備正于緝匪案内列保，此次又記保，原以其舊勇可造就。惟聞該將粗性未改，與人多不睦，謹爲謗。助陣打仗尚一往無前，至于伺候長官，接待同僚，均貴從和謙讓，否則乃是一名冒失勇丁，有何用處耶？僕欲成全該將，故甚口勸之。此頌

勛安

鄉愚弟劉秉璋頓 二月初八夜

劉秉璋來函

徵三仁兄大人閣下頃奉
手書敬悉壹是從本月念九日起又撥口號十天另紙繕列祈
分寄各營為禱再日昨
尊處發來兩批共壹仟壹百套當印品發各營並據該各
營常先後送到印領共拾紙特行彙送祈
查收轉詳備考為荷專泐佈頌
籌安不一
愚弟歐陽利見頓 三月念七日

撥送呈
口號十天
印領共拾張
另計油布共分領壹千貳百廿套

歐陽利見來函

川督刘

敬肅者。○○於七月初間附第一號由書送戳圈之後，並修寸箋，

大壽介禧，度已上達

鈞覽。伏惟

大人旌幢還旆

祺夥潞休，

奎鎮西川，花明近，吳和著錄

九月廿三日

致何瑞堂 地亞士洋行

瑞堂仁兄大人閣下：春申小住，快挹

芝暉。

嘉貺頻頒，感銘蓬悃。歸途匆促，別緒猶增

近諗

杜冠英函稿

目録

前言

《杜徵三友朋手札》（下簡稱《手札》）向爲上海圖書館所收藏，爲安徽池州府太平縣（今黄山市黄山區）人杜冠英與同僚、親朋和同鄉等往來書札函電的留存，總計一千餘通。

杜冠英，字芝生，號徵三，一八四〇年（道光二十年）出生於太平縣民籍，『少隨蘇式敬從戎浙省，督辦軍餉，以功保知府。光緒三年署理玉環同知，檄墾南田海島田三萬餘畝。建鎮海、温、台各處砲臺十餘座，浙撫命購克虜伯砲置其中，以固防務』[一]。在中法戰争鎮海之役中，杜冠英始終堅守前綫，爲此役勝利做出了自己的貢獻，正如時任寧紹台兵備道與寧防營務處薛福成所言，『其前敵立功將領，如杜丞（指杜冠英）、吴都司（指吴杰）等應破格保奬，以昭激勸』[二]。中法戰争結束後，杜冠英奉命繼續籌辦鎮海防務，歷時四年，終於主持完成了整個浙東海防體系的建設。一八九〇年他因積勞成疾病逝於任，終年五十歲。

在杜冠英五十年的人生歷程中，有約三十年都是在浙江度過的。浙江位於東南沿海，境内河流、島嶼衆多，特别是杜冠英曾經公幹的玉環、鎮海、温州和台州等地，有的擁有漫長的海岸綫，有的本身就是一座海島，加上杜冠英任内諸多公務又與『以固防務』有着密切關係，這就不能不使他對加强海防建設有着自己的思考。《手札》主要是從浙江玉環廳同知調任寧波府試用同知及寧鎮海防營務處的杜冠英，在坐鎮鎮海籌辦海防事務期間所保留的手迹，其中大部分是各方人士致杜氏的書札函電原件，少部分（約一百三十通左右）爲杜氏寫給他人的信函底稿。《手札》涉及通信者衆多，身份不一，既有低級官員和底層將領，也有姻親、故舊和洋行買辦等，更有諸如劉秉璋、薛福成、歐陽利見、楊岐珍、宗源瀚、錢玉興和吳杰等參與中法戰争鎮海之役的關鍵性人物。《手札》涵蓋的内容十分廣泛，除保留了與鎮海之役有關的大量信函外，還牽涉晚清政治、經濟、軍事以及社會生活等方方面面的内容，堪稱是研究晚清歷史又一份視角獨特、内容珍貴的史料。

然而令人遺憾的是，長期以來，《手札》一直『養在深閨人未識』，直到二〇〇九年，上海圖書館歷史文獻研究所在編纂出版《歷史文獻》第十三輯時，才首次輯録整理了《手札》中薛福成致杜冠英的書札四十八通[三]，《手札》這才向世人掀開了『紅蓋頭』。時隔一年，在該所編輯出版的《歷史文獻》第十四輯中，又整理了《手札》中歐陽利見（四十四通）、錢玉興（三十三通）、楊岐珍（三十四通）和劉秉璋（四通）等致杜冠英的書札[四]。這些原汁原味的信函，爲瞭解、研究中法戰争期間浙東抗法鬥争的真實狀況乃至前綫將吏之間的復雜關係，提供了珍貴史料。

不過已被整理的部分，還僅占全部《手札》的十分之一左右，《手札》中仍有大量珍貴的書札函電尚未能與世人見面。二〇一〇年，黄山市黄山區檔案局爲收集本地名人資料，幾經輾轉，從上海圖書館購得《手札》數字複印件，並以宣紙復製技術進行了少量刊印。相信此次《手札》的整理出版，將不僅有助於人們深化對中法戰争鎮海之役的研究，也有助於從多層次、多角度拓寬對晚清歷史的認識。

一、《手札》是瞭解與研究『民族英雄』杜冠英的重要基礎性史料

在對中法戰争鎮海之役進行梳理後不難發現，杜冠英確是此役的關鍵性人物之一，被譽爲『民族英雄』亦屬實至名歸。一八七七年（光緒三年），署玉環廳同知的杜冠英受浙江巡撫楊昌濬委任，至鎮海協辦海防事務。他多次率人實地勘察招寶山、小金鷄山、安遠砲臺及小港口、笠山等處，在原有海防設施的基礎上，補罅堵缺，重新規劃設計了鎮海口的防禦體系，且從砲臺的選擇、大砲的采購與配置到工程的實施，皆一手經營，全盤負責。鎮海防務歷經四年告竣，爲浙東海防建設做出了重要貢獻。一八八三年（光緒九年）九月，浙江巡撫劉秉璋『又委辦寧鎮海防營務處試用同知杜冠英，時有差委，先後酌給親兵八名』〔五〕，杜冠英實際上成爲劉秉璋派往鎮海前綫的代表，他『秉承劉秉璋的意圖，接受薛福成的指示，協調南岸、北岸、砲臺、水師統領之間的行動，負責上下左右情況的通聯，擔任釘樁沉船堵口的重任，并親駐威遠砲臺督戰，爲海防第一綫協同一致、共同抗敵做出了貢獻』〔六〕。然而與參與此役的其他重要將吏相比，不僅與杜冠英有關的材料非常缺乏，而且杜冠英本人留下的文字資料也極爲有限，這無疑給認識和研究這位『民族英雄』帶來了很大難度。

目前有關杜冠英的生平事迹，主要見諸《太平縣誌》（民國稿本，未刊）和浙江圖書館館藏《浙江同官録》（光緒十二年五月版）等部分資料中，另有一些散見於《鎮海縣誌》（清光緒五年刻本）、薛福成著《浙東籌防録》以及歐陽利見著《金鷄談薈》等志書、著述中，它們有的未刊，有的内容簡略、零散，且在涉及

與杜冠英有關的重要史實時常常語焉不詳。而杜冠英本人留下的資料也很少，并且大多還淹没於其他各類史料之中，目前能够見到的杜氏文集，只有一八九六年（光緒二十二年）杜氏去世六年後，由其族姪杜璟少量刻印的《杜徵三先生遺稿》（以下簡稱《遺稿》）。在《遺稿》『序』中，杜璟雖盛贊杜冠英『文不廢武，武不廢文，公之才殆不可捉摸也』[七]，但整部《遺稿》收録的杜冠英文稿卻非常有限，僅《玉環海防論》、《重濬玉環溪河記》、《重修玉環廳志序》等寥寥數篇，且基本都是杜冠英在玉環廳同知任内所撰，這就大大限制了研究的範圍與認識的深度。也正是基於以上兩方面原因，目前史學界有關杜冠英的研究甚少，這對於一位從安徽走出去的近代中國『民族英雄』來説，不能不是一個遺憾。

而《手札》的被發現，則有助於在很大程度上開啓對杜冠英的學術研究，因爲這批總數多達一千餘通的書札函電，均以杜冠英爲軸心，以近似於『分類主題』的方式收録成册，并且涉及人物數量衆多、身份各異，不僅具有相當的史料價值，也可反襯出杜冠英所扮演的歷史角色的分量。比如，《手札》涉及的鎮海之役清軍指揮系統的人物，就有浙江巡撫劉秉璋、浙江提督歐陽利見、寧紹台兵備道與寧防營務處薛福成、寧波府知府與營務處提調宗源瀚、統領親兵小隊記名總兵錢玉興、淮軍撫標親兵營統領記名提督楊岐珍、正任台州府知府成邦幹、定海鎮總兵貝錦泉、達字營記名總兵何元啓、鍵字左營副將費金組、楚軍右營副將周士盛、統領南洋援臺五艦總兵吴安康、石浦營參將鄭仙崖、守備吴杰等數十人，幾乎囊括了清軍參與鎮海之役的所有高、中級將領，而數量如此衆多、位置如此重要的將吏均與杜冠英發生勾聯，由此也可想見，雖然官銜僅爲試用同知，但杜冠英的地位毫無疑問卻是非常重要的。因此，通過對杜冠英與這些將吏的往來信札函電進行梳理，不僅可以深化對鎮海之役的認識，而且也可以豐富對杜冠英本人的研究。

杜冠英在《玉環海防論》中指出：『顧時移世易，形勢屢更，因革變通之方與夫扼塞據險之要，雖聖人在上，聲教遠被，重譯來朝，鯨波永靖，然安不忘危者，文武將吏之職。』[八] 即主張將『因革變通之方』與『扼塞據險之要』兩者結合起來，這與中國近代海防作戰中以堅固設防陣地爲依託，有重點地部署強大兵力、火力進行近海防禦的作戰思路頗爲吻合。而通過對《手札》中圍繞鎮海防務的大量來往信札函電的研究，我們也不難發現，杜冠英確在實踐中貫徹了他的這一思路。比如，他非常重視地形地貌在戰爭中的重要作用，主張充分利用險要地勢展開積極防禦。一八八四年一月，鎮海防務尚處於備戰階段，此時劉秉璋與歐陽利見就鎮海的防禦方針起有爭議，杜冠英果斷提出了自己的觀點，認爲『竊照鎮海口，招寶拱其北，金鷄聳其南，兩山並峙，犄角相形，實爲甬江關鍵。……是以言海防者，口門內外設立砲臺，河港中流攔阻船路。然必須砲臺之砲可以攻穿鐵甲兵船，放砲之臺可以抵禦敵砲轟擊；即沉下船隻當察其石塊壓力、口址深淺，置設水雷亦宜究其火藥轟動、水勢緩急。』[九] 杜冠英還繪具了『海口情勢及各臺砲路圖説』，上呈劉秉璋和歐陽利見。《手札》便留有杜冠英依據險要地形進行戰備部署的大量記載，比如，他在籌備鎮海防務時致函楊岐珍，提出『以笠山濱臨前敵，擬於山之前麓築臺，安置四百磅砲一尊、二百磅砲一尊，並擬將小港舊臺擴充培厚，以資輔助，置八十磅砲五尊，庶有事之時，敵船不敢在游山一帶停。……小金鷄山與安遠臺相對，爲口門最狹之所，現擬於安遠臺旁及小金鷄山頂築臺，各置三百磅砲一尊，前後均開砲門，用旋轉鐵路』〔一〇〕，類似論述在《手札》中時有所見，完全可視作杜冠英將其海防思想運用到具體操作中的實例。杜冠英注重近海防禦作戰的海防思想，有許多都在後來被劉秉璋等所接受，從而爲鎮海之役取得勝利奠定了基礎。當然，假如從國家層面來看，以『防』爲主的戰略不以角逐大洋、争奪制海權爲目的，其積極防禦的内涵與實質必有諸多不足之處，從而成爲中國近代海防建設的一大弊端與隱患，這也是毋庸諱言的。

此外，《手札》涉及杜冠英與洋務、與軍隊後勤保障、與太平及徽州地區關係等方面的資料也都較爲豐富，尚需細緻梳理。總之，這些資料都是今後研究杜冠英的基礎性史料，尤其是在其本人遺留資料較少的情況下，這些史料彌足珍貴。

二、《手札》是對中法戰争鎮海之役現有史料的有益補充

中法戰争鎮海之役，是近代中國反侵略戰争中少數幾場取得勝利的海戰，它不僅對中法戰争的進程和結局有着一定影響，也爲中國近代軍事史留下了許多寶貴的經驗和教訓。

目前有關鎮海之役的史料，大體可分兩類：一類是當時親歷此役或與此役有重要關聯的官員、將領的著述，如李鴻章《李文忠公全集》、曾國荃《曾忠襄公全集》、歐陽利見《金鷄談薈》、薛福成《浙東籌防録》、劉秉璋《劉文莊公奏議》（又名《劉尚書奏議》）以及張佩綸《澗于集》、劉銘傳《劉壯肅公奏議》等，對此都有篇幅不等的記載；還有一類是對相關檔案資料的整理匯編，如一九五七年由中國史學會主

編、邵循正等編纂的《中國近代史資料叢刊・中法戰争》，以及自一九九六年起，由張振鵾主編並陸續推出的《中國近代史資料叢刊續編・中法戰争》（目前已出版五册）等。此外，還有不少當時人物相關的奏議、論著、戰紀、詩詞、小説等，散見於各類出版物。這些來源多樣、體裁豐富的史料，爲研究鎮海之役奠定了很好的基礎。〔一一〕

而《手札》對鎮海之役現有史料可起到很多的補充作用。由於一般人不太會刻意對信札予以保存、留底，因此與其他史料相比，信札存世量相對而言要少得多，但其史料價值有時卻更勝一籌，特别是圍繞某一特定人物或某一重要歷史事件而形成的所謂『專題性』信札，其史料價值就更大；同時，由於信札私密性較强，加上信札主要是雙方針對某一具體事項而交换意見、商討辦法，因此溢美之詞不多，文學色彩較弱，這就使得信札所反映的歷史真實往往更加客觀，也更具現場感。

比如，鎮海之役中幾成歷史懸案的『石浦沉船』事件。一八八五年（光緒十一年）一月，南洋水師救援臺灣的開濟、南琛、南瑞、澄慶及馭遠五艦駛離上海後，於二月十三日與遠征軍總司令孤拔率領的法國艦隊在浙江三門灣外的檀頭洋遭遇。其中開濟、南琛和南瑞三艦遇法艦後，全速向南疾駛逃脱，避入鎮海甬江口内，而澄慶和馭遠兩艦因速力不濟，不得不駛入石浦灣避險，後被孤拔封鎖在石浦港内。二月十五日凌晨，澄慶、馭遠兩艦與兩只法軍偷襲小艇發生交火，雙方各有損傷，天明後，法軍兩艇被法艦『梭尼』號拖回，但奇怪的是，澄慶和馭遠卻沉入了海底。那麽，其中原因何在呢？一直以來，史學界衆説紛紜，既有『魚雷擊沉説』，也有『自沉説』，而目前主流的看法爲兩艦係『自沉』。《手札》保留了清軍高、中級官員和將領對此事的多種説法，並增添了許多生動的歷史細節。

關於澄慶、馭遠兩艦進入石浦港後的軍紀潰敗狀況，宗源瀚稱：『澄、馭二船於廿九日酉刻駛進石浦内港，其一船云有寧波人者，多員行李上岸奔逃。』[一二] 也有人稱：『澄、馭兩船被困石浦，不能沖出，兵勇竟逃十之六七。』[一三] 關於二月十五日凌晨與法艦的交火，鄭碧山詳細描述道：『是日（按指十四日）黄昏，地方文武正在督率兵勇民團巡防間，連聞砲聲，隨各馳往港邊瞭望，但見我兵輪開砲向三門轟擊，約有數十響，嗣即寂然。當砲聲不絶之時，民人見無法船進口，接踵往觀。四更後又聞砲數聲後，詣天后宫前閲視，仍未見法船。元旦黎明，忽聞兵輪沉没，黄司馬暨李貳尹及備弁等並往察看，見澄慶已全船沉没，馭遠沉而未没，至巳刻始全行入水。該二船兵丁水手等二十九日進港後，即絡續登岸逃散，船沉後管駕人等亦不知何往，但見大小西式舢板飄流水面』，至於兩艦沉海的原因，鄭碧山『復加詳詢軍民人等，異口同聲，咸謂未見法船進口。究竟我船爲何沉没，未嘗目擊，無從懸擬』[一四]。其實，這段話已暗示兩艦有可能是『自沉』。不過，宗源瀚卻對『自沉説』表示出懷疑，稱：馭遠艦『在船連管駕只約三十餘人，已逃十分之九（自沉似不能如是之速云云）。如係自沉，須問何人下手？如何沉法？』他認爲兩艦沉没的深層原因，『不係乎敵之强不强，而係乎我師無致死之心、拼命之膽也』。因爲『澄、馭一船共有五百餘人，槍砲不計其數……法入港者只兩舢板耳，共三二十人耳。……乃船一進港，勇已紛紛逃散。掌鐵櫃之洋人，月食二百金，大、二、三副，月食六七十元者，廿九日即已登岸。使當時管帶自坐船面，立斬一二人，誰敢逃走而不拼死者？二船何難保全？此又不係乎敵之狡不狡，而係乎我師無堅守之心、致命之志也』[一五]。而貝錦泉、成邦幹則持不同意見，稱：『前來澄、馭兩船有謂魚雷擊沉，有謂放水自沉。然此間有自石來者，密詢之，兩船實未開仗，確係開門自沉』，故貝、成二人『亦即以放水自沉通報大府』[一六]。最終，歐陽利見在上報兩江總督曾國荃時，仍以『自沉説』爲此事畫了句號。

再如『台匪』問題。鎮海之役前後，台州、温州一帶的土匪活動一直較爲猖獗，不僅嚴重影響到當地百姓的生活，甚至還在一定程度上擾亂了鎮海之役的兵力部署和戰術安排。因此，許多將領都如歐陽利見一樣，認爲『台、温爲土匪淵藪，誠恐台防有事，土匪乘機内訌』[一七]。而事實上，『台匪』所謂的『乘機内訌』也確實讓清軍感到頭痛，比如，文沉就曾致函杜冠英，强烈要求將爲清剿『台匪』而來象山的『段營』（即候補參將段生福統領的前營部隊），在剿匪結束後續留象山。原因是象山『三面環海，爲台匪出没之所……段軍在象時，從未出一盜案。去年調去後，盜案叠出，幾至民不了生』[一八]。而鄭碧山在致函杜冠英時，則對『台匪』的破壞力有過如此描述：『知有大股台匪下海，游弋象邑西鄉一帶，勢頗猖獗。弟抵石後，查悉該匪竟有二百餘人之多，有身穿號衣、槍械頗極精利者，實爲近今罕見。』[一九]除滋擾百姓生活外，更爲棘手的是，『台匪』對鎮海之役的籌防造成了負面影響，誠如宗源瀚所言：『台匪如此猖獗，設竟乘楚軍調走之隙，以一二百人占踞南田，因其田糧，脅其丁壯，海防有事，愈危海防。無事先亂，此與海防似不相涉而實相涉者。』[二〇]長期以來，在研究鎮海之役時，似乎對『台匪』問題關注得還不够，而《手札》中保留的大量與『台匪』有關的史料，包括一些具體的剿匪戰例資料（如『台匪』王三妹的供詞等[二一]），或將有助於對該問題研究的進一步深化。

總之，《手札》中涉及鎮海之役的内容非常豐富，在戰前、戰争中以及戰後等各個階段，都遺留有大量書札函電資料，這方面的内容尚待以後認真整理。

三、《手札》有助於加深對洋務運動及近代軍事後勤保障的認識和研究

如果從一八八四年（光緒十年）十一月，清廷爲支援臺灣軍民抗擊法軍侵略而下令南、北洋水師抽調軍艦援臺算起，至一八八五年（光緒十一年）三月中法停戰時爲止，整個鎮海之役大約持續了五個月左右的時間，不過，清軍與法軍真正交戰的時間，則只有三月初的短短幾天（三月四日至六日）。長達五個月的鎮海之役，包括短短數天的雙方交戰，看似時間不長，卻是對清末轟轟烈烈洋務運動的一次實戰檢驗，同時也凸顯出近代軍事後勤保障工作一些富有特色的内容。

洋務運動是晚清一些洋務派官員以『師夷長技以制夷』爲目的而展開的一場工業運動，該運動自一八六一年（咸豐十一年）底開始，至一八九五年（光緒二十一年）基本結束，持續近三十五年。在洋務運動初期，洋務派以『自强』爲口號，通過引進大機器生產技術，在各省成立新的軍事工業，以加强軍事力量，如安慶内軍械所（安徽安慶，曾國藩主持）、天津機器製造局（天津，崇厚主持）、江南製造總局（上海，李鴻章主持）、漢陽兵工廠（湖北漢陽，張之洞主持）、金陵機器製造局（南京，李鴻章主持）、福州船政局（福州，左宗棠、沈葆楨先後主持）和西安機器局（西安，左宗棠主持）等。這些軍事工業基本屬於官辦性質，其經費主要來源是海關關税、軍餉和厘金。起初生產的産品並不經過市場流通領域，而是直接調撥

給湘軍、淮軍與沿海各省軍用，到了十九世紀八十年代後，因爲各局、廠經費短缺，以往那種不計價格的調撥方式有所改變。與此同時，各軍火工廠的生産也在一定程度上受到了國際軍火市場價格的影響。由於杜冠英任職寧鎮營務處的獨特位置，《手札》所收録的大量書札函電都與此類軍火交易有關，它們也從一個側面反映出洋務運動後期所發生的一些新變化。

《手札》中涉及與杜冠英寧鎮營務處有關的軍需物資，種類繁多，數量龐大，粗略統計就有衣帽、油簍、電綫、鑽床、車床、膠帶、砲彈、煤炭、旱電箱、拉火、羣子、洋布、大米、水雷、鉛彈、打樁木料、電門、樂粉、玻璃罐、四輪神機砲、毛瑟後膛槍等； 涉及洋務派創辦的軍工企業，主要爲上海的江南製造總局和南京的金陵製造局。比如，鎮海籌防急需數量龐大的軍火，而『浙江雖爲財賦之地，二十年來皆爲人作嫁，其財力盡耗於協餉。……各省設立機器、船政各局製造船械，原爲預籌自强之計，當日求精進等因，皆爲浙省力所不能』〔二二〕。由於浙省軍工企業『力所不能』，遂不得不經常向江南製造總局與金陵製造局請求代製軍火。比如，時慶萊在手札中稱： 『緣當法事喫緊之時，多有變動，是以屢奉中丞諭局函致尊處，趕造砲彈者，惟恐急須應用，一時鼓鑄不及也，並由莊鳳梧兄前赴江南金陵機器局及滬廠托鑄各種砲彈』〔二三〕； 張賡第在致杜冠英手札中亦稱： 『奉撫憲面諭，鎮海砲彈需用甚殷，寧局恐趕造不及，業經派人帶同彈樣前赴上海、金陵各局廠代製二千餘顆，其寧局可製一千三四百顆之語。』〔二四〕不過洋務運動早期那種無償調撥軍火的方式，此時已有改變，如時慶萊就提出，從節省經費的角度考慮，『似鑄少不如鑄多之合算』〔二五〕； 張賡第也提醒杜冠英，『價值亦須議定，以免將來駁斥』〔二六〕。

《手札》中收録的許多信札函電，因涉及與西方國家的軍火交易，所以也披露了不少和上海洋行買辦有關的史料。十九世紀七十年代後，上海的洋行買辦體制與職能逐漸形成，許多買辦代表洋行與國内商人接觸，在鎮海之役前，上海一些規模較大的洋行，尤其是經營軍火買賣的洋行（如地亞士洋行、麥登司洋行、新泰來洋行等），其買辦向洋務派官員及清軍將領推銷軍事原料、軍工器材以及軍火等早已不再鮮見。這方面材料在《手札》中多有反映，比如杜冠英與上海地亞士洋行買辦何瑞棠等人之間的來往信函等。

以清軍委托地亞士洋行從德國購買克虜伯新式鋼砲爲例，由於種種原因，鎮海籌防的一大問題是『惜無巨砲，不可設法耳』〔二七〕。一八八五年（光緒十一年）十二月，在鎮海之役後繼續籌辦鎮海防務的杜冠英，決定購置威力更大、射程更遠的德國克虜伯新式鋼砲，此事即由地亞士洋行負責，由該洋行買辦何瑞棠具體操持。地亞士洋行賬房同人致函杜冠英稱：『接奉賜何瑞棠手示……所有浙局年前定購克虜伯砲位，當即轉詢敝東。據云前項砲位，聞外洋已裝出兩禮拜矣，應需該砲進出口公事，昨已電請浙局照辦矣。』〔二八〕當克虜伯砲即將運至鎮海時，周李燮致函杜冠英，提醒還須購買與之配套的砲藥：『有砲必須有藥，究竟當日向地亞士洋行定購砲位時，曾否將砲藥一並議購？合同内無從查考，未識閣下知其底蘊否？……若當時藥未定購，存在鎮海之七星餅藥能否合用？現存若干？應否添購？』〔二九〕鄧驄保亦函告杜冠英：『唯試砲應用洋火藥若干，請貴處函致地亞士洋行何瑞棠兄借備。』〔三〇〕克虜伯砲運抵鎮海後，龔照瑗發現大砲尚缺鐵釣竿及白綿紗等配件，因此提醒杜冠英：鐵釣竿應『由地亞士洋行補配裝釣船運鎮』，而『砲臺應需白綿紗等件各數辦齊，雇潘順興釣船裝運』〔三一〕。除此以外，巨砲『係現在新造新式，並非舊式舊存安置之法』，因而如何在砲臺安裝便成了一大難題，由於『瑞棠因母病，已於日前回定海省親，大約月底初可來滬上』，故德商蘇立志致函杜冠英，請『俞君帶來前呈圖樣』〔三二〕，終助清軍將巨砲順利安置完畢。

從《手札》來看，杜冠英與一些洋行買辦（如何瑞棠等）一直來往密切，關係不錯。如鎮海之役結束後，杜冠英本擬『往北洋閱看砲臺，適接仲帥（指劉秉璋）來緘，以傳敝屬將上年鎮海戰勝情形繪圖匯送醇邸（指奕譞）進呈，飭弟（指杜冠英本人）辦就，親攜赴津』。即爲了向清廷全面反映鎮海之役的『接戰之狀』，劉秉璋指示由杜冠英負責，繪出此役總圖一幅、分圖十副。杜冠英接到任務後即致函何瑞棠：『敝處雖有繪手，只能粗摹形勢，不能描繪神情，夙聞點石齋圖繪畫報者，頗多名手，特遣友赴申延請，孰優孰劣，請閣下探訪羅致，克日與敝友同來，不勝翹盼之至。』〔三三〕將與軍火交易無關的繪製戰圖一事，托付給洋行買辦來辦理，可見當時上海的洋行買辦與清廷統治集團成員之間的關係是非常親近的。

衆所周知，任何戰爭都必須在一定的物質基礎上進行，因此軍事後勤在戰爭中就具有了極爲重要的地位和作用。《手札》有關軍事後勤保障的記載很多，且涉及清軍吃、穿、住、用各個環節，是頗具研究價值的內容之一。

鎮海籌防緊張之際，浙江的財政狀況卻並不容樂觀，浙東備戰一度出現了『籌兵易，籌款難』的狀況。爲此，劉秉璋於一八九四年九月十四日上奏朝廷：『浙省歷年困於協撥，出入不敷，全賴地方無事，丁厘旺收，勉爲敷衍。自去年辦防以來，陸續募勇，從儉布置……當此事機萬緊，接濟斷難遲緩，財窮勢迫，設措無由，不得不先其所急，以濟目前。』爲此，他懇求清廷能够『請免解京協各餉』[三四]。由於餉絀，杜冠英等人在開展清軍後勤保障工作時，也不得不精打細算，『從儉布置』，力求花小錢辦大事。比如，寧郡厘局委員、補用知府陳汝濟在爲清軍訂購油衣帽時，就曾致函杜冠英稱：『與裁縫細算』後，決定『到餘姚買粗綿寬布』，因『在城中買布，則不能如此之便宜』。他還建議，此事或可由轎店包辦，但『又恐轎店包辦，其價未必如此核實，尚不答應五百文耳』。爲把價格控制在五百文以内，陳汝濟提出，『若油帽真不要，則更少費，即合共亦在撫憲五角以外之内也』。最終因與轎店協商未果，轎店不同意五百文的價格，陳汝濟稱：　如此，還不如買布自做更合算；　即便由轎店包辦，『帽一定不要，亦可』[三五]。這就從一個側面説明，杜冠英等在辦理軍事後勤時，確已到了精打細算、甚至錙銖必較的地步了。

鎮海之役之所以能在清廷和戰不決、沿海作戰接連失敗的情況下最終取勝，充分的軍事後勤保障功不可没，《手札》爲我們展開這方面研究，特别是一窺晚清軍事後勤保障運行機制的特點和規律，提供了較爲豐富和詳實的史料。

四、《手札》是認識晚清社會的又一扇窗户

在中國傳統社會中，『鄉誼』（即所謂『鄉土觀念』）從來都是封建士大夫一種很自然的情感特質，它以血緣關係爲基點，以地緣關係爲擴充，成爲人際交往過程中一個特殊的橋梁和紐帶。在浙東籌防中，

這種鄉誼更與淮係集團在寧鎮地區的落地、發展交織在一起，頗耐人尋味。

浙江原爲湘係地盤，直到一八八三年（光緒九年）春之前，向無淮軍駐紮，而隨着劉秉璋被清廷授以浙江巡撫銜，他昔日的部下也隨即紛紛入浙。有統計表明，在鎮海之役前，駐紮在鎮海的淮軍便已達到六千人，幾乎占到參戰清軍總數的三分之二〔三六〕。也因此，《手札》中與杜冠英書札函電往來密切的許多中、高級官員和將領，如劉秉璋（廬江人）、楊岐珍（壽州人）、錢玉興（壽州人）和吴吉人（歙縣人）等，均爲與杜冠英有着『鄉誼』的安徽同鄉。對此，楊岐珍曾致函杜冠英：『知海疆漸緊，各省均皆籌防。而我兄（指杜冠英）稟中，設水雷、沉馬船、備麻包、製土袋，並覓教習選兵，演學雷法，交吴吉人兄總攝其事，俱徵立法周密，布置精詳……前後旂添足兩營，弟處亦奉到札飭，撫憲現調錢榮山兄來浙……我輩同屬桑梓，得聚一方，亦大快事！』並表示，『無論何事，誼關鄉好，諸希從中代爲維持。盛情雲天，心感無既。』〔三七〕可見，這些淮軍將領是很希望『桑梓』抱團的。在浙東籌防期間湘、淮兩軍發生的種種矛盾，除了政治層面的因素外，鄉誼的因素亦不能不加以考慮。

由於寧鎮營務處承擔了浙東籌防的後勤保障，因此杜絶『浮冒』便成爲題中應有之義。薛福成在致函杜冠英時稱：『昨黄海珊司馬自省回郡，述悉省中防軍局采辦軍裝、硝磺等件浮冒事發，自提調工韵士太守以下均已撤差，恐情節較重，一時尚難速了等語。此等差事（指籌辦軍需後勤），最易資人疑慮。』在薛福成看來，導致『浮冒』的主要原因，『大半因經手委員不得其人所致』。他因此提醒杜冠英，在主持砲臺築建工程時，『凡一切工程采辦等事，必須人人妥當，事事核實，庶帑不虚糜，吾輩可無牽累之咎』〔三八〕。那麽，如何才能讓『經手委員』能够『得其人』呢？因資料欠缺，杜冠英是否曾在重要崗位安插過同鄉尚不得而知，不過薛福成的提醒，很可能會促使他更多地使用『自己的人』，這恐怕也是合乎邏輯的，因爲在《手札》中就保留了大量他人托杜冠英幫助推薦人事的信札。比如，其姪兒潘鳴岐就曾致函杜冠英：『聞寧波英領事文案將易他人（聞之確鑿），此席若得老伯（指杜冠英）鼎言，並轉求胡太尊爲姪吹嘘，必合成就能幹』，他甚至還托杜冠英請『新觀察歐陽軍門（指歐陽利見）並薦，雙管齊下，更妙』〔三九〕。類似信函在《手札》中數量衆多，從一個側面反映出清軍内部人事任用的狀况。

杜冠英大約是在咸豐初年（一八五〇年前後）隨鄉人、浙江候補道蘇式敬來浙江的，到他一八九〇年（光緒十六年）去世，整整五十年的人生，大部分時間都在浙江度過，但《手札》中仍然保留了一些與他家鄉太平縣乃至徽州有關的史料。如《手札》中有數通信札記載了太平天國運動後杜氏修譜的内容，其中一函稱：『族中三大舉：一修譜牒，二整家規，三捐義租，均兵燹後緊要急務』，然而儘管『修譜一層，久有此志』，但在實際操作過程中也遇到不少問題，『比因分勢强者各懷私見，自己不肯出頭，又恐他人占了面子，以致各分只理譜稿，未能合修』，因此『今欲重修宗譜，非四五年工夫不可』。此外，太平天國運動期間，太平軍與清軍在皖南地區曾展開多次拉鋸戰，從而造成當地人口鋭減，因而對修譜一事，人們也就不能不因時而變，『舊例太嚴，凡死於非命者均不收入，此次重修，於兵燹後不能不略爲變通。無論當入、不當入者，聽各分開送，不置一辭』〔四〇〕。這些記載，或許可爲晚清的徽學研究作一個注脚吧。

近些年來，鄉紳研究在歷史學和社會學等領域熱度昇高。作爲中國封建社會一個特殊的階層，這些近似於官而又異於官、近似於民而又高於民的『鄉紳』，在鄉村社會組織運作中的作用正越來越受到人們的關注。《手札》中與鄉紳有關的記載不僅數量較多，而且還大多敘事完整，因此頗具研究價值。比如鎮海之役後，山陰縣令致函薛福成，認爲此役獲勝，是因爲『民間紛傳有道光年間陣亡總鎮葛壯節公及團練紳士朱公神靈顯應招寶山等處砲臺，夜間皆有神燈照耀，萬目共覩。尊神祠墓皆在紹興，各紳董同深寅感，擬籲求詳奏，賞給匾額，或加封號，以答神庥等語』。對此，薛福成致函杜冠英：『神道設教，古所不廢……神人共應，茂建大功，力摧强敵。鄙意即請執事查明神迹，詳悉示復，以便轉詳撫憲核奪。』他同時又指出，此役取勝『非僅歸功於神明，亦益見諸君子督率有方，保全數十萬生靈之命，成功奏凱，誠非易事也』。這其中就暗含了對所謂『神道』的利用之意，但杜冠英似乎並未領會其中深意，卻在來函上批注了『並無此事，亂造謠言』一句〔四一〕。這段史料讓我們看到，鄉紳在製造議題、引領輿論方面所起的作用，確是不容小視的。

在費金組給杜冠英的來函中，也記録了一段與鄉紳有關的資料。費金組稱：『其所部在開鑿山石、修築營壘時，一張姓鄉紳懷疑自己祖墓前有一塊舊石弄丢了，遂與士兵發生衝突，『該紳士退出之後，突有十餘人擁入公館，方經親兵攔阻，而該民等即鳴鑼聚衆，扭住什長唐彩雲等羣相毆打。組（指費金組）正在禁壓，即有各紳士前來幫同喝止。組以事關聚衆，刁風宜禁，擬赴提憲行轅面稟，又經各紳士懇切勸止，免其上稟』〔四二〕。這些記載不僅是鎮海之役期間軍民關係的一個側面反映，也能很清楚地看到鄉紳在鄉土社會非同一般的組織與動員能力。

此外，《手札》中還有不少書札函電涉及賑捐、科考以及社會風俗等多方面的内容，稱得上是觀察晚清社會的又一扇窗户，無論是從事歷史學研究還是進行社會學分析，《手札》都是一份難得的史料。

《手札》整理，文字的識讀最爲費功，行書草書，俗體訛字，尤其是出自杜冠英之手的函稿集中在第十册，涂抹删乙，甚至難辨取舍。往往需要結合字形、文義再三推敲斟酌，還是難以盡如人意。最終，我們把没有把握確定的，連同信札中漫漶處，每一單字均以□加以標示。於訛字，其本字加（ ）表示，改正字加［ ］，緊接其後。文字識讀定然存在諸多謬誤，幸讀者朋友不吝教正。

原札分訂十册，整理時即以册爲單位，分編序號，自爲起訖。手札附件一般視同手札一體，不予分列。個别不便録排的函件，采取掃描附列。

整理中，予寄件人身份一般略作注釋交代，此項工作由翁飛先生承擔。

附録分列了兩部分材料：一，《杜徵三先生遺稿》；二，杜氏家譜文信公派尚志公支。

需要提及的是，此次《手札》得以正式出版，與黄山市黄山區政協副主席羅毅力先生的孜孜以求有着很大關係。二〇一〇年黄山區檔案局致力收集本地名人資料，羅毅力先生在偶然獲悉鄉賢杜冠英有一批書信留存於世的消息後，便多次與收藏單位——上海圖書館聯繫，幾經輾轉，最終推動購得了《手札》的數字複印件。安徽歷史文化研究中心主任、歷史學博士翁飛研究員全程指導《手札》的整理工作，並對其中諸多人名、地名等進行確定。安徽省古籍辦主任彭君華先生對《手札》整理非常重視，他不僅對點校質量提出了許多要求，而且還耗費大量時間和精力，通稿三次進行識讀和審訂。古籍辦張紅一先生為本書的校對也付出了辛勞。筆者才疏學淺，從事古籍整理工作實屬力不能逮，幸有各位師長教導提攜，方使《手札》能够以較好的質量面世，在此一並向各位師長表達衷心的感謝！

朱曉凱

二〇一六年十月於安徽師範大學新聞與傳播學院

注　釋

〔一〕《太平縣志》（民國稿本，未刊），轉引自《中法戰争鎮海之役史料》，中法鎮海之役資料選輯編委會編，光明日報出版社，一九八八年十二月，第四〇一頁。

〔二〕薛福成：《上劉中丞書　浙江防守完固實數十年來所僅見》，轉引自《中法戰争鎮海之役史料》，第三八二頁。

〔三〕《薛福成致杜冠英書札》，《歷史文獻》（第十三輯），丁鳳麟整理，上海古籍出版社，二〇〇九年六月，第一七八—二〇〇頁。

〔四〕《歐陽利見、錢玉興、楊岐珍、劉秉璋致杜冠英書札》，《歷史文獻》（第十四輯），夏穎整理，上海古籍出版社，二〇一〇年六月，第一二一—一七三頁。

〔五〕《劉秉璋奏籌辦海防續募勇營折》，《申報》，一八八四年十月十一日。

〔六〕劉子明：《論中法戰争中的鎮海海防作戰》，載《中法戰争鎮海之役一百一十週年學術研討會論文集》，鎮海口海防歷史遺迹領導小組編，人民出版社，一九九六年三月，第八頁。

〔七〕《杜徵三先生遺稿》，清光緒二十二年刻本。
〔八〕《玉環海防論》，《杜徵三先生遺稿》。
〔九〕歐陽利見：《金鷄談薈》首卷頁三七（上），轉引自《中法戰争鎮海之役史料》，第六〇頁。
〔一〇〕《手札》第十册。
〔一一〕黄振南：《中法戰争史研究百年回眸》，《近代史研究》二〇〇二年第三期。
〔一二〕《手札》第一册。
〔一三〕《手札》第二册。
〔一四〕《手札》第二册。
〔一五〕《手札》第二册。
〔一六〕《手札》第二册。
〔一七〕《手札》第三册。
〔一八〕《手札》第一册。
〔一九〕《手札》第一册。
〔二〇〕《手札》第三册。
〔二一〕《手札》第六册。
〔二二〕《手札》第四册。
〔二三〕《手札》第一册。
〔二四〕《手札》第一册。

〔二五〕《手札》第一册。

〔二六〕《手札》第一册。

〔二七〕《手札》第三册。

〔二八〕《手札》第六册。

〔二九〕《手札》第六册。

〔三〇〕《手札》第七册。

〔三一〕《手札》第七册。

〔三二〕《手札》第六册。

〔三三〕《手札》第十册。

〔三四〕《奏防務喫緊請免解京協各餉疏》，《劉文莊公奏議》卷二，轉引自《中法戰争鎮海之役史料》，第一五二—一五三頁。

〔三五〕《手札》第五册。

〔三六〕參見皮明勇《從中法鎮海之役看湘、淮集團政治》，《中法戰争鎮海之役一百一十週年學術討論會論文集》，第二三〇頁。

〔三七〕《手札》第三册。

〔三八〕《手札》第六册。

〔三九〕《手札》第八册。

〔四〇〕《手札》第五册。

〔四一〕《手札》第一册。

〔四二〕《手札》第三册。

杜徵三友朋手札第一册

（一）

徵翁[1]仁兄大人閣下：

昨奉來示並省局油衣尺寸，其袖寬、長係照號褂做，以便可以罩在號衣上用，殊覺合法。幸此間只裁得四十餘件，以後即可照省式造，弟先未想到罩在號褂上用也。但省中未云及是何項布，大約亦係洋標，此間一概係用洋標矣。價值大約不差上下，即再添造一千件，共三千件。帽則不能照省式，只好照輪船上式樣，用夾布，不必密細可耳。

頃接沈委員來信，云及吾兄所需各物均於初八一批、十五一批早運來，大約不久即可到甯（膠帶於初八來）。惟鑽床一部，大約廿内外方可來。其電綫覓得一水旱並用之小綫，樣極佳。前日弟本已電致，如有小好綫，即買八英里，回以吾兄需五六里，道憲需一二里。

①即杜冠英，時任甯波府試用同知、辦理甯鎮海防營務處。

今有此樣，則伊接弟前日之電信，當必買妥矣。擬本日再爲電致伊妥買，惟聞款局將成，究竟尚需此物否？弟擬此物不易覓，似仍以購備爲是。設有變更，一時難得此種好綫耳。此綫每英里二百六十兩，價亦不甚昂。七款有象皮包，外用小鐵絲裹好，甚好看，容再付上，頃送與道憲去矣。餘不盡，先此奉達，敬請捷安，惟照百益。

弟汝濟①頓首　二十三

（二）

徵三仁兄大人閣下：

頃奉來電，尊處須用旱綫二三里。敝局存有兩種，其有麻皮者只有五十丈，尚有一種係鳳梧前日由上海購來，專放旱雷之用，惜無麻皮包裹。兹將兩樣一並寄奉，應用何種，乞即電復，以便趕解。此請勛安。

愚弟王恩咸②頓首　二月十九日

---

①即陳汝濟，浙江補用知府，時任甯波府厘金局委員。
②王恩咸，浙江試用知府。

（三）

徵三仁兄大人韜席：

兩次共已解過油簍五百五十隻，計均邀詧入矣。兹又解上大小油簍四百五十隻，合共前後已足壹千之數，即乞照點賜發總計壹千收條。瑣事奉煩，不勝感禱。手此，即請勛安，惟鑒不具。

愚弟陳汝濟頓首　廿二

（四）

徵三仁兄太守大人閣下：

頃接九帥①來電，知和議已定，從此海宇澄清，化干戈爲玉帛，厚幸也。唯敵兵未撤，夷情狡譎，我師仍不宜稍事鬆勁，去年諒山之役是其前轍，質之高明，以爲然否？專泐鳴肊，敬頌捷安。

愚弟歐陽利見②頓首　廿三午刻

①九帥，即曾國荃，時任兩江總督，南洋通商大臣。

②歐陽利見，湖南祁陽城郊芳名亭人，字庚堂，號健飛，時任浙江提督。

坿抄呈九帥原電一紙。

九帥來電

歐陽軍門鑒：

電悉法船泊金塘，我軍晝夜嚴防，勤勞可想。本日奉旨和議已定，將來海防正宜加意講求耳。

荃①轉　二月念三巳刻到

（五）

徵翁仁兄大人閣下：

昨日付上一函，諒可入覽。嗣奉電示，敬悉一切。已打電報與滬員，趕買此種水旱並用之小綫六英里，以滬員付回。此小綫樣極佳，先本道憲亦需用，此時道憲云及可不要，囑因款局有成，可少買數里，或只買四英里。以弟前擬買八英里，今吾兄仍舊需用，弟看防務亦斷不能遽撤，只得從中作主，電買六里，吾兄足用。即道憲再要，亦可分一二里與之，高

①荃，即曾國荃。

明以爲何如？

據沈委員云，此綫價每英里二百六十兩，尚不爲貴。兹將樣送上查閲，即知其妙，大約與顧道台之綫當不差。然弟不知顧道台之綫是何樣，却未見耳。油衣已趕造三千件，照省式。餘不盡，此請勛安，惟鑒不莊。

弟汝濟頓首　二十四

（六）

徵三仁兄大人執事：

廿一日差，旋得環章，誦悉一一。昨日此間喧傳和議已成，十九畫押，云係俄、英有事，俄向法索還戰艦，且法民怨讟，不集兵餉，是以乞和等語。未稔此信是否確實，尊處度有的音。龍州之捷曾否見有明文？臺北、基隆轉敗爲勝，已慶珠還，究竟是否實有其事，統乞示我是盼。兹乘探船赴鎮，專此奉詢。敬請台安百益。提台①、西帥②統乞

① 提台，即歐陽利見，時率六營防軍駐守鎮海口南岸金鷄山砲臺。

② 西帥，即淮軍將領、記名提督楊岐珍，字西園，安徽壽州人，時率五營淮勇駐防鎮海口北岸招寶山砲臺。戰後以卑功補授江蘇狼山鎮總兵。

致意。

治愚弟貝錦泉①、成邦幹②同頓首 二月廿四日

（七）

徵翁仁兄大人閣下：

頃奉手示，油衣仍只需二千件，即當遵照辦理，布亦本未齊耳。電綫大約六里，可有新付樣？到此已有八日，此間次日始電屬其買六里，究不知此數日内又爲别人買去否？此綫極佳，弟均甚盼其買得也。此復，敬請捷安，惟鑒百益。

弟汝濟頓首 廿五

（八）

徵三仁兄大人閣下：

頃奉惠書，敬悉種緒。兹由内河船運上呍啫司得馬槍二十二枝、子彈八千八百粒，共

---

①貝錦泉，字敏修，鎮海憩橋人，時任署定海鎮總兵。

②成邦幹，字梓臣，湖南湘鄉人，時任浙江台州知府。

裝七箱，至祈察收。敝行現存黎意槍二百枝，惟子彈尚在香港，因運道梗阻，未能來滬。又有現成阿姆斯脱郎砲十尊，另摺呈覽。如欲購辦，示下遵行。耑肅奉復，敬請捷安。

治愚弟何恭壽①頓首　二月廿四日

（九）

徵三尊兄大人左右：

不肖戀位忘親，罪無可逭。在甬既蒙唁慰，又蒙厚惠，不獲即日泥謝，感泣不可言。中丞過愛，不但奏請奪情，且僅給假二十日。弟非異類，豈能於百日之内衰麻囚首赴甬辦事？非惟慮有當面唾駡之人，即相惡者張一匿名揭帖，棘人即無地容身，此實萬難遵從，非矯言之也。昨已瀝陳哀悃，原稿録奉指教，其實但不令接釐局，准其扶柩回常熟（擬在出月出殯），弟於亡親身上之事，稍盡寸心，事機果緊，有需弟之處，中丞函召，儘可出來（常熟至浙三四日程耳）。若不扶柩回籍，則萬萬不能從命。弟與吾兄心交義交已二十年，務乞

①何恭壽，浙江餘姚紳士，時爲縣臣銜押運委員，賞五品藍領。

於中丞前爲棘人緩頰，至懇至懇。昨見津電，知款議已派税務司金某①在巴黎斯畫押，雖尚不知其詳，其爲和議有成可知。諸公戰守之勞可望結局，敘勛必在指日矣。手此布謝，即請勛安。

棘人宗源瀚②稽顙 二月廿二日

吳吉人、屠守戎、李文卿、劉楠榮、張少尉諸君暨陳印翁處，均望先爲道謝，容再另函。

再，稟稿閱後有便仍乞封還。

再，日前承電示苟巖軍門電報，苟公嗜痂雖深，然棘人愈不敢聞命，尚冀便中代達鄙懷。

（十）

徵翁仁兄大人：

昨奉來示，囑令油衣只需二千件，當即回復一函，諒可收到。嗣後又奉手示並寄來時蓬翁③信，此事可以改，弟亦不必定看蓬翁信，即得吾兄之信，亦一律可改也。

---

①金某，即金登干（James Duncan Campbell 1833—1907），英籍中國近代海關税務司，時任中國海關駐倫敦辦事處主任，代表中國與法方談判。

②宗源瀚，字湘文，時爲甯波府知府，兼營務處提調； 後官至浙江温處兵備道。

③即時慶萊，字蓬仙，江蘇儀徵人，同治六年進士，歷任刑部主事，時爲浙江試用知府； 光緒十八年任紹興知府。

茲有啓者：頃接滬員信，云及鑽床竟一時買不成，有一部必需一百四五十兩，尚只可車一寸五分眼，則馬上可買。有一部可車二寸眼，只需一百兩，但此部則必候廿餘日方有，未知可以稍遲買此便宜者，抑或即趕買此一百四五十兩者？弟思此物如不急急，即候廿餘日買此百兩者，亦何嘗不可？況刻下防務究不必過急也。頃又晤張孟臯，云及左右是劉南容做，即少一部鑽床，亦周轉得來，即似不要買亦可行，似此則更好。特此奉詢，祈示知。究要買否？或必買則稍遲廿日亦可，均祈示知。此請勛安，惟候示復。奉回信後即可電致滬員也。

弟汝濟頓首　廿六

（十一）

徽三仁兄鄉大人閣下：

頃奉謙書並提台原函，均已祗悉。法雖請和，並未議及鎮口戰止，今日黑船稍進，誠恐其後船蟻附偷乘，以詭詐出我不意，自不能不預防未然。尊慮之周，毫釐不爽。刻值將和未和之際，彼若暗來，既不便戰，又不能不戰，原屬兩難，唯有請諸中峯主裁示行，似爲妥當。縱該夷存有狡計，須于臨時揆厥形勢，讓其頭砲，將來自是如此辦法。但事關至重，防患維嚴，此言只可暫存於心，不便形之于口耳。茲將原電妄易數句，未識是否，祈酌正會稟爲感。並將原函繳呈，亦希檢入。復請捷安，再璧尊謙，不具。

鄉愚弟楊岐珍頓首　廿八酉刻

（十二）

徵三仁兄大人閣下：

頃見法黑船已灣游山港口，桅上扯連小旂四竪，誠恐漸漸灣進，將圖我不備，殊爲可慮。刻值議和未定之時，彼若向口内直逼我師，應否開砲，即乞尊處電稟中丞示遵爲禱。此頌勛安，不一。

愚弟歐陽利見頓首　廿八申刻

（十三）

徵三仁兄太守大人閣下：

今日法船懸旂相招，經新關洋人仝超武大副往該船，據其回稱，法人約定明早八點鐘以船在油山一會，經弟擬派該大副於明早六七點鐘往該船堅辭，法人届期不必來會，蓋未奉旨諭條款，不便私見也。適得耘翁①觀詧來電，以法人約於明早八點鐘派員赴我砲臺知照停戰之事等因，亦經耘翁復電滬上，屬其不須知照矣。愚謂人人皆知停戰，何待彼來知照？彼如强至，其中必有詐謀，是不能不作武備也。尊處來書謂讓彼先開一砲，所見極是。

再，仲帥②處有復電否？仍祈傳諭砲臺、水師一律戒備爲盼。念念，此泐，即頌勛安。

愚弟利見頓首　廿八夜四更四點

坿抄呈道臺來電一紙③。

（十四）

徵三仁兄鄉大人閣下：

頃奉謙緘，誦悉種種。承示法懸旂請中國提軍相會，提台以未奉廷命，專人往辭，自是義當如此。計法目犯内，惟有挫于四明，未曾報復，以彼素行狡展，即請停戰，儘可遣使通文，何必親來砲臺知照？無論真僞，自不能不預防未然。弟已轉飭各營一體準備矣。匆

---

①耘翁，即薛福成，字叔耘，號庸庵，江蘇無錫人，時任浙江甯紹台道，駐守浙東總理海防營務處。

②仲帥，即劉秉璋，字仲良，安徽廬江人，淮軍元老，時任浙江巡撫。

③來電缺。

匆手此，即請凱安，並璧尊謙。

鄉愚弟楊岐珍頓首

（十五）

徵三仁兄太守大人閣下：

今早仍派超武大副往辭法人，適至油山遇法水師副提督李士卑斯①寄書於弟，大略謂和議休兵云云。當經復書如約停戰矣。茲將往復函稿抄請台覽。由此觀之，則該夷亦願求休，並不敢另生枝節也。仍祈宣諭各部爲盼。此泐，藉頌捷安百吉。

愚弟歐陽利見頓首　念九午刻

法提督李士卑斯來函

敬啓者：　本提督接奉法都電函，曾云中法兩國業經議定，小引和睦已在法京城畫押，自法曆四月十五日即清曆三月初一日罷兵休好。本提督所有水陸全軍均已通知，各遵軍令，因此特行照會貴軍門可也，未知得悉，仍請即示復音爲荷，並頌日祉。

駐鎮海口法兵艦泐　二月廿九日

①李士卑斯，又譯作利士比（Lespes），法國遠東艦隊副司令。

復　函

敬復者：　頃奉賜書，縷聆一切，承示議和之事及停戰之期，敝處已奉電旨欽遵，經本提督通飭水陸各軍，如約停戰矣。惟所定條款尚未奉到明降旨諭，是以未便赴約，一俟貴國開封移兵，再當彼此相會。從兹兩國和好，化干戈爲玉帛，通商如舊，實天下萬世之福，中外幸甚。泐此特復，即請貴軍門日禧百佳。

駐鎮海大營　二月廿九日泐

（十六）

徵三仁兄大人閣下：

前奉手書，得悉一一，比惟勛猷懋著爲頌。黎意後膛新槍現經由滬運到，兹派員解至甯局，分撥健字兩旂一百桿、親兵小隊左右兩旂二百桿，並每槍各配槍子五百出，以三百出發營，二百出留甯局備存撥用。尊處所需神機砲彈一萬二千顆，兹乘便員一並解去，即希詧入爲荷。

再，紙拉火一項，頃已由省製成五百支，兹亦一並附去。惟此項拉火係屬隨後添解之件，此次公文内不及敘入，即請點收後即於復文内一並聲敘，以省案牘之煩，尤爲心感。至油衣一項，現已由省趕製一千五百副，約於十日左右即可一律製成，即行解上。惟不知勛安，惟照不具。

愚弟時慶萊頓首

再，頃讀來電，尊處需用水雷封口、紮綫膠帶數盤，查水雷封口係用象皮，膠帶係接綫所用。尊需是一是二，難以懸擬。兹將省局所有膠帶約一盤光景先行解奉。如須封口象皮，仍請電示，以便趕造委解。再請勛安。

慶萊再頓首

（十七）

徵翁仁兄大人閣下：

前日奉復示，敬悉種種。鑽床本有信與積甫買百金者，但信内係據其只遲二十天者而言，已告知他，若太遲至多久，則亦不在乎此四五十金，即買此一百五十金者亦可。大約積甫當知斟酌辦理，不至有誤。昨省中解來神機砲彈一萬二千顆，又拉火五百枝，又膠帶一盤。有一信與老兄，未封口，由委員交與弟。信内云及吾兄收到如何申復各語，而所有砲彈等件，徐委員共帶有兩札來，均是交敝局收存轉發。其徐委員所奉之札，亦是解交敝局，並未□其解交尊處，只有與吾兄之信，有此一層，想係寫信者錯邪？抑或各物吾兄收到後，是應另行申報邪？向來都是吾兄凡收到由敝局轉發之件，似不另申復，只有一領字送交敝局，轉爲申送省局。否則一物兩申，怕重復寫，將來有兩公事無兩物件也，吾兄以爲何如？膠帶已到有四五十盤，未知吾兄究需若干？沈委係買帶一箱、膠一箱。聞韓弁云膠可不用，只能用帶，究竟如何？祈酌量飭人來領。其旱電箱兩隻亦到，所有滬購之旱電箱兩隻、膠帶若干，又省來之膠帶一盤，砲彈一萬二千顆、拉火五百枝，均祈吾兄派人來取。匆匆之間，又加有各營物件，即均未及送上矣，祈諒之。另由滬購之螺絲等件，均已買齊運來，尚未到，大約明後亦必到矣。付上蓬翁與兄之函，祈查收爲要。湘翁既有和局，恐更不肯來，如之奈何！已有兩函，求其來此相助，不知如何？即不辦局務，來辦防務亦正理也。餘不盡，此致，敬請勛安，惟希心照百益。

另付上省局囑遍發之《廣東法人情形論》，單張付上一本，祈分發爲要。

弟汝濟頓首　廿九

（十八）

徵三仁兄太守大人閣下：

頃奉手教，暨擬致各電稿，縷聆壹是。刻下和議雖成，條款未奉，鎮口暫行不開，所見極是。現在商輪泊招寶，起貨亦不無窒礙，一俟條約明文奉到，再行全開口門可耳。此復，即頌勛安。

愚弟利見頓首

（十九）

徵翁仁兄大人閣下：

昨奉電復，敬悉種種。煤挑力自應由我省開支，但不審六百噸概可還否？如能全還，則妙甚矣。茲有省局解來煤數百噸，若挑上岸來，所費甚鉅，將來仍當運至鎮海。弟擬就原船即逕送尊處，祈吾兄關照。由鎮起坡，則可省一次挑力，且可省在此上棧之租，下河另辦，未知吾兄以爲何如？鎮海有地方可上岸否？特專人函詢，即祈示知。明日可以到齊，則便於前法也。此致，敬請升安，惟照百益。

弟汝濟頓首　初二

（二十）

徵三仁兄大人閣下：

今日法李提督又寄一書，比經復函遣使送去矣。茲將往來兩函稿抄呈台覽，可見條款未定以前，我軍仍宜防範之爲是耳。專泐，即頌捷安，希惟鑒照，不一。

愚弟歐陽利見頓首　三月初二日

三月初二接法提李士卑斯來函

昨日接奉台函，甚爲欣慰。前日所寄之信均有雙關事件，因爲這個意思全好，本提督只知電報小引和睦，尚未奉到真白文字，兩國在法京城畫押的確，再行告知消息。至於中外生意船隻，總在今天可以出入，雜貨可裝，軍糧、軍裝等樣查出不能放行。至法國兵船，仍要拋泊鎮海口外不動，並駐紮東京台、臺灣等地陸兵亦等到法國吩咐來，各有地界，不准超越。即貴國兵船，仍請達知駐泊鎮海口内不動，俟向法國和約定規，自當速告。電音甚快，不久即到矣。倘若貴國兵輪定欲開出，仍要放砲，務望原之。惟往來一事，必須和約定後，大家可以相會，特此照復貴軍門施行可也。並頌日祉。

駐鎮海口法兵艦泐

復法提李士卑斯函

頃展惠書，縷聆壹是。條款至今尚未奉到，彼此均宜慎重。承示貴兵船拋泊鎮海口外等因，仍請駐泊原處，倘有問話，已屬虎蹲、寶順兩處瞭弁照旂回答，再行派員傳簡往商。

戰事雖停，務祈貴兵船不必時近油山，恐我軍一見生疑，反致有礙和局，想貴軍門亦以爲然也。泐復，即候日佳百吉。

駐鎮海大營泐　三月初二日午刻

（二十一）

徵三仁兄大人閣下：

今早法李提督又來一書，無關緊要，未曾復函。兹將原來之書抄呈台覽。特此，敬請勛安。

愚弟歐陽利見頓首　三月初四未刻

三月初三日法提李士卑斯來函

敬啓者：本提督於今日又奉到法都電音，曾云中法兩國事已和好如故，現在貴國兵船仍乞拋泊鎮海口内，且俟所議新約條款告竣，再作商量。但刻下兩國事件必須辦理妥洽，庶免後日更張，乃稱至善。尤望貴軍門鑒原，格外曉諭水陸各軍，並轉達貴國各路軍中照此而行，俾使兩國永敦和睦，不獨有益商民，并且有益邦國，實爲公便。特此照會，務請貴軍門裁奪可也。肅此布達，恭頌勛安，諸惟荃照，不宣。

駐鎮海口法兵艦　三月初三日泐

（二十二）

徵翁仁兄大人閣下：

昨奉手示，敬悉。煤以存郡爲宜，本擬照辦，惟現查郡内别無可存之處，係必交源昌行代辦。所有上力、下力與夫棧租、看守費、過秤費等件，共需四角二分一噸。若將來再要送至鎮海，則又需一角。即使和議已成，將來輪船可以自己來領運前去，亦已去四角弍分一噸矣。未知尊處租覓棧屋與夫挑力上下共需若干？能比郡中源昌行所需便宜否？弟意在鎮海可以由自己租房子，或請各營派借勇丁挑至棧内，即可省費不少。將來即輪船仍不能進來，亦易於領到輪船内。若此間則自己無屋可存，不能不交該行寄存。既交他後，而又自己派勇去挑，亦不便。則交該行之費，非四角弍分包與該行不可。特此再行奉達，祈費心籌畫，究應如何，速爲示知，或電示皆可，即可遵照趕辦。本日雨未息，刻下亦總不能起上來也。此致，敬請勛安。

弟汝濟頓首　三月初三

（二十三）

徵三仁兄大人閣下：

頃接九帥來電，悉中日和議①已成，又少一番憂慮。知關綺念，特將原電抄呈台覽。專此，敬請勛安，不宣。

愚弟歐陽利見頓首 初四酉刻

三月初四酉刻 九帥來電

小村、仰籛、静帥、健帥、健飛軍門、仲帥、侯相、石帥、香帥、雪帥鑒：

接天津電，云頃與日本使伊藤定議，四個月後各撤駐防朝鮮之兵，餘概不問，擬初四晝押，伊藤初五回國。鴻頓等語，荃轉電。

① 此中日和議，係指處理朝鮮『壬午兵變』之和議。

（二十四）

司馬大人閣下：

茲懇者：二月二十八日，段營因捕盜來象兩哨①，段參將到防，即時派隊出巡各海口。頃據各海口團董來稟，此次台匪坐紅頭對漁船十四隻，約有二百餘人。七隻被海門營船打散，七隻幸段營前來，聞風而去。查段參將駐象，先後共有八九年之久，地方最爲熟悉，肯耐勞，肯用錢，不特出巡陸路，兼能雇用民船出巡外洋，因是段軍在象時，從未出一盜案。去年調去後，盜案叠出，幾至民不（了）［聊］生。現據段參將云，巡哨已回，台匪既退，明早即行全軍開回鎮防。沅挽留不得，因爵溪漁汛已届，台州紅頭對漁船約有二千餘號，台匪往往混迹其中，察機登岸劫掠。向年本有防營分紮，因海防多事調撤，刻下正擬稟請添營。段營既來，總須暫留一哨駐象，而段參將緣未奉營務處統領之諭，定欲全行開去。至再商懇，暫留四棚往爵駐防，一面回營請示定奪。仰乞憲台轉商錢統領，電稟撫、道、提各憲准留一哨；如海防稍鬆，並懇憲台轉稟各大憲，飭令段軍全營來象駐紮。卑邑雖有練軍一

①象，即象山縣。

營，地方遼闊，海口較多，難以分駐，承平時常紮行軍兩營。因三面環海，爲台匪出没之所，前金匪之據南田後①，剿除頗費周折。卑邑情形早邀憲台洞鑒，況爲民請命，諒能俯如所請。段參將恐錢統領責備，務乞憲台轉致，暫留四棚，實卑職不得已而挽留也。恐四棚太單，並乞憲速飭全哨來象，尤爲感禱。手肅，敬請勛安，伏惟垂鑒。

卑職文沅②謹稟　三月初二日四鼓

（二十五）

徵三仁弟大人閣下：

早間敝部回防，未及走辭，旋即有電奉達，諒已邀覽矣。頃間接奉來示並鄒令函，縷悉一是。段營今日回防，更接有鄒令來函，其堅留段參將者，以其久於駐防，情形熟悉也。除現留四棚在象外，兄本擬再撥四棚前往，合爲一哨，令段碧春常川照應，期得實濟。不意午後接薛觀察來信，亦以鄒令稟懇囑兄暫緩將段營調回，並云已稟撫憲。今段營已回，伊既

①金匪，指台匪黄金滿。
②即鄒文沅，號芷汀，江蘇常熟人，時任象山縣知縣。

稟知撫憲，只好候示再爲定奪矣。鄒令原函奉趙。匆此布復，恭請勛安。

如兄錢玉興①頓首　初四日燈下

（二十六）

徵三仁兄大人閣下：

昨日張君至，發去炮彈、旱雷箱、拉火、膠帶各件，祈補具大領爲荷。惟旱雷箱兩隻實系省中購買之物，昨特分撥寄上。尊處兩隻今日已到，應否斟換，再請斟酌。前承囑購螺絲、鋼板、梛頭、玻璃瓶以及零星各件，今日俱到，緣尚未起岸，擬點清後即專差解上。兹特解到油衣五百件、油帽五百頂，多未盡乾，尚祈收到時飭勇丁一一晾開，更爲妥當。其餘現正趕辦，不日又可解二批矣。手此，即請勛安，惟照不具。

愚弟陳汝濟頓首　初四戌刻

---

①錢玉興（1830—1912），字榮山，安徽壽州東鄉（今長豐縣）人，淮軍將領，時任江西撫標右營遊擊，記名總兵，隨劉秉璋調來浙江，駐防鎮海。後隨劉秉璋入川，昇任重慶鎮總兵，署理四川提督。

（二十七）

大法國欽命中國日本兩洋水師副提督李士卑斯書奉大清國欽命總統鎮海水陸提督軍門歐陽：

敬啓者：接續本月十五日致信奉商之事，敝處已奉本國來諭，照所請辦理。因此，貴軍門所統兵輪必須仍泊原處，不可駛出，候新約議妥後再行定奪。如此辦法，庶幾兩邊不致錯誤，諒貴處亦必有接到明文矣。專此。敬請台安。

西歷一千八百八十五年四月十七日發於桃子塞力加利桑爾亞舟次

（二十八）

徵三仁兄鄉大人閣下：

頃奉謙示，以現准甬局解到油衣帽五百副，囑局具領等因，茲特備具印領一紙，先將此五百付領回，即祈照發，交去弁帶下。惟敝部共係五營，每營應該若干，並乞兄代定數目，將來續解到日，再爲補領可耳。復請凱安，再璧尊謙，不具。

鄉愚弟楊岐珍頓首　三月初五

（二十九）

徵翁仁兄大人閣下：

連日爲煤事專函奉商，已有成説。本擬即派人押送鎮海，因前日係一浙江水師武弁持手本前來通知，云係省中交其解來交敝處應收之煤，其本人因有病，不能上來；又云尚有委員押解許多在後等語。弟是以趕急籌畫安頓此煤之所。乃前早此弁來署，弟詳詢其究竟是委他解來，抑是另有文員在後？何以全未見有公事？是否公事在他手中，抑在後頭一批之員手中？而該弁云一概不知，他亦並未有公事，並云只聞可以解交甯波，又聞前此已去兩批，在前是吴統領的等語。弟細查各説，大約此批仍是吴統領之煤，而水師奉有護送之事，是以押護前來，以致弟全無公事。該弁一毫不明白，混請弟收，忙到數日全非此事，真屬可惱！前此，弟奉省局札飭解來五百噸，有兩文，委員帶札親來，究竟是江蘇之煤，與浙無涉。此次又被此武弁混請收煤，鬧到數日，真是討嫌之至！公事並不忙，就是爲此等無趣之混鬧，白忙不暇，爲之奈何？造長彈事已於二十六日開工，由孟皋稟報，弟會兄銜稟出去，其孟皋稟批，令再將現造何種之彈，趕先估價稟候，轉稟省局核明。是案已由孟皋估定二百廿餘磅者一種，又八十磅者一種，擬先轉稟省局，請其查核其價，一係十三兩零，一係六兩八（千）［錢］零，比去年所造尚減，想不再駁，倘再駁則做不出來矣。吾兄有何法令省中不駁否？ 此次轉稟省局核價，亦擬會吾兄銜同稟，或者即藉此可以不駁耳，祈查核示知爲荷。吾兄所買之各種螺絲並各零件均已到，玆特解送，祈查收。其前日之電箱，由張委員帶著，大約是省中物。本係一大箱，中有五隻者，今又有兩隻由滬寄來，想是此兩隻，則前此兩隻祈退回爲禱。

再，鎮海江大令前有稟來，云及現渠處辦理施粥事，並未言及請款發給。頃宗湘翁來信，云該令另有稟，與伊言及從前曾蒙湘翁許以籌助一二百元，此時可否仍照發給等語。湘翁云前此實有此議，未知究竟需款否，囑弟代爲設法等語。特此奉詢老兄，究竟此事真有實惠及民否？ 如實係民命攸關，款不容少，則必代爲設法一二百元發去。如吾兄代爲查明不關緊要，則款項本難籌，各項公款中去一二百元亦不易矣。諸祈吾兄一言爲准，以便遵辦，瑣費清神，希諒之。款局尚無實在消息，閩軍已由撫憲飭先駐温候信，一時暫不來矣。此致，敬請勛安，惟鑒百益。

弟汝濟頓首　初五

另於今早解上油衣一批，想可收到矣，信一函想亦查閲。

（三十）

徵三仁兄大人閣下：

越上巳日得大函，誦悉一一。法船尚泊鎮洋，復阻我軍裝船隻，夷情詭譎，我軍之防未可鬆勁，洵爲確論。前奉電旨，於各處退兵之期明白宣示，獨鎮口未曾提及，不知何故？傳聞臺之澎湖二月十一、二等日，敵人十艘猛攻，砲臺失陷十三，澎湖不守，文武不知下落。此信果確，良深浩嘆，未知尊處有所聞否？尚祈賜示是幸。專此奉答，敬請台安，惟祈愛照，不一。提帥、西帥乞代致聲。

治愚弟貝錦泉、成邦幹合頓　三月初四夕

（三十一）

徵翁仁兄大人閣下：

昨付上油衣，可合用否？惟本色油衣總有白花紋，無論如何油濕、油透，總是有花，即再加一次油，亦復如是，均由弟親自經手看過無異，殊不可解。據他人僉云是無顔色，以致蓋不過此花文。而洋標布稍厚、有粉，不能無花也。未知究竟如何，殊覺討嫌。其價不過五角稍零，聞省中連帽一並合六角零矣，而其布聞尚不如，又其帽不如此之難做也。

又，內有先前未照省樣做者，袖覺其小，不知可用否？又，鎮海縣江令稟湘翁，祈提一二百元公款與其爲施粥之費，以前此湘翁曾許其撥公款一二百。現湘翁有信來，囑弟留意，然江大令與弟稟內卻無此請款之語，不知究竟此項經費少否？其費究竟是緊要必需者否？如可以不急需，則不必再撥公款，以公款亦不易撥；如必需緊要，則又不能不代爲想方，總祈吾兄代爲一查，以吾兄一言爲定。弟不知此中緊要與否也，祈費心爲感。近日法船光景何如？能早退則妙甚矣。電箱兩隻，想收到，其先兩隻祈擲還。洋膠一箱，承示留存備用，又聞無甚用處。沈委員不日回來看價，如太貴則亦可不必存也，吾兄以爲何如？此致，敬請勛安，不莊。

弟汝濟頓首　初七

（三十二）

徵三仁弟大人閣下：

逕啓者：前據薛叔翁稟，知撫帥留段將帶兩哨駐象，旋以段將已回，兄當電稟撫憲，以段將回防，不便再往，現留左哨黄哨官在象，亦可會同練軍防堵，有警段將再爲前往。昨接院復，准照辦理矣。至閩軍五營，亦曾經叔翁函示與敝部調紮等情，嗣據兄詢以處練營移紮何所，接撫憲來諭，閩軍暫駐温州，以免跋涉，此間各營仍照舊駐紮，無須移讓矣。鎮口景况何如？風便希惠復數行，以抒系念。特此布達。恭請勛安，諸惟捷照。

如兄錢玉興頓首　三月初七日

（三十三）

敬復者：昨夜五更奉環書，縷悉石浦請援情形已由尊處電稟撫台，擬請在省抽調一營駐紮卡下潭仇村一帶，以顧甯波後路而應石浦急援，現屬鄭都司往求宗太守撥巡防一哨往援各等因，足見藎謀周密，權衡得宜，佩慰奚似。頃鄭都司來見，已切實面諭，飭即星赴石浦，會商文武，嚴密戒備，以鎮人心而扼衝要。又，南琛等兵船袁、徐兩管帶頃來見過，據云該南琛船亦可抽兵數十名隨鄭都司赴石云云。刻下吳統領已往石浦，南琛兵船再抽兵百名或數十名，續往石護衛其統領，自是正辦，用商台端，函知南琛等管帶抽選兵丁數十名百名不等，或由該管帶派弁帶往石浦，或由鄭都司隨帶前去，總以速商袁、徐二管帶爲是，禱切盼切。

再，承屬嚴諭紅單哨官，行即諭知加勁守禦可也。此復，即頌勛安。

愚弟利見頓首　初三日上午十一點鐘

（三十四）

徵三公祖大人閣下：

頃接來示，敬悉一切。撫電由官減拖價等語，本爲極善之策，此價望（才）[裁]奪可耳。此輪去年及今停泊致耗，各股友頗有售出之意，計進本銀四千弍百兩，修理核具銀四百兩，共計進本銀四千六百兩，作四十六股合做，照目下情形，反折爲盈，以其拖船爲及時厚利，當差爲第一便捷，莫若此輪。照進本銀兩歸官，通稟撫憲，尤爲感激。拖船本爲便商起見，備輪誠爲差使迅速。現今當務之急，兼有拖船之利，一由官價，則拖帶各船進出，而各商非特感激，並得羣集樂從，則此輪之開支有盈無折，而商賈既被其澤，又悉上憲體恤下情之深意，且各差使尤爲妥便，而兆昌各股友亦皆感佩無已，藉可別圖營生矣。至所議貼煤壹噸，如可吹植永領，實出恩賜萬一。截止本月已經□出，願當差至四月初三日止，免多轉側，以全始終。諸祈勿卻，並俟德音，肅此奉覆，即請勛安，諸希惠照，不宣。

治晚生谷裕茂①頓首　三月初七日

（三十五）

徵三尊兄大人閣下：

襄劇鎮防，渥承雅愛，别後更深馳系。辰維指揮如意，勛業日隆，翹首鷹揚，傾心燕喜。澄、馭二船起出砲位，前後已解上七尊，近又續獲六尊，仍派弁解交吳鎮軍矣，合即布聞。鎮口近日有無戰事？敝部各哨弁務祈隨時訓誨，俾有遵循。弟歸途又叠獲敝著來函，知有大股台匪下海，游弋象邑西鄉一帶，勢頗猖獗。弟抵石後，查悉該匪竟有二百餘人之多，

①谷裕茂，待考。

有身穿號衣、槍械頗極精利者，實爲近今罕見。因即親自出巡，督率緝捕。知系綺懷，並以坿及。肅此，敬請捷安，諸希凱照，不宣。

教弟鄭碧山①頓首　二月二十三日

（三十六）

徵三仁兄大人執事：

昨夕探船齊報一函，度已登覽。今晨得探報，法艦仍兩船泊穆岙，一船進靠游山，尚□時燃空砲。夷情奸詐，早在諸公鑒中。弟等默計，現在鎮、定之防較之前時尤覺其難。伏讀電旨及各電報，停戰之期獨遺鎮海不提，船又不退，倘其駐泊日久，測量我砲臺輪船，對準一擊，則我軍受累匪淺。想輪船、砲臺之砲，必仍日夜備禦，向其船之來路，以備回擊。前此該船一出游山，我即可擊，該船故不敢窺探。今將和未和，必待伊開砲始可回擊，已輸一籌。鄙見似可電商中丞，轉電總理衙門，詢以該船之何以不退？停戰之約何以獨遺鎮口？庶使不致爲之藉口。愚昧之見，是否有當，乞商之提帥、西帥酌行。叨在摯愛，用以密陳。

①鄭碧山，字仙岩，號碧山，時任都司，後陞任石浦營參將。

昨聞傳言，南洋已得和議不成之電，究不知是否確耗？如西帥、提帥前乞致聲，恕〔不〕另。尊處得有的信，即乞飛示是盼。專此密佈，敬請台安百勝。

治愚弟貝錦泉、成邦幹同頓首　初六午刻

（三十七）

徵三仁兄大人閣下：

敬啓者：頃接薛耘翁來電，以漁汛將届，亟擬撥調廣勇交鄭仙崖①帶去巡護等因。准此查法船未退，紅單兵輪難以調動，本屬實情，但廣勇曾否可撥，仙崖曾否可勝此任，尚祈槃才斟酌，即希示復敝處，以便轉復道台爲荷。手泐。敬頌勛安。

愚弟歐陽利見頓首　三月初十亥刻

坿抄道台來電一紙。

薛道台來電

提軍門健翁、營務處杜徵兄鑒：

漁汛將届，凡官紳商民之請派巡護者絡繹而來，陳漱兄、程令屢進詢辦法。惟法船未

①鄭仙崖，即鄭仙岩。

先退，兵輪、紅單斷難出口，而台匪游弋，又不可無以彈壓。擬如去冬辦法，調勇而不調船，撥廣勇五成，交鄭仙岩帶扮商船出巡，以戢奸宄，隨後再相機酌辦。是否，希即示復。

福成頓首　三月初十戌刻到

（三十八）

徵三仁兄太守大人閣下：

頃奉環箋，縷聆壹是。派勇扮商出巡一案，適接薛耘翁復電，與尊見相同。請即台屬鄭都司碧山抽率廣勇五成，扮商出洋，巡護漁船，仍以二船之勇看守水雷，庶於巡、防兩無窒礙。足見槃才善於權宜，無任欽佩之至。專泐佈復，敬頌籌安，希惟荃照，不宣。

愚弟歐陽利見頓首　三月十一亥刻

坿抄道台復電一紙。

薛道台復電抄呈台覽

提軍門健翁、營務處杜徵兄鑒：

承示抽廣勇五成交仙岩出洋，洵於防務、巡務兩不致誤，希即照行。

福成　三月十一戌刻到

（三十九）

徵三仁兄鄉大人閣下：

頃奉謙書，以元宵之戰，砲兵陳桂生在砲臺陣亡，親老無依，現我兄與吉人①兄各幫六十六元，弟幫六十六元，共湊二百爲其養贍，足見體恤戰士，欽佩殊深。所有弟處應出一分，即祈我兄暫代墊付，容後歸還尊處也。復請凱安，百璧尊謙，不具。

鄉愚弟楊岐珍頓首　十一日

（四十）

徵三仁兄大人閣下：

本月初六日解赴尊處各件極其零星，茲復續開清單，乞再細點，有無短缺，祈詳細示知。初三張君領去砲彈、拉火、膠帶各件，亦無領具，内有旱電箱兩隻，系將省件撥用。初五日尊處訂購旱箱始到，次日即已解上，當即函請斠換，尚未邀將省件交下，即祈點交來丁帶回。

①吳杰，字吉人，時任管帶鎮海南北兩岸砲臺候補守備已保都司；戰後免補都司遊擊，以參將留於浙江儘先補用。

又，前日解上煤炭兩百噸，其中有無短少斤兩，亦乞飭查，發給收條一紙，以便該船户持條向上海委員手取錢。因恐途中舞弊，特以此舉防船户也。

再，從前劉鶴笙在滬所辦木料，事經中止，以未經退去之木料即存尊處。頃接省信詢查此項現作何用？又，翟輔翁所購木排，亦詢是否交與執事收用。並乞逐一詳示，以便回復省局。

兹復解上油衣五百件、油帽五百頂，即祈點收。法事已和，又將清理軍裝，凡從前貴處自領及弟處解上無領字各件，從容又須費心飭補印領矣。已在此詳查，即當開單寄知，但兩處合查出來更妙，禱甚禱甚。專肅，敬請勛安，諸惟凱督。

愚弟陳汝濟頓首　初九

再者：　此信係文案代作，其零碎各件，祈詳示，乃須回復上海沈君。各件係船行中包運，是以須收明後發收條與船户帶滬耳。又，電箱前此兩隻已承示及，一並需用，本無不可，但共一箱，内有五具，箱面係寫省局收，未知是寄錯到此否？然既經老兄必需，且俟函詢沈積甫是否可以撥用，再行計議，亦無不可，即不必先寄還可也。弟又及。

（四十一）

徵三仁兄大人閣下：

頃由滬購到基隆煤炭貳百噸，計六艘分裝，特飭原船逕解尊處，並附呈清單一紙，即祈點收爲荷。手肅，即請勛安，惟瞀不具。

愚弟陳汝濟頓首　初八巳刻

（四十二）

逕啓者：　頃奉中丞面諭，現在法事已和，所有省甯各處採辦軍火以及堵口一切，立即分別查明用款，剋日詳咨，遲必有誤等因。所有尊處上年承辦堵口製備、製造及採購一切，直至本年二月底止，動用各款，立等報院彙咨。信到務祈閣下詳細查明，於三日内開具草摺，先由信局寄下，隨後再行造册補詳，萬勿延緩，是所至禱。專此，即請勛安，立盼回玉。

愚弟時慶萊頓首　初五日

（四十三）

徵三仁兄大人閣下：

頃據上海莊鳳翁來信，得知瓦瓦司各砲彈已允代鑄若干，現須招寶山四十磅瓦瓦司後膛及金鷄山八十磅瓦瓦司後膛彈樣，望即寄開花、實心每砲各一顆，共計四顆，由便輪逕寄上海地亞士洋行莊鳳翁及何瑞翁二君查收。如海道不便，即仍寄杭轉寄可也。耑佈，即請勛安。

愚弟時慶萊頓首

（四十四）

敬啓者：頃據探稱，今日金塘洋面法船去來竟有十三只之多，惟時際天罩微霧，看認不清，俟明早探確再報等因。刻下條約未定，無論軍偵確否，仍宜加緊戒備。敬質高明，當亦以爲然也。專泐嗚肊，敬頌勛安，希惟融照，不宣。

愚弟歐陽利見頓首　十二戌刻

（四十五）

徵三仁兄大人麾下：

頃探船回定，奉到復示，種悉一一。昨日五點鐘，經過定口白殼法船一隻。茲又據探船面稟，鎮口今日目見游山外停泊黑殼法船一艘，穆岙四艘，兩黑兩白，均懸紅旂等語。事關至要，特再派探船前往穆岙確切看明，囑其到鎮時據實稟明尊處，該船到時，請呼而細詢之。澎湖距和期五天被其侵擾，聞非虛語。此次議和，我浙尚無停戰字樣，似不得不嚴防於未然也。肅此，敬請凱安，不備。

愚弟貝錦泉、成邦幹頓首　十三日申刻

（四十六）

徵三仁兄大人座右：

昨兩拜惠書，具悉種切。兆昌煤斤一事，已飭人向洋行説過，暫且停給，仍照執事前函，初六截止似爲妥當，即乞酌行爲幸。領解各件，開呈一紙，再祈查對補領是禱。專肅，敬請勛安，即惟凱督。

愚弟陳汝濟頓首　十一日

計開

正月十三日解去羣子弍萬斤

前月廿九日解去印度膠帶拾餅，又陸續解去牛莊油簍一千個

本月初三日領去神機炮彈一萬弍千顆，拉火五百支，膠帶一盤，旱電箱兩隻

本月初六日解去零星各件，另開有清單，又附解旱電箱兩隻

又補初五煤炭弍百噸，油衣尚未解齊

三月十一開呈

（四十七）

徵三仁兄太守大人閣下：

頃間得悉石心田①司馬已於月之初一日抵石浦，查悉情形，即於次日動身返閩，不知繞道杭州與否？因蒙垂詢，特此奉聞泐佈，即請勛安，惟希升照，不既。

教弟張國林②頓首　十二日

---

①石心田，待考。

②張國林，時爲參將。戰後以副將仍留兩江儘先補用。

（四十八）

徵三仁兄大人韜席：

頃奉惠翰，敬悉金陵兵輪煤炭六百噸已經還來。承屬將其原領寄還，當即飭查，知此項領字已於正月杪送省，該承等因見省飭指明該船煤糧由甯接濟，自與暫借者有間（原領三紙，本非借領），故將其領循按月報省之章一並申送，此亦書辦照例之事。吳君以煤還來，索取領字，亦是正辦。爲今之計，擬由敝局移吳統領，告明煤炭如數收還，（刻下或再申報省局，已收回此煤，即可一並移明耳。）彼以公文爲憑，當無他説也。應否如是辦理，再祈酌示，以便照行，臨書不勝企禱之至。手肅，敬請勛安，惟詧不備。

愚弟陳汝濟頓首　望日

（四十九）

敬啓者：　頃接曾九帥來電，惟係密號，雖再四校對，其中仍多錯碼，不過會其大意云爾。用特抄呈台覽。專此，即頌勛安。

弟利見頓首　三月十六辰刻

曾九帥來電

□呈督撫院歐陽提台密號：

頃省帥由厦門來電云徑電達否？初二日英領事莉接孤拔照會，自初一日開口，初二日基隆各營升白旂止戰，彼此不開槍砲。現值茶市，淩口民情歡欣，涇款偶到□，由厦門畯商輪輩解，解數十萬救急。謹將法晏附寄，請轉電總琢廉北湔並達相將軍〇〇同叩。法國來值文二件坿閱。第一件，大法味毀辦中國東南海內水師提督千佩爲照會事，現奉本國來電，稱暫行開禁臺灣海口，於西曆一千［八百］八十五年四月十五日起，即中國光緒十一年三月初一日，至奉文條款另紙告知。第二件，法廷諭告佩一千八百八十五年四月初十日接天津來信，先行息戰。現在天津暫立簡明和約，四月十五日先行［開］禁臺灣海口，並停水陸戰事，一面知會中國官，請爲出派，曉諭全臺軍民人等，汕、悠以及調加兵勇、添運軍械、私帶糧米等事，一俟和議定後，兩國再行退兵紙。荃轉電。

（五十）

稟收：

林千總向在營中，其黎槍呍啫士得槍拆散配合，皆知竅妙，用法亦熟，想貴軍正需人之際，已令其報效麾下。如蒙録用，該千總定能圖報也。肅此奉佈，即請勛安，不一。

愚弟龔照瑗①頓首　二月廿七

前運來之電光燈已否安置？曾否合用？祈示知爲盼。瑗又拜。

丹書另有解槍之函附呈。

（五十一）

徵（山）〔三〕仁兄大人閣下：

久别念甚，近惟戎祉宣勤，至以爲頌。前奉電示購黎意槍一節，當即電復。嗣兄台又以唔士得槍可用，丹書已代留二十二桿、子一萬二千粒，兹交押煤船之凌千總義庭運呈台端，即祈

①龔照瑗，字仰蘧，號衛卿，安徽合肥人，時任江蘇候補道。中法戰争期間，爲臺灣守軍轉運軍械。1886年任上海道台，1891年遷浙江按察使，後任四川布政使、駐英法意比等國公使，曾在倫敦誘捕孫中山。

（五十二）

澂三仁兄大人閣下：

前布寸緘，計早達覽。玆由生源號内河船裝上呍啫司得槍二十二枝、子彈八千八百粒，至祈檢收。此項槍枝，敝行尚存二十五枝、子彈一萬粒，尊處如欲添購，價亦相同。惟此槍彈子無多，每枝祇能備四百粒，尚望諒之爲幸（龔局憲函内誤填一萬二千之數）。專此，敬請捷安。

治愚弟何恭壽頓首　二月廿八

（五十三）

徵三司馬大人閣下：

頃奉手示，敬悉凌千總現欲回滬。玆遵前示，奉上洋蚨拾元，祈檢收轉給是荷。此復，並請升安，諸惟雅照，不具。

何乘鰲①頓首

①何乘鰲，字禹卿，號海峯，安徽廬江黄屯（今龍橋鎮）人，慶軍將領，時任總兵；戰後以提督記名遇缺題奏。

（五十四）

逕啓者：省、甯各處採辦軍火以及堵口一切事宜，截止本年二月底止用過款項，前奉中丞諭令，查明詳咨，即經轉致台端，請先查開單摺，即日送局核辦，去後尚未見到。兹復奉撫憲諭催，以海上停戰，撤防有期，無論所購軍火曾否到齊，先將所購價值先付定銀若干，餘款應找若干，趁此一律彙報，毋得遺漏等因。催報甚急，合再奉布，務祈澂三仁兄大人查照先後來函所指，飛速開摺，即刻專差送局，立等詳咨，萬勿稍緩，是所至禱。專泐，順請勛安，並盼回玉，不既。

愚弟時慶萊頓首

（五十五）

澂翁太守大人臺前：

敬肅者：日昨申刻，趨謁台階，諸承指示，回署後即將面聆教言爲敝錢席轉述，深稱高見，欽佩莫名。第據言前此修理鈎金塘等五處砲臺，係先由尊處估計工匠，檢平臺面，共需洋銀弍百元。嗣因通盤拆卸，重新修復，並添用鐵桿，下繫横檔，上繫鐵環及石條，接縫之處均用鐵門兩頭鈎連，以致前估之數不敷所用，皆係曾處墊出錢三百餘千。但此項既經賠墊，本不敢妄有希冀撥款歸償，但前領式百元早經在案，今工竣已久，理應報銷，而實在不敷之數，又不能不據實聲敘，可否將昨日呈閲之稿，鈎去修理營房及火藥局一段，專敘砲臺後面申説？所有請領式百元以外，皆係卑縣捐廉，以補不敷之數，理合稟明銷案云云，似此諒不致批駁也。仰懇大筆即將日昨所呈之稿代爲更正，千祈勿以此稿係曾幕友秉筆，稍存客氣，是所拜禱。兹將楊統領二次稟修威遠城底稿，及曾此番所稟之稿，一並寄呈台覽。如曾此次稟稿可以不用，則免飭承繕發，仰乞俯賜回示，臨穎不勝翹禱之至。專肅佈陳，恭請勛安，伏希垂照，不莊。

江繼曾①謹肅

附呈稟稿二紙。

（五十六）

偉堂賢阮大人閣下：

前月履謙弟自尊處來杭，藉悉履祉吉羊爲慰。愚碌碌如常，無善足録，幸身體平安，差

①江繼曾，時任浙江鎮海知縣。

堪以慰錦懷耳。近接小圃來信，知伊已奏調閩省。茲有同鄉劉君達楊統領一函，囑愚轉懇賢阮飭送爲託。此問近好。

愚姑丈戴祖繩頓首　三月十四日

（五十七）

徵三仁棣大人麾下：

頃接來函，並收到油帽衣六百二十付，甯局所解五百付早經收到，已與收條。尊處如須領字，則甯局亦當一律，隨後趙上亦可。此復，即請勛安，惟照不具。

如兄錢玉興頓首　十七日燈下

（五十八）

敬密啓者：從前創築招寶山砲臺之際，閣下固藎勞倍著，迴越尋常，而弟與王厚翁濫竽襄贊，亦不無勉竭棉力。竊思閩省砲臺夙稱堅實，一經法砲轟擊，曾不逾時，盡成焦土。而招寶之臺經數十百砲之多，仍復完好如初，於以見卓卓長才，昔日之實事求是與今日之運籌決勝，相濟而成大功，鄙人與有榮矣。猶憶當時執事以工程出力稟請石帥獎保，曾蒙允准。旋因石帥卸任，未及施行。現在中法和議指日可成，慶賞之典即須辦理，弟既不獲馳驅其間，何敢妄生希冀，濫叨非分？惟思閣下古道熱腸，知好有素，恃愛既深，遂不揣冒昧，專函奉懇於開保之時，鼎力設法，亦將賤名與厚翁大銜列入，俾得一階倖進，出自格外成全。在弟固銜結無既，即厚翁諒亦倍深感激。但事非親歷戎行，恐遭駁詰，擬請老兄以前築砲臺，弟與厚翁均經共事，曾著微勞，工程堅固，現有明證，及石帥允爲請奬等詞，專稟中座或稟求軍門轉咨奏保。如此辦法，即不邀准，亦無痕迹。倘蒙慨允，尚求先賜覆示。

再，弟於花樣素不熟悉，今將銜名及擬保各項另紙開呈。應保何項，弟無成見。統祈尊裁，不勝感禱之至。閣下處事向具卓識，如以事類非分相干，不便轉陳，即作罷論，並乞秘而勿宣，免致見笑大方，幸甚幸甚！ 載請升安。弟又頓。

（五十九）

徵三仁兄大人閣下：

前日寄上一椷，想先此可邀青覽。比惟勛祉吉祥爲頌。油衣、油帽由省製造乙千五百付，現已趕就，全行交時委員由運煤便船解上，到祈點驗查收示復爲禱。耑請升安，惟照不具。

愚弟時慶萊頓首

（六十）

徵三仁兄大人閣下：

逕啓者：　頃陳漱珊太守接到山陰曾令函，稱此次海防得手，民間紛傳有道光年間陣亡總鎮葛壯節公及團練紳士朱公神靈顯應招寶山等處砲臺，夜間皆有神燈照耀，萬目共覩；（杜批：　並無此事，亂造謡言。）尊神祠墓皆在紹興，各紳董同深寅感，擬籲求詳奏，賞給匾額，或加封號，以答神庥等語。當戰事方殷之際，弟亦曾聞此説。刻下將近蕆事，諸將士戰守賢勞，並無傷損，地方保全較他省獨爲完善。神道設教，古所不廢。實賴前敵君子忠義激發，神人共應，茂建大功，力摧强敵。鄙意即請執事查明神迹，詳悉示復，以便轉詳撫憲核奪。非僅歸功於神明，亦益見諸君子督率有方，保全數十萬生靈之命，成功奏凱，誠非易事也。除函致廖度堂大令查復外，專此泐布，順頌捷安，不一。

愚弟薛福成頓首

（六十一）

頃聞所云漁船出港，通知法艦，兹恐緘致不達，姑擬明晨專派大副協仝洋人慶世理一往説明更妙。明早九點鐘，敬邀尊處飭撥兆昌輪船前來拖帶舢舨出口爲禱。該漁船係往何處捕魚，希乞查明示覆，以便轉達前途是荷。專此奉懇，即請徵翁太守大人籌安。

晚聽保①頓首　十六日

（六十二）

徵三太尊仁兄鄉大人麾下：

昨奉手示。其時因天色不早，是以未及走領，今特差弁齎呈印領壹紙，即希查照，將油衣並帽發交來手。瀆神之處，容再晤謝。專肅，敬請凱安，諸希偉照。

鄉小弟周士盛②頓首　十九日

---

①聽保，即鄧聽保，（1857—1921），字曼雲，廣東香山人。1869年考入福州船政後學堂第二屆駕駛班。1875年從船政學堂畢業，上『揚武』練船實習；時任都司銜守備；戰後以都司儘先補用。後入職北洋水師，1885年任『定遠』艦槍砲二副。民國六年（1917年）北洋政府海軍部接收廣東黃埔海軍學校，任命鄧聽保爲該校校長。

②周士盛，字衡山，安徽潛山縣黃柏人。投效淮軍，薦保副將。歷任江西撫標盛字營統帶，調帶浙江撫標楚軍右營，兼帶越軍，總理浙西水陸營務處。戰後以總兵遇缺題奏。

（六十三）

徵三仁兄大人韜席：

頃奉昨日酉刻發來手示並清單一紙，敬悉種切。油衣、油帽五百副，日内當可趕起，再專差送上。敝處製辦此件，系派人督工，不准稍有草率。洋標雖不及上等大布，然較洋布已好。每副衣帽總共只合洋五角一分有零。另文及吴吉人印領亦均收到，承示已來，俟補各領具見細密，良深佩服。惟初六解去鐵料各件，敝處一購一發，隨時必作帳申報，且須將領字同案送省，此項似不可以無領，尚希補下爲荷。至於上年所領車床一部，是敝處從前購存之物，曾經報過，後此鎮用、甯用，本無關出入，原可無須領字，即遵囑辦理可也。專肅布臆，敬請勛安，惟督不具。

愚弟陳汝濟頓首　十九申刻

（六十四）

徵三仁兄大人閣下：

日前奉致寸啓，計邀青督。兹又解上油衣、油帽各五百件，合共前解已有一千五百之數；再有五百于日前解往錢榮翁處矣。統共弍千之數已滿。並此奉聞，專肅，敬請勛安，惟照不具。

愚弟陳汝濟頓首　廿一卯刻

（六十五）

徵三仁弟大人閣下：

叠接電示，知悉。油衣帽共收到一千一百廿件，遵命分具印領二紙，内甯局一紙統寄呈，即祈察收。又查梅墟南北岸上下四砲臺安設大砲數目亦遵飭開具清單（又新築土砲臺），送呈台覽，均祈查收爲荷。特此匆復，恭請勛安，伏惟凱照，不備。

如兄錢玉興頓首　三月十九日

再接台函，知雨衣帽被火燒去七十二套，兄亦遵示認卅套，已具印領矣。又及。

（六十六）

徵三仁兄鄉大人閣下：

頃誦謙示，以甬局又解到油衣帽五百付，囑即往領等因。查敝部五營先後兩次核計共領一千付，其時委員燒燬七十二件，榮、衡兩兄分認四十二件，弟亦照認卅件，兹特具五百付印領一紙，專弁走取，即祈尊處賜發四百七十付，留下三十以補前數，是所至禱。復請凱安，再璧尊謙，不具。

鄉愚弟楊岐珍頓首　三月廿一日

（六十七）

徵三仁兄鄉大人閣下：

頃間兩奉謙書，祗聆種切。會稟稿周妥已極，即請貴友代繕，以便會印，偏勞費神，謝謝！承示油衣帽一項，除分發南岸梅墟各營，計仍短少二百七十二付，郡局日内尚有五百付解來，劃抵之外，計多二百八十二付。將來候甯局續解到日，敝部五營算明應補若干，再爲請領。其周衡小兄處即請由我兄就近函致，派弁具領可耳。專此，復請捷安，再璧尊謙，不具。

鄉愚弟楊岐珍頓首　三月十八日

（六十八）

徵三太尊仁兄鄉大人麾右：

昨日重叨大教，並擾郇厨，感佩之至。至昨晚所放電氣燈，敝營見有四分光景。所云油衣、帽廿七付，今着弁來前請領，即希發交來手，外呈領條一紙，悉遵示照繕，希即檢存爲荷。專此佈謝，敬請凱安，不一。

鄉小弟周士盛頓首　廿二日

（六十九）

徵三仁兄大人閣下：

頃奉惠牘暨抄示兩電稿，敬悉壹是。刻下中、法、日三國雖有和議，而條款尚未定局，若日使驟然進口遊歷，殊屬有礙防務，尊意擬復，請阻止入口，足見才識敻絶，欽佩之至。仍祈將此意電請中丞轉行滬道爲荷（一面電復耘翁）。此復，即頌台安。

愚弟利見頓首　廿二

（七十）

徵三仁兄鄉大人閣下：

頃奉謙書，並抄示薛觀詧遞來及答覆兩電，均祗聆悉。值此法船近泊，封禁未啓，日艦進口，固屬非宜。且日人和議甫定，尚未收兵，難保不以游歷爲名，窺我防營砲臺，則登岸尤爲不便。今經我兄電致往阻，只准游於外洋，不許入口，籌慮周密，殊使欽服良深耳。泐此，復請凱安，再璧尊謙，不具。

鄉愚弟楊岐珍頓首　廿二

（七十一）

敬啓者：頃奉南洋爵督部堂電函，法人近日用船載兵馬軍械增赴澎湖、郎甲、船頭、海防等處，似此種之違約，顯有詐謀，用特飛佈，望即傳諭水陸各營一律加緊戒備，是爲至要。泐此，即頌台安，希惟荃照，不宣。

愚弟利見頓首　念三巳刻

坿九帥來電一紙①

鎮江大營、江陰大營、吴淞大營、鎮海健飛軍門、徵三鑒：

南洋曾宫保本日洞電奏云，兩三搪來法船自港運煤糧兵衣赴台者多起，十二日法兵船

①注：電文中有亂字碼。

連運陸兵帳棚冈十副、氤弫三百六十具、豺三詠，十八日法僋船渠埃刁壬載兵數百、馬三百匹赴澎湖，十三日法船載兵四百到海防。馮幫辦電，十一日我兵退後探知郎甲、船頭十一各法營保修砲臺。又電法船二現仍封口，至來華新兵三月初十仍赴防所四千，前已奏法林我調兵、運械、濟糧，今彼種種違約，恐强恐有他變，謹奏聞，請敕北洋詰商，並勉臺灣、雲、桂，諭軍勿懈。除電奏外，奉布洞號。荃轉。

（七十二）

徵三仁兄大人閣下：

頃奉手書，敬悉壹是。從本月念九日起，又擬口號十天，另紙繕列，祈分寄各營爲禱。再，日昨尊處發來雨衣共壹仟壹百廿套，當即品發各營。兹據該各管帶先後送到印領共拾紙，特行彙送，祈查收轉詳備考爲荷。專泐佈懇，敬頌籌安，不一。

愚弟歐陽利見頓首　三月念六日

坿送呈印領共拾張，計油衣共分領壹千百廿套，口號十天。

（七十三）

敬復者：　頃奉鈞函，來勇本應遵用，緣前帶來舊部已有七人，團局尚有已散等補廿餘名，現在經費維艱，只可先用廿名，已覺人浮于事，且請局董商酌，如將等補之勇少用二名，即可補入，容商再當奉復。昨發晉出口兩船户，出者枷責，並通行户晉者責之，傳行户保去，如再犯重辦，不知是否如此？仰祈指示。肅復，敬請時安。

弟謹啓　廿六

吉人兄均此請安，恕未另函。增甫兄並候。附呈三百員洋票壹紙，祈撿收是荷，並候回玉。

（七十四）

敬肅者：頃奉手教，拜悉。惟有已革之勇徐長美、林得勝二名，前因吸煙被獲，當即斥革，經頭舵工等環求結保，至今三次，刻下不但煙仍不戒，膽敢出外賭博，且將民人打傷，斷難稍事姑容，猶恐衆勇效尤，故不得已詳革。況徐長美尚有一兄在敝軍中充當哨長，宗於開發時亦已給發川資叁元。林得勝藉係紹興，一水可到，亦付川資叁元，足可敷用。此皆宗所賠給，並無開銷。知關廑念，用敢復陳。專泐，敬請勛安，惟照不一。

劉昆宗①謹呈

---

①劉昆宗，待考。

（七十五）

徵三仁兄大人執事：

正切馳思，適承手教，藉悉近日貴防情形，感佩感佩！前日得健帥書，該酋有添兵運糧於澎湖、海防諸處，而探聞滬上英電有和議未成之語。夷情狡詐莫測，我輩亦惟嚴陣以待耳。茲乘差便專此，敬請勛安，惟祈詧照，不備。

健帥、西帥均乞代爲致聲。

治愚弟貝錦泉、成邦幹合頓　三月廿八日

（七十六）

徵三仁兄大人閣下：

日前由滬運到之煤，承收借項煤六百墩，所有包皮由仰遽觀詧函約退還。茲據煤廠單稱，尊處尚存包皮四千九百八十三件，祈飭司事者照數檢出，擲交來手，以便繳還襲觀詧也。手此奉瀆，祗請勛安，不一。

愚弟吴安康①頓首　二十九日

①吴安康，時任提督銜統領南洋水師五艦援臺總兵。

（七十七）

徵三仁兄大人韜席：

悵隔鴻儀，時殷蟻結。比想蕃祺祜篤，藎箸勛隆爲佩。專啓者：頃接省函，以法事款局已成，防務稍鬆，所有各營請領軍火，從前多有按季領取者，此後必須一月一領，屬令敝局不必預發，固恐將來撤防，多發者收回轇轕，即領去者安放亦難。後此惟祈轉知各營，凡常操軍火，皆按月赴領，由上月領下月，亦不虞失操期也。特此奉佈，敬請勛安，惟照，不具。

愚弟陳汝濟頓首　廿八日

（七十八）

徵三仁兄大人閣下：

逕啓者：頃奉手書，以安遠砲臺教習稟：石匠頭目朱志美，自正月十五率領各匠逃回小溪，所有小山器具均未交代，因屢傳坐視，請移傳押送等由。准即飭差往傳去後，除俟傳到石匠朱志美，即當派差押送貴營，聽候察收外，合先肅復。順請大安，諸希察照，不備。

愚弟名正肅　四月初弍日

再者，前寄來之信，刻下並未奉到可也。又及。

（七十九）

徵三仁兄大人閣下：

頃奉電函，誦悉一切。查前准滬局龔觀察來文，以洋行派來匠目周阿來一名，准給酬勞規銀六十兩，俟電燈安置妥貼，即令仍回該行，傭工並未提及工貲，亦無在滬動身日期。既已電燈安好，炮兵學習已能燃放，即可任其回滬。原議只給酬勞銀兩，已由龔觀察墊付，其應否找給之處，應俟隨後龔觀察信來再付，此時即令其先回可也。此外，工匠錢阿富一名，每月工貲洋六十元，又工匠楊文照一名，每月工資洋四十元，該二匠工資亦由龔觀察先發一月。來電謂砲兵已能燃放，想錢、楊二匠亦可令其回滬矣。即祈酌之，如尚需用，此後由尊處按月照給是荷。耑泐奉覆，敬請勛安百益。

愚弟時慶萊頓首　三月廿八日

（八十）

徵三仁兄鄉大人閣下：

前此爲江令會稟威遠城工程報銷，今午接奉悉批，仍飭會稟等因。查此案前經敬菴兄具稟，已經批至尊處，應何如具覆，即祈我兄主稿辦理。原批弟處已經抄存，兹特附□，並乞詧閲。此請升安，統惟愛照，不具。

鄉愚弟楊岐珍頓首　初四

（八十一）

徵三仁兄大人韜席：

頃據張委員面稱，現在承造二百二十四磅及三道來福礮八十磅實心砲彈，已經鑄就一半，應配給何處砲臺，請執事飭查，敝處候奉示復，再照辦也。特此布達，敬請勛安，諸惟愛照，不具。

愚弟陳汝濟頓首　初二

（八十二）

徵翁觀詧大人閣下：

頃奉教言，拜悉種切。日本人蜜斯魯來船時，驄已經問過，據云黑田公使明日進來，一逕赴甯，不致到砲臺各營盤觀看。驄已將該公使明早五點鐘進來情形，稟知提憲矣。承示派玉堂乘坐安旅同去同回，似屬未便。驄意聽其自行雇船，俟其一行，驄當另派一人隨後跟去，暗中窺其舉動，較爲妥善。尊意以爲何如？一俟轉來，即當奉聞，以慰垂廑耳。匆匆肅復，祇請勛安，統希荃照。

鄧驄保謹肅

（八十三）

徵翁觀督大人閣下：

頃聞日本人密斯魯轉來，據云今早往船去見提督黑田，因該日員詢及無小火輪往甯，若雇民船恐一天不及往還，是以不欲去甯，仍將原信帶轉，定於今日開船回滬等語。知關雅廑，用特奉聞。肅此，祇請勛安，統希荃照。

鄧驄保謹上　四月初六日

（八十四）

瀓三仁兄大人麾下：

今日本擬造訪，因雨不果，請俟明日。頃據谷蘭亭來託，云兆昌小火輪經麾下初諭，毋庸候差，繼仍諭令聽候差使。惟此種煤價前在總局請領，諭令候尊處信到，即行發給。可否賜予信札，俾得請領煤價，則感可知也。手此，祇請勛安百苐。

小弟吴安康頓首　初四日

（八十五）

敬稟者：竊卑職奉委照料製造鎮海砲臺各項砲彈，曾經會同劉守備將一百磅博洪砲、八十磅三道礲瓦瓦斯砲兩項，先行趕造開花、實心彈各二百顆以應急需，一面陸續開工。日前，府憲接防軍局來函，云奉撫憲面諭，鎮海砲彈需用甚殷，甯局恐趕造不及，業經派人帶同彈樣前赴上海、金陵各局廠代製二千餘顆，其甯局可製一千三四百顆之語。其中應造何項砲彈，未經提明，無從遵守；且價值亦須議定，以免將來駁斥，是以府憲復再函商。頃蒙府憲交閱省局覆函，砲彈業已准定製造九百顆，價值並可照准，毋庸再議。飭即將此情形稟明，並將原函鈔呈憲鑒。兹謹照鈔原函一紙附呈，仰祈察收是叩。

再，卑職今日在府署捧讀憲臺致府憲一函，内開三道礲八十磅彈不妨多造數百顆等因。府憲因此項砲彈昨接莊鳳梧司馬來函，鎮海砲彈業在金陵、上海各局廠分造三千餘顆，内有瓦瓦斯八十磅彈一百顆，雖無三道礲之名，但恐即是此項，應俟將來上海造成解到，如無此項砲彈，再爲稟添。緣目下防軍局既定有成數，可否從緩製造之處，飭即一並稟陳鈞聽，是否有當，伏候訓示祇遵。肅泐寸稟，恭叩福安。

卑職張賡第①謹稟　初六日

謹將省局覆甯局憲原函録呈鈞鑒

漱珊仁兄大人閣下：

昨奉手教，聆悉壹是。承商製造砲彈一節，此事前後情形，緣當法事喫緊之時，多有變動，是以屢奉中丞諭局函致尊處，趕造砲彈者惟恐急須應用，一時鼓鑄不及也，並由莊鳳梧兄前赴江南金陵機器局及滬廠託鑄各種砲彈，現已造有成數。目下和議粗有端倪，而帑藏如洗，砲子既可敷用，自宜暫且少鑄，期節經費。第尊處甫經設局開辦，一切採辦物料及人工等項在在攸需，似鑄少不如鑄多之合算。前經尊處稟報，製造博洪砲彈及瓦瓦斯八十磅、三道來富礶彈兩項，共計四百顆，今來函云若僅鑄此彈，爲數甚少，當須償其物料、水脚二百元作爲津貼匠工之舉，所籌亦屬周到，惟終覺費出鑿空，賠貼無名，似不如將瓦瓦斯八十磅銅箍彈及克虜伯四十磅包鉛彈，再每項各鑄實心、開花彈若干顆，另開清單一紙，統共

①張庚第，待考。

合鑄九百顆之數。似此所鑄較多，匠工當可合算。可否仍照以前報數，無庸另貼物料、水脚洋二百元之處，仍乞尊裁爲荷。至於前此局批，内有此後仍須隨時節省，勿以稟明在先即爲定案云云，原因嗣後多鑄而言；若所鑄僅只此數，斷無再有撙節之理，前批應作罷論。泐此奉復，敬請勛安，不備。

愚弟時慶萊頓首

計開

博洪二百二十四磅包鉛砲彈　應配造開花實心各壹百顆

瓦瓦斯八十磅三道來富礶砲彈　應配造開花實心各壹百顆

克虜伯四十磅包鉛砲彈　應配造開花實心各壹百顆

瓦瓦斯八十磅銅箍砲彈　應配造開花實心各壹百五十顆

以上共玖百顆

（八十六）

徵三仁兄鄉大人閣下：

頃奉謙函並會稟稿二紙，均已讀悉。弟捧誦前稿，甚爲妥貼。兹持鈐印書行，除留一分存查外，其□分及原卷送呈，祈詧收，請貴友繕寫爲感。此請凱安，再璧尊謙，不一。

鄉愚弟楊岐珍頓首

（八十七）

徵三仁兄大人閣下：

頃奉手書，得悉一切，邇維勛績崇宏爲頌。承囑需換電箱三箇、電表一箇及零件，已點交來勇帶上，祈查收備用。惟鉛板、炭片、接電片三種，來單未開分寸，請飭趙升開明寄來，以便照樣寄奉。損壞電箱三隻、表一箇，已照收。前承賜書致滬，其時弟已回省，彈樣四箇已由地亞士代送金陵機器局矣，並以附聞。雲翁因己事赴滬未回。專此布復，祗請勛安，惟祈愛照，不宣。

愚弟莊濟泰①頓首　初四日

再，鉛片等三種，現由敝處酌寄開單併奉。是否合用，請飭趙升改用可也。又啓。

①莊濟泰，待考。

（八十八）

徵三仁兄大人韜席：

逕啓者：頃據敝局沈委員由滬購到煤炭叁百噸，函稱原買之煤並無水濕。若有水濕，應令該船户曬乾後再行過磅，或即加收斤兩作爲濕耗亦無不可。兹已分載八船，解赴台端，敬祈飭令點收。倘再少觔兩，即乞當時飭其補清。若有石頭（纔）〔攙〕和、不能合用者，亦（下缺）

（八十九）

（上缺）按日給予工資。惟弟處前墊各款，均經杭垣支應局移還清楚，此項銀洋，逕請尊處核發寄滬，由弟轉給。俾該匠來領，往返又有周折。所有弟代購電燈時稟復一稿，録奉台察。手此縷復，祇請勛安，統惟朗照，不盡。

鄉愚弟龔照瑗頓首　四月初八日

再啓者：此燈察看後如果不能合用，似應將另换情節先行稟明撫憲，屆時應歸尊處，抑係由弟具稟，尚乞裁示爲幸。專此，再請升安。弟瑗又頓首。

（九十）

徵三仁兄大人韜席：

昨讀大諭，謹悉墩煤之所已無隙處可尋，過遠自不放心，即依尊示儲之郡中，亦無不可。惟擬儘貴處存儲後，餘數多少，再由該船運來。亦祈校明數目，開單擲下，所有前次欠數壹千三百七十磅，亦乞照數收清，免至再運赴鎮營往返也。專此，即請勛安，惟察不具。

愚弟陳汝濟頓首　十六

原單一紙，仍送上詧閲。

（九十一）

稟浙江撫憲劉

敬稟者：竊△△於正月十九日奉憲台電諭，鎮口夜防雷船及淺水船，祈向上海逊氣公司代買守口電氣燈一盞，派小輪迅速送杭，價由杭給等因。奉此，當即查上海只有電氣公司有此項燈架，細加察看，卻係行軍之器。惟有缺少鍋爐，即與該行主商酌，由發昌廠添配合式鍋爐一座，於二十八日夜間在虹口陸地試驗，其光遠觸四五里許。據西電氣匠云，若在洋面，十里外船隻皆可照見。因與該行議定價規平銀叄千兩，係瑞生洋行東補海師岱經手，言明不取行用，於二十八日電稟情形，敬奉憲電，示復在案。此項電燈必須熟手經理，該行代雇電匠一名、司機生火匠一名，其工食均查照該行所發數目酌加若干，每月共洋壹百元，並由該行派來匠目周阿來代爲安置妥貼，試用一月，光如常，該匠仍回該公司，傭工只給酬銀六十兩。現將應添日用料物器具購備齊全，計價規銀二十五兩、英洋一百零三元五角四分，又船價駁力共洋叄拾玖元，拖船、小火輪、水脚銀伍拾兩以上，各款總計規銀叄千壹百叄拾伍兩、英洋弍百肆拾弍元伍角四分，均已借款發給。兹將各件一律裝箱，雇船裝載，派委員載嗣源帶同電匠等押送前來，聽候派員驗收，並將器具物料及借發各款銀洋另開清單，坿呈鈞鑒。所有借墊銀三千一百三十五兩、洋二百四十二元五角四分，乞批示祇遵。肅此寸稟，恭叩勛安，仰祈垂鑒。

△△△謹稟　二月初六日

敬再稟者：雇來司電燈二匠，每月工食洋一百元，不免過多，然需人之際，非給此工食，該匠等不來效力，惟有修燈安好，請飭經管委員就地選伶俐機器匠一二名，隨時學習，得其用法，或將來匠酌減工食留用，或即遣去，自可操縱由我。聞臺灣正月廿日以後，連日開仗，互有傷亡。前月二十八日，接省帥初四日寄出電音，至今未有音信，臺洋仍是梗塞。楊厚帥渡台，由卑南登岸，所帶勇械無多。省帥初四日密電，另抄坿呈鈞鑒，接濟兵輪煤觔，隨時雇船趕運，以慰廑係。肅此，再叩勛祺。

（九十二）

敬復者：頃奉來示，諸承關切，心感之至。淹浦搶案係慈溪所管，敝處係准移代出賞格，象山既已拿獲，自應知照，由尊處、敝處均可。昨弔購地築壘案，細細查閱，其中會稟極其妥當，遲日晤面，即當商辦也。泐此奉諭，敬請升安。

安之①謹啓　十九日

（九十三）

徵三仁兄公祖大人執事：

查敝防上年奉撥旱電綫十盤，屢經試驗，天雨不靈，地潮不靈，經作書奉商尊處，並帶

①安之，待考。

線比試，一切情形均邀鑒及。弟與梓仲①原以守土責重，陸防專恃地雷，若使稍誤事機，責何旁貸？是以不能不實事求是，以期守禦得力。因即派人赴滬訪購切實可靠電綫，擬行添購配用，而以局發之線留備晴天燥地凑用。今春二月，訪有新到外洋電線，原擬自行購配，不復開報，乃詢知每英尺需價銀六分，費頗不貲，遂即從緩置議。前忽接到南洋電報，知法事和議尚無把握，防務不容稍懈，因於前月下旬函商中丞，擬請添購此線，以資得力。乃昨得中丞咨復，竟令將前此局發電線解省，令内行人試驗。如不得用，即追查經手著賠。一面行文尊處查復等因。弟捧讀之餘，不勝惶怍。竊念弟之請商添買晴雨燥濕可用之線，實爲力守地方起見，不意中丞追及經手，得罪甯局，非意計所及料。且令將線解省，弟又不能不遵照辦理。擬即日派弁將原線解呈，聽候撥换。度尊處接到撫札，自應查復，用將敝處原函抄呈台覽，以明弟之不得已之苦衷，亦以見原書並無與甯局發難之意也。至尊處如何稟復，尚乞賜示，俾於咨復之時得以遵循辦理，無任盼禱。專此，敬請台安，惟祈荃照，不一。

梓仲附候。健帥、西帥統乞致聲。

治愚弟貝錦泉頓首　四月初十日

①梓仲，即成邦乾，字梓仲。

（九十四）

敬稟者：　頃奉手諭，感激之至，究屬冒昧不情，尚祈海涵。本月初一日黎明，卑縣離城二十里之東陳海口，忽來台匪數十人劫掠陳姓並拔事主兩人。卑職聞警，立時親自帶卑署團勇飛馬前去捕拏。惜來往四十里，該匪業已下船開駛。督放排鎗間，有擊斃落水，海邊苦無船雇，未能拏獲。當即派團勇數十名、卑署巡船兩號，水陸追趕，一面函知鄭參戎四處搜查。於初九日陸路探報回稱，該盜逃避不及，將被拔之船、人棄去，仍下海而逃，被拔兩人即日可回等語。初十午後，水路探報回稱，今早鄭營扮商在金漆洋面，會同卑署巡船，拏獲十餘盜，格殺落水十餘名，藥罐燒燬一船，獲到一船。卑職到石，與鄭參戎會審，内有盜首一名，直認台州戕害黄副戎一案、慈谿淹浦劫搶猪行一案、卑縣東陳一案、定洋金塘劫搶布船一案供情如繪，並起獲洋鎗大小二十餘桿，藥、彈等軍械，卑職擬於十五日提盜回署詳辦。鄭參戎此次立破巨案，可爲奮勇而兼謀略，實水師中第一能手，他日總鎮海疆，洋面肅清，商民蒙澤，想各憲定能破格優奬也。兹與鄭參戎晤談，其既經卑職稟請留石，祇得派其文郎鄭國華到鎮、定照料廣勇。今正法船在鎮時，國華自願帶勇出洋巡哨，偵探法船踪迹，由石洋前去途中，遇到法舢板火輪，並不折回，竟能直抵鎮口，其膽識勇敢，亦非尋常可比。將門之子，名不虛然，督率廣勇數月來尚能得力。鄭參戎意，擬請憲台便中可否稟請撫憲，札委鄭國華紅單船總哨，庶彈壓督率，不致掣肘，在鄭參戎又無顧此失彼之慮。倘蒙憲台允准，事無不諧，不特身受者感激而已也。縣丞鄭國華聞已叩見憲台，極蒙優異，委辦總哨，諒能不負栽培。鄭參戎云，無須添請薪水，合併聲明。

再稟者：聞憲台喜用温七斯達後膛鎗，卑職特覓到一桿，專人奉上，務祈賞納是幸，並附子一匣，乞一併留用（彈子因聞鄭參戎説尊處尚有，故未奉）。俟續有買到，再行寄呈。手肅，敬請勛安，伏惟垂鑒。

卑職文沅謹稟

正封函間，被拔兩人業已回家。又稟。

（九十五）

徵三仁兄大人閣下：

逕啓者：郡城西門外火藥局，昨晚有匪徒一二三十人，擕長梯撬進局牆。看管弁兵驚覺查問，該匪初竟飛瓦拒捕，後經喊集多人，始行逃逸。遺有長梯一架，更於相近地處，查出火藥十七包，約計七百餘斤，係該匪擕來，欲圖引線轟毁藥局。其情叵測，幸未得手。刻郡民驚疑，以尋常匪徒偷盜無此伎倆，恐係法人以和局將成，前經挫敗，如竟自退去，其心未甘，特暗通奸細，施此毒計，借以洩憤。事雖難必，然不可不防。刻已添調處標練軍一哨移駐防守，更咨行各路防營，嚴查該匪去踪，務期拿獲，究出情節。查該匪攜帶火藥至七百餘斤之多，斷非肩擔所能，必係由船裝運。以後海口出進船隻，即望執事飭派弁勇，仔細稽詧，如有可疑之處，即從嚴根究。除另具公文行知冰案外，特此布泐，順頌台安，諸惟捷照。

愚弟薛福成頓首

（九十六）

徵翁仁兄大人閣下：

前此奉到復諭，舍姪事荷蒙俯允，感甚感甚！兹特將名條寄上，祈查收。如蒙成全，則舍姪此後一切進境，無非出自老兄之所賜矣，謝謝！前此承囑代購之水旱並用小電線，至今竟尚未到，殊深焦悶。據沈委員云及必不至誤，但前此係被龔道台硬行要去，此刻由外洋來，是以一時未到。然弟實因此線極佳，自去年購辦以來，從未見有如此好線，不然則將與之吵鬧，令其退銀矣。刻下只好再爲候着耳。款局聞日内即將畫押，然日前閲《申報》

内彭雪帥奏稿，將來恐真不免有此情景，奈何奈何？此致，敬請勛安，惟希愛照百益。

弟汝濟頓首　十七日

（九十七）

徵三仁兄大人韜席：

頃上海運到鑽床壹全部，其隨配應用各件亦俱齊備。再祈台端于解到時飭人點驗查收，並祈賜復。兹特派局勇呈上。匆肅，祇請勛安，惟照不具。

愚弟陳汝濟頓首　廿四

（九十八）

敬肅者：前修丹柬，渥荷青垂。頃奉還雲，彌殷向日。敬惟徵三太守大人藎猷集祜，茀禄延釐，引企卿暉，莫名祝露。繼曾虎林覊迹，駒隙虛抛，所幸壹是順平，堪以告紓綺注。

兹懇者：曾鎮海任内二次修築威遠城垣及西、南兩門外弔橋工程一案，業奉撫憲批，由尊處查覆，正擬修函仰求鼎言吹拂，乃先蒙厚意，已代請楊統領會銜具稟，請撥款歸墊，並抄稿見示，銘感奚如！其弔橋一項，當日不惜工料急急修理者，雖因當地居民便於來往，實爲軍營馬匹進出，誠恐橋木朽壞，有防〔妨〕馬足，故此趕緊興修。但曾具稟，初意原不在此，因念既已賠墊多錢，又不能不稟明上憲得知，毋使埋没，故原稟内亦衹帶及，以作陪襯之筆。今閲抄示會銜覆稟，真深知曾之下忱，令人欽佩！

尤有懇者：曾前修鈎金塘西北隅等處砲臺，不敷經費，亦曾具稟。兹奉撫憲批示，一併由楊統領處查覆，尚希推愛，從旁再加培植，俾所墊之款得能撥給歸墊，則感荷隆情，尤爲無既。專肅奉懇，敬請勛安，伏祈垂照，不莊。

江繼曾謹肅

外附呈原稟底稿並撫憲批示。

（九十九）

中國電報局〔電文底稿〕

道憲鑒：

杜丞二十赴滬領砲，昨日來信已定譯，雇民船裝運，擬念八、九動身回防。再，杜丞住五馬路大方棧内。

營務處叩復（印）

（一〇〇）

五馬路大方棧鎮海營務處杜徵兄覽：

鶴生昨帶一信，頃錢統領回述，知餉需萬緊，椿木脂退尤妙。必不能退者，用之鎮海，並請轉告鶴生。

成①肅

（一〇一）

徵三尊兄大人閣下：

前接尊書，均即轉陳。道憲暨漱翁知已發洋三數，此砲能用鶴笙之船運回否？梅墟釘椿，係撫憲採用錢榮翁之議，屢有函催道府，兄之所知，因買松椿喫力，且甯、鎮兩處争買，徒爲山客昂價，遂仿吴淞口用硬木，經鶴笙兄面謁上海道詢訪而定。現在憲意已移，已飭用鎮海爲第二道，大約楊西翁在省仍議鎮口爲重也。惟鶴笙原估梅墟水淺，只用四丈長之硬木，以洋尺計之，卻有魯尺四丈四寸，不知鎮口合用否？已有長椿在前，今以硬木爲

①成，即薛福成。

第二道，如照撫憲批示，潮漲時樁全没水，不知可用否？ 據鶴笙云，原買亦有在四丈外者，設有不及四丈者，自可由鶴笙退還本行。 茲道憲已電稟撫憲，由劉鶴笙兄會同閣下在滬量計商酌，如鎮口合用，即會同精選，將木運鎮； 萬一不合，即由鶴笙與洋行商退。 恐退必虧耗，撫憲回電，云鎮口合用最妙。 是憲意實欲添一道硬木樁於鎮口，與弟暨兄暗中心願正同。 當創辦時未嘗無此心願，特人家尚未做出，無所因以壯其説。 今吴淞已做，可步後塵耳。 鶴笙云五丈外之硬木已爲吴淞買盡，又長至五丈外，其見方皆不衹十二寸，價又增昂。 今鶴笙所購卻不及原估廿兩之數，或兄尚可酌盈劑虚，添購五丈外者，既移作鎮口之用，似亦不能拘定原估規元五千兩之數，特不可過多耳。 其樁架鎮口是否合用，抑必用大輪架，均望兄就近在滬細酌。 又，梅墟擬釘此樁時，中留口門十六丈，撫憲飭辦四大船備沈，而李相所云天津口之軟木筏，鶴笙在滬見湄雲船夥，言軟木筏辦法甚詳，即《防海新論》中浮筏之法。 弟本擬改沈船爲浮筏，今移作梅墟二道之用，似更宜仿辦，亦囑鶴笙面陳左右。 如能更訪湄雲船夥，盡其曲折，愈妙也。 此事今既移之鎮海，自宜歸兄作主。 如兄以鶴笙係原購木料，欲其相助，弟亦當勸其相助也。 手此奉布，即請升安。

愚弟宗源瀚頓首　十一月廿八日

再，潘小浦十六日又發來一信，馬祖嶴之船忽來忽去，臺灣軍火文報皆通，似法艦漸有抽動矣。 並囑奉聞。

（一〇二）

徵三仁兄司馬大人閣下：

逕啓者：本月初七日，弟以海防喫緊，冬防戒嚴，諭飭敝營各哨正副百長，每日差派勇丁上街買菜及赴各處公幹，務須身着號衣，手持號牌，並飭令該勇丁持牌挂號登簿，視其離營之遠近，往回限以時刻，方准出營。倘逾限不回，定行嚴究等情。通諭五哨，知悉在案。中、左、右、後四哨均書遵畫押，惟前哨不書遵字，顯係抗公。十五日，該前哨勇丁身無號衣，手無號牌，擅出營門，經挂號弁勇攔住稟究，該勇面稱係王百長海壽屢次密諭，出營時不許挂號登簿，違者重責不貸。弟猶狐疑，未便深信，即派右哨百長兼充總哨張遊擊啓勝前赴查明，確係實情。又飭張總哨訓以利害，嗣後不可抗公，王百長塞若罔聞。十六日，仍縱使勇丁恃横不遵，經值日親兵扭送前來，口稱與前無異。刻值法夷猖獗，時屆冬防，凡軍政營規亟應隨時整頓，況弟遇事身先，常與各哨百長等三令五申，諄諄告誡。王海壽膽敢不遵約束，密諭護兵、什長、勇丁等任意出營，不許挂號登簿，殊屬藐妄已極，且平日遇事顢頇，屢次抗公。弟因渠等今歲修築營壘圍卡，辛苦備嘗，諸凡容忍，兹復抗横如此，實有萬難寬宥之處。昨十六日已將該百長裁撤，另委文千總玉林接帶，以肅營規而昭軍律。詎該哨交代，現存子藥、軍裝等件與所領數目不符，敝營各哨領用子藥等項，向由各哨面請，敝幕開單，自赴軍裝局所領取應用，而局内亦必見單方能給發，歷來如此。查前哨自本年四月十六日起，自六月初八日止，共領馬梯呢後膛鎗子弍千四百弍十出，除繳還已放鋼殼三百二十出，該哨應存弍千壹百出，閲接帶百長所呈移交清册，内載後膛鎗子，該哨只存壹千零柒拾出，又存空殼八十出，與局内存記之數較少九百五十出。軍營之中，子藥、軍裝關係甚重，叠奉撫憲憲、提憲札飭，撙節動用，以免虚糜，並飭將已放空殼繳回省局，方准具文再領；若有遺失，即着賠墊等因，當即諭各哨知悉在案。何以卸帶百長王海壽移交之數與存記之數相懸甚多，想其中必有弊竇，即派兼理總哨張百長啓勝據實查明稟復，尚未報呈前來。兹將卸委王海壽並該哨副百長吴友廷之餉項扣存，俟張總哨稟復後如何了結，方能給發。倘延擱不清，含糊了事，定將王海壽之存餉充公，決不稍事姑息。聞王海壽前曾謁見閣下，承閣下義正詞嚴，多方訓誨，傳聞之下，感謝良多。若王海壽再行請見，祈即問明後膛鎗子數目如何不符，並請飭傳敝營張百長啓勝查詢，是爲至禱。知關綺注，特將詳細情形走筆附聞。泐此，敬請升安，統希心照，不莊。

愚弟何元啓①頓首　冬月念六

①何元啓，總兵，戰後以提督記名簡放。

（一〇三）

徵三仁弟大人麾下：

昨奉惠箋，讀悉一是。敝處馬船現因安放水雷需用二枝，又渡船一枝，下餘三隻如命派往，特此布復，恭請勛安。伏惟鑒照，不備。

如兄錢玉興頓首　初八日

（一〇四）

徵三仁兄大人閣下：

日前把晤，快挹芝芬。頃奉惠函，敬聆壹是。海口加釘洋木，刻届冬令嚴寒，宜令兵勇稍爲休息，自係正辦，開正後再行商酌辦理可也。梅墟之事，俟鶴笙公牘到時，即當轉稟撫憲，以了此案。專復，順請台安，不宣。

愚弟薛福成頓首

（一〇五）

（上缺）轉叩也，鄙意不從台郡撥用，徑請添員（詳文中如何立言，未得見稿）。中丞鄭重餉糈，且嗣禎又有部文之格，誠恐謀之不成，轉拂道憲暨吾先生玉成至意，得乞先生椷致余道憲，於謁撫軍時，將嗣禎加之拂拭，並將此間防軍日增，支應自繁，且某又係熟手各情詳達憲聽，當可相與有成也。未審先生以爲然否？海防事提轅曾准院咨行，奉密寄已派王朗青方伯率十營赴西粵辦理。兩粵如此大舉，吾浙防務必不容鬆，尊處當亦必有所聞也。愁霖不醒，殊屬悶人，尚望賢勞稍節，眠食珍重，敬請勛安，惟乞愛鑒。

彭嗣禎①謹上　十一月初二夜二鼓後

（一〇六）

徵翁鄉台大人閣下：

闊別兩月，思念良殷。頃奉華札並附懷東一函，當已寄交輪船信局□皖，勿念。弟於

①彭嗣禎，待考。

九月間到省兩次，尚未得晤爲悵。後次九月底到省，姨州州之需用洋蚨，委弟代移洋什元，當即至衡源莊代挪洋蚨什元，交姨州州照收。據云隨後閣下送到，即先行歸還衡源莊，或交義橋均可，諒早接洽。弟約廿左右旋徽。特此佈復，並請升安。

鄉愚弟曹楨頓首　□沕

附來懷東一函，祈收。
會川兄附此請安。

（一〇七）

徵三太守仁兄大人閣下：
省垣聚晤，時近清輝，闊别以來，倍增馳系。敬惟籌祺懋介，幄祉勤宣。揮毫則氣壯風雲，運謀則才兼文武。殊勛顯秩，定如頌忱。弟碌碌庸才，愧無建樹（下缺）

（一〇八）

徵三仁兄大人閣下：
遠違鴻儀，時殷鶴跂。辰惟牙旗宣勤，指揮如意。引詹柳營，曷罄藻頌。弟自都回來，如恒粟碌，終日無非靴脚手版而已，毫無淑況可告。所幸精神尚稱健適，差堪告紓。幸冬防安堵，宵小潛踪，堪慰綺廑。刻下海防較緊，滿擬效力戎行，如或需員，尚祈援引，願作前驅。專肅佈臆，敬頌台安，惟希垂照，不宣。

教弟俟康田頓首

（一〇九）

徵叔大人尊前：

廿七日曾肅寸函，計已塵覽。今秋風潮爲患，姚地究屬偏災，自前日放賑一次（以每月放米一次），近以天久不晴，竟有鳴鑼聚衆，或數百人，或數千人，結黨成羣，硬向人家强索，滋鬧不堪（已經散賑之區，並未被災之窮民羣然藉災蠢動），地方官莫之禁止，實緣高公性情忠厚，以散賑一事，全靠紳董，而紳董一無可靠，以致如此。爲今之計，若得上台遴選幹員督理其事，或可消患于無形（尤須從速），否則必致釀成巨禍，深爲可慮。甯波房屋，昨得顧墨翁來覆，已爲代覓，一俟定奪，即以遷甯，不識□叔亦已轉託打聽否？接岳叔來信，約以初二日過錢江，似此則初四日定可到鎮，間壁上房想已備好。手此奉布，敬請升安，伏惟垂照。

姪際辰謹稟　初三日

杜徵三友朋手札第二册

（一）

澂三公祖大人閣下：

月之六日肅奉一函，想邀台覽。日昨接敝居停來信云，刻下連日看地，有本族兄弟山地一坐，尚可合用，已着人往省，擇日大約出月初可以安葬。又，到家理應遣丁報由地方官轉報一節，昨已辦好候發，帶往莞城。至文内填於廿五日到家，廿六日簽發，查丁憂人員轉由地方官轉報者，此係向例，而此等之事，係有差人員由營務處代稟請假，只准一月，假滿仍即回營，與向例不同，自應具書稟請，由營務處轉報，抑或另稟，請信致杜徵翁酌定辦理云云。晚思此事，渠到家後已照章遣丁轉報，此間似可函請閣下轉報。茲將尊處轉報粗稿擬請台核。是否如此，即希照前各處分別轉報，並望示知爲盼。手此，即請勛安。

治晚廉①頓首　臘八

坿上稿一紙。竹樵兄坿筆請安。

①廉，待考。

一件據情轉報陳副將埘輪到籍日期由爲據情轉報事

竊於本月〇〇日，准陳副將旭函開，竊因本年十月廿一日在鎮海防次開訃丁憂，蒙撫憲賞假一月，回籍治喪。當將十一月初六日由鎮返淞，清理公務後，於十一日由淞滬附輪各情，通報在案。嗣於十五日由滬啓程，廿五日到籍。一面將喪葬事宜趕爲料理，務冀期內辦理調妥，星夜回防，斷不敢稍延時日。所有附輪到籍日期，務請代爲轉報等因。准此，理合據情備文申報，仰祈憲台察核。爲此備由具申，伏乞照驗施行，須至申者。

（二）

徵翁仁兄太守大人麾次：

頃奉惠書，拜悉種切。承示鎮口釘樁各節，具見老謀深算，欽佩無涯。會稿草擬一紙，奉呈台覽，是否尚祈大加删改，即請書行飭繕寄交弟處會印發過可也。弟瓜期將届，明正必可交替，是以上海未來之木聲明由閣下經理；弟苟在此，則仍當隨時照料，不敢以稟明在先，置身事外也。務希曲從所請，是所感禱。源昌俱已接頭，據云年内當先運一批來甯。知念并聞。手此，祇叩捷安，不盡。

弟頌年①頓首　初十

①頌年，待考。

再，稟稿已請湘公看過下半截文字，湘公之意必當如是，始與撫憲第二道之意相合，不致干駁。想尊意當無不以爲然，是否更乞酌之。手此，即請徵公大安。

弟年再叩　十一日三鼓

（三）

徵三仁弟大人閣下：

逕啓者：敝處馬渡所有身工火食，皆由兄先行墊給，本俟尊處一律告竣，即行照章辦理，以清贉款。是否如何辦法，諒吾弟已有成竹，即祈示悉，從速施行，是爲至要。專此布達，恭請勛安，並候回玉。

如兄錢玉興頓首　十二月十二日

（四）

徵翁仁兄大人撝次：

昨專丁回奉（稿兩紙，請一留尊處備案可也）手示，拜悉一一。會稟已飭照繕，兹並稿奉呈，請書行蓋印，仍交原丁帶轉，以便發遞爲禱。源昌船擬年内先運兩船，大約可數十枝，惟中有長大者三十枝，不能照前定二元五角之數，擬請量爲加益。刻下尚未議定若干，故稟内運脚一節，暫不報價，且恐其間尚有小費，統俟運齊之後，再行開報，較爲便捷。高明當無不以爲然。手此，即叩大安。

頌午拜上　十三

（五）

啓者：頃據洋務委員報，據鎮海洋人報，有兵輪七隻在舟山相近洋面灣泊，不知係何國之船，望吾兄商之鄭、鄧，派人乘小舟出洋一探（究係何路之船，將往何處去，探之人預備能上船問答方妥）。如有要信，電示爲盼，此請升安。

愚弟宗源瀚頓首　十二月十四日午刻

再，測量二人久擾尊處，不知其事何日可畢？望轉詢沈、李二生，弟甚记念也。弟又頓首。

（六）

徵三尊兄大人閣下：

月來不奉書，而引企麟采，時系覓忱，即審籌祺履祉，冬日向榮，允如鄙頌。承薦來孫電商，造辦電線、地雷，尚未試放。接省局來文，須俟造成，開列價值，報局存案。惟尊處開報價值若何，祈飭查詳列覆知。聞臺灣基隆尚未克復，而越南天兵攻逼甚緊，湫聽鐃歌，曷勝馳懷！　手此奉懇，敬請勛安，唯照不備。

愚弟張其光①頓首　十一月廿九日泐

（七）

徵山仁兄大人閣下：

久違英度，莫敘離悰，遥企柳帷，時深葭溯。敬惟贊洽戎機，勛隆防海，引占卿靄，曷罄頌私。弟寅惕時勤，戍守日拙，所幸軍民安堵，公私順平，堪慰綺注。兹啓者：澉浦都司缺出，乍標守備劉至浩等欲求接遞署篆，知弟與閣下素稱契好，特浼代爲説項。弟以駐防在此，竊見布置海防事宜，標中亦不遺餘力，甚屬勤勞，似此遞署，亦足生其鼓舞。兹將銜條開呈籤閣，想執事向见器於健飛軍門，自可一言重於九鼎，用敢瑣瀆。若能有成，非特该守備等感激恩施，即弟亦銘結無既矣。叨在愛末，諒不以多事見責也。手此布懇，敬請籌安，諸維涵照，不一。

愚弟姚有志②頓首

①張其光，待考。
②姚有志，待考。

坿呈銜條壹紙，録呈謀辦遴署各員弁銜名附奉台鑒。

計　開

右營守備劉至浩
左營千總朱德祈
左營把總吴長泰
右營外委陶永清
右營正額效用施亦馨

（八）

徵三仁兄大人閣下：

今午趨謁，適值公出，不遇爲悵。頃於酉刻得閩中友人密函，云法人勢甚猖獗，聞我援台兵輪有中途被法沈擊之説，又有約左侯定期開仗之語，然究未得有確實軍報，總之風聲不甚佳云云。愚謂困獸之形每思一鬥，國狗之猘無所不狂，無論彼族是否虚聲恫喝，而我軍宜以刻刻防範爲是。除函知楊、錢統領外，特此奉達台端，想執事枕戈拔劍，早安排迎敵之計也。專泐，即請晚安，希惟凱照，不宣。

愚弟歐陽利見頓首　｜六戌刻

（九）

徵三仁兄鄉大人閣下：

頃奉密緘，祇聆種切。承示外來各老會匪甚多，實有其事。弟連日派弁踩訪，伊等驚覺，大約移之南岸隱藏。但此等會徒勾結營中，值兹海疆有事之秋，洵屬大患，必須嚴拏重辦，方足杜其來迹，而防于未然。縱此次聞風遠颺，日後更必時時加意會緝，庶以絶其根株。今夜弟處已派巡查多帶勇丁挨次查拏，若有捦獲，即當遵示送縣懲辦也。特此奉覆，即請升安，載璧尊謙，統唯爰照，不盡。

鄉愚弟楊岐珍頓首　十九日

（十）

徵三仁兄大人閣下：

昨承惠顧，獲領教言，快慰無似。貴省需撥砲位並架具、彈子等項，現在業已預備裝箱，以便起解。惟此案雖由敝局稟請南洋大臣核示，至今尚未奉批，想憲意當可允准照撥。兹閣下奉浙撫憲檄委，來滬領解，擬請台端備具文領，移局查照撥發，庶敝局始可憑文轉報，免致等候，尊意以爲何如？用特奉商，即祈卓奪示復爲荷。泐此，順請台安，諸惟丙照，不具。

愚弟聶緝槼、锺啓祥、蔡匯滄①頓首　十一月廿四日

（十一）

徵翁仁兄大人揭次：

頃奉惠示，拜悉一一。源昌已屢次專催，據云現在上海者尚有四船，惟船身甚小，能載若干，尚未可必，亦已三次函致經手者速辦等語。手書刻已轉致，明日再由蘭亭函催可也。手此奉復，祇請籌安，不盡。

小弟頌年頓首　廿一日

（十二）

啓者：昨接英國固領事來函，颱颱兵船約於二十二日由申來甯等由，即經函致查照。

①聶緝槼（1855—1911），字仲芳，湖南衡山人，曾國藩最幼女婿，歷任江南機器製造總局會辦、江南機器製造總局總辦、蘇松太道台（上海道台）、浙江按察使、江蘇布政使、江蘇巡撫、湖北巡撫、安徽巡撫、浙江巡撫；時任江南機器製造總局總辦。鍾啓祥、蔡匯滄，兩人時任江南製造總局會辦。

旋又接税務司函，稱准英國固領事面談，英國色飛阿兵輪二十二日可以來甯，請轉致進鎮海，免其停輪，函致查照前來。所稱色飛阿是否即颭颱翻譯異同，抑係另有一船？應請執事查明知會，免其停輪可也。泐此再布，即請升安，不具。

愚弟薛福成頓首　二十口

（十三）

啓者：頃接英國固領事函，稱本國颭颱兵船約於二十二日由申馳來，祈查照轉行等由。相應布聞，即希查照轉致爲禱。此請升安，不具。

愚弟薛福成頓首　二十日

（十四）

徵三仁兄大人閣下：

頃奉惠函，敬聆壹是。承示集貲掩骼，已與鄭紳妥商，由尊處具立印簿，會聚各營將領，量勸捐助。具見藎畫周詳，實心任事。非惟惠及枯骨，實於防務裨益不少也。欣慰之餘，不禁跂足以樂觀其成耳。專此布復。敬請台安，不宣。

愚弟薛福成頓首

（十五）

敬再啓者：台屬爲山陬海澨之區，伏莽叢集，防不勝防。入冬以來，匪踪紛紛亂擾，刼搶之案無日無之。北岸之匪朱重錫爲首，南岸之匪成友三爲首。成友三於八月間業被拏獲，滿擬奸宄稍清，詎知該匪黨羽所謂張加雨（即篾戳）、陳得開、周國松四（即台州府四，又名義城四）、陳學元（即木匠蒙坤）、四加士等，復潛伏南岸西鄉之桐樹坑左右。該處山深林密，匪徒寗藏其間，附山而居之民深受其擾。敝營分防此間，衆兵士疲於奔命，迄今數月以來，搜捕不遺餘力。幸於本月初十日，篾戳等潛伏青掩地面，弟親督中、前、左三哨四面合圍，幸獲張加（宇）［雨］、國松四、陳學元、陳得開四人，其餘黨羽均皆四散。此次仰叨福庇，弋獲首匪數名，南岸或可稍靖。弟仍嚴飭哨隊力爲隄防，俾不至有復燃之勢，則幸甚矣。至若北岸首匪朱重錫，於前月二十六日，經敝營右哨拿獲。北岸除朱重錫外，尚有麻面六、爬牙冬等，倘能剪其羽翼，絶其根株，則内訌之虞可免。此則南北兩岸之大概情形也。知關綺注，併以附陳。書此覆請勛安，統唯朗照。

弟興①又啓

①興，即錢玉興。

（十六）

徵三仁兄大人閣下：

頃接手書，拜聆種切，並審策畫深微，籌防嚴密，欽佩奚如。敝局水雷業經備辦齊全，並已回明中丞，容即委解前來，俾貴營可作戒備之用。手此肅覆，即請升安，惟希亮詧。

愚弟王恩咸、莊濟泰仝頓首

（十七）

徵三仁兄鄉大人閣下：

日昨午後奉示台戰捷音，聞之爲快，未及裁答，復于昨夜兩誦謙翰，以法船業已北行，雖保不窺伺他口，囑即轉飭各營一體戒備，仰見我兄雲情關愛，心感莫名。弟已通傳敝部各營，將鎗械軍火一切整理齊楚，以備有事。並令黄營官親駐招寶山，添隊放哨，嚴加防守矣。知關注念，特以覆聞。來書尊謙疊已堅璧，此後祈勿再施爲感。專此，復請升安，統唯斗照，不具。

鄉愚弟楊岐珍頓首　廿五日

（十八）

營務處杜：

上午福州電，云法船七號泊閩口，下午則云船均往北行，囑飛知援閩船，道府已派惠濟前往送投，此情請轉稟各憲。

青叩

（十九）

徵三尊兄大人左右：

前接復電，即日轉陳道憲矣。潘小浦來信，照録奉覽。沈、李二姓久擾左右，其房、飯所費似應由弟照繳，吾兄可開示否？圖式弟又爲點定，俟得清本，再以呈上。南洋援師如此之怯，不但無益，且恐有損，奈何？此請升安。

弟源瀚頓首　十二日廿三

（二十）

正封函，又接臺北電報，知廿日法人百餘來看地勢，與林營接仗，各有傷亡。廿五日，法分四路來攻獅球嶺、烏嘴尖、天梯嶺、大水窟，三路牽制，以紅衣五百專攻大水窟，林朝棟營全係後門槍，山險器利，自辰至戌，惡戰一日，法傷百餘人，我勇傷亡十餘人。廿六日禮拜，敵船以排砲向烏嘴轟擊，未收隊。午刻，到船一隻，裝馬三十匹並食物、軍械，聲言五日後有兵續到。法聞南、北洋兵輪不來，散巡海面，擄船，搶貨，拍賣，臺北急速援請轉電，並以奉告。乞轉致成、杜兩兄。

（二十一）

徵翁仁兄大人麾下：

昨復壹書，比邀青照。頃接上海沈鑑山壹函，云上海所有甯波之船甚小，年内無貨可裝，能否回甯，尚未可必。將前購椿木樹單一張寄來，俟開正再爲寄去等語。此事甚費周折，頗爲悶損，前項樹單用否？寄呈尊處，尚希教示遵行。手此奉布，祇叩年安。

小弟頌年頓首　廿三

（二十二）

昨夜奉電函，已轉送道署。廿四日弟奉督憲楊電諭，法艦七隻在闔口之南岙塘，囑即飛致吳鎮安康嚴備（南洋五艦統領）。弟已稟商提道，遣惠濟賫電赴石浦、温洋一帶探□。

而是晚小浦來電則云，法船已北行，與兄昨來電相同。撫憲昨晚亦電詢道憲官輪泊何處、有無被法船圍攻之事，囑向石浦、象山、定海探詢等因。尊處此電曾達中丞否？惠濟之去，弟曾有稟，交馮錦堂過鎮謁提台，不知提台命其賫電徑赴石浦否？抑仍先赴定海請示否？其回來應亦必謁提台。俟其回，當有確音。一切望隨時電示，此請升安。

愚弟宗源瀚頓首　十二月廿八日

（二十三）

徵三太守大人鈞座：

日前肅具賀柬，諒登籤閣。今晨令本家梅仙先生重臨敝寓，據言前存沿海大木卅三株，需船六號，年内無船進港，計無所施，是以昨復至縣與恩令面達一切，今日又復出牌，將前誤奪雇船之柴客楊賓山一名傳案，令其具限將遺存之木於正初運赴鎮海交卸等語，縣中當已照辦矣。而梅翁囑賡代陳數行，或恐新年逾限，樹不運到，惟有公事公辦，請以公牘移會有司，則呼應較靈耳。是否有當，伏乞鈞裁，手肅，祇叩勛安。

陳兆賡①謹肅　臘月二十四日午刻

①陳兆賡，待考。

（二十四）

徵三仁兄大人閣下：

接誦手書，祗聆種切。足見關心大局者不分畛域也，感甚感甚！頃有輪船五艘自南而來，駛由定海之吉祥門外，至螺頭門外忽轉往旂頭洋向南駛至，或係法船，抑係中國兵輪，此間惠濟經道府遣用未回，一時無船逕往查辦。比已飛諭各營，一齊嚴備矣。嗣後如探有警報，千乞設法飛函密示，是所百拜。耑此，復請籌安。

弟貝錦泉、成邦幹頓首　廿六日戌刻

（二十五）

徵三仁兄大人閣下：

逕啓者：頃接上海邵觀察來信，有曾宫保密致統領援臺兵輪吴軍門緊急要電一紙，專弁賫投，並屬弟設法轉遞。弟思内地行走，恐非三日不到，不免遲誤軍機，因屬千總張君帶原文馳赴尊處。如華安輪船尚在鎮口，請即轉告華安迅速送去。如華安已行，望商之超武、元凱兩輪，能否設法速遞。如輪遞竟無妥便，祗可由營、縣選派快馬健夫，總須於一兩日内遞到爲要。諸望大才妥酌迅辦，至爲感禱。手此，敬頌台安。諸惟朗照，不宣。

愚弟薛福成頓首

惠濟如已回鎮，望先電示。

（二十六）

啓者：接税務司來函，據旗昌洋行主稟，稱江天輪船應行修理，現换江表輪船往來甯滬，約本月初七日或初九日，到甯替换。該船係黄色明輪，雙煙筒，請轉致鎮海口，於該船進口時，免其停輪查驗等情前來，相應函致查照轉致等因，特此奉布。即請執事知照，於該船進口時，免其停輪查驗可也。此請升安，不具。

愚弟薛福成頓首　十一月初四日

（二十七）

徵三仁兄司馬、吉人仁兄都戎閣下：

逕啓者：前奉制憲札，查沿海各口所有砲臺砲位，一切防務情形，令剋期詳覆。當已另文行知。此事於防務甚有關係，即祈詳細開列砲臺幾處，臺中華砲、洋砲幾尊，其造臺年月與用費若干，及砲位磅數斤數，洋砲如克鹿卜、瓦瓦司之類，并秋後所移卧龍岡及招寶山後面各砲，均希速查示覆，以便開報。無任翹盼。

再，前見吉人兄處繪有各砲臺圖，亦望統寄一分爲荷。昨議各臺堆護裝土蒲包，並分佈棉絮、椶薦等物，且覆以土草，俾與山色相似，現已布置妥帖否？念念。專此泐布，敬請台安，諸惟心鑒，不宣。

愚弟薛福成頓首

（二十八）

徵三仁兄大人閣下：

敬啓者：甯鎮設立電綫一事，已備文奉達冰案。現據洋務委員李小池兄面稱，大北公司洋人日内即可來甯，電桿等件均已辦齊。又，省城所存之打字機，昨接支應局來文，業已委解在途。惟梅墟設電一節，曾面商錢統領，在於北岸段參府營旁租屋。其如何安設機器及一切應用物件，自非熟手不辦。現已函商甯郡電報局華紳志青，囑其前往梅墟、鎮海兩處，勘定房屋，將應用器具趕緊置備齊全，以期迅速竣事。如華紳來營，望閣下與之商略妥辦，得以斟酌盡善爲禱。特此奉布。敬請升安，諸惟霽照，不備。

愚弟薛福成頓首

（二十九）

徵三仁兄大人閣下：

飛啓者：　昨廿六日未刻來定游弋之五兵輪，今已確切探明的係法船，當於廿六夜駛出大海，不知去向。該船既來此間游弋，鎮、定不久必有戰事，特此飛佈，即乞轉致同袍查照，不及另啓。

再，惠濟如到鎮海，務祈諭令該船火速回定，以便遣令查探，並求轉商陳漱翁寬解羣子、鉛子以濟要需，不勝磕懇百拜之至。　即請籌安。

愚弟成邦幹頓首　十二月廿八日午刻

（三十）

徵三仁兄公祖大人閣下：

前日肅上蕪椷，計已登覽。前日發出探子，昨夕三鼓陸續回，稱廿六之十一點半鐘，有一法船由青龍港駛至螺頭門對面之側箬山折回，轉向桃花山洋面直駛；　又有四船從石澎港馳來，與前船會合後，從定海吉祥門外駛往側箬山，仍轉南向，從雙旂港向南駛去後已不見等情。除通報外，用特馳布，敬請勛安百福。

湘翁務轉告。

治愚弟貝錦泉頓首　廿八日未刻

再，聞蕭莘耕①兄回云：尊處有上海行説有外國旱電箱到滬，是何行之貨？每隻價若干？是否靈捷？尊處曾有購來否？望即飛示是盼，並此馳託。弟又拜。

（三十一）

徵三仁兄大人閣下：

頃奉手教，敬悉種切。旋即傳查車牀及木摇車架、鉗桌，皆有存儲，已飭令韓弁一一檢齊，交付貴處來差矣。即望點收，便中仍祈補寄大領，俾有備案，實爲公便。手復布臆，敬請籌安，謹璧撝謙，不具。

愚弟陳汝濟頓首　廿八

①蕭莘耕，待考。

（三十二）

啓者：　昨夕奉復一電，想已達覽。今日道台接滬電，云法船南行之後，滬上無信，則前日華船被圍之説不確矣。頃聞鎮海電局致甯波電局，云口外有法船，聞之甚不放心，特專差祈兄撥冗書一二語，交來差帶回，以免疑惑。此賀年喜。

愚弟宗源翰頓首　除夕

（三十三）

徵（山）〔三〕仁兄大人閣下：

頃奉惠函，備承關切，銘感之至。弟等由温旋甯，現在石浦外洋裝煤，明日擬于南上至象山一帶，相機前進。所云法艦向北，雖見有幾艘，路遠觀不仔細，可否費神飭華安輪船前往一探？如有確見，希即示知，感無既極。

再，既有電稟仰遽①觀察，譩俟有回電轉稟統憲，外有一函，乃統憲命弟附呈，祈詧入爲

①仰遽，即龔照瑗。

幸。肅此布復，順請台安，並頌歲禧，惟照不具。

治教弟徐傳隆①頓首　即口

（三十四）

徵三仁兄大人麾下：

頃從徐吉雲處接有來函，知華安船載運煤、藥南來，因得法船北駛之信，暫泊鎮海等情。敝部現已停泊象山港，亦聞有法船九艘駛過舟山北行之説，尚未知其詳，又無從探悉。鄙意華安船吃水尚淺，可由背後繞出象山，查悉我船泊處，以便起過煤、彈。敬祈麾下諭知華安船主，即從背後繞出象山港，實爲銘感。手此奉懇，祗請勛安百益。

愚弟吴安康頓首　廿八日

（三十五）

徵翁尊兄大人閣下：

敬啓者：現際軍報吃緊而機器有礙，雖經朱生往梅親修，而自兩處來甬之報，尚可識

① 徐傳隆，待考。

認，由甬至兩局之報，則仍模糊，令人悶極。今爲變通計，除一面督令學生趕收及照常打報外，務希多派專力，星夜飛遞，庶不致悮，敝局亦應雇脚夫矣。謹修寸柬，恭賀新禧，統希賜福，不宣。

附奉省電一封。來電兩封已打去，並及。

（三十六）

頃間專勇來，得賜函（撫憲之電漏，未封入），正在作答，華小湖來，知吴統領已有差官至甬局發電。小湖詢悉，現泊招寶山外者，的係五兵船中之南琛、南瑞、開濟三船，云係於廿九日在石浦外洋與法船交鋒，彼此放砲未中，遇大霧而散。惟澄清、馭遠二船另從石浦三門開行，恐已無着云云。詢法船踪迹，則云已南去。小湖現抄吴統領之電，尚未鈔來。弟思法船南去之説恐未必確，如並未回閩，難保不來相鬥。吾兄何不與楊統領商量，請提台與吴鎮軍相商，此三船與其泊於招寶山口外引敵，不若收入口内爲妥，或請其駛回吴淞，泊入吴淞口内似爲要着。梅墟至鎮之電氣不靈，小湖云已將撫憲之電由梅墟打寄尊處，想已接得。至於尊處發電，小湖云並無不通，其滯者在甬之至鎮，非鎮之至甬也。此請歲安，並祝新喜。

弟宗源瀚頓首　除夕四更

再，弟函呈之道憲意見相同，務望轉請提台酌行。三船一日不走，我口之備預一日不可懈。兄與諸公必見及，不贅。

（三十七）

復函方發，又奉來書，得悉一一。所籌均甚是，聞吳鎮差官已在提台處挂號，如提台、統領以道台與弟之言爲然，似宜遣人即登其船與商爲要，道憲處已將來函一一代陳，電報亦請小湖速發矣。道憲與弟聯銜達撫台，即致兄函之大意也。此請升安。

弟源瀚頓首　除夕四更

商輪不准進出一節，俟與道憲商定奉復。如法船未來，恐商輪未必心服；且人與貨已來者，如不進口，必須口外卸載，商輪究一望而知。先倩洋人出口詢問，見法船踪迹與否，再阻之，何如？

再，甯赴梅墟之線不靈，弟遣人至局問過，恐須明午方能妥。然兄由鎮發電仍能來，儘可徑發也。（鎮局友電云，口外有法船。此電早到，足見能發。）

再，此三船之不泊他處，而泊鎮口外者，自係爲遇敵可避入口内起見，然至見敵而後入，則引寇入門，不如不見敵而先入也。弟非不知令其入鎮口，不如令其竟回吳淞，然恐其以回吴淞爲退縮，堅不肯回，而又寄椗鎮口外，在彼爲得計，在我爲賈禍，故不得不爲此兩可之策。諸公鑒及，可採納否？（函商之意，道憲已與弟電達撫憲矣。）

（三十八）

敬復者：

頃奉惠書，藉悉甬下電機損壞。撫台來電，以吴淞法船已於念八南駛，告知官輪勿再徘徊自誤云云。誠如君言，該船黑夜進口，並不關照，以致損我電綫、水雷，殊堪憤憤。唯現在電綫、水雷應如何設法之處，尚祈閣下趕速斟酌妥善爲要。查法船既離吴淞，我援臺官輪復敢遷延此間，况失去兩船，該官輪固不足惜，其如大局何？念甚念甚。近日疊得各處電警，事機至迫，鎮電局安設北岸，弟一江之隔，傳遞消息較遲，想要言諒荷閣下隨時電達撫台矣。刻下我軍仍照常密備，並諗閣下移駐招寶山，欣慰良多。此復，即頌元旦百祺。

愚弟歐陽利見頓首

（三十九）

徵三我兄大人閣下：

昨夜連奉兩函，種悉。頃又接廿八酉刻兩報，均已領悉。石浦合圍之信，此間尚無所聞，惟距海二百餘里，往來船隻甚少，不得一的信。惠濟今日下午始回，擬令前往一探。此間孤懸，一切軍情無從得悉，幸承隨時寄示，感激之至！以後仍懇尊處有聞隨寄條示。航船躭延，特派探差二名赴尊處聽用。專此奉答，敬請台安。

治愚弟貝錦泉、成邦幹同頓　廿九日亥刻

再，此間自馬江開仗後，即已日夜戒備，數月未敢少懈。廿六日未刻忽來口外游弋，旋即駛去，探無踪迹，深慮尚去不遠。且此次之來，詭謀顯然，恐不久必有戰事。現已加緊防備，請尊處代爲電復中丞，以慰遠注。會防應配羣子、鉛子，蒙中丞准飭甯局造解，尚未見到。並懇就近函催甯局，爲弟等切實一求，望其作速解來會防，幸甚，並以奉聞。弟又及。

（四十）

徽三仁兄大人：

新福百吉，勛名崇隆，預賀預賀！二十九夜與敏公共復一箋，計登台覽矣。是夜二鼓候有法兵輪至大茅停泊，四更四點起椗南去，臨行放電燈，故確知爲法船。請轉達提憲及楊、錢統領，弟不另具報。近日法船游弋浙洋，官輪在浙之故，不能不十分戒備。尊處有報，務求隨時飛示爲禱。官輪之困尚無信也。恭賀大賀新禧。

小弟幹頓首叩賀　十二月二十日辰刻

（四十一）

來函均悉，撫憲兩電已交局速發，一切亦轉達道憲矣。三船駛進口門，比在口外畢竟好多，且看撫憲來電如何。商輪之事，道憲正與新關相商。口外果有法船，又當别論。好在初一、初二兩日向均停開也。電報局已嚴催其修好，趕速通知尊處。此請升安。

愚弟宗源瀚頓首　元日未刻

（四十二）

澂（山）〔三〕仁兄鄉大人閣下：

張鳳林回，接奉手書，讀悉一一。法人鐵甲船二隻，中號兵輪四隻，廿七日至大七山停泊，僱引水人，廿八日未刻開，南行，探聞來石浦，俟臺灣數船來會合攻擊我兵輪，刻下未知若何。華安所裝之煤、彈卸在鎮海暫存不可（吴統帶來函，囑以後運煤船至舟山齊頭洋面爲約），弟已函請吴統帶派人雇船運往石浦，弟亦派人前來幫同照料運事。兹威利輪船赴東洋，弟囑該船繞道，接石浦確音，該船來報情形，務乞電示（南北洋督憲盼望確音，急急），弟並有交該船寄吳統帶密函。如該船不能到石浦確交，弟令將密函送至尊處，迄速着人飛送石浦呈吳統帶。至叩至叩！肅此，恭賀年禧，並請勛安，一切費神，感謝！

鄉愚弟照瑗頓首　十二月廿九日午刻

兄在鎮海，爲五兵輪消息所關，借重者多，所關者大，弟已稟曾宫保、浙劉撫憲矣。

（四十三）

敬啓者：　頃接撫台來電，南琛等船既已收回，自以速回吴淞爲妥，並稱奉曾帥電，屬與敝處商量等因。當即泐函商請吴統領速回吴淞，並復寄電音，由鎮局轉電劉、曾兩帥，諒入青覽矣。兹將仲帥來電抄呈一閱。此致，即請勛安，希惟凱照，不一。

愚弟利見頓首　元旦日四點半鐘

（四十四）

徵三仁兄大人閣下：

昨接電示，詳述預備沈船堵口情形，具見規畫周詳，欣慰之至。頃與税司商議，據云敵船如入蛟門，虎蹲砲臺兵輪開砲轟擊。如敵船復漸駛進，此時方可塞口。緣塞口實極末一著也。又如法船非爲攻打而來，止就七里嶼相近洋面停一二隻，禁阻我船出入，此即公法戰例，封堵海口；船停久暫不定，我海口祇可嚴備，不可遽行塞口，以免自困。所論尚屬切當。望執事與歐陽軍門、楊西翁便中商及，參酌行之。援臺兵輪被圍之説，似係謡傳。聞英領事云，五船已安抵温郡，此信未知確否也。專速飛布，敬請台安，不一。

愚弟薛福成頓首

（四十五）

啓者：今日下午復一函，交來差，自已得達矣。撫憲頗以弟與道台之電爲是，惟初致提台電信，誤認爲南洋耳。提台想已商之吳君，吳君之議如何？如謂澄、馭二船無着落，則弟處已得極確之信，此二船頗怨三船飛駛不顧，已自入三門，現在聞已抵申矣。此次法迫我五船，竟能一無所傷，其中蓋有天焉。天意如此，又得諸君竭盡人事，鎮口一切頗用以自壯也。此時口外有法船，事極可慮，然弟思法於數百里之中覓我兵輪不得，失之交臂，此其不熟海道之效也。其游弋於旗頭、横水洋一帶，如蟻旋磨，可發一哂。如無領港之人，似必不敢入游山港。引水洋人已得我每月雇資，計數千元，此時須堅與之約，兄宜於此加意，弟已請道憲與小池重言，以申明之。而夜間塔燈已停，晝間浮筒亦宜預籌收斂之法，一過法船有窺伺之意，立時收起便妥（亦已請道台與税司商辦）。此數大端辦有把握，法夷再逾幾時，當廢然思返，渠亦未必放心久離臺、閩也。或謂琛、瑞、濟三船，不可使之窺見，宜令駛入内裏，現泊北高埠南攔江口外，遠鏡不致窺見否？望兄察之。水雷已放妥否？電線有可更替否？由甬至鎮之線，弟又遣人至甬局確詢。小湖來信奉覽，蓋實是莫名其妙，必非有心，已定明日邀熟手再往察看，並擬紹、滬兩處來手來看。渠亦極不自安，每接省電，專人送鎮，費頗不貲也。此請升安。

愚弟宗源瀚頓首　元夕

再，三船夜間居然闖入，何竟無人知覺？敵船不致如是否？一船撞入樁縫，樁縫之中即所沈石船也。彼船有損動否？我沈之石船有損動否？念念。

再，聞江表船今早到鎮口，自遠在鎮卸載（停止商輪，税務司尚不以爲然），是否？

（四十六）

下午鎮、梅電均通，至五點正在打省電之時，忽又窒礙，明日準着測量生前去細看。總之，鎮、梅兩處並無斷線壞機之事，而忽通忽不通，殊不可解，即細詢測量生，亦云此理難測。俟明日去後，自當詳稟。别處報俱甚通，惟粤電線紐頃尚不通。大人所寄各報及各衙門報，均隨到隨發，並無一分留滯。鎮報遇阻，亦皆專脚送去。謹此稟覆，恭請鈞安。

附貢生華志青謹稟，恕不恭楷　初一日

（四十七）

徵三尊兄大人左右：

接來書並各電，均已送電局印發矣。弟亦有專差一函，亦得達否？此次開濟撞我椿船，彼船略有損耗否？南洋電召三船乘隙駛回，恐三船尚不敢遽走。原電抄閲。澄、馭二船於廿九日酉刻駛進石浦内港，其一船云有甯波人者多員行李上岸奔逃。惟營務處丁華容所帶一船，尚無人逃避，此象、石文武二十九日發來信函所云。是日，聞象山東鄉皆有官輪駛避，或即琛、瑞、濟三船。此次云得全者，實由法無鄉導，不敢入内洋之故。然逗遛日久，則可慮矣。道台歲除日曾札兄處，募敢死小舟。此時雖官輪已見，然法船究有幾隻？尚在何處？究不得真信。惟憑一二入港之船傳言，究非用兵之道。鄙意尚望閣下與吴吉人、鄭仙岩商量，速雇爲偵探之用，不但偵敵，且法船豈可聽其久留貽害？募得敢死之士，且可裝作百姓賣與食物，設法誘入淺礁，不但不致於敵，且可致敵，閣下豈無此意乎？再，象山港、石浦從前超元等輪船皆言輪不能入，嗣知象港水極深，今又知石浦内港輪船能入（澄、馭二船泊天后宫山脚），從前官輪之言，不可盡信如此。此請升安。

弟源瀚頓首　正月二日

再，弟接象、石文武來信，係廿九日所發。若威利輪船見譚頭洋有二法船，則爲元旦之事，足見法船未走。象、石來信，言石浦人情甚皇惑，催鄭仙岩回石。望兄轉囑仙巖趕緊回石一轉，過數日再來鎮海，應亦無妨。仙岩處弟不另函矣。

弟源瀚又頓首　正月二日

（四十八）

統領兵輪吴徵三覽：

電悉，我船廿九遇法船，澄、馭二船不見，所幸三船入口，猶爲不幸之幸。大洋中風雨兼霧，猝然遇法九船，相顧誠難，三船既到甯波，刻下閩口阻塞，浙洋不宜久泊，望確探，乘隙穩慎駛回爲要。一切皆荃注，當可放心。

荃札　正月初二日

（四十九）

徵三仁兄大人閣下：

頃由宗緗翁轉達尊函，具悉一切。即囑李委員與税務司商議，據云着人出口知照商輪。此法亦善。惟該船願進與否，應聽其便，不能阻其不進。電致上海一層，税司極言其無益，或且有礙，應作罷論等語。應即知照執事察酌爲要。當此軍報倥偬，鎮甯電機忽然不靈，不能傳報，可恨之至。即當飭傳該局華紳，面致詰問，令其設法趕緊整理。專此布泐，敬請台安，不宣。

愚弟薛福成頓首　元旦日

（五十）

徵三仁兄公祖大人閣下：

昨肅賀椷，亮登記室。頃讀賜翰，敬諗台旌旋鎮，罄無不宜，至以爲頌。承示援臺輪船寄椗等事，當將原函送呈憲閲，諭以前接楊制軍來電，謂轉接曾九帥電開，江南有援臺鐵甲船五號，爲法船逼入石浦小河等語。前經中丞電致薛觀察暨閣下，趕速查探明確，尅日電報，想日來已查有端倪矣。水雷已經由局委員趕解赴鎮，年内或能到防，未可定也。承囑符君之事，當即代陳，惟人數太多，不能全保。緣獲盜案小，現在尚難議定也。匆匆奉復，祇請年安，並頌新禧，統希惠察，不備。

治愚小弟徐春榮①頓首　廿五

（五十一）

飛啓者：　頃接惠函，敬悉澄、馭二船於念九日在石浦與法船開仗情形，適又接象、石練軍劉管帶青山稟稱前情相同，並稱現探法兵輪分泊石浦、三門外及潭頭洋面堵截，馭、澄二船被困，請援前來。查澄、馭兩船被圍，尊處得信在先，未知曾否電達撫台如何著落，蓋石浦係我浙洋，法船圍攻澄、馭，似不能置之度外也，請高明酌之，速賜示復爲盼。此請晚安。

利見頓首　初二酉刻

（五十二）

敬復者：　頃兩奉惠書，縷悉壹是。澄、馭二船既在石浦開仗，澶頭山、牛欄磯兩處泊

①徐春榮，待考。

有法船三只，本爲圖攻澄、馭之計，難保不乘隙來擾，口外暗礁浮筒商定明日派超武、元凱各收一枚，所見極是。備塞口門四船水手兵丁均不在船，此等重大軍事竟敢視同兒戲，殊爲可恨，適鄭參將鴻章在此，已面諭查辦，並照台屬飛飭鄭都司碧山傳諭王永嘉、張壽卿嚴督原派兵丁，續募水手嚴密加緊看守，並重懲此次離船各弁兵，以肅軍令而慎事機可也。專此布復，即頌晚安，希惟凱照，不盡。

愚弟歐陽利見頓首　初二酉刻

（五十三）

澂翁太守鄉台大人臺前：

敬復者：　午後騶從莅臨，緣連日來感冒，風寒深入筋骨，右手臂膊疼痛非凡，至元旦略略稍愈，又以時值大節，不能不勉力隨班朝賀及各廟行香，並各上游道喜。詎拜跪過多，而筋骨更加酸痛，致今午猶未能起立，有失迎送，殊抱不恭，歉仄奚似。承囑之件，自台旌遄返，當即傳齊各埠頭並南北兩岸地保，飭令兩岸商漁船户，移泊上首，自大道頭以下不准再行停舟，均已遵飭移開別處。惟近江南岸有福州船數隻，亦允明早移進上首，惟漁人張網所插樁木，非敢不盡行拔去，第誠恐深入水底者，一時驟難拔起，可否借用尊處機器幫同拔上？則不致遲延時日，而立可刻期奏功矣。是否允准，並乞明早示知，以便傳齊各漁户同力偕作。此復，即請升安。

江繼曾謹肅

（五十四）

澂三仁兄大人閣下：

頃接道府來函，以劉副將青山來文，澄、馭兩船被圍請援，又據該二船專差赴甯電稟曾帥，求援甚急，又云二船勇丁逃去十之六七各等語； 特商敝處能否抽撥一二營往救，復以鄭都司在鎮無事，其船上兵勇多有敢戰之士，可以酌帶多少起早赴援各等因。查此事業已函商閣下，亦以鎮海祇此數營，兩船何能抽撥？此乃實情。且吴統領經赴石浦，無人商量，其鎮海爲浙重地，不可不全力駐守。倘敵人蹈虚來攻，豈不（雇）〔顧〕此失彼？爲小失大，深爲可慮。今道府來函，屬飭鄭都司帶勇起早前往，特商台端，鄭都司曾否能去？其後有無可以替代之人，尚祈迅賜示復，以便斟酌定奪也。手此，即請晚安。

弟利見頓首

（五十五）

徵三尊兄大人閣下：

午前交來差一函，應已接得。頃間弟差回，又得來書。電已送局，道憲處有回信奉覽，浮筒稅司已飭鎮關洋人暫撤矣。引水洋人儘可查其（查）〔出〕入。如不應出而出，可由兵輪阻止，此亦稅司之意也。惟澄、馭二船在石浦内港，今見其電，送請兄閱，只可口述與人，不可以原稿與人看，係私抄也。現在人心已甚驚慌，二船一時不得出，法人不肯走，日久必貽禍於地方。現在帶練軍之劉鳳輝，與石浦廳黄幼臣皆甚長厚，該處五方雜處，匪類尤多，誠恐奸徒從而生心。象山縣請催鄭仙岩回石，弟致仙岩一函，望兄飭交，如赴定海，即交船勇送定爲要。現在口門繫船等事原屬要緊，然鎮海究有閣下與吉人諸君，總可設法兼顧。石浦實在可慮，尤恐内裏自己出事，故仙岩不能不催其回石一行，如須酌帶船上勇丁幾人前往，亦望兄與妥商，無非閣下力爲其難耳。澄、馭二船在石浦望援甚切，該二船不安，即地方不安，其利害有相因之勢矣。弟與道台函商，軍門力催吴統領自選弁勇起早赴石浦，或與仙岩同行更好。仙岩部下尚有敢死之士，洋面人情亦熟，亦可相助。望兄亦力催吴君爲要。不然，相持日久，法得土匪指引入内港，勢將登岸，其患不可勝言矣。此請升安。

弟宗源瀚頓首　正月二日酉刻

謹將華容電抄呈電鑒：

兩江爵鑒，澄、馭兩船被困石浦，不能衝出，兵勇竟逃十之六七。廿九晚八點，法放魚雷，已打退，須血戰，恐難保全。求救。乞電示。

（五十六）

徽三仁兄大人閣下：

昨發一函，想已收到。兹有李委員函議兩事，應即鈔録知照。澄、馭兩船，在石浦被圍甚急。法若得志，恐其轉輪而北，來覓三船。南洋既電飭該三輪回滬，自以勸令早行爲妙。但須穩慎密速，乘夜潛駛。如煤、糧有不足之處，應請執事設法通融接濟。敝處有致旲統領一函，請尊處派人指引該勇送去。僱募小舟一事，望執事察酌速行爲要。手泐，敬頌台安，不具。

愚弟薛福成頓首

（五十七）

洋務委員李圭①來信

敬稟者：今早奉鈞諭，收斂浮樁、堅約引水兩事，宗守所論亟應照辦。卑職當即面諭税司，已由税司飛諭鎮海洋人，令其立將浮樁二具一並收起，務俟法焰少息，再行安置。引水師密士、必得生二人本極恭順可靠，刻亦由税司寄函與彼堅約，斷不准其出口。除瞭見確係局外商船來甯，仍准出至近處帶外，若並非因此，無故出外，我超武、元凱兵輪盡可阻止。此兩事今明日皆可辦妥，祈勿廑念。理船廳葛靈霓適在鎮海税司，函去不至，稍有延誤。卑職似可毋庸親往。頃税司又云開濟等三船雖入口，如敵船在七里嶼外，用遠鏡仍可窺見，亟應令其移入梅墟。肅泐併陳，恭叩崇安。

卑職李圭謹稟　初二日巳刻

①李珪（1842—1903），字小池，江蘇江甯（今南京）人，1865年任職甯波海關，1876年作爲清朝工商界代表，赴美參加美國建國一百週年費城世界博覽會，著有《環游地球新録》，1883年薛福成任甯紹台道，薦李珪兼任洋務委員，參與鎮海抗法保衛戰。

（五十八）

徵三仁兄大人閣下：

昨泐一椷，計登籤照。開、瑞、琛三船，收泊口内較在口外略好。然恐法人不能相舍，終將盡力覓擊，浙防必受其禍。澄、馭二船被圍，聞吴徵翁欲選帶弁勇，由陸親赴石浦，相機援救。然三船仍宜趁法船未到之先，趕速乘間回滬。若遲遲不決，必被攔截。屆時斷難出口。頃接曾宫保來電，深盼三船駛回，共保長江。兹特抄録知照，即請執事就近録送吴徵翁，並與妥商定計，宜密宜速。仍代爲設法探明，自甬至滬，如尚無法船踪迹，即應燒足煤火，各砲裝齊子藥，乘夜潛駛，經赴淞滬，或回江陰，最爲上策。原電仍祈轉呈提台察閱。澄、馭二船在圍，刻已飛札象山縣，設法接濟煤、米。所冀内海河線法船不熟，相持稍久，或煤盡自退耳。專泐，順頌凱安，不具。附抄電一紙。

愚弟薛福成頓首

薛道台鑒：

來電悉。承示急調三船回滬，以保長江。卓見極是。敝處發十六七八電與吴鎮，即是此意。無如電均未達，致有二十九早澄、馭二船之誤。爲今之計，盼望閣下就近設法，代爲示諭吳鎮，(逞)〔趁〕法輪未到之先，乘間衝出，三船駛回淞滬，或徑回江陰，共保長江，深爲公便。拜託，拜託。荃復。

(五十九)

啓者：昨夜四更後又得來函，誦悉一一。鄭仙岩係現任都司，而石浦又正在萬緊之時，弟慮石浦匪類最多，台匪尤往來其間，有從而生心起事之人，故欲倩仙岩一行以資鎮壓，非不知仙岩在鎮之要也。惟既不能赴石，而在鎮又復如是，豈非兩失？此中機關，弟與兄惟有同歎而已。提台回信，謂函詢兄處，如有替鄭之人，即可令其赴石。弟思尊處未必有替鄭之人也。吳統領單身赴石，似尚勇往，特無熟悉情形之人同去，恐亦無益。今早石浦廳象山縣又專差飛報(三十日發)，法船共有七隻在口外，卅早曾遣有煙囪舢板赴内港，見官輪開砲駛出。弟面問石浦來差，云法已捉去漁船四隻帶路，此固必有之勢。弟記得去年八月在鎮口看樁時，有本地小船駕櫓如飛往來。吳吉人謂此等船不要命，常趁有風浪時出口，撩趁失事商船之物，膽子奇大云云。兄何不即商吉人，姑雇此等船試用(尋常漁人或有貲本，或受雇價，轉不如此等人潑辣)，按月常雇，給予厚值，似必與偶然雇一次者不同。即使未必所報皆實，然究勝於一無耳目，專問來往之船。且我既雇彼常探，而仍問來往之船，以相比較，虛報者立察懲换。如此一兩次，亦許有可用之人從此而出。從前湘、淮軍之創，何嘗不如是？務望加意籌辦。至漁團中人，弟必須轉詢紳董。值此新年，紳董多不在郡，恐緩不濟急。兄先辦有頭緒，漁團中人必有聞風而起者。風氣之開，必有傑出之人創始，凡事皆如是也。此請升安。

愚弟宗源瀚頓首　正月初三日

（六十）

徵三尊兄大人閣下：

弟爲報務，昨日未刻仝優學生赴鎮，不意船過清水浦，風浪大作，不得已傍岸小憩，還祈風過再行。孰知遲之又久，風稍小而潮又逆，祇得返棹。弟爲此事十分焦燥。上午往見道憲，求爲設法，云須請好手來甬察看，一面向總局請派優學生相幫。梅、鎮兩局弟已遵行，繼見府憲，云須既能來，不妨令鎮局照打，恐不接頭，一面再派專足飛遞；另外，須派熟手巡丁逐桿細巡，弟亦遵行。如此設法能通，誠爲幸事；萬一再滯，如何是好？閣下如有所聞，還祈教我，以全大局。謹修寸緘，恭賀新禧，敬請崇安，統希垂鑒，不宣。

小弟華志青頓首　元月三日

再，司事李賓甫處，弟亦有信，並求賜閱爲禱。

（六十一）

頃間代理和國領事海爾文仝領港人必得生，據稱仝往蛟門等候香港來船，業經已囑附近該處等候，不便再遠矣。本日有船來，望祈預先通知炮臺各處，以免疑異是荷。此請捷安。

新正初四早，超武船□進港之船由南而來，潮漲之時在七里等候，未甚妥便，往蛟門引領較便。又及。

（六十二）

徵三尊兄大人閣下：

昨日未刻，兄處專差人到，急於回銷，未等回信。仙岩亦於是時到甯，道台撥去衛安勇五十名，弟亦撥巡防勇三四十名送去，即晚前往，已函囑吴君，諸事與之商量。仙岩頗辭色慷慨，謂『我廣東人不怕死，當爲設法將二船衝出，我即乘之以出』。雖是大話，然亦可壯。弟又與之密語，萬一實無可爲，即商吴君將砲火起岸，以兩船付燼。撫憲來電，已准調段碧春一營赴石浦，此甚相宜。今早石浦專差來，弟面詢情形，尚言段大老爺在石最好。其得名如此，今有彼去，而兄又肯放鄭仙岩前往，陸路之事可以無憂矣。惟鎮口管椿管船，亦極要之事。仙岩去後，兄如何責成？（探船已雇一隻，極好，一船五人，似乎其船尚大，能冉雇一較小者輪往否？）弟思及，心又懸懸也。此請升安。

弟宗源瀚頓首　正月四日

甯波到鎮之電線，今日小湖來細談情形，凡尊處打報來皆可接到，並不阻滯；不但此也，即尊處打梅墟之報，此間機關亦動，其叫喚亦都聽見；惟由甯波至鎮海則模糊不能成字，而由梅墟至鎮海則又靈通如常。所以，凡省寄鎮海之電，渠均專人送梅墟打寄左右也。鎮海叫喚甯波，未嘗不聽見，並非不答應，乃其答應聲息尊處不聽見，遂疑而不敢發報，故小湖以爲毛病在甯而不在鎮，乃以由甯至鎮之機器藥水與由甯至杭之機器藥水互相調换，則至杭仍靈，至鎮仍不靈，百思而不得其故。在紹局調來老手亦猜詳不出，恐須邀原作之大北公司人來看，渠一面又商上海調老手來看。爲今之計，尊處此後發報儘管打寄，叫喚數聲之後，雖不見應，而照打如故，一面照抄原字，專人來甯查對，如無訛誤，便可放心。如此一兩次，即可放心打寄，譬如聾子與人説話，雖不聞其唯諾，而已心知其唯諾連聲矣。書至此，不禁一笑，請試爲之。

（六十三）

徵三仁兄大人閣下：

連日各處叠來電報，均承飭送前來，感極感極！石浦兩船被圍，前經閣下電稟撫台，擬撥一營往援。昨道台函來，並抄送撫台電諭，准調段參將營會同劉副將紮石以作聲援，刻下各處赴援之兵已抵石境，當可扼駐陸路然，足見閣下薹畫周密，所議亦幸鄙意相合，欣慰之至。頃讀惠箋，以引港人報稱今日有香港商船南來，渠出蛟門等候，經閣下屬其不必遠行，弟已分飭砲臺及各營加意瞭望，無論是商是法，總以刻刻戒嚴爲是也。至南琛三船，既已收入，自應同心禦敵。昨南琛袁管駕①等來見，弟與之商，須將三輪攏泊椿邊，無事以壯聲威，有事幫同克敵，袁管駕等亦以爲然。即閣下前日賜書，亦見及於此，特商請傳知南琛三船，務須攏泊口邊，是爲至要，想高明必以爲然也。此請台安。

愚弟利見頓首　初四早十二點鐘

①袁管駕，即袁九皋，時任管帶南琛輪花翎記名總兵；戰後以提督記名，請旨簡放。

（六十四）

徵三仁兄大人執事：

初四辰刻，接據象山、石浦管帶練軍劉副將青山飛稟，馭、澄兩船現於廿九酉刻進石港停泊。該將赴船晤營務處丁華容及金管帶等，云伊等同幫五船於今日在洋遇法船九只由南來，一見我船，展輪追擊。伊兩船即駛進石浦，其餘三船已往北等語。當囑小心守禦問，瞭見法兵已駕小船由三門駛來，經我輪船開砲擊退。現探法兵輪分泊石浦、三門縣及潭頭洋堵截，民心張皇，合亟馳稟等情。用特專差馳報，即請尊處代爲轉電飛報南洋大臣、督撫兩院，以定防具名可也。石浦爲泉管轄，現當法船在彼，既無輪船，又不克分身往援，徒深焦灼。正肅函間，適接尊函，一切備悉。續有所聞，仍乞飛示是盼。專此，馳請台安，不備。

愚弟貝錦泉、成邦幹同頓首　初四午刻

提、道前不及另肅，統乞代達，又拜。

（六十五）

敬復者：　頃展惠箋，縷悉壹是。澄、馭兩船既沈，亦權宜之計，但未審法人去後能絞起否也。又，郡局催領子藥等件，昨已分飭各營趕速去領矣。專泐，復請晚安，不一。

愚弟利見頓首　初四戌刻

（六十六）

徵翁仁兄大人閣下：

除夕付上一函，諒可入覽。聞信息頗緊，昨日適有復函，錢棨翁即託其就便轉致吾兄，詢及籌備戰事各件，何以不多來領取，未知此語得達否？本日清晨打一電報奉詢，適電線中斷不能致。兹特專勇前赴台端，即祈查明各營是否需備戰各物，即趕緊來領，星夜趕取前去，均無不可。本日楊西翁處來領備戰之物，領内云及所有戰事各件概未領得等語；而領字内只有羣子三千門、洋布少許，詢及何妨多領，而來人又不肯多要。是以特此奉詢，即祈吾兄酌量轉致各營，是所至禱。雷、藥等件亦領足否？切切，祈酌之。定海於廿九、除夕兩日，共發去羣子十四萬斤、鉛子四萬斤，想早到矣。餘不盡。此請勛安，惟希察照百益。

弟汝濟頓首　初四未刻

（六十七）

啓者：　頃接象山縣專差來報，得劉青山信並探丁回報，馭遠兵船已於初一日辰刻，澄慶船於未刻，均已開放水門，將全船沈没（大約連砲沈下）。據丁營務處云，管駕、勇丁仍在彼守候，如三數日内法輪開走，仍可絞起等語。特此馳報，請轉致提台、統領。如法人因此離石，則鎮口更宜戒備（段碧春初三四更收隊去矣）。探船已出去否？　此最要也。初二亥刻來信已收到矣。　此請升安。

弟宗源瀚頓首　正月初四午刻

（六十八）

逕啓者：　刻接象山縣飛稟，澄、馭二船已於初一日放開水門，自行沉下。法人絕望，必離石浦，更招尋開、瑞、琛三船，騷擾鎮、定洋面。三船現已移泊白家埠，較在鎮口略好。稅司尚慮其引敵。據云元凱、超武、寶順三船，守口法人在七里嶼外，用遠鏡窺視，誤以爲援臺三船，亦足引敵。外國通例，凡守口等船皆眠下横桅，應令該船將横桅眠下，法雖窺見，自難遽認爲戰艦。至開戰時，横桅仍不難竪起。商之湘文太守，亦以爲亟宜照辦。即祈迅告守口三船，眠下横桅，以阻敵謀爲禱。軍門處已另函知照矣。專泐飛布，順頌凱安，不具。

愚弟薛福成頓首

（六十九）

初三晨，有怡和洋行小火輪駛至石浦港内察看，似係滬上遣來探信者，亦開回矣（與法船同開滬上，必知法船南駛矣）。此請升安。

弟宗源瀚頓首　正月四日初更

再，今日兄發道、府兩電皆到，無譌。

（七十）

啓者：　今午一函，報澄、馭二船業已自沈，想已達覽。頃得象山縣飛稟，初三日午刻，石浦口外之老東門、潭頭洋等處，法船七艘全行向南開去，似有回閩之意。望兄速派探船，多發川資，飭其開至台、温洋面，探看有無法船踪迹。如其無踪，則回閩無疑，鎮海口可無事矣。又來稟云，南洋五船道憲欲考其銜姓，並何項出身，弟知之不全，更恐不能無舛，另單費神逐一查明開示，至禱。①

（七十一）

徽翁太守大人鑒：

費金組②應請槍砲電報已至，祈乞示知，敬祈發電撫憲處，轉咨江南製造局給領。此禱

請捷安，不具。

聽頓首　初五

（七十二）

徽三仁棣大人閣下：

來示已悉。兹復揀選菊花青馬一匹，該馬並有德，可稱迥出羣馬之上，合式祈爲留用，

左爵帥由金陵機器局製造四輪神機砲，另請毛瑟後膛槍。

元凱、超武請領神機砲各四尊、毛瑟槍四十桿，均須照配彈子全。

①此函從筆迹看，亦爲宗源瀚所作。

②費金組，時爲副將用儘先參將，戰後免補副將，以總兵記名簡放。

否則即仍退還可也。敝部前營段營官帶領所部弁勇於昨早起行，前赴石浦，今日諒可抵防矣。天洞、小白嶺、東湖等處另派左旂劉營官偵探，後旂黃營官並侯營官前探橫溪一帶，並派衢標前哨往橫溪口扼要駐守，均於昨開差去矣。知關綺注，用特附陳。手此奉覆，敬請勛安，惟照不盡。

如兄錢玉興頓首　初五日

（七十三）

徵三仁兄大人閣下：

初二夜奉復一箋，交原差轉呈，計早邀察覽。今日辰刻，接昨初三日午刻所發尊函，種聆壹是，遵即轉達敏修鎮軍及合防矣，官輪既不能援臺，且見敵輒逃，令人齒冷。而徘徊浙洋，引敵來浙游弋，刻下浙防倍重閩防，尤憤懣之至。定海孤懸海中，兵力衹此，別無別策，惟有未來則嚴以備之，果至則力以禦之而已。吾公通籌全局，於我定防更無微不至，心深感激。此後遇有消息，務乞隨時飛示，即糧餉、軍火，將來尚須仰仗大力相機接濟。匆匆率復，順請捷安。

弟成邦幹頓首　初四日申刻

（七十四）

澂三仁兄大人閣下：

頃接手翰，詳示一切，感甚德甚。法（見）［艦］狡獪，游（戈）［弋］往來，不過以之疲我，久則乘間來擊，防守萬不敢稍疏。弟等自臘之二十六日午刻後，督率合防將士晝夜輪流巡查，擐甲執兵，以待其來。夜間較日中更嚴。惟冀閣下時賜消息，籍以洞悉虜情，不勝叩禱之至。肅復，敬請升安，並賀新禧，惟希照詧，不具。

弟貝錦泉、成邦幹頓首　初一夜

（七十五）

徵三仁兄大人閣下：

久疏箋敬，馳慕殊殷。辰維新春集福，防祉延綏，翹企旌麾，莫名頌祝。弟省局濫竽，毫無建樹，所幸公私敉適，足紓雅注耳。刻奉支應局轉奉中丞諭飭，將省局所製水雷掃數解鎮等因。現將敝局製存六百磅水雷二十尊，隨配應用之件，點交史委員解送麾下，即望照單點收。尚有電汽箱五隻，須正月杪始可完工，祇可隨後附便搭解矣。拉火已做好千支，如尊處待用，望示知，以便回明動發。惟此項拉火省局所造，恐難供各軍之用，擬定購二三萬支存儲，以備緩急。昨經回明中丞，向洋行取樣，兹寄來七個半生脱炮口拉火一支，據云尚有八個（七）〔半〕生脱拉火，則大炮亦可應用。而其拉火之分寸較自製者較短，不知藥力如何。用特附上二支，請試驗其合用與否，詳悉示復爲禱。泐此，敬請勛安，叩賀年禧百益。

愚小弟莊濟泰頓首　除夕前二日

（七十六）

徵三仁兄大人執事：

初五辰刻，惠濟帶到惠書，誦悉一切。法艦困我兵輪於石浦，兩船自沈而不以之爲水砲臺，殊爲可惜。該處平時未經設防，一旦有事，大有危如累卵之勢。弟泉既未能跨海往援，且亦未能輕離定防，徒深焦灼，惟有督率將士刻刻戒備，以固我防。鄭都司稟報情形，現已會同定防文武飛報各大憲。泊鎮三船畏縮不前，還祈轉致該船管駕，如開出時，切不可更進定海各口。蓋現在敵船在邇，一見有輪船到口，即當開砲轟擊。設被誤擊，轉爲不美。況港口設有阻船之物，一經誤撞，更屬非是。務望切實諄囑彼船知之，是爲至要。昨夕專差函達中丞，以沈家門、三江口、岑港現值南風司令，均可泊船，定防各軍僅能顧及南面，其後路似應添撥數營，以期周密，不識當軸作何策（膺）〔應〕也。昨日奉托轉雷之件，瑣費清心，同深感泐。石浦軍情，敝處得信頗遲，尊處有聞，還乞先示是禱。專此馳答，敬請升安，惟祈詧照，不備。

治愚弟貝錦泉、成邦幹同頓首　正月初五日

（七十七）

密飛啓者：　頃接敝署送來九帥電報一紙（計三張），據署中來函稱係密碼，無從翻繹，曾送至宗湘兄處繹出，究有數字意義不明，特送閣下密閱。或尊處有密本，即請繹出註明。此係欽奉旨電，密行轉遵。務祈繹閱後飭送南琛等管駕一閱，仍發回敝處爲荷。此泐，即頌晚安，希惟亮照，不宣。

愚弟利見頓首　初六夜一點鐘

坿呈電紙三張①。

①電紙缺。

（七十八）

徵（山）〔三〕仁兄大人閣下：

頃間差至，接奉大片，承詢各輪情事。係於去年十二月二十九日申刻，有第六號馭遠兵輪、第廿三號澄慶兵輪，在淡頭山遇法逆大隊，被逼避入石港，進泊天后宫前。嗣於三十晚，我輪開炮兩次，未見法船動静。元旦辰刻，忽報我輪有沈没之信。當即會同竹山巡檢李小翁等前往察看情形，則見馭遠輪船業已入水，而澄慶亦漸欹側，有欲沈之象，至巳刻亦全沈入水，無所可疑者。該船兵勇人等，於一到石，即見紛紛逃竄，並管駕水手，一概不知何往。至查該船因何致沈之故，據云爲水雷轟破。法船並未進口，且左近居民均不曾聽見震動，聞該船有自行鑿沈等弊。種種情形，弟已通稟。兹探法船昨已開行，地方頗定。手此佈復，順請升安。

愚弟名正肅　新正初四

（七十九）

徵三仁兄大人閣下：

昨布一緘，計登籤詧。頃據象、石練軍劉副戎報稱，法船七號於初三日黎明向東北行。

象山鄒令則稱初三午刻全數南駛。今鎮口安静，似鄒信爲確矣。大約因象、石一帶，謡傳開、瑞、琛三船駛避温州，前往招尋，招之不到，難保不去而復來，再行騷動鎮、定洋面。然彼在台、温各洋，必有十數日或五六日留滯。開、琛、瑞三輪宜乘此時，遵曾宫保兩電，早駛回滬，最爲妥協。吳統領想不日折回。務祈執事迅告三船管駕，整備煤、糧等物一概齊全，剋期駛回淞滬，或即徑回江陰。佘山有兩法船之説，恐未必的確。若果有之，則法船大隊必仍北來無疑，更不可不豫爲之計。且法驟勝而驕，所留未必堅艇，或不過巡瞭送信之船。就使果確，不妨聯艅徑過，法人自知勢孤，未必遽行相迫，即來截擊。而三輪皆係碰快之精艦，豈竟不可與之交鋒？況燒足煤火，裝齊子彈，黑夜潛駛，可保其必不及覺，必不能追，固勝於坐困萬倍也。頃又疊接南洋、撫憲各電，用意均甚切至。特將原電鈔電寄上，即希詧閲，並録示三船管駕，速即遵行，勿再遲疑觀望，以滋貽誤爲要。弟節次函電，皆恪遵憲電辦理，初非下逐客之令也。專泐飛布，順頌凱安，不具。

愚弟薛福成頓首　初五晚

附原電三紙、鈔電一紙。

兩江督憲來電 初五日酉刻

甯紹台道叔耘觀察鑒：

來電悉。頃聞澄、馭二船在石浦被法轟沉，未知確否。開、琛、瑞三船自以迅速見機回滬爲上策。吴鎮到石浦救援，既未在船上，即由三管駕探明，乘隙相機衝出，駛回吴淞、江陰，亦是良法。衹要能保全三船，吴鎮及三管駕皆有功無過。請就近告知三管駕，切勿錯過機宜，相機施行爲是。

荃複印

（八十）

徵三仁兄大人閣下：

今日申刻，連奉初六午刻兩書，備聆種情。官輪之不能一振國威，共深浩歎。何時回滬，尚祈示知。至法船是否回南，此間派去探船尚未回定，一俟得有的耗，當即報聞。昨日此地傳説石浦洋面已無法船，沈家門、三江、岑港坐探均無報到，似定之附近已無敵踪；而狡敵忽來忽去，甚是叵測，仍未可一刻鬆防也。閣下大公爲恒，遇事關顧，弟等深感已久。承商以早運軍火，極爲要著，不過實多難處，非一言可盡。弟等惟有忍辱耐羞，求其事之無悮，以對我中丞與同袍而已。此叩勛安。

弟泉、幹頓首　初七申刻

再，承詢有事轉運軍火一節，查蟹浦可以盤運下船，倘洋面有敵舟阻截，則船出岱山鈎門而至沈家門，均可繞行。若穿山下船，盤運過嶺則甚不便矣。且該處洋面，或恐有敵船在彼游弋，大非所宜。現在石浦雖探無敵踪，然以意度之，行未必遠，況輪行洋面頃刻白里，斷不可稍行鬆勁。甯局於操用彈藥，早領辭以未備，遲則又謂過期，此中故作留難，不知是何意見，令人殊難索解也。並此附及。弟等又叩。

弟利見頓首　初八夜十一點鐘

（八十一）

密飛啓者：　頃接九帥傳電，中載有仲帥、吴徵三、邵小村、龔仰渠等名，特將原電送呈台覽，並乞閣下電寄仲帥、小村、仰渠等處，仍懇飭問吴統領曾否回鎮，即將此電與該船一看後，即發回弟處爲荷。此請晚安。

坿呈電報一紙①。

①電報缺。

（八十二）

連日來電均悉，並以轉陳道憲無誤。（探船似可用矣，弟現雇攻幫泅手赴石浦撈鎗砲，亦擬選送尊處分派探船，以供指揮。）今日奉手示，讀悉一一。昨日又到密電，知五船被困，飭浙防勇營幫助，如遇登岸，竭力剿辦。五船進止，俟法退後候旨遵行云云。沅帥另電提台，總以保全三船爲主。看來三船一時難以離浙，弟現獲馭遠水手吳克生（此人船沈後始上岸），細訊沈船情形。廿九、卅兩夜，法三次用所擄福建、台州紅頭漁船，隱蔽法舢板於其中，進港兩次，開砲擊退，皆以舢板有紅燈，我船能辨之也。至第三次於五點鐘，甫黎明時，息燈而進，暗送魚雷（魚雷能浮行，與沈雷迥異），至我輪後艄之下，法舢板離十餘丈發機，先發一雷，船擺動（似是未中）；再發一雷，吳克生見船艄底板爆飛，立近船艄之人被轟落水者三，旋即後艄進水。又聞頭艙亦進水，則頭艙之下必又有一法舢板以魚雷轟之也。其時船上只剩三十餘人一齊登岸，此馭遠船也。至澄慶船，則廿九進港，即泊天后宫岸邊，一半擱於淺灘（以便登岸之意），故法舢板於其船之横邊，用魚雷轟之，船即横坍入水。凡此情形，黑夜深港，雖本船人尚未必人人深悉，無怪石浦文武茫然不知。彼祇知法大船未進港，不知法夷於黑暗中施此毒計也。據吳克生供，是夜放大砲、格林砲、洋槍無數，至魚雷之發，其聲帶悶，反不如大砲之響，故兩岸人更不信有水雷之事。又羣以爲水雷轟船應立成齏粉（不知此試雷之小舟耳），今艙面不見傷，逾兩時始沈，故堅指爲自沈。此事之是非，非弟細加參证，頗不易明，現擬録供通稟。而法夷之狡獪如此，大船不必進港，亦能傷我師船，以及魚雷能暗中浮送至船頭、船艄之下，凡此，兄務必詳告我之超武、元凱，與南洋之瑞、琛、濟也：當港外有敵船之時，雖漁船民船，亦宜斷其進出爲要也。又據吳克生供，廿九日潭頭山遇法船七隻，在二三十里外，一白色、六灰色，登瞭臺望之，渠見我船（正在牛火將行），遂扯紅旗放號砲一聲，統領知是法船自北來，懸南行之旗向南而駛，法船追趕不上，見澄、馭二船不前，遂折回追澄、馭，澄、馭衹得拼命將船横側，拖泥底衝入港内。其時港底設有礁石，則二船兵勇必全爲敵人所捡。其實三船靈捷，砲火皆利，法衹多我兩船耳，如五艦齊心，放膽與戰，安知不可摧敵？即不敢戰，如澄、馭二船放膽隨三船南行，安知不可因霧保全（是日實有霧）？此則不係乎敵之强不强，而係乎我師無致死之心、拼命之膽也。不但此也，澄、馭二船共有五百餘人，槍砲不計其數，（十七響洋鎗二百五十餘桿，兵勇背之上岸，有爲百姓截去者。）法入港者衹兩舢板耳，共三二十人耳。漁船夾舢板以行，藉以隱避，鎗砲聲起，立即避開。法計雖狡，我師如能晝夜戒備，齊心禦之，何致竟爲暗算？乃船一進港，勇已紛紛逃散。掌鐵櫃之洋人，月食二百金，大、二、三副，月食六七十元者，廿九日即已登岸。使當時管帶身坐船面，立斬一二人，誰敢逃走而不拼死者？此二船何難保全？此又不係乎敵之狡不狡，而係乎我師無堅守之心、致命之志也。鄙意祈求兄以此意邀三船暨元、超管駕，飲以杯杓，與之深論，但能竪起脊梁，立可反弱爲强。法遇三船不敢窮追，遇二船不敢深入，以魚雷轟傷之後，逾二日始行；且由東南大洋而駛，象山續報如此），不敢再折而北入内洋尋覓三船；其夜泊必張電燈，不知者謂爲照我船，其實防我暗算之也，敵情不大可知乎？澄、馭失機，三管駕恐未必能邀免議，三船將士能以此反復自思，當必有奮然而起者。徐吉雲於弟尚有一二面之識，兄能以我意温而栗以陳之否？吳統領過甯，倘獲見，弟亦必盡言無隱也。密碼書弟向總署舊友乞得一部（非心交不肯與），現爲道憲借鈔，外間無可覓，亦無可購，撫署雖有，秘不示人也。此請升安。

弟源瀚頓首　正月八日

正封函間，撫憲又來電。接北洋轉電，内開曾電。三船回滬爲妥，着曾、劉相機妥辦等因。望速致三管駕裝齊煤糧，乘間早回，勿□統領延誤，吾兄順道信可也。

（八十三）

徵三仁兄大人閣下：

頃接撫台來電，屬催琛、瑞、開三船回滬，不必候其統領，並屬告知閣下同催等因。除飭差飛請三管駕來營面商外，特抄撫台原電送請惠覽，即希敦促援船回江，是爲至要。此沕，即頌籌安，諸惟亮照，不宣。

愚弟歐陽利見頓首　初九日巳刻

（八十四）

徵三尊兄大人閣下：

日前快聆教益，並奉撫憲電諭，遵即起程。辰維勛祉延釐，履祺集祜爲頌。弟於初五日申刻馳抵石浦，查悉援閩兵輪已沈，法船已退。當即詢據㪷營備弁暨㪷部留巡台洋紅單哨弁，僉稱上年十二月二十九日申刻，援閩兵輪澄慶、馭遠二船駛入石港天后宮前停泊，云被法船逼入。現有法船多艘分泊港外，扼守三門、東門隘、䃟銅瓦等門，乞石浦廳黄司馬封船駁，卸煤炭、軍裝，俾船身喫水稍淺，便可衝出禦敵。當經代封船隻，並派營船照看。然終未見其駁卸。是晚，我兵輪開砲數聲。三十日卯、巳等刻，法夷用火輪舢板、拖帶舢板測量口門水道，並入港窺探，見我兵輪，即行退去。是日黄昏，地方文武正在督率兵勇民團巡防間，連聞砲聲，隨各馳往港邊瞭望，但見我兵輪開砲向三門轟擊，約有數十響，嗣即寂然。當砲聲不絶之時，民人見無法船進口，接踵往觀。四更後又聞砲數聲後，詣天后宮前閲視，仍未見法船。元旦黎明，忽聞兵輪沈没，黄司馬暨李貳尹及備弁等亟往察看，見澄慶已全船沈没，駁遠沈而未没，至巳刻始全行入水。該二船兵丁水手等二十九日進港後，即絡續登岸逃散，船沈後管駕人等亦不知何往，但見大小西式舢板飄流水面，經哨弁等牽帶一處照看。所有分泊口外法船，初二日午後開往外洋，初三日午前又有三艘回泊三岳，初四日由營派船哨探内、外洋，均無踪迹等語。質之黄司馬，所見亦然。弟復加詳詢軍民人等，異口同聲，咸謂未見法船進口。究竟我船如何沈没，未嘗目擊，無從懸擬。查現在石浦民心雖已粗定，惟據衿耆云，事後探悉，三十夜砲聲震驚之際，驟有匪徒麇集金鷄山一帶，勢將乘亂搶掠。幸法船未入，居民亦尚安堵，乃未敢竊發。但該處逼近台境，匪徒出没靡常。當此法船南去，民心初安，尤應加意巡防，以杜奸徒窺伺。而衛安等勇甯防緊要，又未便久留，須隨即遣其回甬。弟當與劉鳳飛、黄幼丞等妥商辦理，以衛地方而慰廑懷。惟蚊負之難，尚希錫我南鍼，以匡不逮，斯爲盼耳。手肅，敬請勛安，諸希爰照，不宣。

教弟鄭碧山頓首

（八十五）

杜大老爺升：

適讀尊片，聆悉一切。但敝船出口，無潮不行，非若旱路得能行止自由也。加之敝船有小火輪一隻，前往甯波未回，似今晚礙難駛出。此復，並請晚安，不一。

即晚愚弟吳安康頓首

（八十六）

徵三尊兄大人左右：

李文卿來，奉手書，得悉一一。弟已雇就攻幫泗手十人（短雇須每月廿兩，長雇須廿元，不知吉人處雇價如何），擬於明、後日赴石浦起鎗砲；但泗人惟赤手耳，如兄所言之四管神機砲以及克虜伯後膛砲，恐非赤手所能起上，必得略備繩索器具。望執事商之吉人，能派一二會水者帶器具偕來弟處，與攻幫水手一同動身，則大妙矣。來與不來，即賜回示，弟飭泗人在此守待也。弟問馭遠水手供單奉閱（切弗示三船之人），弟亦詰問石浦衆人，皆言自沈。渠云自沈是底艙人之事，非我所知，我在艙面船艄所見如此。其時在船連管駕祇餘三十餘人，已逃十分之九，自沈似不能如是之速云云。如係自沈，須問何人下手？如何沈法？因何如是之速？望兄再設法查訪實在見示，弟俟證實，方能發稟也。此請升安。

弟宗源瀚頓首　正月十日申刻

今日尊電亦已接到，宜昌雖言無法船，不知三船與吳統領、丁營務處相信否？果欲行否？文卿留署鈔新法書，並雇人相幫，請弗念。

（八十七）

杜大人營務處：

奉上密電一册，收到否？敝處有上劉中丞電稟，祈代發。昨電請仰蘧派輪確探，僭列尊銜，可否電催？有易□至，自上海來，見銅沙有法數船，請詢之。貴探回否？敝探尚未回，三船亟欲去，因頃奉慎重毋稍大意之旨，暨曾憲保全三船之諭，不敢輕動，祈婉達道署。此請徵三仁兄大人勛安。

弟吴安康頓首　十一日

電稟浙撫劉中丞

浙江撫憲鈞鑒：

屢奉杜營務處轉示憲電，康初二往石浦查二船，初八回鎮海。敬悉憲恩派勇助守，銘感叩謝。琛、瑞、濟三船暫泊鎮海，法船潛伺圖毁，現已移請上海邵道派輪沿途確探，銅沙等處，法船開去三船，已升火等候，探船到即飭回。但三船非敢徘徊，因昨奉相機妥慎、毋稍大意之旨，加以曾憲電諭保全三船，故加意慎重，並非管帶畏葸。俟探明即回，何敢重勞憲廑？ 乞鈞裁。

吳安康稟 十一日

（八十八）

徵三仁兄大人閣下：

昨日肅修蕪復，飭航遞呈，度今日可登籤典。今晨得惠書，並承示抄電，謹悉種切。三船不令回滬，只可聽其自便，弟等不便稟請。倘欲來定，務須先行知會，方可進口。然該船已如驚弓之鳥，誠如來書，未必能爲我折衝捍禦，轉不如不來之爲愈也。定防轉運軍火，已於昨日書中奉答。敝處頃接石浦初三稟報，法船已分駛東北大洋，然輪船瞬息千里，恐未必竟已離浙也。專此奉答，敬請台安，惟祈詧照，不一。

治愚弟貝錦泉、成邦幹同頓首 初八午刻

（八十九）

澂三仁兄大人執事：

昨日泐復寸函，飭航船帶上，度已登覽。今午兩展惠書並抄寄電稿，深費清神，同殷心感。石浦自除夕後未見有稟報，前來澄、馭兩船有謂魚雷擊沈，有謂放水自沈。然此間有自石來者，密詢之，兩船實未開仗，確係開門自沈。敝處昨據探報，亦即以放水自沈通報大府。現在船沈港中，擊沈、自沈不難勘驗。刻計法船既見該兩船已沈，勢必游弋洋面，更尋南琛等三船，或暫離石港，以待三船至石撈救兩船，又來堵截，定海洋面往來游弋，我軍之防須刻不容稍懈。昨經請尊處傳知三船，切弗輕來定口，一則恐誤認爲敵船，致被轟擊，一則恐誤撞阻物，致損其船。務祈切實諄囑是幸。專此奉答，敬請台安，惟祈誓照，不備。

愚弟貝錦泉、成邦幹仝頓　正月初六酉刻

（九十）

徵三尊兄大人左右：

奉復示來電，足徵思慮之周。此層弟亦想到（文卿書已抄就攜回尊處矣），故吳統領過郡時，弟曾以擬雇泅手往撈鎗砲緣由告之，渠云上海即有人來。弟曰：『然則我處所雇之人去否？』渠曰：『儘可前去。』此事所沈鎗砲既在甯波境内，弟爲地方官不可袖視。萬一日久鹹潮浸壞，或被漁匪竊取，豈不可惜？弟現辦公文通報各憲並移明冰案，並石浦文武撈起鎗砲存石浦都司衙門（輪船雖派人去，如無泅手，恐亦無濟），聽候撫憲示遵。此文先寄閣下閱明，如可照行，兄亦仍如昨日之議，派人同往，則此文即請存案，明、後日即遣十人至鎮（聽候派人由水路同行）。如尊意見有窒礙，或不擬派人同往，則請將來文封還弟處可也。此請升安。

弟宗源瀚頓首　正月十二日

（九十一）

徽三仁兄大人閣下：

昨拜雙魚，當經肅復。頃又奉初八、九兩日貽書，均已領悉，荷隨時之關照，實感激之同深。開濟等三船奉電旨飭回吳淞，計已展輪。所有石浦沈没兩船，昨得鄭都戎稟報，船上水手、勇丁於廿九即已令遁，船沈後管駕人等亦不知何往，且軍民人等異口同聲未見法船進口等情。敝處即據稟通報，並飛詢鄭都戎被沈兩船情形。是否尚堪撈救，一俟復到，再行奉聞。兵輪似此情形，罪不容誅。初六電旨尚未知我船自沈也，續後有何消息，尚乞飛示爲叩。手肅，敬請台安，統祈爱照，不備。

治愚弟貝錦泉、成邦幹同頓首　十一日申刻

（九十二）

徵三仁兄大人閣下：

頃讀惠書，備悉一一。法船自初三去後，日來亦無餘事，地方均安静如常。然法輪已開，或往或來，誠不可逆料也。弟處仍會商各營，照常備防。昨撫憲已派段參戎帶勇來石，前日已到，道府憲亦有撥勇前來助防。知關廑念，順此附聞。匆此佈復，即請升安。

愚弟黄貽橋①頓首　初八日午刻

（九十三）

徵翁仁兄大人閣下：

頃讀手教，領悉壹是。敝營昨番附輪勇夫自攜火食，惟賞號厨房跟丁等洋三十二元，記往日坐輪火食，每勇日開洋一角零光景，另有賞號。承詢特及賤恙，幸叨痊可，足釋綺

①黄貽橋，待考。

系。鼎翁聞前來鎮，容即趨候，尚希代爲致誠是荷。肅復，敬請勛安百益。

教弟劉玉田①頓首　三十

（九十四）

澂（山）〔三〕仁兄大人閣下：

違教日久，馳系日深。頃間接奉惠章，聆悉種切，藉諗勛猷懋集，籌祉增綏，爲慰爲頌。弟如恒粟碌，罕淑可陳。閣下熟悉海口情形，次第嚴密布置，聞之欽佩莫名。應需兵船炮彈，早赴外洋定購，一俟運到，即行飭撥，希先轉致。至皮帶、皮袋，已由省局置辦，辦就解甯備用可也。緣關廑注，並以附聞。專泐奉覆，敬請升安，諸祈遥照，不備。

愚弟周李燮頓首

（九十五）

徵三太尊大人閣下：

自慚鳩拙，謬領鴉軍。日前趨叩台階，幸挹雅範，聆多方之麈教，實感佩於私衷。敬維籌偕日懋，績與時增。引領芝顏，傾心藻頌。弟叩辭後於二十七日抵象，當晤協戎、縣宰、

①劉玉田，待考。

營弁商知，均屬和衷。次日准協飭、都守册送戰守兵丁，共二百十四名，即於初一日照册點驗。正擬挑派歸哨之間，據兵丁面稟，自今年四月至今均未發餉。現既撥練歸棚，各需應用；並知夏季之餉早已領到，各候發給，始可歸棚等情。旋接協台差人來稱，該營兵丁在協署因餉喧嘩，弟急前去彈壓。適值縣宰、典史在，彼共見該營兵等在大堂下，口稱餉早領到，爲何不發等云。弟當即開導，各兵遵即退去。惟協台因練軍未歸，伊帶兼與營素不和睦，以此似覺羞惱成怒，自毁各物，意欲通稟，移誣於練軍約束不嚴，暗令練選不成。而該營兵丁屢遭派剥，怨穖不堪，謡言匿帖，鬧經迭次，人所共知。兹該營各頭目又擬來郡呈控，似此情形，亟應妥爲料理。竊幸弟自到象邑，所有文武及紳民兵丁尚屬悦服和衷，樂而從之，所以協台愈加妒嫉耳。已點兵丁歸在前、左兩哨，暫紮象城，一面抽身赴石浦，催取該營都守册送，照驗點齊，挑選右、後兩哨，以便成軍，造册申報，此係實在情刑［形］。肅抒垂注，誠恐協台因此或有揑詞稟信來郡，自占脚步，及悮傳謡論，事所不免，惟希婉將前肅實情俯垂查照爲禱。弟自媿愚質，惟以矢慎矢勤問心，秉公辦事，以副鈞懷。謹肅布陳，敬請勛安，諸惟荃照，不具。

愚弟劉青山①頓首

①劉青山，待考。

（九十六）

徽三賢姪婿先生閣下：

昨奉來翰，領悉一是。舍姪來信，意欲愚自來浙，轉思舊腊所結之案，本係照綱□定章，併無違背。查歷奉各□院及現奉院憲領發運□護照，註明運□到地，挨輪銷□舊三甲商所稟，内稱辛巳綱攤匀積引，壬午綱自應遵章，按綱遞銷，同屬融引，同地融□，銷只均銷，積只均積，甘苦共嘗。愚想任伊矇稟，鐵案難逃，綱局亦斷不能因伊翻控，即肯自相矛盾。如馬憲能照理辦，應將前後揑控不休情形徹底請院嚴辦，以儆效尤。愚兄俟綱局如何詳復，再爲定奪。昨日亦面托過四先生轉寄信當道，細閱院批，院憲洞燭奸情以可概見。

再，接舍姪信，云吳甲商意欲討回辛巳春夏以免之船捐，切小號船捐以兑付餘□。價已扣算，現又索還，愚亦不依從，切請免船捐，原因近來各地滯銷積綱，賠課日重起見，查浙東□地，内僅常、廣、開、夥、歙五地滯銷，仍餘□之地，均係暢銷之地，其滯銷五地，惟徽夥爲最暢，地之捐既稱不願與滯地統抵積課，則暢地不應藉積滯而請免。既蒙稟請免。自應以公辦公。既不依與原議以公抵公，更不能以積綱最重之地，勒索船捐代別屬墊課之理。如甲商再有揑稟欠我餘課情事，祈大才代擬一稿，以蘇至善商夥出名稟請察究。□以舍姪來信云，六月已蒙藩憲牌示，調補長清縣，部復約冬月即可到省，如無駁斥，開年即可調任該缺，乃東省最大之缺，出息亦大，費用亦大。就日前李筱翁①制軍到省，與愚談及長清一缺，據云伊昔有涂姓友在該縣做過，頗爲名利兩全，只須自己精明，尚不十分難治。想姪婿九月估看營防差告竣，定可有美差調濟。愚擬十月返舍，冬月初到徽，兹因足便，草此佈復，順請升安，不一。

姻侍生蘇成美②頓首　九月二十九

（九十七）

徵三老同年大人麾下：

姚江一別，轉瞬月餘。一水盈盈，縈褱座右。聞榮委榷局，更爲忭慰。尊札到時，兄弟適在省垣，未克即爲裁答。遥想軍容貔虎，籌祉駢蕃，引領鴻儀，不勝雀躍。貽示稟福，拜讀之下，措置得宜，大才卓犖，略見一斑矣。越事據《申報》所説，中外似不致失和，究未知作何結局也。兹有懇者：季龍泉世兄係小山司馬胞姪，在兄弟處管理關票，人極精明穩練，嗜好毫無。因敝局布卡飭並紳董無處位置，故敦泐函奉薦，祈推愛及烏，了以一席之

① 李筱翁，即李瀚章，字筱荃，李鴻章長兄。
② 蘇成美，太平永豐鄉嶺上蘇家，鹽商，杜冠英姻親。

地，必可收指臂之效。苟非深知有素，斷不濫作曹邱也。秋珊兄一切如恒，在省聚過數次。知念奉聞，專此，即請籌安，不一。附呈稟稿一紙。

如胞宗山①頓首

（九十八）

（上缺）綺注耳。茲懇者：孫協五兄遊幕多年，公事頗爲熟諳，人亦勤慎安詳。惟省垣人才濟濟，謀館匪易，兼以苦乏聲援，賦閑已久。茲擬趨投宇下，乃本家特浼弟一言爲之介紹，尚祈推愛，倘有位置，量才録用。適亦人滿爲患，還乞春風嘘拂，轉薦他處，則感激不獨身受者矣。專此，敬請升安，不具。

愚弟余庭訓②頓首

①宗山，待考。
②余庭訓，待考。

（九十九）

徵翁司馬大人閣下：

睽違雅範，屢易蟾圓； 渴想私忱，時縈五内。夏間在省趨謁兩次，皆以人旆公出，不克晤教爲悵。頃閱省抄，欣悉器重上游，委辦甯波營務處。仰見勛祺時懋，升祉日隆，翹首卿雲，曷勝忭頌。鉞上年德清解館後返舍度歲，不意今正先母去世，至五月間，始克來省。承焦達廷明府邀至太平，遂於七月望日抵館，碌碌如恒，無淑可告。所幸公私平順，賓主相投，堪以告慰錦懷。兹有懇者： 敝本家（官印大中號協五）讀書在庠，向辦徵收硃墨暨釐局司事，現在省城待館。緣汲引乏人，尚無機遇。如閣下委署有缺，或奉委釐局，務祈推屋烏之愛，留與一枝，則感同身受矣。甯波及省城如有可圖機會，並祈口角春風，代爲説項，俾得早有托足，不致依傍無門，尤所拜禱。肅此布達，敬請升安，諸維朗照，不一。

制晚孫鉞①頓首

①孫鉞，待考。

（一〇〇）

徵三仁兄大人閣下：

頃接省局提調周配翁來函，專爲楊軍門餉銀事，誦悉之餘，不勝驚異。除將並無稽延情形函復外，至商定中旬爲期一說，前懇執事轉致，想當代爲言明。如未轉致，乞即代爲函達是荷。來函附送，電閲仍希寄還是禱。肅泐奉布，祇請勛安，惟希朗照，不備。

附送閲周配翁函一件①。

愚弟楊叔懌②頓首　十一月初五日　初七到

（一〇一）

徵翁公祖大人閣下：

月前奉還教，承委告省中時事，以無新聞，缺然久不報。頃間陳槐亭公祖過訪，譚及中

①函缺。
②楊叔懌，待考。

丞告病一摺。昨奉上諭賞假兩月，係五月初十日批發也。又知新藩憲衛方伯亦於昨日有稟到院，定於本月初十日卸臬篆事，即於十一日由皖起程來浙等語，大約月底初可到矣。余古翁本約初二日由徽動身，今改初十日伊即來省，恐一時不出，必待過班，可與張都轉抗衡，方肯視事耳。餘容再報。敬請升安，並賀閏午之禧。

王厚翁前均此。

治期范寅頓首　閏月初二下午

杜徵三友朋手札第三册

（一）

徵三親家大人閣下：

九月間曾奉手書並於术一盒，均已收到。頃讀手示，敬悉奉委甯鎮海防營務處總辦，肅戎行而將事，正豪傑立功之秋；扼要制勝，知鴻才自有把握。將來轉弱爲强，在此一大關鍵矣。蘇京卿行狀已託泰州黄太史寫就，兹謹寄呈。尊稿中，弟妄參删改，不免貽笑方家。忝在戚誼，幸勿見責。後款用惠人撰其書款，即照前款用黄太史台銜可也。渠謙虛，又寫弟銜名，請仍用渠爲荷。刻成印刷之後，望寄十數本來京，以便送年好友人閲看。收到此信及謄正之本，望賜字爲盼，即請勛安。二小兒隨叩。文郎均好。

姻愚弟崔國霖頓首　十月廿日

（二）

敬啓者：　頃接上海籌賑諸善士謝家福等來函，以本年山東瀕河二十餘邑、順天直隸所屬四十餘州縣以及江浙沙洲等處被災甚廣，擬將所助賑款，以十分之四解交直隸，十分之三解交山東，十分之三解交江浙，均由各處辦賑善士經放，事竣刊録徵信。如有捐銀千兩以上者，稟請奏准建坊。欲請奬虚銜封典者，另有章程列後。遠處寄款如嫌不便，即就近交付後，開各處經收掣票，彙總起解等因，並附寄捐賑册前來。弟等查向來辦賑諸善士，均係實心實力，親身散放，皆能實惠及民，久爲中外所欽信。況各户捐數不論多寡，俱經刊録徵信，果報昭然，絲毫不爽。素仰執事利濟爲懷，用特專函馳布，並附上捐册壹本，敬祈鼎力廣爲勸募，並乞查照册開各節，諄勸同官紳富，不拘多寡，量力捐助，以成集腋善舉，務望先行示復。俟捐有成數，即寄敝處，以憑彙解，是所叩禱。肅泐，敬請勛安，統希印照，不一。

愚弟盛康、林祖述頓首

敬再啓者：蘇城、謝綏之諸君歷年經辦賑捐，最爲實事求是。此次書來告助，所濟甚廣。弟等因是不嫌瑣瀆，轉乞台端。雖勸者不辭苦口之勞，而助者宜出中心所願，無論多寡有無，均可各從其便，總祈一月内仍將賑册寄還，以便彙齊轉繳。至前次通行之件，與此原不相關，然救災恤鄰，地殊而情一，想大君子心存利濟，固不俟鄙人瑣瑣也。再請升安。弟又頓。

（三）

徵三仁兄鄉大人閣下：

共事柳營，得親芝教，諸叨攻錯，深切感銘。乃甫挑話雨之燈，遽作驪歌之唱，停雲落月，無時不在夢想中也。比維績懋延鴻，勤宣司馬，杜陵丰度，欽頌良殷。弟由四明拜辭，一路細雨斜風，布帆無恙，于十四日安抵台州，諸托粗平，足抒梓注。招寶山下前稟添築小砲臺，現蒙撫憲批示准行，委由我兄總司其事。查該砲臺爲我軍估辦，又當衝要之區，料物工程切勿惜費，將來估價如其不足，再行稟請加增。前瀕行面商，閣下亦以爲然，有我兄籌畫經營，定可鳩工完美。弟已轉致黄子瑜撥勇幫同助工矣。中營事宜，承允代爲照料，銘結寸心。子瑜初莅其間，一切未盡周悉，尚乞推情格外關拂始終，尤所拜感。邇來地方搶劫疊出，洋面亦多不靖，各邑令紛紛請隊，幾至自顧弗遑。達字營業于十六開赴鎮防，弟遂派左、右二營分紮南北兩岸，即日亦自率親兵前往查看，飭令合力兜拏。一俟返郡，再行續陳。鼇局一層，目下未識如何？念念。先此布謝，敬請升安，統希鼎照，不具。

鄉愚弟楊岐珍頓首　小陽廿六日

（四）

徵三仁兄大人閣下：

前函正奉覆間，適于仲冬十四接誦惠箋，并抄密寄二紙，擬即一同修答，復于望日兩奉手章及稟稿一件。知海疆漸緊，各省均皆籌防。而我兄稟中設水雷、沈馬船、備麻包、製土袋，並覓教習選兵演學雷法，交吳吉人兄總攝其事，俱徵立法周密，布置精詳，所費無多而所益非淺。薰香環讀，寸心實欽佩深。之前後旂添足兩營，弟處亦奉到札飭，撫憲現調錢榮山兄來浙，弟亦接省友來信，云及泗安張君請假，已調江西，周衡山兄接管是營。我輩同屬桑梓，得聚一方，亦大快事。中營借修房屋之款，十月餉内必須全扣，如不敷放，並蒙允于市號通融，摯愛關垂，迥逾恒泛，五中銘感，尤難言宣。承示轉請添營與吉人兄分作小隊一節，以尊處親兵僅有四名，誠不足用，吉人兄經管五處砲臺，亦止勇丁三百有奇，其難供驅策，自係實在情狀，弟已遵照具稟中峯，今將原稿抄呈，即請台覽。至示及海峯兄于江干修築營壘，緣地勢窪溼，仿南岸砲臺之工而修；若不如斯，萬難持久。所估經費千數，洵屬不多。所囑代稟一層亦屬分中之事。但弟處未見案據，不好措詞。即祈我兄轉致前途，倘須上陳，希將原稿寄下，以便照辦。昨聞海防有事，弟見時事多艱，流弊積久，因夙受憲恩未報，是以淅瀝作稟冒陳，此不過盡厥愚誠，妄參末議。録稿送上，務望閲後付丙，庶免貽謗於外人也，弟營諸人亦勿令其窺也。囑查練軍中營正兵黄詔鈞，值越軍後哨長袁龍洲隨弟捕匪在此，立即飭察，回稱該兵告假到家，實係患病，至今未起，一俟痊愈，即令星速往鎮，不准稍延。惟弟遠隔四明，一切難以兼顧，海峯、尚文、子瑜均係初膺重任，公務未能盡諳，務懇我兄始終照拂。此後凡遇公辦之件，即請邀集同行分辦事宜，各向示以遵式。總之，無論何事，誼關鄉好，諸希從中代爲維持。盛情雲天，心感無既。再，營中餉項均定日期，瑣費清神，尤銘肺腑。泐此奉復，敬請升安，再璧謙稱，萬勿再施，至幸至禱。

鄉愚弟楊岐珍頓首

敬再啓者：現因拏捕土匪，營中火藥等項所需維多。目下台局所存洋藥只有數十桶，皮紙、銅帽、鉛丸均已用盡。目下，緝捕緊要，刻難緩待。兹特備文專弁往甬請領，山路固難轉運，亦屬懸心。今蒙撫憲飭令，惠濟、超武、元凱三輪十日之中輪流巡台洋一次，因不知何公所帶之船前來，弟亦未能函托。務懇我兄轉致執事，順輪便帶至海門，再運台郡，以應急需，實感隆情無既。俟運到日，自當查照輪名，具報撫憲，另行作函致謝前途也。專此附懇，再請升安。弟又啓。

（五）

徵三仁兄鄉大人閣下：

前承代購洋號八個、洋鼓四面，並托我兄續買十三響洋鎗十壹桿、藥子一萬顆。今已具稟上陳撫憲，特將原稿鈔送，其中價位數目是否如斯，即祈詧閲示覆爲感。專此，即請早安，統惟梓照，不具。

鄉愚弟楊岐珍頓首

敬再稟者：查卑部各營均係洋操走陣，行隊之時必須號鼓演令，以壯聲勢。前曾托營防處杜丞在上海代購洋號八個、洋鼓四面，飭由直雇來教習，逐日排演，亦用德法，迄今四月，業能與隊伍合行。此操手脚整齊，轉折靈便，瞻觀既可壯于平日，戰攻史有濟于臨時，較之英國諸操甲乎其上。現已將右營改用斯式，左營亦即飭换習練，俾歸一氣而資應敵。至左營調鎮，原爲海防各營皆有後門洋鎗，而該營勇用鎗支俱屬前膛，即全營哨等官亦均乏利械，是以重托杜丞代買啞啫士得十三響洋鎗十一桿，分發營官、幫帶及正副哨弁。迨將上年奉發右營啞啫士得藥子比較稍大，鎗口微細，裝用不合，復囑杜丞購到鎗上原子一萬顆，尚在存儲，未曾動用。以上號鼓共用銀八十四兩，鎗支子彈共用銀二百五十九兩零，皆係營務處早行代先付價。此皆屬營中要需，將來即由該丞具稟也。今肅上聞，再叩福祺。

（六）

啓者：頃接英國固領事來函，稱日前本領事與貴道談及海鶴兵船須往舟山一轉，現擬期於下禮拜，即祈查照飭知等因。相應奉布，即請查照轉致可也。此請升安。

愚弟薛福成頓首　十月十五日

（七）

徵三仁兄鄉大人閣下：

頃奉謙書並擬電一紙，均祇聆悉。我兄商請砲位，俱屬籌慮精詳。新築之臺，專以保口，措詞似宜從重。其小港前議遷動，今復請布置，未免先後兩歧，只可作爲偏筆，妄易數語，未識是否，仍祈酌發爲禱。覆請升安，再璧尊謙，不具。

鄉愚弟楊岐珍頓首　十一日

（八）

昨日張竹軒來，蒙指示一切，心感之至。現擬仍由天童王瑞通承攬，渠云牆下潭山内有木。聞兄需在奉化辦一批，是奉化何地耶？道台説少釘不如用洋松木，竊恐價大。翟輔廷如回，望將洋松木長圍尺寸、價值，詢明詳示。此請升安。

愚弟宗源瀚頓首　十月十一日

（九）

徵三仁兄大人閣下：

前泐復緘，敬頌興居，諒已早登籤閣矣。比維持籌著績，細柳宣猷，子美風儀，曷勝向往！弟于前月初八由台回北岸防所，督捕十數日，即于廿一移赴南岸，直入温州界内之暘谷岙，督令各哨入山嚴搜數朝，一旬之間，兩岸共計獲盜匪四十多犯。目下宵小稍知斂迹，地方亦漸乂安，堪以奉紓錦系。惟近接黄子瑜來信，知其病勢甚重，已令赴甬就醫，營中一切事宜，弟遠在台郡，未能分手，誠恐有貽悮之虞。務懇我兄格外推情，遇事始終照拂，雲天高誼，心感弗諼。弟已傳諭各哨遵照矣。東嶽營壘前已函懇台端。威遠一處，現接敝友來信，約需四百元上下，事在鎮防，應行就近辦理。目下子瑜疾抱采薪，兼顧不暇，應如何報銷之處，是否能行，均祈代爲斟酌妥善，是所感禱。頃于初四日奉撫憲函諭，令于明正元宵後前往四明。把晤非遥，容當面謝。匆匆手布，敬請升安，統希鼎照，不具。

鄉愚弟楊岐珍頓首

（十）

遠隔鴻儀，久疏鯉牘，每懷雄度，恒切慕思。辰維政三仁兄大人籌祺日懋，防祉雲蒸，翹企旌麾，莫名頌祝。弟等濫竽製局，粟鹿如恒，所幸應備海防軍火，已漸有就緒。前奉撫憲配給鎮、定各砲臺砲彈數目，業經申請支應總局分移在案。昨准甯局委員來省請領，除甯局應鑄、應撥及外洋定購未到各種長樣開花彈不計外，所有敝局配給貴防各砲臺新舊砲彈，已如數發交甯局委員運回。現在已否分儲各砲臺，撫憲諭令函詢，即祈查明見復是盼。專此，敬請勛安，諸惟荃照，鵠候玉福。

愚弟王思咸、莊濟泰頓首

附呈單一紙

一、招寶山砲臺四寸五分徑開花圓彈四百出，實心彈四百出，五寸八分五釐徑開花圓彈柒十出，實心彈壹百五十出。

一、金鷄山砲臺五寸八分五釐徑開花圓彈二百出，實心彈四百出。

一、小港口砲臺五寸八分徑開花圓彈二百十六出，實心彈三百七十出。

省局共配發開花圓彈八百八十六出，實心彈一千三百二十出。

（十一）

徵三仁兄大人閣下：

奉讀還章，敬悉壹是。後營補足百名已准咨復可行，札飭防軍局議復，添設差官，核爲十名。弟處均已接到公牘，想閣下亦已奉到批示矣。何、龔兩營官之前後兩旗，中丞來咨募足兩營，由甯釐局提洋三千元，飭令龔營官仍赴淮揚一帶招募。昨晚接到中丞釘封排遞公文，十月三十日奉到廿一日密諭移行欽遵等因，兹另録呈台閲。由此觀之，事機漸緊，所有沈船、排樁、水雷各事一切布置，以及前議飭調陳旭之水師，均應預爲籌畫，免致臨時棘手。閣下思慮精密，尚祈察酌情形，妥籌商辦。各營空額積弊，弟亦諄切誥誡。刻值防務緊要，尤宜極力整頓。兹已分飭所部達字四營、緑軍兩營開造名册，送請尊處位營點驗，以嚴查察，並另備公牘奉達，祈閣下認真點驗，是所至禱。前據象、石紳耆稟留達字後營，情詞懇切，嗣又據石浦廳及南田委員易令會稟，此間道府亦以地方緊要爲言，諄請函致該營暫住候示。弟與茀翁觀察再四籌商，擬於象、石挑選練軍抵防，已由道具稟中丞核示，故後營未能即行拔隊也。手此奉布，敬請勛安，惟照不宣。

愚弟歐陽利見頓首　初七日

（十二）

徵三仁兄大人閣下：

不晤又旬日矣。惟擘畫宣猷，允如私頌。初八日戌刻，弟處接到中丞電信，以總署電飭布置定海，屬爲前往察看速復，以便復奏。弟以定海屢至其地，昨巡洋停輪兩日，復又察看審度，自毋庸再行前往，刻已將該處情形詳細函復。正繕函間，又接中丞初七日排遞手書，以法越事機漸緊，何得勝營壘務催趕緊築成，龔營官到鎮亦飭赴蟹浦趕築營盤，達後營三哨想已調回。又達中營調赴鎮海，祈早日紮定，所有鎮海防務均請調派云云。弟亦即加函附復，兹將函稿一並録呈台閲。弟材輕任重，深賴匡襄，所有籌議奉准各事，尚祈早日料理，是所心禱。再，來函内所敘營官何得勝當係何乘鰲之誤，然否？手此奉布，敬請勛安。

愚弟歐陽利見頓首

（十三）

徵三仁兄太守大人閣下：

昨接陳壽山兄來函，以敝處新購電商孫保太電箱二隻，配信子四百枚，已荷閣下函致郡局撥給價銀共壹伯兩，毋庸自行措置，足見格外關懷，從中體恤，感甚感甚！承擲寄膛口砲彈四顆，比即裝砲演試，恰合膛門，祈照式飭工鑄就爲禱。適奉賜牘，擬派屠守備用裕管帶寶順輪船兼查各國輪船進口事務，屬由敝處給札委派，並咨中丞酌加薪水等因，均即照辦可也。查屠守備駕駛輪舟有年，熟習洋務，以之管理輪船而兼稽查，位置最爲得宜。其薪水加倍給予，因稽務較繁，本係寔情，統俟中丞見復後再行轉知照也。瑣事過瀆清神，泐銘在肊，先此鳴謝，即頌籌安百宜。

愚弟歐陽利見頓首　初六日辰刻

（十四）

附復劉中丞

敬再啓者：　正繕函間，適又接奉初六日排遞手書，知鎮海防務深系儘籌，謹聆種切。

北岸何營官營壘業已修好，弟於朔旦到營閲看，土盤已成，惟勇房尚未完工。連日天氣晴和，諒可告竣。龔副將所募之勇尚未到防，俟到時即便飭赴蟹浦趕築營盤，達字副右營營壘已經修好，勇房正在趕辦，俟完工騰出蘆家坂營房，即將達字中營調紮。達字後營兩哨並添足一哨業已調回，現飭開赴布陣嶺修築圍卡，催令速辦，以便接續築營。綜籌鎮海防務，南北兩岸兵力尚單，而以南岸尤爲吃重。昨准大咨檄調江西錢鎮來浙，並先飭王副將代募一營，亟望早日到此。前次尊議有警時楊統領酌帶一兩營前來，刻下事機漸緊，擬請諭令早日來鎮，以便會商布置。總之，從省規畫，擇要設防。原議十營，勢難再減。現計分駐南岸達字四營，北岸黄、龔、何三營加錢鎮新募一營，祗有八營，尚須添撥兩營。又查奉化地方爲温、台通甯郡陸路要道，台、温爲土匪淵藪，誠恐台防有事，土匪乘機内訌。昨與道府會商，擬於奉化所屬調紮一營扼要駐守，以防内患。至甯郡爲糧餉子藥根本重地，且屬通商口岸，五方雜處，民情不一，擬將練軍兩營調紮郡城，以備守禦。現在段參將之副中營在此，俟達中營調鎮，擬即將袁游擊之中營調回鎮紮。弟智識庸淺，深懼弗勝，惟有勉盡心力。第軍情變遷無定，急切措手，事事皆難，是在閣下之運籌決策，隨時指授機宜，更盼西園兄諸君早到相助爲理。杜丞辦事穩練，能耐勞苦，弟亦深資臂助也。手此奉復，再請勛安。

（十五）

徵三太守大人閣下：

日昨接奉傳諭，謹悉壹是。敝營師船頭艄砲所用鐵子、羣子均已備領。惟所來師船八號，每船設前膛洋鎗五桿，共計四拾桿，尚未領到彈子。因由紹稍有帶來備用，兹閲甯局來移章程，每鎗四百出，自須具領往請。用特奉復，敬請大安，統唯捷炤。

劉昆宗謹肅

再，前由商船借來大鐵砲三尊，當飭弁至貴處請領砲繩三根，詎該弁向貴紀借用，前日囑令繳還。倘貴處即須應用，祈示悉，以便另購送繳。宗又肅。

（十六）

擬復劉中丞

仲帥中丞大人閣下：

月朔巡洋回署，初六日奉復一函，度日内當邀青誓。初八日戌刻接奉電信，以總署電飭布置定海，屬即前往察看速復，以便復奏等因。比將讀悉緣由立即電復，藉紓廑系。定海關係南北洋全局，爲全浙門户，與鎮海尤爲唇齒相依，安危與共；而地處孤懸，水陸須有重兵，方足以資防守，籌海防者灼然共知。弟前於九月間奉復函内曾論及之，成守所呈圖説言之綦詳。刻值時事孔亟，尤宜竭力圖維。弟巡洋屢至其地，審其形勢，知守定即以守鎮，守鎮、定即以守全浙，保全局，形勢所在，非漫然也。成守抵防以後，布置各事。昨巡洋到定，停輪兩日，會同郭鎮軍及成守周歷察看，復爲審度。就四面濱海論之，以廳城之西南爲最重，故成守議築土隄。力任艱鉅，業經分段興築。惟工程浩大，以四營兵勇通力合作，計須明年夏初始可告成。其竹山門新舊露天炮臺，並擬築隄内暗炮洞，亦已興辦。貞字及練軍四營營壘皆已堅築，撥哨分駐，其餘要地尚待添營填紥。近城之茅嶺、曉峯嶺，修建石卡，業已辦有六七成，此外要隘尚須次第辦理。東港浦、塔山兩内河，並擬排闊築高，以人力不及，尚未下手。此現在布置之情形也。

綜籌定海大勢，一旦有事，欲於無把握之地，勉以人力争之，非陸路萬人、水路萬人、兵輪七八號，不足以言兵力之厚。即從至少至省計之，貞字現有兩營，仍須添撥可戰之勇六營，乃可暫敷布置，其練軍兩營衹能壯聲勢、備巡邏，以補營勇之不足，未可恃以制敵也。水路以南岸最爲喫重，甯鎮安危亦繫於此，至少必得大兵輪三四號駐泊聯絡炮臺，以扼大口。其東、西、北三面港汊小口，成守議募廣勇，配船巡守，以防敵用小船偷渡上岸，亦屬要着。水路口門既多，又皆深闊，再三商議，無可阻截。若用水雷，計需數萬，經費安有此力？祇能於陸路力求完備。地雷一物實可大助守禦，似宜趕辦。

至定海所産米穀，本屬不敷民食，海防有警，商販斷流，必須厚儲米糧以資兵食。從前儲存軍火、子藥仍留四成，爲數無多，有事則洋不能轉運，亦宜早爲運解，以資接濟。此二者設有短缺，則軍心不固，關係非輕，更不可不先事預籌也。值此餉需奇絀，事事仰賴藎籌。弟與在事諸人靡不憂心蹙額。重承詢問，用以直陳，如何設籌，仍希酌奪。郭鎮軍及成守謹當分别函致也。專肅奉復，敬請勛安，祇惟垂照，不宣。

教弟〇〇〇〇頓首

（十七）

徵翁司馬大人閣下：

昨接手書，備悉種切。承示鄭姓一事，弟即查詢該哨。緣澤山營壘本係石砌，前經風雨，奔坍數丈，修葺稍需石塊，該哨官親督勇丁向山巔空野撿取亂石，未敢在百姓墓近搔動，兹已工竣，用特復陳。頃又函示，招寶山住持僧募造諸佛金身一層，閣下既與黄、何諸君各修一尊，弟當遵示敬助一尊，仰祈代爲書簿。今送上英洋拾柒元，即祈查收轉交爲荷。所有一切承照之處，容俟面謝。肅此，復請升安，諸希鼎照，不具。

鄉教弟龔錦標頓首

（十八）

澂翁觀詧仁兄大人閣下：

日昨走叩台端，適值公出。昨承枉顧，弟又他出，未接麈教，深爲悵切。承薦勇丁孫步雲、葉夢彪兩勇，均皆精壯可用。緣弟接奉之初，查點各哨，皆是春風滿座，無隙可乘。暫留孫步雲寄寓左哨居住，徐徐補入。至葉夢彪一名，如哨中有請假多一名，再行遵命補入，暫令回寓。有方尊命，尚祈格外原諒，是所叩禱。專此奉復，敬請勛安，惟希愛照，不宣。

教弟陳勝文頓首　即復

（十九）

澂翁親家仁兄大人：

閣别後，次日到滬，因連日陰雨，作事難速，悶極。昨日始得一律購就，惟船裝洋木，親至旗昌兩次，雖再三説定肯裝，船上大副未允，兼之水脚每枝八洋，要分三次運，每次只可拾文，是以另雇鎮海木船金順裕裝，計水脚洋壹百四拾元。鐵練零物一船可到鎮海。洋松十二寸見方，照買叁拾枝，長在五丈三四尺，每平尺三分三厘牽算，每支須規元廿兩零。鐵練購就七十餘丈，約洋叁百五六十元之間，尚未磅出。今日已將各貨陸續裝船，大約初八、九日可開往鎮矣。俟裝齊開船，擬派元凱水手押運至鎮。日來滬間信息，閩事毫無動静，法船踪迹仍在原處，北洋派到蚊子船、兵船數艘來滬援台，聞月内尚須赴閩。陳印翁來滬晤談，伊事未准，弟大約可同回甯。手此，即請籌安。

姻小弟翟國棟頓首　十月初五日午刻

（二十）

徵三尊兄大人閣下：

前日奉回函，得悉一一，已轉交陳漱翁，漱翁已亦得接尊書矣。梅墟釘椿之事，劉鶴笙在省面稟撫憲，憲意謂百枝一叢似未盡善，鐵甲船善於攻堅，不如三五枝一叢（用散不用聚），此意商之於兄，以爲何如？椿木之事，鶴翁交司事張竹軒兄。詢之樹行，所開價值比兄處所辦迥異。聞兄處係徑向山客購辦，弟特屬張竹軒來謁，望指示一切。如李文卿在家，與之面談更好。兄處已辦之木，尺寸、價值、木之大頭小頭穿心如何？均望指引張竹軒親往看視。釘椿處所，亦望借給馬船，准其前往細觀。前車爲後事之師，不得不一一領教也。此請升安。

弟宗源瀚頓首　十月六日

（二十一）

徵三尊兄大人閣下：

先晤彭鼎卿，旋又接少琴寄到手函並稟稿，備悉一一。閣下所籌沈船設險暨請調阿姆斯脱郎砲位各節，均極切當。現在事機漸緊，九月卅日、十月廿一日密諭兩道，謹以抄寄吾兄。所請築沙灣、小港一帶長隄暨登招寶山脚明臺請款一節，省局已有文札，飭局撥款，尚望早日料理動工。李傅相函致中丞，言大東公司密信，英國果欲以兵船保護舟山，（昨日有英、德各一隻兵船進口，云大兵船已泊舟山，似即此舉，亦未可知。）似此則法人之覬覦海口固非無因。閣下所言點名看操一節，弟已與道憲切言，遇便當大家慫恿，然當道不先嚴飭有粮之勇各歸隊伍，則所謂點看一節恐屬具文。即如今早張春園來言，中營在衙門者一百多，甚至大旂之勇，營官尚多未見面。（據春園云，現在鎮海各營中，已經伊於前月言之，軍門各歸隊伍，不知如何。）弟切勸張君，此是各人自己聲名、功名、性命交關，自己先要打定主意，與當道定約。或五百餘人之中，以一哨歸當道，或以親兵歸當道，自己有四百即四百，有三百即三百，總要歸着齊整，日事鎗練，以備打仗方是。弟昨日又力勸當道，以鎮海之事交與卓智暨閣下，以甯波之事交與張春園。凡整頓隊伍、講求鎗砲、預備戰守諸事，都要着實整理一番，當道似頗以爲然。但要聽了就做，就明白曉諭，俾衆皆知，方算得數耳。渠於張春園似尚相信，亦祇得就事論事，故弟於張春園前，亦極言吾兄之有血性、肯任事，欲其傾心相與，庶吾兄於達字各營漸收其權，方能辦事。雖不知畢竟如何，而吾兄必明此意，藉二張以疏通之也。石浦人苦求留營（來甬十餘日，在提道府三處稟求），以甯海地方白晝焚搶，幾於無日不劫海，游汛官已爲驅逐，故石浦人更見皇皇。至覲山先已通稟，弟思石浦百姓固不能不顧，且台匪如此猖獗，設竟乘楚軍調走之隙，以一二百人佔踞南田，因其田糧，脅其丁壯，海防有事愈危，海防無事先亂，此與海防似不相涉而實相涉者，亦不得不據情轉稟，請准以象、石二營添設練軍（道台亦發稟），選曾經打仗之營官管帶，再行騰出後營調鎮，不知憲意如何？　匿捐一案，税行回揭，彭二司事均已訊過，三十船中，據云實已捐過及誤報者，共有五船，其餘已認繳捐（大得尊處公文之力），現發捕廳督飭細核準數也。鎮海煙館經兄整飭，大有起色，營務、地方兩受其益。　黄少琴又承薦成一館，感謝感謝！此請升安。

弟宗源瀚頓首　十一月初七日

各國兵船近口，宜囑吉人派人看準旗幟，報提道爲妙。各軍備築營壘，宜催早就。

（二十二）

敬再稟者：　卑職自維樗散，渥荷栽培，感激私衷，非言可喻。分湖之役，郅太尊雖已應允，究未見諸施行，只得在省静待。雲生司馬已委青陽匯釐局，此處係上洋進浙頭卡，局面既小，位置人多，且釐館一席頗覺未嘗習慣，是以未與偕往。如待至明正，無事可謀，擬求憲台於營務中薦一文案，俾資菽水，藉免斯饑，是所企禱。載請勛安。

卑職振翮又稟

文翁均此達意。

（二十三）

徵三尊兄大人閣下：

昨奉賜函，得悉壹是。洋松木價值尚不甚貴，劉鶴生在滬，已函囑其查看，并親詣吴淞口看其所釘樁式，俟鶴生回甬後，再以奉聞。此間油行北來大簍最多，荊條編成，其形帶方頗大。弟昨買多隻，裝土累高，以作鎗靶。乃鐵靶能穿，而此簍一着鎗子，被荊條滑碰，竟成扁餅，子打不入，雖後膛鎗子亦打不入。另用數百斤銅砲，以砲彈對打，亦衹能打入簍内土中，不能穿簍而過。且此簍數排堆成，中間有縫，仍可瞭望。若以之裝土多隻，隨時聽用；以之護蔽營牆砲臺，似亦可備一格。如尊意欲取以試用，俟有便船來時，弟當以百隻奉贈也。舊探報一件，言敵情甚詳，即以奉覽。此請升安。

愚弟宗源瀚頓首　十月十六日

再，六年分，甯波機器局中有省來銅砲兩尊，先經吾兄連砲車攜之赴鎮，後來此二砲配用惠濟輪船，而原車似仍留鎮海，望兄詢之吳吉人，如能將此砲車兩架，查出弟處現有銅砲兩尊，擬取此車配用，能懇費神，遇便船裝來，感感！

再，五年分，鎮海搶典當案，得吳吉人之力破案，弟曾彙案稟請譚中丞給奬，已奉批準而未辦。昨查舊案，請示撫憲可否附入台匪案内請奬，已奉批准，酌開三二人。弟記得吳吉人是都司銜候補守備，擬爲請保免補守備，以都司先補，不誤否？（花翎都司銜衢標中營候補用守備〇〇〇〇請以都司儘先補用。）

再，算法能測海中之船離岸若干，宜如何升降砲之表尺，又能測算營壘等事，弟處算學齋中，有一二人可以爲此，擬令其製就儀器送赴尊處，赴各處測量察看其有用與否，以備甄用。如尊意謂然，弟即擬爲之。楊西翁一函祈送交。

（二十四）

徵三司馬大人閣下：

敬啓者：敝營近日逃走勇丁數人，當即飭令各哨官盡行訪拏。頃據右哨官面稟，所逃數人皆在江南健字營中。現已拏回一名胡振恒，係健字營親兵勾去。（此人拐去敝營號衣乙件，祈向該營查明擲下。）玆將該營號褂呈上，請即轉致前途。仍有周金明、黄得盛、羅益賢三人皆在健字營親兵棚内，馮永田在右旂前哨，胡錦玉在健字右旗中哨四棚，此數人務懇代爲要回，以便盡法懲治，庶幾可以整營規而挽刁風，想高明當亦謂然也。若敝營派人往拏，恐不免争口角而失和氣，是以仰懇閣下代爲要回。泐此，敬請升安，並候回示。

何乘鰲頓首

外呈號褂壹件。

再，敝營右哨官及號房至健字營拏人，該營護勇破口辱駡，其勢兇勇，大有歐打之意，且不准見其官兵，是以只得退回。合併聲明。

（二十五）

徵三仁弟大人麾下：

逕啓者：梅墟所築長牆已於十五日完工，計南岸自上砲臺至聚雲庵爲止，計長十里；北岸自上砲臺至朱王家橋爲止，計長七里。高八尺，寬二丈。走馬牆六尺，並多築小砲臺以容砲車。各營勇於操練之暇，尚爲踴躍工作，敝部左後旂於工竣後合操兩日，即於十七日飭其回甯矣。知關綺注，謹以布聞。匆此肅泐，恭請勛安，惟照不備。

如兄錢玉興頓首　小陽十八日

（二十六）

徵三仁弟大人麾下：

頃接來示，收到砲架三座，所有工料賬目，據云一百廿四元七分，前已付過五十元（由木匠），兹又付五十元，共計壹百元，下餘之數因此次零件如繩索等物尚有未全，俟隨砲各物齊備再爲統趙可也。諸費清神，感謝感謝！特此布復，恭請勛安，諸惟愛照，不宣。

如兄錢玉興頓首　小陽十九日

（二十七）

徵三仁棣大人麾下：

昨復一函，計已邀電。兹特派弁張玉洪趨前，所有承情代做砲架五座，即希飭交押解來營，計砲架費用木匠錢若干、鐵匠錢若干，均祈開照，以便奉趙。再，請飭遣得力木匠一名隨同前來，緣此間砲架尚有工做也。專此布達，恭請勛安，伏惟愛照，不宣。

如兄錢玉興頓首　小陽十日

再，昨收到接綫並無九個，即祈查明，遇便帶下。諸承盛情，感謝不盡。又拜。

（二十八）

徵三仁弟大人麾下：

砲架兩座照收，先給交木匠頭洋蚨五十元，祈察收。再算下餘三座，即請飭於十六日交木匠帶來，並懇吾弟再爲代做八百斤土砲小砲架一座，亦隨後賜下，馬梯呢槍彈收到六百七十顆，合前共壹千壹百七十顆，領字俟後具奉趙。敝部左後旂已於前日到矣，現今一面合操，一面即幫築長牆。知注附及。此復。恭請勛安，唯照不備。

如兄錢玉興頓首　小陽十日燈下

（二十九）

徵三仁弟大人麾下：

頃接惠箋，鐵工亦來。砲架四座應如何修法業經面示，並量准尺寸，一并帶回鎮海趕辦矣。尊處所製馬梯呢槍子，前兩次共收乙千百七十枚，昨又收到弍千百枚，合共三千二百七十枚，特具印領奉上，即希察收。至繳呈銅殼，查四月初二日繳上二千一百個，四月十二日親帶交叁千個，合共二種計五千二百個，尚望查明核對爲幸。又，今接鎮海陳旭寄來訃聞，弟向不識荆，未知與閣下可有交情，如係認熟，祈代備藍呢幛一懸，酌用稱呼致送，計用價若干，開明趙上，並陳旭爲何如人，統望示知，禱甚。特此布復，恭請勛安，諸惟愛照，不盡。

如兄錢玉興頓首　小陽廿八日

（三十）

徵三仁弟大人閣下：

頃接省中來函，言及向葵軒因前日閑言，撫帥已動生色，囑爲轉致。刻下向葵軒業經請假復回江西，以圖棲枝，即日起程，兄已量助川資，務祈閣下將此事轉知楊西園弟處，是爲至禱。再，砲架一節未識曾否造齊，伏望賜復爲盼。此請勛安，並候台照，不備。

如兄錢玉興頓首　初七

（三十一）

徵三仁弟大人閣下：

頃接來函，收到槍子二百顆，銅殼亦照收。惟前送呈銅殼五千二百枚，來示計少去四百七十七枚，此亦無關緊要耳，補上印領一紙，即希察收。匆此布復，恭請勛安。

又收到一百顆子，前在敝營所説以副鎮海，不日可往。

如兄錢玉興頓首　冬月三日

（三十二）

徵三仁弟大人麾下：

今早奉復一函，計邀電覽。午後五哨打靶，計用餘銅殼乙千一百七十八個。兹特將銅殼全數奉趙，即希檢收爲荷。特此布泐，恭請勛安，惟照不盡。

如兄錢玉興頓首　廿八日

（三十三）

原函坿呈貴師老爺：

手示並郡局原函謹悉一切。此間尚有零碎工作，一二日清理完時，當將車床卸裝木箱，運赴郡城。鐵炭應請徵憲先行派人送去爲是。錢統領銅殼，此間包工者尚須添價，且甯局已有包做，將來請領，價值恐多口舌，不如回復之爲妥當也。餘容面告，此請禮安。

張賡第頓首　初一日

（三十四）

徵三仁兄大人閣下：

頃奉手答並另箋，均悉。電綫印領收訖。尊處造彈工竣，車床等件自應仍歸敝局。前此張孟皋言及，已諭其即行解來爲是。至所鐵炭等件，亦可一並解來。其價直需照孟皋所開原單应付，請便中飭取可也。手此，復請勛安，不具。

原單照鈔呈閱。

愚弟陳汝濟頓首

（三十五）

徵三仁兄大人擕下：

頃接製造局張委員來稟，内稱奉老兄諭飭，招寶山砲臺二百磅大砲，應配實心包鉛彈五十顆，並奉提憲飭造六磅實心包鉛彈四百顆，均經稟奉撫憲批准，應即一律趕辦等因。查此案未准尊處移會，亦未奉省憲飭知，敝處蓋既有老兄主持其間，弟本可不必多問，但鎮

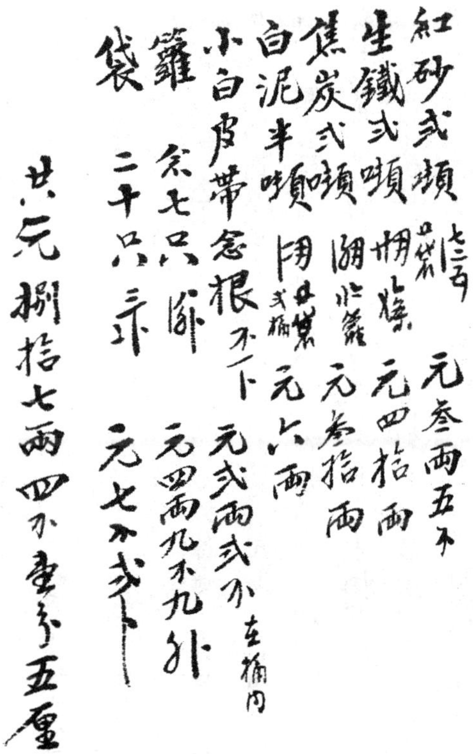

海製造局務曾奉撫憲札飭，一切仍惟敝局是問，弟亦與有責焉。究竟以上兩項，實心包鉛砲彈每顆寔需工料價銀若干，應請尊處將是案稟批，移明敝處，先行報明，以後便於發款。以撫憲曾有札飭，海防動支之款，非奉批准有案，敝處不得擅動也。至前此移請，老兄飭造惠濟輪船應用開花、實心兩種砲彈已准，復稱祇實心可造等因。今閲張委員來稟，云及本當撤局，而此項實心彈未之提及，或者該船彈樣尚未送到，抑係張君尚不接頭，仍望示知爲禱。專布，敬請勛安，不具。

愚弟陳汝濟頓首　十月初八日

（三十六）

敬啓者：頃奉省提調林來函，述奉中丞面諭，轉致各處所有案，准部咨裁，鄙局用一案，務於奉文後核實裁減，即速稟復等語。望即查照，有可歸併裁減之處，無論多寡，即速妥核開摺，據實送省，勿稍有延，致稽通案云云。查是項飭減局用等由，前經轉行在案，至貴局應送清摺，務須接款開明每月支若干，通年支若干，末尾共結總數，並即教明某款、某用能否裁減之處。如有按年按季支款，亦即另行列明，再於總結數後註明通年收數約共若干，支款約合分數若干，年月日下務具銜名，蓋用鈐記，即行送局，以憑彙開總摺，一併轉送，幸勿稍稽，是所至盼。再，貴局前送清摺，未經分別照開，礙難轉送，合併附還，請即檢入爲荷。專泐，祗請升安，惟照不具。

愚弟陳汝濟頓首

附上前送清摺。

（三十七）

徵翁仁兄大人閣下：

頃奉來示並賑捐册一本，收到敬悉。諸費金心，感甚感甚！但弟前奉託者，擬懇吾兄向提憲所部募捐，以錢、楊二統領處均有一册，是以擬向達字各營一勸。今既吾兄來説，擬再託人送其一勸。如實不能捐，亦聽之。不過弟既領到此事，總宜詢请周到方合，亦非必定要多少也。承老兄諸君破費，尤爲心感之至。惟來示有寄來五十元，函外亦有外洋五十元，詢之來差，云並未帶來，大約係臨行時遺落之故，便中仍祈擲下爲感。聯票有填『偷漏』二字，有未填者，容查明有無碍处，再行奉聞。别處无固好□解省者，有亦不便也，即當查明。此致，敬請勛安，不具。

弟汝濟頓首　初七

（三十八）

徵三仁弟大人麾下：

昨接來示，一切種悉。今早將水雷十九枚並電綫等件照數收到，惟水雷帽一個，據示韓錦榮已在滬趕做外，尚少螺絲一個。特此匆復，恭請勛安，惟照不備。

如兄錢玉興頓首 小陽初九日

（三十九）

敬肅者：刻奉鈞諭，謹悉壹是。卑旗於孔墅嶺築壘駐守，所有左近墳塋樹木早經出示嚴禁，毋許砍伐。茲據生員王國熙既在憲處稟稱，此事必非無因。乞即飭該生員來卑旗指認。果有此事，自當遵諭從嚴重辦也。此復，敬叩鈞安。

周啓勝謹肅

（四十）

徵三尊兄大人閣下：

奉到來書，祇悉一一。油簍又奉二百個，以一百個託來船交梅墟錢統領，以一百個補奉尊處試驗，可用與否，望隨時示知。此請升安。

楊西翁一函祈飭送。

愚弟宗源瀚頓首　十月廿八日

（四十一）

徵翁先生大人閣下：

敬肅者：敝旂建築營壘，所取山石均與紳士妥商開鑿。昨日午後，有紳士張姓來稱失去祖墓前舊石一塊。當即飭派什長隨同張姓查明，以便給還。不意該紳士退出之後，突有十餘人擁入公館，方經親兵攔阻，而該民等即鳴鑼聚衆，扭住什長唐彩雲等羣相毆打。組正在禁壓，即有各紳士前來幫同喝止。組以事關聚衆，刁風宜禁，擬赴提憲行轅面稟。又經各紳士懇切勸止，免其上稟。組不敢自安緘默，已將大略情形函稟。現在各紳士等邀請楊俊甫大使出爲調停。至如何辦理之處，俟紳士商妥之後再行面達。如能妥議允洽最妙；否則，刁風斷不可長也。再，什長被毆之時，經右哨張哨官彈壓，奪有銅鑼一面，合并申明。敬肅，虔請勛安，統乞垂鑒。

費金組謹肅

（四十二）

徵三仁兄大人閣下：

頃接手書，知前復寸緘已經入覽，慰甚！比想籌畫多綏，勛猷集益爲頌。翟倅赴滬後有無回音？所購木料、鐵練等件能否就緒？約於何時可以開辦？現在法夷雖無動静，然不可不早爲預防。木植、鐵練尤須結實，此件雖不能當輪船之猛力，然前路稍有攔阻，後面便可設法堵塞也。海口居民諒均照常安堵，生意能否漸有起色，頗爲系念。弟已於今日交卸藩署，即當料理北行。本擬繞道甯鎮各口，徧覽砲臺形勢及各軍布置處所，惟刻下尚無定見耳。專此布復，順請勛安，惟照不一。

愚弟德馨頓首

（四十三）

徵三、輔廷仁兄大人閣下：

頃接手書並圖摺兩件，備悉一切。就稔台從已親赴口門審度形勢，具見籌防周密，藎畫賢勞，以忻以慰。承示鎮海口岸與大沽情形不同，擬釘木樁，繫以鐵練，俾使攔阻，亦是一計。好在費用無多，可即趕辦。業經稟商中丞，當奉字諭，即囑閣下購料照辦。惟練去排樁須隔五六丈，蓋恐練經潮激，轉致損壞樁木，是不可不防。且鐵練、木樁斷難阻輪船之猛力，鐵更忌火，燒之猝斷，萬一有警，仍宜以石船塞口，庶可不致直進。若專恃鐵練而緩於沈船，必致誤事。鐵練衹可作海口門户，稍爲攔截，後面仍用石船沈塞，方臻妥善。尚乞閣下熟商在事諸君，斟酌妥辦，不致貽誤事機，是爲至要。鎮海口面既寬，若用木排堵塞，深恐人力難施，衹作罷論。專此布復，敬請勛安，並完芳版，惟希荃照，不具。

愚弟德馨頓首

（四十四）

徽翁尊兄仁大人閣下：

逕啓者：敝營後哨有正兵黄韶鈞，籍隸台。黄前月内擅自離營，日久不歸，當經派差查拿在案。旋該兵之胞弟黄金鰲，持越軍中營後哨哨官袁龍洲稟帖前來，内開係因黄韶鈞業已回籍，代懇開糧等語。惟查該兵私逃回籍，如任其辭退，寔有礙營規，且恐效尤者踵接，因將黄金鰲送縣管押，以期追伊胞兄即速來營。頃准鎮海縣函，稱訊得在押之黄金鰲，係現充台州越軍中營後哨三隊正兵，并據呈驗腰牌屬實等語。伏思黄金鰲既隸越軍，自應稟商辦理，特此奉告，務乞代致楊軍門，求爲轉飭越軍中營後哨哨官袁龍洲，即飭黄詔鈞剋日來鎮歸營，俾便飭令黄金鰲回台。寔爲公便，禱切盼切。肅泐轉陳，敬請勛安，惟希威炤，不暨。

尚祈察核轉飭施行是叩。恭此，再請勛安。又上。

愚小弟袁子龍頓首　葭月初五日泐　即日到

（四十五）

澂三仁兄大人閣下：

日前趨詣台階，飽聆大教，私衷極爲忻慰。頃讀賜函，敬悉種是，就維籌箸勤宣，升華慶篤爲頌。承示浮筒一節，去船業已放行，不及便帶。本不可强，後或有便，仍求代購六枚，是爲至禱。軍門昨莅舟山，閲畢砲臺、土隄、卡隘，即展輪赴台矣。頃接友人自金陵專函，告以左中堂處連奉密旨兩道，又曾侯電音一次。大約法人恐終出於戰，《申報》亦言桑台已失，似此消息非前比矣。甯鎮一口，兩軍門胸有成竹，又得執事與湘老贊畫多方，即兵力亦稍可敷衍局面，少許勝人多許，信可穩固無虞。若定防則僅弟所部千人，雖有練軍，不足以資戰守，水路毫無準備，土隄、砲臺工不及三分之一。（旁批：聞上游有先添一臺之說。）奈何鎮、定唇齒相依，執事心切大局，尚懇爲我妥籌之是幸。岱山何君巡船有事之時，擬請其就近巡守三江口、岑港兩處，爲定出力即係爲鎮出力，諒能許我也。統帥之呼，令我汗出三斗，謹以摹璧；謙稱尤不敢當，祈勿再施是叩。耑泐，復請籌安。

愚弟成邦幹頓首　十一月廿七夜

（四十六）

徵三仁兄大人閣下：

今晨接到手書，如親面晤。法奴肆掠，居民之害，亦行旅之憂，殊堪痛恨。承示敝防運道須由育王嶺出穿山，並蒙代緘致雷錦文，派勇照應，擘畫周詳，尤叨賜多矣。該夷於挫敗之後，忽去忽來，誠不知是何詭計。近日有無動作，有無消息，尚希隨時飛示爲盼。有致雷游戎一緘，祈順便飭送爲感。耑復，敬請捷安，不具。

愚弟貝錦泉、成邦幹頓首　廿六日中刻

（四十七）

徵三仁兄大人閣下：

日昨倚裝，匆復一函，交輪船轉遞，深恐延誤，用再佈述。承囑代詢一節，當經訪問，據云地雷、水雷俱能製造。惟此事須閣下親身來滬，面與商定，方爲妥洽也。弟前接張奎帥函邀過甯，是以於十三日到甬，因有意外變故，當趁原船返申。所以然者，緣舍弟向來隨營讀書，每年於解館後回家定省，不意前月廿九日在申搭懷遠輪船赴粵，至本月初一早四點半鐘駛至石浦對開之魚山洋面，陡遇颶風，時當黑夜，將船擱礁，斷爲兩截，沉没洪濤。同船數百人，得免者惟舵水、細仔五人，搭客無一生還。駭悉之下，知舍弟亦與斯難。死生有定，原可委之於數。其有固執不可解者，家嚴年已八十有四，日就衰頹。弟供職數千里外，不能稍盡子職，所賴舍弟每年回家服事數月，藉慰親心，舍弟又最爲家嚴鍾愛。刻經聞此兇耗，老年人一加傷感，何堪設想。且家下皆屬幼弱，無人可以從旁寬慰。躊躇至再，五内俱焚。查目下海防尚寬，兹已瀝情稟懇，撫憲俯體下情，賞假一月，就於年内動身，准在開年正月底星馳到防，未識憲意如何？一面已函託司、局諸公代爲婉達。閣下有信到省，亦希代爲懇託，尤深感激。再，閣下如須定電綫等件，尤望早日命駕，俾弟可以趨申圖晤，面談縷縷。恐遲則奉到省信，即當束裝也。專此，即請勛安，並候復音，不具。

愚弟陳旭頓首　嘉平十六日申刻

再者，甯鎮海防事務，今日奉到撫批，如遇有事，請提憲就近札調幫同辦理云云。想閣下已早有所聞也。至承示挑選精鋭一層，刻已密飭各船揀選，聽候調用矣。又啓。

（四十八）

徽三大兄大人閣下：

日前交來節略，業經詳細敘入稟内，轉請撫憲俯准撥給，俾可趕緊完工，一俟奉到批示，即行抄稟知照可也。至鋼砲洞兩旁增開煙窗，回署後與軍門再四商議，必須趁此趕辦，且宜下大上小，易於出煙。倘俟全工告成，再行添開，轉費周章。特此函布，即祈查照。趕緊將煙窗開設，以免開砲時煙氣滿洞，不能走洩，致遮蔽難再施放，固於全局有礙；將來撫憲親臨閲驗，亦多未便。是爲至要，切囑切囑。想智珠在握，必能斡旋也。專此奉布，即頌升安，統希荃照，不一。

愚弟瑞璋頓首　六月初一日

（四十九）

徽三仁兄司馬大人閣下：

昨承枉顧，獲教良多。次日走候，而台旆已莅工次，深爲歉悵。頃奉手告，敬悉洪纖。開花小炸彈共試三砲，已有兩砲迸裂，炸爲十數片，從此製作得法，將來精巧，直邁西洋。

然非老兄研索苦心，亦斷不能忽勝於前也，佩甚慰甚！（下缺）

（五十）

（上缺）昨接省報：中丞乞病之章，已於七月十二日賫回，批旨著賞假兩個月，毋庸開缺，欽此。中丞此次不能得邀天許，則將來金鷄山新建砲臺，恐老兄必不能辭此一役也。子穀兄之疾，聞有反復，兹特令蔣碧泉來鎮診視，務懇明日仍飭回甯。緣弟近來亦纍（裏）〔裏〕不離，長爲造化小兒所苦也。專復，敬請勛安，惟希雅照，不具。

愚弟黄少春頓首

（五十一）

（上缺）中丞稟請添造情形，稟稿專呈，伏祈斧削，以便縷陳。曾蒙示諭，添蓋營屋約需款洋，標擬欲具領向甯局借領，可否邀懇鈞裁函致甯局，先行借款修造，並祈函商甯局，將標前借餉項洋一千五百元，可否緩至明正關餉再爲扣算？倘能俯如所請，祈將丹函交來弁帶下，以便投呈。惟標材同樗櫟，於營一切未能深諳，尚冀教言時錫，俾無隕越耳。肅此，敬請鈞安，伏希垂鑒。

龔錦標謹肅

再者，修理澤山營壘之款，於今已刻業領來營，知念附及。又及。

（五十二）

今將大鐵甲輪船開列於左

船身長計英尺一百六十尺，船身闊三十一尺，船身外高十四尺，内深十二尺六寸，船身入河水吃深十尺另六寸，船面上大砲二架，重十二噸半，放彈子二百磅，如使放時每次裝火藥四十四磅，船之外面鐵甲厚四寸半，船之中段有油木板厚八寸，船上雙輪每輪有機器一副，每一點鐘時船能行三十里，每日開行需煤十五噸。其船約英國價目二十七萬兩正費用，火藥彈子另行加算。倘船要來華交卸，再行另加行煤費。船身輪機及一切等物，均不惜工料，精巧製造，與英國著名官局所造者等也。

新泰興洋行具

今將小鐵甲輪船開列於左

船身長計英尺一百十二尺，船身闊二十六尺，船身内高十一尺，船身入河水吃深八尺六寸，每一點鐘船能行二十一里，其輪機約有八十疋馬力，船上面有埃姆四督郎大砲一架，計重六噸半，放彈子一百二十磅，如使放時每次裝火藥二十二磅，船之外面鐵甲厚三寸，船之中段有油木板厚八寸，船三雙鐵輪，每輪有機器一副，每日開行需煤十四噸。其船約英國價目十萬兩正費用，火藥、鉛彈另行加算。倘船要來華交卸，再行另加行船煤費。船身輪機及一切等物均不惜工料，精巧製造，與英國著名官局所造者等也。

新泰興洋行具

（五十三）

徵三仁兄大人麾下：

日前電匠周阿來回滬，展誦惠函，具聆種緒。景維勤宣柳幄，茂著藎猷，允符私頌。弟於正月杪奉劉撫憲電諭，覓購守口電燈。當詢電氣公司，祇有一架，細察卻係行軍之器，惟鍋爐係是另配。當即試驗，亦覺電光不足。緣急須之際，遂託瑞生洋行東補海師岱與之議價購定，價銀三千兩，運送前來。承示刻已安寘妥帖，惟放光不遠，模糊不清，屬商另換一架。弟接信後當向該公司詰問，渠亦莫測其故。特滬上並無存貨，一時無從更換，須俟外洋辦來。該公司籌商至再，擬於日內先遣熟諳洋匠至鎮，子細審度。如竟不適於用，即行傳電外洋趕速運來，以便掉換。但屈計程期，恐需時日等語，用特先此布聞。所有電匠一節，常用者當時本雇兩名，爾時鎮口急切待用此燈，誠恐該兩人於裝配機器或非老手，因與該公司借周阿來同往。其工資係照公司所給略豐作爲酬勞，以一月爲期，仍令返滬，先付一月工資規銀六十兩。其兩名每月工資一百元，亦經敝處付過，一月爲期，均係二月初三日起，並非初一起支。今據周阿來稟稱，去時因走内河，已稽多日，到後裝配試驗，又多時日，計一月期外，至起程回滬日止，在鎮多二十八天，應給銀五十六兩，又返滬川資二元，均請給領。弟思該匠本公司常用之人，説明暫借，自應（下缺）

（五十四）

澂三仁兄大人閣下：

差來，奉到函牘，均已聆悉。石泉中丞處，弟曾將砲臺大功將可一律告竣，函請親臨閲視，並懇即示確期，以便展輪前赴乍浦相迎。一昨接得復音，未能詣驗，原函照鈔，坿閲自悉，奉讀請獎鴻牘，可謂斟酌盡美。弟自當遵照轉咨，以副雅意。大旆應考晉省，計在月望前後，諒必道經甬上，如蒙（下缺）

（五十五）

（楷）〔徵〕三尊兄公祖大人閣下：

久闊芝儀，時深葭溯，五中（豪）〔菀〕結，莫可言宣。敬維履祺綝介，升祉增綏，引領喬暉，定符遥祝。兹有懇者：粤甯茶商在郡城内外開設洋莊茶棧，採辦甯紹緑茶，由蒿局及甯絲茶局報捐，運棧做就報關，出口僅收税課，不復重捐，此定章也。至茶末一項，即茶内篩落之灰末，僅供餵馬之用。同治年間，甯局明令重捐，商情不願，經紳董勸令，二十八棧捐銀三百六十兩，歸入江橋善舉等用，不給票，照由甯總局定案。旋因茶棧歷年虧折，大半閉歇，無力捐繳，歲僅繳銀百十餘兩。光緒八年，蒙總局憲會同府憲核減一半，每年繳銀壹百八十兩，撥作醫局善舉之用，有案可稽。弟因近年幫理茶務，得悉其詳。昨據德泰、安豐兩茶棧夥友來舍，云有茶末四十餘件，附載金順、利金、泰元船上，經貴局司巡查驗，飭令補捐，由恒記、增記兩税行蚘保，船已放行，捐須重繳等語。此因甯總局定案，未經知照，致有此舉。夙承垂照，用敢詳陳巔末，務乞俯憐商困，免其重捐，庶善舉可保，而該商等之感戴恩施益無厓涘。專肅布懇，敬請勛安，諸維荃鑒，不盡。

治小弟江鏡清頓首　葭月朔日

（五十六）

（上缺）正在封椷間，李文卿兄來，展讀手札，備悉一是。弟本擬偕往兜頭，實以心神不甯，用特着敝友與文卿兄同往上洋，與電司面爲接洽。總之，此事非大駕親來不可也。再請升安。

弟又啓　十六日燈下

（五十七）

徵三仁兄大人閣下：

敬啓者：　頃奉惠函，謹悉壹是。並何海翁文領及關防一顆，均已收到。蒙囑以海翁所帶撫標前營派駐江干碶，新築營壘應請兩届棚價，已蒙中丞允准，飭局核給，請先支給壹千元，以資早日興工等因。弟據查撥文尚未奉到，然既荷來函諄囑，已與來弁訂定，準於初二日來領，容再劃算，到時即乞轉致簪收是禱。再，火藥袋、皮帶一項，自係隨鎗應用不可少之物，但省局此次解來前項洋鎗，並無隨鎗應用藥袋等件，敝局僅有廢存項下存件，其餘並未新製，應給何等價值，亦無章程可照。海翁處既願領價，自行派人製辦，以期合用，最爲妥當。究須價值若干，即望查詢，公別開單示知，備領送局，以便照發彙報。肅泐奉復，祇請勛安，惟希朗照，不備。

愚弟楊叔懌頓首　十一月念五日

（五十八）

徵三仁兄大人閣下：

逕啓者：昨奉撫憲札開，所有鎮海各營，擬每營配給後門洋鎗式百桿，以備應用等因。弟檢查舊案，據軍裝局員摺呈，内有老兄七年辦理達軍營務時，曾領有後鏜洋鎗陸拾桿，撤防時未審閣下移交何營，乞即查示，以便勾配達字四營，是爲至盼。院札容當轉行冰案。專此奉布，鵠候還雲，即請勛安，不備。

愚弟楊叔懌頓首　嘉平十二日

（五十九）①

敬稟者：日前匆匆拜緘，諒登台□□□□，定邀教鑒。前蒙賜示，貴局工竣在即，

①此信寄件人爲倪芹香。

曷勝欣賀。辰際小春之候，梅傳春信；　時興三秋之感，蓉艷秋江。恭維澂翁太守大人麟閣出地，鳳池離天。才雄繡虎，著經營之偉績；　譽美雕龍，成杜預之大觀。臺上春雷貫耳，咸頌碩德；　雲間秋水爲神，羣欽雅望。行看名覆金甌，定邀恩頒玉陛。翹首雲天，傾心葵藿。晚滯羈庸勞，用鷃鳧之啄食；　遥□福芘，效燕鵲之賀成。蒙退下各料件，逐一點收無錯，惟是有些鐵條經過煙火，未易出售，兼之内有三寸、四寸之員鐵條，其寔呆手。彼時承蒙委辦，係向市上代購，如同覓寶；　今有存儲，偏無受主。既蒙寄下，容圖緩商，其中情節倘詢諸碩甫翁，想彼早在洞鑒也。委寄鐵瓦、柏油等，遵示配就，今交輪友寄甬，仍托旗昌行報關收存，請飭向該行提歸可耳。玆將白鐵釘兩磅交局友寄奉，至請先收，坿發單壹紙，希照入是荷，餘□瑣瑣。肅此草草，臨池不次，恭頌勛安，敬叩升禧，諸冀霽照，不宣。

治晚生名正另肅　小春月初九日

再，白鐵釘新釘現不甚缺，今所奉都係舊釘，其用原屬新舊無二，是不得不爲之稟明。又及。油桶準遵退還。

（六十）

澂翁太守大人閣下：

敬肅者：　奉到手諭，拜悉種切。就審福履凝和，升華□吉，載欣載頌。蒙委白鐵瓦每張長計六尺，重約□拾八磅，價亦稱廉，每張約銀壹兩一錢之譜，今日不及，準於明日並另件等等一並寄上，先此布覆。沈子翁自日抵滬，於次日登舟榮行北上。順此布聞，兹值匆匆，不盡所罄，草此，恭頌升安，敬請勛祺，諸希鑒照，不宣。

晚生倪芹香頓首　小春月初七日

（六十一）

再稟：所需五寸洋板，三分防嫌太薄。今奉以四分九條，至請撿入是荷。其料件於今日裝奉，祈即速赴甬向提。收到之下，祈請示曉爲禱。專此又布，順請升祺，伏惟垂照，不具。

澂翁太守大人鈞電。

晚生倪芹香再頓首　九月十二日

（六十二）

澂翁太守大人閣下：

敬肅者：日前接奉台書，撝悉，就審福履□綏，升祉凝祥，翹首鈞暉，傾心藻祝。蒙委玻璃壹箱，兹交貴砲目舒慶發攜奉，惟鐵鍊先奉幾許，餘者候該西匠鑄就，明日再容寄呈。至蒙惠價值，亦當再具抄帳呈電，先奉發票壹纸，請照入是荷。肅此，草草稟覆，恭頌勛安，敬請升禧，諸冀鼎照，不備。

義昌號頓首　一陽十一日泐

（六十三）

徵三仁兄大人閣下：

睽違雅教，時切馳思。忽奉華函，彌深蟻結。就維籌祺納吉，藎祉宣勤，引睇卿雲，傾心祝露。弟從公乍水，壹是如恒，建樹毫無，荷戈徒切，惟幸軍民安戢，公私敉平，差堪告慰。閣下總習防務，克展雄才，帷幄運謀，中流砥柱，誠盧陽、關西兩君之指臂也，將來功膺上賞，竹帛銘勛，預祝預賀！頃接來示，運到鹽包弍萬只並滷一船，隨即轉送盧芬翁處，請其照數查收，並付回條，以便貴局商專該差官繳銷公事。秋風有便，尚祈時惠數行，以廣聞見，是所盼禱。泐此，敬請勛安，統希朗照，不備。

愚弟姚有志頓首　八月二十日午刻

（六十四）

徵兄大人閣下：

廿八日肅布一椾，並派吳什長押解蒲包四萬隻、鹽滷一船，計已照數點收矣。兹又由商厫辦到蒲包二萬隻，派劉什長必勝押解到鎮，並請查收。計前後三次，共解到尊處蒲包十二萬隻、鹽滷兩船，祈統給收條，以凭申報。前解乍浦防營之蒲包二萬，去弁業已領取收條，回局銷差矣。復有閣下之信一函，坿請台覽。前懇代修之洋鎗，不識已否修好？亦或尚需時日，念念問問。然閱三十日《申報》，似乎臺灣大捷之説，又尚不盡凭信。近日如何情形，並法鬼舉動，乞撥冗示以數言。海中寂無聞見，悶甚。此請籌安。

弟傑頓首　菊月初四日勒

（六十五）

徵三仁兄大人執事：

昨日肅復寸函，度可登覽。今晚得專差齎到抄電，均已收悉。敵人如此猖獗，深堪痛恨。現在事機迫促，鄙人孑然一身，何能督陣？因與梓丞弟商酌，若候中座回書，迫不及待，自應先行舉辦，特令小兒回鎮，先招兩哨以充親兵。惟配軍械需洋鎗兩百桿，一時趕領不及，用特函懇尊處，於領備洋鎗內，先行借領弍百桿，配齊藥袋、皮帶等項，交小兒帶回，以資配用。如需印領，當再補呈。務望通融借給，免赴甯局又多周折，無任感禱。省差如旋，即乞飛飭來定，或將函交小兒閱過封固，專人送定是懇。專此馳布，致請台安，惟祈心照，不一。

愚弟禫貝錦泉頓首　初五亥刻

（六十六）

澂翁太守鄉台大人閣下：

敬肅者：所有前此侵吞木捐案內六家牙行，原奉札飭提案責枷，弔繳部帖木戳，勒令閉歇，詳覆銷案。嗣因該牙等以海防堵口，需用船隻，自願效力幫辦，以贖前罪，當奉鈞諭允准，免其枷責，並格外從寬，許其更名另開，則所以待該牙等，不爲不深且厚。乃該牙等不知是官上寬典，竟返視爲當然，始則遽以原名請開，繼則僅換招牌名目，殊不知此事縣中有案，前已批駁在先，現不從新更名，何能允准？此次具呈，僅嚴、白兩姓從新換過名字，其餘四家仍是前批駁之名，礙難准理。且查該行等前已領帖在先，此時若不弔繳前帖，則是案猶未了，何以詳覆？勢必將舊帖繳銷，另行詳請新帖，方合辦法。理道如此，非曾處故意留難也。下次該牙等如再赴台階，仰乞閣下將此中委曲詳爲開導是幸。專肅奉懇，敬請勛安。

江繼曾謹肅

（六十七）

澂翁太守鄉台大人閣下：

敬肅者：日間兩次趨謁階前，均以台駕公出，未獲躬聆大教，抱歉殊深。辰惟籌祉日隆，勛祺雲蔚爲頌。繼曾日來壹是如恒，差足上紓廑念。威遠城北首及東首兩處坍塌，現已興工。惟是前此所估之數，搬運工料未開在内，若再加運費，則更不支。刻下雖已派本署團勇幫同搬運，但衹得二十人，每日所運無幾，可否仰求鼎力轉懇楊統領，再於麾下派撥一二棚人，協同搬運上山，則趁此天時晴暖，早日竣工，俾免日後雨雪、泥土、冰凍，做工亦不能堅。是否可行，尚乞噓植爲禱。再有懇者：繼曾現有一本家兄弟，名福泰，向在金陵督標候補副將，人甚誠實，第未免過於拘謹，以致候補十有餘年，未能得缺。兹聞此地添設營壘，特來覓事。昨晤楊統領時，曾代面求，當蒙首肯，但言須與尊處會商，以爲安置地步，是以不揣冒昧，代爲修函，仰仗閣下一言，春風吹拂，無論何項事體，俾得棲身，有所感荷鴻施直同身受。附呈名條一紙，尚祈詧收。專肅奉懇，敬請勛安。

江繼曾謹肅

江福泰，號炳軒，安徽甯國府旌德縣人，向在淮軍歷保副將，歸入兩江督標候補，現住鎮海縣署内。

（六十八）

徵三仁兄大人閣下：

連朝未晤，渴想殊殷，辰維起居如常爲頌。近承飭造六磅重彈子二百顆，已諭敝軍達中營具領，以充軍實。費神之處，泐感在心，容圖面謝。先此佈肊，即請籌安，希惟荃照，不宣。

愚弟歐陽利見頓首　廿六

（六十九）

澂翁司馬大人閣下：

敬覆者：日昨貴差至，拜奉手諭，聆悉種因。比以俗務倥偬，未遑肅答，抱歉良深。欣審履祉升祺，準如鄙頌。承屬一項，早擬如數償還，仰副盛德。乃遲遲又久，亦非無因，委係月餉不能按期，敝營火食，皆須墊發，挹彼注兹，職是之故。想老兄相知有素，度必相諒維殷。今特專差送呈英洋壹百圓，暫應台命，其餘俟源頭水活，定當照數彌縫，尚祈督收爲禱。敝營沿海土堤日已告竣，現在復將營壘加高二三尺，即日可以完工。惟長堤要處另築小臺，安設砲位，頗能得力。惜無巨砲，不克設法耳。右哨派守之砲臺、砲硐、砲門一律修葺，開銷經費亦復不少也。知關廑注，用特陳之。專泐奉布，復請勛安，伏惟愛照，不具。

愚弟段生福頓首　十八日燈下泐

（七十）

徵翁先生大人閣下：

日昨辰刻惠函，諸承關愛，銘佩奚似。諄囑自認喫虧，敢不遵從？適軍門已飭人來查，因即赴行轅面稟詳細。軍門赫然震怒，飭令具稟懲辦，以儆刁風。旋經鹽尹楊俊甫兄往懇免究，又率紳士來營服禮。組本不欲多事，而紳士等又各悔過，自當從權了結也。本擬親赴台端，面詳一切，因營壘尚未竣工，必須親自率同各哨隨時監督，以期安靜。恐勞錦注，用特肅函奉聞，敬請勛安，諸祈朗鑒百益。

費金組謹肅

（七十一）

徵三仁兄大人閣下：

廿二日在甯接奉惠書並稟稿，讀悉種切，當即率復數行，藉呈台端，想登青照。弟一介粗疏，辱承獎許，撫躬自問，寢息難安，深恐羊公之鶴，貽笑氍毹，轉無以對知己耳。在甯時，弟本欲親再赴鎮，緣敝營來信，有迭獲鹽船之案，且舍弟亟於回粵定省，不能不匆匆就道，諸乞原宥。又，弟細繹中峯批示，有稟調紅單船等語，是以前函擬請閣下將紅單船暨火輪船一併敘入，如何布置調用似乎合體，未識高明者以爲然否耳。目下究竟會稟與逕由閣下專稟之處，弟無不惟命是聽，尚希核示，並望即將稿底擲覽，俾知底蘊，以便早日通報回防，尤爲感盼之至。專此，即請捷安，祗候德音，不既。

愚弟陳旭頓首

再者，閣下發稟時日亦望示知，以便弟處通報回防，得有遵循，尤感。又及。

（七十二）

徵三仁兄大人閣下：

前在鎮防，諸承摯愛，並蒙厚惠，種種高情，歿存均感。別後，於初八日返抵淞防，當經部署停妥，赴申雇船，約於十二日可以附輪動身南返，除俟抵舍後，再將到籍日期報請查考外，一面趕將喪葬事宜料理周妥，即行星夜回防，決不致藉延時日，有負隆誼。楊統領處未及另稟，望乞晤時代爲轉致一切爲禱。除另備公牘，移請查考外，專肅，即請廾安，餘維愛照，不備。

愚弟制陳旭頓首

貝錢生、屠漁莊、吳吉人、鄧曼雲諸位，晤時均煩致意。

坿上提憲公文一角，祈飭遞。又张□□公文一角，亦希飭交。

毛仿□附筆請安。

（七十三）

徵三仁兄大人閣下：

迭奉惠械，備聆種切，就審覃綏履吉，動定勝常，慰忭無量。弟自劉子務廉訪患病以後，一應疾病死喪，已覺疲於奔命。及至十月初二日送柩登舟，接上阜康出事，局存計銀七萬兩有奇，幸得方伯出爲經理，委員往封新市、龍游兩典備□，不過拖延時日，或尚不至坐空。至外間謡傳，弟有鉅款存息，致知己代爲懸念，紛紛來問。其實不過數百金，至代人經手之款，乃是本人與阜康本東兩相情願，大約信錢、紙筆之費，在所不免，如有所聞，請勿注念。前蒙示片椷，及昨銜參始與方伯接洽，並託代爲幫扶。謁仲憲後，乘機進言彭大令嗣祚，已邀首肯。江秋翁事竟未之允，少選再與方伯一同進言，總以該處支應事繁，必得彭、江兩人合辦乃可。仲憲始令弟椷復閣下，照稟云云。手此奉復，順請大安，惟照，不備。

弟余本愚頓首　十一月廿二日

再，接印翁文椷，有十五日由吳淞啓行赴鎮之説。果爾，現已與閣下共事一方矣。堦致寸簡，乞代轉交。如已元旋，亦乞加封遞去爲荷。又及。

（七十四）

再，日昨因□專謁，談及閣下，則稱爲才具，開展印波，則布置周詳。吳同鄉傑則遇事明敏，爾與我初見面時即力加保薦，意甚欣然。弟答以仍未盡三人之才，如湘老，雖未免中傷，弟力争至於再再，並告以法越果真有事，甬江一面雖最喫重，有此數人，可抵黑旗一旅矣。憲卻笑而不言。再此密布，惟照勿宣。

弟愚頓首　廿一日

（七十五）

徵三仁兄大人閣下：

頃于冬月七日兩奉惠箋，知前沕乙書已登丙照。其中謙光吉飾，溢于毫端，薰誦之餘，亦慙亦感。就諗籌祺懋介，柳幄宣猷，工部風儀，無任欽頌。並悉前後旂于廿八抵鎮後，承我兄代假各寺，分屯江干、澥浦營盤，勘估修築，並借關餉項，商請軍裝，俱見摯愛關垂，無微弗至，心感莫可言宣。東嶽宫營房係照閣下送到袁君所估清摺辦理，其外威遠城兩哨駐紮處所未曾勘估示及，現奉撫憲諭函，令照原估興築。設其不足，由營官自賠。但未識我兄有無代弟稟明，威遠城領項是否在内。倘不敷用，務懇代爲張羅，俟黄子瑜修成，再行彙總具報，統希示悉，以抒鄙懷。四明釐務積弊已深，有閣下整飭其間，將來蒸蒸日上，下風逖聽，尤爲心欽。彭雪帥節莅羊城，王朗卿方伯招募十營進紮粤右。來春冰泮，恐不免海上風濤。蛟川地要兵單，其奈之何？金滿之事，現蒙雪帥函致馬觀察，欲調東行，不知能否樂從，尚未見有確耗。承示添設支應，洵屬裨益良多，惟羅静山前次調來兩員，一則文案符君，係郭穀翁同鄉；一則廖公，管理軍裝，乃静翁戚誼。皆有事在手，且係台州府更换，暫難移動，容會晤時再行商請可耳。此間盗風素熾，甲于兩浙。弟回防後見北岸匪首朱腫錫、尤大書即甯波老五、何天寶、陳有星等，麇聚多人，非止一股。南岸成友三、奈何四、温州老七亦俱百什成羣，白晝肆搶，毫無忌憚。兼以越軍半係投首，右營新募亦不免參雜其中，且紳董安保匪徒，民又好利，甘爲不肖。籌維再四，焦灼殊深。是以帶隊自居小芝，因朱匪竄甯，令派各隊分堵要口，另飭兩路游緝。幸在天台三坑口擒斬十數名，連日又緝獲十餘犯，此時辦理，諸稱順手，差足以報慰梓存。惟是至好同寅，又叨鄉誼，嗣後務祈以雁行相序，逾分撝謙切勿再施，俾使方寸稍安，幸甚感甚！泐此，復請升安，搴璧謙稱，不莊。

鄉愚弟楊岐珍頓首　冬月廿日

（七十六）

徵三仁兄鄉大人閣下：

頃誦手示並擬留陳印波兄會稟稿一紙，囑以參議，弟即遵照來示妄增數語。是否之處，務祈重爲筆政，總期于事有成，實爲幸甚。特此，覆請晚安，並璧尊謙，不具。

鄉小弟楊岐珍頓首　廿一

（七十七）

徵三仁兄太守大人閣下：

前准傳單，囑將敝營前膛洋槍，每槍配子四百出，除已領外，仍須圓彈若干出、鷄心彈若干出，查明數目並送彈樣，以凭彙復造領備用等因。准此查敝營額，設前膛洋槍三百二十四桿，内鐵箍槍一百二十桿，吃子四錢五分；銅箍槍二百零四桿，吃子七錢。均用圓鉛子，業於六月間領到，籌備鉛子壹千七百斤，存儲在案。兹准前因，擬合分別配準、開列數目、撿同彈樣，一併送請查核彙轉，以便照造，待領存儲備用，實爲公便。肅泐奉復，敬請勛安，惟希霽照，不備。

教弟張國林頓首

坿呈清單並彈樣二顆。

（七十八）

徵翁仁兄司馬大人閣下：

昨承惠畢並彈樣四枚，時因敝幕友瘧疾臥床，正在發（熟）〔熱〕，故復函中除已領外，各種究應添領若干出，又未註明，敬乞亮原爲幸。兹特將長、圓各項應添若干出，逐一詳細註明，另單送呈，即祈照單復局，以便造辦而資儲備。昨晚二更時，案奉提憲札飭，亦係前因，並飭撿取彈樣，具移甯局照造，以資籌備，並具報查考等因。此案係由貴處復局，兹奉提憲札飭，故特附聞。泐此，敬請升安。

愚小弟何元啓頓首　十月初九日早

（七十九）

敬肅者：　啓勝前奉傳諭，謹悉壹是。當即檢取彈樣一顆，並核計分兩數目。正擬備文送呈台電，適奉提督軍門札開各營檢取彈樣，即逕移甯釐局照造，以資籌備等因。奉此，啓勝當即檢取彈樣，備文派弁移送甯釐局，飭匠照數妥造。除申復提督軍門外，用特專稟奉聞，伏祈察核施行，實爲公便。肅修寸稟，恭請鈞安，伏乞垂鑒。

周啓勝謹肅

（八十）

（金山）〔徵三〕司馬大人麾下：

敬肅者：　日昨接奉大簡，敬悉一是。當即將馮永田等數名録出，飭各哨隊查訪。後據各哨隊稟稱，旂内並無馮永田等名目，凡同姓異名之人，亦皆詳細詰問，均不肯承認，無從查訪等。云或者各將原名更改，亦未可知。至胡錦玉一名，即係胡振恒，已經淮軍右營拏去矣。如何鎮軍必欲查馮永田等數人，即祈轉諭何鎮軍遣弁至敝旗驗察。如果係右營逃勇，雖改名必不能改面，一經指出，啓勝立將該勇遵諭解送，以凭懲辦，斷不徇隱而亂軍紀也。肅復，虔請崇安，伏維誓照，不莊。

周啓勝謹肅

（八十一）

徵翁太守大人閣下：

昨荷惠函，備承垂注，寸衷慙感，靡可言宣。辰維勛祉亨嘉，升祺懋泰；翹詹藻采，曷勝葵傾。敝船大副受創之後，業經延醫調治，稍見差減，手足頗覺活動似無大礙。既承閣下大發嚴威，將該哨左暨勇丁從重懲責，以肅軍令，轉令晚有不安之處。敬懇代爲轉達龔、李二君，請勿介懷，並乞致意，諸擾清神，容謝不盡。肅此專覆，恭請勛安，惟祈垂鑒，不莊。

晚生鄧驄保頓首　十弍月十四日

（八十二）

徵三老同年麾下：

日前奉到手緘，祇悉種切。執事隨處虛心，殊命人五體投地，拜服拜服！防務已好整以暇矣，足徵才力，更令我喜極欲狂。兄弟處例有護勇，而於年底遣散，無可設法，只好於各至好處求啖飯之所，望老同年於貴營中代爲安插，是所至禱。此不得已之苦衷，高明必能垂諒也。敝局一切如恒，請忬遠念。聞江秋兄有來鎮之説（就江敬翁館），未知確否？果惠然肯來，又得一知己也，羨羨！手此拜懇，即請勛安，統希垂照，不一。

如胞宗山頓首

來勇黄淩雲、王德勝俱係湖南人，年力精壯，皆遵紀律，望推愛及之是幸。山又及。

（八十三）

徵三姻兄大人閣下：

數月未晤，渴念殷殷。兹早秉彝舍姪孫至義，接奉大札並英洋弎百元，均照收入。欣悉公祉吉羊，百凡順意爲頌。但敝業日壞一日，此番曹君至省，神通廣大，定欲翻舊詳案。

現聞由司獨詳、綱局不出面之語，卻亦未見筆墨。家叔之意，如能果開全綱詳結之案，不作爲憑，決不與伊等纏訟，衹有將租數退還認定已數，折本辦銷，別無良策。原便藉復，順賀年禧，並請升安。

秉彝姪已搭妥舟回常，祈勿念。

姻愚弟蘇錦雲頓首 十二月十二日

（八十四）

徵翁司馬大人閣下：

日昨叩辭鈞範，於次早拔隊，午刻抵防，而翟少尹虞外汛已到是處，會同紳保理料一切，軍民胥安，此皆樾蔭所致也。權派前哨住雨花庵，左、右哨住息雲寺，中、後哨住都神殿。僧房雖多，空餘甚少，再三商之，僧人僅讓南廂花廳數椽，同友賃居。惟中、後哨無處位置，均住戲樓上下。此廟香煙甚重，男婦往來酬願者多有不便。添造營房一層（克）〔刻〕不容緩，茲擬上（下缺）

（八十五）

徵翁尊兄大人閣下：

日前晤教暢談，受益不淺。次日奉叩，適值騶從遄返，愛而不見，我勞如何？頃讀賜書，具承一切，藉審藎勤綏吉，頌如心祝。承示砲臺工程完竣，需費孔殷，囑措千六百兩，誼無可辭。惟日内正奉催提六月欠解之五千金，又不免左支右絀，謹飭支應所儘所存湊得庫平一千弍百金，特交貴司事帶呈，祈詧收爲禱。弟擬明日回杭一行，大約月杪、月初即當還甬，彼時再謀歡聚也。肅復，祇請藎安，摹璧晚謙，幸勿再施。

小弟慶藩頓首　十二日

（八十六）

澂三仁兄大人閣下：

前奉手書，久未答復，缺如也，近惟公私高吉爲頌。弟因餘杭忠義祠係中丞捐廉飭建，朱懋勛觀察稟屬同行，嗣又奉飭勘估南湖坍塘，道途僕僕，無可告陳。所幸一切次第告成，堪以慰念。臨安一帶伏莽蠢動，分兵搜捕，漸就安謐。今秋餘邑鬧水、鬧妖、鬧匪，紛至沓來，民生何賴？尊處工程十月蕆事，賢勞楙著，上游嘉賞，游牘榮膺，人爲閣下欣羡，我爲國家慶得人。將來大展所抱，謂非意中事耶？仍希節勞，爲大受張本。厚田兄抵皖有無音問？念念。手此，敬請勛安。

弟紀恩頓首　十四日

（八十七）

徵翁先生太尊大人閣下：

頃奉賜書，祗領種切。楊西帥台州捕匪，應用洋□，劉桂翁軍門應換洋鎗百桿，均遵台命回明總辦照行矣。據查繳到洋鎗九十二桿，請領來福鎗百桿，以繳抵换，數目不符。後閱桂翁來文，只换領來福鎗九十二桿，適足相抵。比即掣發聯單交來弁赴軍裝領運。並以奉復，即叩勛安，不莊。

彭嗣楨謹上

（八十八）

徵三公祖大人閣下：

接奉回諭，備悉。查辦客民旋省後，即奉委辦甯鎮海防營務處，仰見帷幄運籌，上游倚重，曷勝欽崇。從此靖海宣猷，師中叶吉，酬庸晉爵，三錫承恩，引企旂常，彌殷額頌。承示温處一局，疆務賢勞，一時原難顧及。而台中閩産盛行，會逢其適，亦是氣運使然，衹可順時以俟之耳。前致戔戔，過蒙齒及，益增慙汗。謹附仙居野术二匣，聊以伴函。肅泐，恭叩崇禧，敬請勛安，不具。

治晚生制張銘紳頓首

（旁批：　麗泉。）

（八十九）

徵兄大人閣下：

久未晤言，時縈夢轂，盈盈一水，馳企維勞。一昨兩誦復書，知防務倥偬，極勞部署，佩甚！弟以衰病之軀滯留海上，（旁批：　大憲決不肯放。）終日與木石咀唔，甚無謂也。承詢滷運一節，前月半間古憲書來，弟即日函復，堅請另委歸併，爲弟力辭，隨又上稟辭退，（旁批：　硬辭不□。）至今月餘，直無影響，稟准與否，亦未奉批，不知何故。今又具稟辭催。非弟固執己見，實緣兼此差事毫無好處，在私在公兩無裨益，且又涉嫌疑之迹，是以決意代辭。何雲日前來此，弟已爲謀幫秤一事，現竟抱病，祇好在厫□爲調治。聞中峯參劾者，五人已經見報，如此嚴而且速，真令人不寒而慄矣。法事有轉圜否？（旁批：照《申報》回。）弟近時氣痛之恙常常發作，（旁批：保重爲要。）固屬心緒不佳，亦海中風濕過重，此差竟難擺脱，何如？復請升安，不盡縷縷。

弟傑頓首　長至前一日海上泐

（九十）

徵翁姻長大人賜鑒：

前在蛟川，親聆麈教，拜荷款留授餐，感謝奚似！瀕行，適大旆公出，未及守候叩辭，兹猶悚愧。恭維籌防著績，榷算宣勤，依光有願，誌喜無涯。晚返龍山，道經蟹浦，值辦捐務陳從九墨蓀，本舊相識，敝署亦有號胥在彼，曾問及粗綫新網價值，計闊一度、長十二度爲一副，須洋一元，約計闊五尺、長六丈之譜。查該處附近人家大半織此網爲生計，即數百副亦可臨時湊備。知關麈念，用特佈陳，並鳴謝悃，敬請勛安，伏冀垂鑒。（旁批：簡慢費心）

姻晚生翟雄飛謹呈

（九十一）

徵翁太守大人閣下：

廿五日旋甬時走辭，適公出未晤。年廿八日黎明回甯。因梅墟椿木，撫憲來電擬移用於鎮口，頃道憲面諭，囑與閣下熟商，當即電請暫留一日，想已達鑒，年准於明日动身。先此奉布，祗叩旅安，餘容面悉，不盡。

劉頌年頓首　廿七日

（九十二）

澂兄大人閣下：

兩奉手教，壹是敬聆。前日吳什長回，詢知因解蒲包到定，以致往返多日。洋鎗承修好者已有十一桿帶回，尚有九桿未及修成。續解之蒲包二萬隻，聞係候潮水，在澥口停泊多時，想近日定可抵鎮。前項洋鎗如已修齊，希即飭交劉什長攜回爲叩。法夷注意全臺爲窩頓取煤之地，幸得省帥力挫兇鋒，否則何堪設想。然僅恃陸營守禦，若海口竟爲法夷阻絕，省帥雖拜有閩撫之命，全臺終覺可危。蒿目時艱，可勝扼腕。鎮防全局，執事無權無勇，任怨任勞，以全副精神維持其間，血性過人，不禁首之至地。要知我輩博此無足輕重之官，當此大有可爲之會，若不殫力以圖報效，則更無出頭之地矣。孤注之喻，足徵卓識，行建豐功偉業，定當拭目俟之。即弟不才，現亦擬請籌辦海濱團練，（一有警音，沿海人心最易浮動，現已會商縣中，稟請舉辦。）聊以解嘲耳。珍重加餐，請各努力。復問籌安，不盡縷縷。

吉人兄處乞爲道念，不另。

弟傑頓首上　立冬前一日勒

（九十三）

徵三仁弟大人麾下：

匠人來，砲架照收，砲蓋五個業已自配，兹即趙上所有價目，除去砲蓋洋六元九角外，下欠尾數已與該匠人當面結清兩訖。惟所造砲架當即試用，其上安膛口之處鐵圈多有不合，其下砲柄開至三度四度尚能周轉，開至五度六度即有窒礙。須將木質稍去若干，内有鐵釘，又多礙手，伏乞飭原造鐵匠帶鐵銼等件趕速前來整好，以便適用爲盼。所購土砲現俟宗湘翁來面估價值，俟購成後，應造砲架再請飭匠來梅墟照配。再，貴局有造成開花小砲架四座（收過二座），並望賜給應用，如無亦可不需。特此匆復，恭請勛安，諸惟愛照，不備。

如兄錢玉興頓首　小陽廿六日

（九十四）

徵三仁兄司馬大人閣下：

日昨泐復蕪箋，計澈藎覽。辰維勛履冲龢，至以爲頌。蔡茂才金瀾昨承雅囑，函薦童仔丞太守處，謀借一枝。蓋渠曾在都中供職時，嘗曾敝處通融，交情尚屬至厚。迨前年到浙，雖音問常通，而尚未謀面，用特轉託郭子瀞兄代爲致書，切實説項。以渠二人誼關世（下缺）

（九十五）

徵三仁兄大人閣下：

頃接省局提調周配翁來函，專爲楊軍門餉銀事，誦悉之餘，不勝驚異。除將並無稽延情形函復外，至商定中旬爲期一説，前懇執事轉致，想當代爲言明，來函附送電閲，（如未轉致，乞即代爲函達是荷。）仍希寄還是禱。肅泐奉布，袛請勛安，惟希朗照，不備。附送閲周配翁函一件。

愚弟楊叔懌頓首　十一月初五日

（旁批：　初七到。）

（九十六）

厚田司馬、徵三老叔大人閣下：

月前由鎮轉甯，待蔣明府數日不至，旋即回餘。十餘日來，陰雨連朝，無收無運，雨窗獨坐，寂寂無聊，徒增悶悶。前請縣場查辦之萬興私行，頃聞買通小港船販揑詞上稟，甯波道憲批飭鹽局委員查覆之説，即請吾叔撥冗赴甯，將此案原由面與蔣明府而詳言之。查餘地曬板每年可産鹽十四萬引，而販銷鄞、慈、奉、鎮者，尚無十成之一，（緣甯屬船販以舟山、岱山、南田、餘姚以及温、台等處，隨地擇賤往販，並非認定餘姚。）餘皆充銷浙西，故頻年該地引商大受其害。上年，常、鎮新商张順昌稟請上台批准，由商自辦餘鹽，並自籌款辦巡，力求裕課。無如海地私行竟敢明目張膽，與商争收，名則行銷甯屬，實則充㧍浙西，公然無忌。不得已，夏初稟請縣場嚴行查辦，（上年，蔣明府權篆勾餘，亦請查辦有案。今年四月，私販盛行，請場飭封私船一号，該船行竟敢潛行放逃，亦究非裝甯鹽者。）該私行稍知斂迹，而究未肯甘心，今尤買通船販揑詞上稟者，今欲藉此爲公，或可准令開私行，隨處肆行無忌矣。而不知甯屬運地，現非認定餘鹽；即認餘鹽，亦必石堰場專司捆配，豈能出諭令其開設私行乎？此理甚明，該私行徒多妄想耳。甯屬船販虽在甯爲官，在餘爲私，此處是否禁止，過鹺時驗其有無餘鹽，亦可不辨而明矣。該私行注意浙西，欲假甯屬爲詞，作行私之計。如果道憲飭查，請轉致蔣明府明白稟覆，毋受其欺。肅此奉懇，敬請福安，伏惟垂鑒。

際辰頓首謹上　閏月初八日

子谷司馬大人均此請安。

（九十七）

澂三仁兄大人閣下：

昨初八日沈子翁到，轉奉手書，屬備幛分，各送王宅，當飭舍姪檢厚田先生之物做字，且加香燭代呈矣。其『室婺星輝』四字，酌改一『沉』字；『頓首拜』三字，酌更一『叩』字：諒不咎也。砲五顆已代扛至軍需局收儲，沈君神氣內斂，腰立直坐正，骨極豐偉，語言清朗，的是貴相，前程自未可量。兄等謂是鐵中錚錚，處之已久，爲國留意人才，信不誣也。貴局工程漸做漸大，奇人做奇事，在旁觀者，固爲駭聽，在弟則以爲招寶山第一要口，諸公未曾經過砲臺工程之人，何能一眼估定？且事事均從考究得來？更多閱歷，雖屢添費，本不爲奇。

正在寫信，沈子翁便衣來談，昨晤海翁，屬將稟帖先投，然後進見。去年上院始傳道乏，繼以公事爲請，始令進謁，中丞諭此次工程再三請添，似於面上不成事體，即或需添工程，亦必先稟候批，方能動手。在憲意設有更動，將來接手之人不知情形，於報銷時有所挑剔，似不可不慎，重之顔色頗不爲然。後因子翁婉轉陳詞，始和容言杜某操守，以此改易必不至此，當將此稟批飭甯波道憲核明詳復，再行定奪。刻因河水正大，沈君擬初十日由滬回工，屬弟先肅一械，寄信局飛送尊處，將原稟補送道憲核轉，並請聲明，除稟撫憲外，一句『專差趕速申送』（加七千之稟，補稟甯波道憲爲要），據云院批今日已發矣。至克虜砲蛋，憲意甚爲喜悦，而沈君亦以閣下遇事講求，以一砲子試放致遠，與洋人無異，因放時漏鉛兩點，又飭重做云云，可見用心用力，與衆不同，且經費滴滴歸公，並無絲毫沾染。閣下才華肆應，固所素佩，得沈、王兩兄從中維持主政，似又我兒命中□貴人也，羨羨！洋七十元原封面交沈兄攜呈矣，望查收。此請勛安。

弟紀恩　十月初九日未刻中

厚田先生好否？恭喜夢熊有兆矣，媒人已生子矣，呵呵！

杜徵三友朋手札第四册

（一）

徵三仁弟大人閣下：

午前奉上一函，諒入金鑒矣。頃接手書並洋鎗砲架，均已如數收到，兹備印領一紙，務望查收爲禱。此請台安，即維愛照，不具。

如兄錢玉興頓首　初七

（二）

冠翁大人麾下：

頃接手書，領悉一切。惟念該勇金茂顯向在湓營右哨五棚，偶因昨日早間誤操，該棚什長與彼口角，該勇負氣私逃，該哨官隨即呈條與弟。已令該哨官曹懷甲已往甯捕捉，至今未回。詎知已到鎮，今蒙大人緝獲，解送湓營。弟本擬請令斬首以整營規，無如貴差跪求討情再三。弟隨查該勇私逃原故，一非拐（代）〔帶〕軍裝，二非拖欠賬目，實因與該什長口角起見。弟蒙金面賞送該勇來營，弟若不重辦，何以整頓營規？只爲貴差官討情再三，加之敝友劉聘翁亦爲講情，弟只得勉强從命。惟念該勇，弟雖不斬首示衆，必定隨時斥革重辦。迴思此情，僕改日再爲面謝。此請勛安。

鄉愚弟倪祥福頓首

（三）

（尊山）〔徵三〕仁兄鄉大人閣下：

今奉華翰並英洋貳元，收訖。惟蒙雅意良多，實深感謝，俟他日再爲面謝。特此，敬請勛安，伏乞朗照，不莊。

鄉小弟倪祥福頓首

（四）①

埜蓮尊丈大人閣下：

刻將上郡，適領手示，所委一節當轉託也。俟得峻兄回音，即當轉報。再，聞鎮泥城築

①此信收件人非杜冠英。

好甚固，足見杜公祖措置有方。惟上不鋪石版，竊恐雨雪時打仗多有未便。查道光季年定城失事，因兵遭泥滑，難以立脚云。還祈轉請杜公祖再籌若干費，多少可隨布置，勿惜區區也。此覆，即請籌安。

小弟陳紹唐頓首

（五）

徵三太守大人閣下：

昨奉賜翰，敬領種切。比審勛祺綏吉，指揮如意爲頌。承薦書識，敝營總哨船中，今春二月間，劉書識南英告假回湘，即補周吉人一名。五月間，周書識又告假赴粤圖事，旋補趙鳳書一名。七月間，敝營開隊來此，因紹郡尚留師船，略有書算事件，即將該書識留紹，寄入右哨四號船中，未聞有告假之説。倘有此意，容即函詢右四哨長，當再爲奉達。昨晤劉桂亭軍門，述及荷承在鑒帥前鼎言栽植，聞之莫名感佩。肅泐布復，並鳴謝悃，敬請台安，統唯霽照。

劉昆宗謹肅

（六）

徵翁尊兄太守大人閣下：

頃誦大教，義正情摯，令人感愧交並。惟袁府交代事宜，諸多（藤）〔膠〕葛。弟以屬在鄉誼，諸事從權，一切下情請爲我太守陳之。弟於九月廿三日奉提憲委帶此軍，廿六日接事。至薪糧各項，何日接事，何日起支，分自應爾，嗣經鄧雨翁説項，津米、月餉等項截曠，截至九月底止，概歸前任。念在鄉誼，曾已照允，此其一也。交代軍裝各項，本營兵額四百五十四名，自應移交號褂四百五十四件，弟接收祇四百四十件，計之兵額，已短少十四件。不料袁蓴棠來營發餉，復要於四百四十件之中再扣廿件價值，計之兵額，此項號褂共計短少卅四件。弟詢其扣價之由，據云係挂名未穿者，色尚新鮮，故此要扣，以私情當公話，殊駭人聞。弟亦以鄉誼故，允其照扣，此其二也。查點移交鋤頭，共少四十二把，鐵鍬少五把，斧頭少十九把，籌備戰用包藥洋布少廿五丈。查此項鋤頭等件，均領款置辦有案，何容短少？籌備洋布，將來海防告鬆，仍須照數繳還，又何容稍缺？弟亦爲鄉誼故，並未追繳，此其三也。籌備兵米六百元，係奉憲飭，備米存營，爲思患預防之計，而交印之日，自應隨案移交，乃迄今兩月不肯交出。弟好言開導，公款斷難短少，始于前數日由張春元兄處兑米帳一百六十八元四角，昨晚由段碧春處兑來米洋一百七十三元，連送來四元三角合算，統計交到洋三百四十五元七角，下仍欠我洋二百五十四元三角。以公款作私本，七抵八撥，（誠）〔成〕何事體？ 弟亦以鄉誼故，任其延（岩）〔宕〕，並不上聞，此其四也。有此四節，弟秉性愚拙，自問無負于殿翁。所留一馬，係殿翁買自賈萬春遊戎，人人皆知，弟已説明照原價留用，今單載五十元，誠爲不解，賈君現在，可一問而知。至若零星物件，破舊居多，不及縷述，特照來單註明，仍呈台覽。其洋布、旂幟一項，並非新製未用，已發棚操用六七個月之久，其值錢多寡可不言而喻。且此等物件應作公款者，難逃明鑒；應作私抵者，弟亦斷不肯因此區區之數，昧我天真。約送四十元（連馬價共計八十元），鄙見以爲不少。弟接事以後，有五天公長夫銀湘平十兩。原議應劃給鄙人，嗣仍未領，早已説明，作爲程儀奉送，藉表微忱。以上各節，皆係寔在情形，既承垂問，不得不瑣瑣奉告。伏思殿翁在日光明磊落，人皆欽仰，不移時而馭返仙鄉，乃弟輩冒昧乖離，大背殿翁在生之志，令人感慨係之。惟是殿翁既逝，總應效棉； 既荷尊囑，自當謹遵。應加若干之處，仰乞裁奪示復，力所能到，無不如命照送也。專肅敬覆，恭請勛安，諸維威照，不暨。

教弟名正肅

再啓者：　前任及弟一切情形，孫毓階兄均皆詳知。　渠以晨往小港未回，明日當請其趨謁台端，面(伸)〔申〕一切也。

（七）

徵三公祖大人閣下：

十一日爲敝本家求署紹左營事詳布一緘，計可先達典籤矣。　辰想敷布鴻綏，饌箸駿吉，定如臆頌。　楊中丞批摺已轉，再賞兩月之假，無容開缺等因。　執事工次聞之，諒亦投袂而起也。　温州海口不靖，已撥兵前往，大約九龍山剪辮教匪發作矣。　李中堂赴燕台後，尚無定議之信。　浙西巡務前月大起風波，江督、蘇撫、松提無不咨浙中私梟之計，短張筱溥方伯於浙撫。　詎楊赫斯怒，將歷年戕官拒捕梟案卅餘起，蘇省未破一案、未獲一犯等因駁咨江督。　今已波平浪静矣。　砲臺秋間定必添築。　君築砲臺以固口門，我造輪船以捷腹地，何如？　揚州、無錫等地亦多蠢動，季夏金星晝見，終屬不佳，督工恐逐漸緊急矣。　此布，再請鈞安，不盡覼縷。

治期賓頓首　中元日

（八）

徵三仁兄公祖大人閣下：

邂逅申江，藉傾積愫，私懷忻幸，別後尤深。辰惟吉協元旋，釐延戎幕，天庥滋至，露祝彌殷。弟別後於月杪傍晚回省，歸舟安穩，足慰綺存。承屬提憲轉諭一層，弟到杭後即將尊函送呈中丞閱看，當奉諭稱提台已有信來，所事未便允可，已经致函復绝矣。知勞殷盼，謹以奉閱。匆復，即請勛安，惟祈惠照，不具。

治愚小弟徐春榮頓首　嘉平二日

（九）

徵三仁兄大人閣下：

昨發一電，想已接到。梅墟釘樁之事，發端於錢統領。弟復奉撫憲函電，因與緗文妥商稟辦。旋因部文催餉嚴急，撫憲來函，擬作罷論，或移之鎮海。查木料已由鄂生兄挑選齊集，退之固屬可惜，然使移之鎮口，又恐該處水勢視梅墟較深，四丈長之木尚難得力。夏間鎮口初次釘樁，弟與執事倉猝估勘稟辦，不暇從容考訂。至今察看，該樁在水中摇擺，似尚微嫌木料之短。此次如釘第二層，必須格外深固，方爲合用。惟此釘法，本與前次不同。鎮口水深究有幾何，四丈長硬木之樁能否得力，執事知之最確。特囑鄂生兄赴滬會商，並將挑定之木眼同圍量。如鎮口可用，請即順便運回；如不合用，亦可由鄂兄商退。鄂兄並自願稍賠所耗之費，即由弟稟明撫憲，稍予貼補，亦無不可。刻下進退行止，尚無成見，專請執事代爲決定。如謂鎮口可用，將來應由執事辦理，其功過亦執事任之。凡事慎之於始，庶不致貽悔於後。尚期徹始徹終，妥加酌議，斷不必含糊遷就也。敬頌升安，不一。

愚弟薛福成頓首　廿八日

附録稟稿、函稿各件。來電已接到。

撫憲來函

叔耘仁兄大人閣下：

昨復一緘，諒已達覽。頃准户部咨催京餉及近畿防餉，甚爲嚴急，不得不設法騰挪。明年浙餉益形竭蹶，梅墟釘樁之事，如無大益，可作罷論。若木已買就，或移爲鎮海二層之用，蓋扼守總在鎮海也。手此奉布，即請勛安。

愚弟劉秉璋頓首　十一月廿一日燈下

有何籌餉之法，望與宗守商之，本省不敷而部撥甚緊，奈何？

緗文仁兄大人閣下：

上午發電，大致即照尊擬之稿寄去。今甫接回電云云，憲意似專注鎮口矣。茲將原電及鎮海來電附上一閱。仍望轉告鶴笙，明日即可赴滬。弟已電致徵三，囑其暫留一兩日也。手泐，即〔請〕台安，不具。

弟福成頓首

（十）

徵三仁兄大人閣下：

頃奉惠函並砲臺砲圖共拾四張，披閱之餘，想見規畫周備，考核詳明，費神之至，得暇容再細閱。另文所送清摺與圖，甚爲詳明，已分別存留轉送矣。吉人兄亦望爲致意。專此泐復，敬請台安，諸惟霽照，不宣。

愚弟薛福成頓首

（十一）

瀓翁太守大人閣下：

叩別卿暉，忽經彌月，私衷契慕，與日俱深。敬維籌海宣猷，凌煙著績，引詹光霽，快忭奚如！山别後乘惠濟巡洋之便，順道赴温晉謁奎帥，稟商一切，業於前廿九日回石。幸洋面尚稱安謐，差堪上紓廑念耳。前奉大咨，飭取克虜伯彈樣，即經轉囑馮管駕剋日取送，想已上邀詧收，用特備文咨復。山擬將石營諸事略爲料理，即當趨赴台端，幫同照料。但各船急需伙食，尚須先往甯波領餉耳。肅此，敬請勛安，諸惟涵照。

鄭碧山謹肅　十月十三日

（十二）

徵三尊兄大人閣下：

弟近日上有條陳，悉本兄之平日所議，假弟名以陳之耳，不知憲意如何。頃奉憲檄，飭辦沿海團練，此事應如何措手，尚望見教。漁團事正在極力爲之，年内或有頭緒。此請勛安。

三稿奉閲後，仍請賜還，號弁尚未回。

愚弟宗源瀚頓首　十二月十七日夜漏三下

（十三）

徵三尊兄大人閣下：

昨日楊統領過甬，言油簍試過，擬用以衛海塘。俟奉撫憲批示云云。吾兄看其形狀，究可用否？梅墟釘椿擬用吕宋木，照吴淞口之式辦理，估價規平五千兩，由道稟奉撫憲批准照辦，委劉鶴生辦理。聞洋松木已有被船撞斷者，此間擬用吕宋硬木（十二寸見方），當不慮此也。翟輔廷如回，弟前與面談，岱山有一前任筆墨友人，小楷甚好，係趙粹甫奉常託弟轉薦，弟卻尚未交名條，誠恐過甬不得見，望兄代爲詢問。如可留用，弟再以名條函薦也。臺灣餉與軍火均尚可以渡過，似不足慮。此請升安。

弟宗源瀚頓首　十一月初十日

潘小浦信祈檢存。

（十四）

敬稟者：竊卑府備員甬東，竊禄數載，處海防最要之地，於籌防事宜，未嘗不隨同講求。徒以智慮短淺，不諳軍旅，未能稍效一得。而一知半解，偶有所見，如甯鎮與杭紹爲唇齒，定海與甯鎮爲唇齒，謀浙必先謀甯鎮，謀甯鎮必先謀定海。魏默深《海國圖志》以定海爲可棄，以南田爲要隘，緣未躬履其地，致多舛誤。凡此固屢陳於提道，並與成守、杜丞反復討論。而一年以來，未敢上一條議者，竊窺撫憲大人籌兵籌餉，晝夜孜孜，深知其要而適值其艱，卑府若不問其事之能行與否，力之能辦與否，而徒逞論鋒，於事何補？今聞總署電信，必須布置定海，似卑府平日所陳於提道者，尚不甚謬，然竊有慮焉。定海之難守，非楮墨所能盡述，撫憲大人身經大敵，韜鈐在胸，增戍設防，無庸卑府贊一詞。然堅船利器皆浙所無，竊恐心餘力絀，其奈之何？卑府管見，非借助於南、北洋不可。借助於南、北洋，非稟請不可。不揣冒昧，另具節略，有無可採，伏候鈞裁。至於甯鎮海防，憲廑有素，布置已多，各處砲臺得力砲少諸端，杜丞已曾稟陳，卑府謹就未盡事宜，先具五條，措詞未能盡當，極知無補高深。愚慮所及，不敢終秘，謹呈清摺，敬求教誨。除稟撫憲外，恭請鈞安。

卑府〇〇謹稟

計呈節略一扣、條議一扣。稟呈海防條議由一稟撫藩臬憲。

爲定海爲南北洋之樞關係全局謹擬籌辦情形事

竊中國之濱海者，粵、閩、江、浙、東、直、盛京七省，水程約七千餘里。其中島嶼雖多，而四面濱海有城郭之盛者，曰粵之瓊州、閩之臺灣、浙之定海。瓊州、臺灣地在南洋，距北洋皆遠。定海則居南北洋之中，而於北洋尤近，地與江蘇接壤，又儼然爲江蘇之門户。道光年間，英人先踞定海，旋陷江蘇之寶山、上海，而直犯津門者，定實爲南北之樞紐也。其地勢之扼要如此，敵兵數萬里東來，必先謀駐足之所。瓊州、臺灣雖皆孤島，而爲地頗大，瓊州尤多淺沙，非倉卒所可取。定海則藐焉一城，其城之南面離海不及里許。道光廿年、廿一年，英人舍粵攻浙，舍瓊、臺而直趨定海，兩次攻破，歷五年之久始行交還，取其形勢利便也。今之論海防者，謂各國通商之碼頭，略有牽忌。定則地非通商，無牽制顧忌。而法人於光緒六年防俄之時，即有兵船伺隙來定測水探路，本年夏間亦然，隱衷狡謀，牽在此一島，其爲敵所必争又如此。孤城露處，四面皆深水大洋，絶無高山屏蔽、門户遮攔，巨船大艦皆可停泊，其號爲船隻出入之門者，有十餘處，水皆極深，沉船塞口、水雷伏隘之説，皆將至此而窮。道光二十一年，三總兵領六千餘人，僅守六日，卒成魚爛，其地之難守，則又如此。地屬浙地，浙固責無旁貸，力謀備禦，即現在帶勇之成守，亦頗以死自誓，不存取巧之念。第四面汪洋之區，無險無隘，非有水師、鐵艦、巨砲，不足以制敵之死命。浙江標營水師久成具文，固毋庸議，即捕盗之紅單船，非風潮不能動，且船小、無多，亦斷難以資戰守。所恃者木殼輪船，六年分尚有輪船四隻，旋因餉絀遣兩隻回閩，僅餘兩隻，以顧鎮海口隘尚嫌太單，何能顧定？是今之力謀守定者，不過添募陸勇耳，姑無論餉絀不能多募，而敵之所恃船堅砲利，船上飛砲可以擊我城垣營壘，我惟以短制長，何能必勝？定地雖鎮海大口，越百里，其旁面離鎮海境僅二三十里，一爲敵據，鎮海、甯波將晝夜不能安枕。道光年間皆陷於定，數日後即至鎮、甯，皆其明證。不但此也，浙東餉源全恃甯、紹兩府關税厘捐，每年不下二百萬，而商賈來路全在鎮海一口。敵據定海，商賈必皆裹足不敢入鎮海口貿易，而浙之餉源斷矣，浙之關税釐捐每年撥解南洋北洋經費者每年不下數十萬，浙之餉源斷，即南北洋餉源亦礙矣。是不但其地爲南、北洋之樞，即以餉源論，此亦與南、北洋有痛癢相關之勢。況定海如能制敵死命，則敵之兵機鈍滯，或慮浙之議其後，未必遽犯江蘇。江、浙無恙，我之聲勢强壯，敵即未必敢遽犯齊、燕。反是，則南北洋皆必震動，是於南北之兵機又未嘗無關也。光緒七年防俄時特奉諭旨，定海一廳四面環海，應增調閩省兵船以助兵力等因，是其地久在朝廷垂廑之中。浙江雖爲財賦之地，二十年來皆爲人作嫁，其財力盡耗於協餉。六年防倭，譚中丞添募十餘營，旋即遣撤大半，而當時欽奉諭旨，各省設立機器、船政各局製造船械，原爲預籌自强之計，當日求精進等因，皆爲浙省力所不能。先曾議購外洋衝快鋼鐵等兵船，浙江亦無以應之，甚至閩省撥之木殼輪船，亦不能多養。定海各處砲臺，每處僅有外洋大砲數尊，舍己芸人已非一朝一夕。今臨時募勇，亦未能得慣戰勁旅。值此事勢日緊，定海久爲大局所關，除浙省應自備禦者不敢大意外，不能無望於南、北洋之協助。南洋一二十年製造船艦、鎗砲、水雷、藥械，金陵、上海共有機器三局；北洋更無美不臻，快碰鋼鐵各兵船，中外傳播。守非常之險，必資非常之力，非浙之敢有覬覦，實浙之無能爲役。昔曾文正論用兵，謂必規遠勢。故胡文忠謀清楚、鄂而喋血於皖郊，左規復浙疆亦先致力於饒、廣、徽、婺。左、李皆公忠體國之大臣，凡所謂規遠勢而不存畛域，皆親見而躬爲之。浙江本隸南洋，可否請敕南洋大臣左派員來定，會同該處文武，勘明應用何項船砲利器，期戰守備，有把握酌量撥濟。北洋拱衛神京，雖不敢妄有指請，然李之所規畫不域方隅。如蒙敕助，或亦不虛所望。臨穎不勝戰栗屏營之至。

憲核

一、咸豐初年用兵統將繁多，號令不一，師輒無效。自楚、淮軍出，事權歸一，節制分明，所至有功。今定、鎮、温、台已有三統領，若不申明責成，誠恐一旦有事，處（地）地醜德齊之勢，彼此不能調度，反致誤事。除定海應定一統領外，鎮海之南、北岸爲口門，甯波後路暨應防之閒道，如育王嶺、五鄉碶皆爲堂奥，既未設總統，與其存虛名，不如課實責，似宜南岸駐一統領，以南岸之事全責之；北岸駐一統領，以北岸之事全責之；駐後路顧閒道之統領，以後路閒道之事全責之。責成昭著，躭擔分明。憲臺駕馭其間，仍責以聯絡貫串，尚可有益。熟觀今日局勢，似以此爲宜。

一、我之布置在陸，敵之來也在水。鎮海大口爲中外通商要道，沈船塞口本爲下策，即至事急時，不得不用下策，恐中間仍須留一曲折出路，不然恐竟斷餉源，而在甯之西人亦必譁譟也。既不能盡斷出路，即不能不防敵用舢板或雇小船乘夜闖入，順潮疾至兩岸，陸軍徒目送之，但有數十小舟闖入，將甯、鄞、鎮、餘、上各縣皆爲摇動，是不得不於甬江上流駐水師以輔陸軍，以防不測。紅單船恒制於風潮，必輔以大輪船。大輪船笨重，又必輔以小輪船。現在紅單船之在甯、台洋面捕盗者僅有八隻，大輪船僅有兩隻，小輪船僅有一隻，頗虞顧此失彼。温州張鎮水師老手緝私，陳副將亦有調度，似宜令其詳計熟籌，爲内江預籌一枝水師。至於布漁網能膠輪舵，製衝拒勝於沈石，營務處杜丞屢曾請求，宜略動經費，飭令會同水師預爲籌辦，免致臨時措手不及。

一、水雷、地雷皆可助兵力之不及。敵恃利器，我非計智不能勝之。大口宜用大水雷，陸隘宜用地雷，各陸營衝隘之交，各閒道必由之路，廣爲安設，庶一營一哨可抵數營數哨之用。現在省局造雷匠人聞甚無多，恐尚曠日持久，且演試測度因地制宜，終須在甬。甯波機器局雖已停歇，機器亦盡運省，而粗細電綫尚有數架，測電、放電器具頗全，爲省局所未有。提台甚注意此事，屢令親兵教演，如飭現辦水雷之委員工匠移局就甯，或亦兩便之道。如水雷與機器相連，不能分設，省與甯兩處或可分做。杜丞於砲火機器講求有年，儘可督匠撙節辦理。地雷、水雷之外，有用衝坎砲法，隨地設砲，四出不測，費省而計巧。甯鎮下等鐵砲甚多，略籌經費，專責營務處辦理此數事，裨益良多。

一、敵船遠道而來，斷無不覓領港之漁船、通内之奸細。甯之鄞、鎮、象、定各廳縣，漁船不下數萬隻，人更不祗數萬，一爲敵用，爲患巨矣。漁保甲、漁團皆宜籌辦，而非收拾漁户之心，仍恐無把握。卑府現派員紳先從鄞縣辦起，擬去漁人之所苦，使樂而就我。内外分設公所，以保漁户爲名，以收漁心爲用。俟議定章程另稟漁户之外，另有一種曾在滬、津、閩、甯各處吃輪船飯者，能説洋話，能諳輪機，而又盡識甯、鎮水陸道路，其易受敵餌而爲所用更甚於漁户。若我能用之，則彼之所長更可資以制敵。聞此種人散在甯、鎮一帶者，約有數百人。丁憂海門鎮貝鎮軍籍隸鎮海，向帶輪船，爲若輩所信。若委令募用此種人另爲一軍，去患而用長，兩利之道也。

一、絀於經費，募勇不能早而期收實效，則添募不宜遲也。江蘇、閩、粤、天津皆有宿將勁旅，留貽至今。今浙江多臨時召募，其中未必盡經戰陣，非得力將領多操數月，臨事安能有臂指之效？黄芍巖軍門身經百戰，六年奉奏來甬辦海防，所帶營官多馳驅關外之健將，而勇皆新募，偶有警報，輒與卑府深言新勇未操，懼不能以應敵，咨嗟顧慮，形之詞色。今已募之親兵，前後各營到尚未久，營壘未齊，若定、若鎮需添若干營，似宜及早召募。募來而壘房約需一月，操練又需三月，已非咄嗟可成，似乎未可再遲。極知經費難籌，然既處不得不辦之勢，即亦無可如何。浙東關税厘捐年約二百萬，係乎鎮海進口之貿易，而其通塞有無又係乎定海之能守與否。譬如中落之家，原不能辦大事，而婚嫁、田廬，根本至計之所在，亦惟有冒險爲之，不盡能量入爲出矣。

（十五）

徵三尊兄大人閣下：

弟所邀算學兩位，皆餘姚黄蔚亭之高弟子：一爲李字皋嵲，鎮海李聽濤堂弟；一爲沈字椿園，慈谿秀才。皆經黄蔚翁指授而來，能測高、測遠、測廣、測深，所用之器，圓者儀器，方者矩度。兹者弟署修整、演試將近半月，定於明日乘舟而來，須在尊處下塌。弟意所需測者，招寶山、沙灣、小港各砲臺，各距虎蹲、遊山、七里嶼、小笠、蟹浦等山若干里，招寶、金鷄兩岸相距若干丈，繪成一圖。弟與兄處將來各存其一，並可申送督撫憲查核（翟輔廷兄已得晤矣）。沈、李二生，一切全仗閣下招呼，並領赴各砲臺指示，想有心人必不厭此煩碎也。此請升安。

愚弟宗源瀚頓首　十一月十二日

輪船如有器尺，亦望代借與兩生一閱。

（十六）

徵三尊兄大人閣下：

前奉復函，祇悉一一。沈、李二生測算之事已有頭緒否？昨聞鎮海洋面連出劫案，軍威方盛於兩岸，而門闌不保，其商民有不能不顧之勢。頃與鄭仙巖商量，尊處釘椿公事未畢，船隻未便調出，必不得已，祇好酌抽船勇若干，由仙巖另配扮商船出洋，認真捕巡，以靖地方。想執事大局在胸，素爲鎮人所仰倚，當必曲從所請也。此請升安。

愚弟宗源瀚頓首　十一月廿一日

（十七）

徵三尊兄大人閣下：

昨奉尊函，備悉一一，已轉呈道憲矣。弟昨日爲錢榮翁邀赴梅墟商量釘椿事。弟將椿架難購、椿木難買一切情形告之。現擬仿照貝敏翁用三扛挂綢兼參以繩裹輪之法，聞尊處亦擬辦此，用特專函奉詢，祈將如何辦法，如何經費情形，詳細見示，以便照辦。此請勛安。

愚弟宗源瀚頓首　九月四日

楊西翁在江邊興工築土堤，極是卓見，弟與道憲均甚欽服。昨在梅墟與錢榮翁言之，亦有仿辦之意。

（十八）

徵三尊兄大人閣下：

今早馬船到，乃三船，僅裝簍二百，來勇匆匆趁潮而行，不及候信。茲特函懇吾兄將二百簍中，先以一百個（有弟一函）代送提台（潘小浦昨日一函抄覽，信望閱過代爲封口，送金鷄山），盼望已久也。一面仍望飭放馬船三隻來裝，仍有二百個，内一百個係順帶赴梅墟交錢統領也，盼盼。此請勛安。

弟宗源瀚頓首　十月廿二日燈下

再，陳漱翁云前因水雷事曾致一函，未接復函。梅墟需用水雷，漱翁意前已飭鎮之滬製廿枚，或尊處擬用幾枚，或不用，擬即撥赴梅墟備用。續有三十枚，收到或運鎮，或留後路，亦俟兄酌定，望即酌示。

（十九）

日前奉賜函，並承示稟稿，得悉一一。（提台土砲臺此番規模如何？能勝於前否？新電機尚合用否？通電報已早接得矣。）道憲函亦已送交矣。椿架洋六百元收到，何亟亟乃爾？印領撿出奉檢收。翟輔廷前日得晤，已攜千金赴滬購料。聞吳淞口現用洋松方木釘樁（已動工），每間數尺一根，相間處又以横木闌之，悉其詳否？此請升安。

弟宗源瀚頓首　十月二日

（二十）

徵三尊兄大人閣下：

奉二十二日手書並稟稿，具悉一一。梅墟漁網之事，由定海寄到三扛架式，弟細加盤算，恐亦未必能恰好便裹敵輪。又聞尊處前辦者爲風浪漂去許多，弟於此事又不在行，故至今未能舉辦。而劉鶴笙力勸仍用釘樁之法，並云現已打聽天童土人，云五丈内四丈外、對心八寸者，每枝包送水次三千一二百文，又木行人云五丈以外、對徑一尺以上者，每枝價四元；對徑九寸以上者，三元四角；八寸以上者，兩元八角，四十日内可辦千枝等語。

質之吾兄，此等木枝究以何種、何價相宜，務望詳示。其椿架則上海招商局可租，每架月租洋三十元，隨從原夫兩名，每名須工資十八元，另加飯食（大、小架皆有），亦望吾兄代酌，合算與否，示復爲盼。此請升安。

弟宗源瀚頓首　九月廿三日

再，弟前墊辦椿架兩具，墊洋六百元。昨見防軍局札查釘椿、沈船用費，即須具奏所有椿架，開具洋六百元，望兄開入，撥款還弟。此舉當出公款，弟墊六百元在内，似不值得。除另備公牘移會冰案外，特先專函奉達，想高明亦不以爲非也。弟又拜。

（二十一）

徵三尊兄大人閣下：

奉到復書，藉悉一一。吳吉人之事，弟已開摺呈送，與來條正同也。劉鶴生已自滬上回甬。吳淞係用硬木（吕宋木粗者見方十五六寸），兩根對釘，中間以横木鑲成長橋之式，每空一丈，即釘如式，大、小船隻皆不能過，惟中間留口門二十五丈，預備沈船。此雖覺得單薄，惟木大而堅，兩邊可省椿縫沈船之費，惟口門一處備船耳。據鶴生云，洋松木一二百根尚可買得，而硬木價值亦與洋松相仿，不如竟用硬木，似乎價值亦較内地松椿百枝者不相上下。現令鶴生繪圖估價再議。特先質之吾兄，可行與否，望加詳示。油簍有無成千累萬，俟再探問。蒲包堆土試演鎗砲如何，兄何不請吳吉人一試看，比弟所試之油簍，孰能敵鎗砲彈也？砲車俟在軍裝局查看再説。儀器測算，現去邀人，俟邀到製就器具，再以奉聞。此請勛安。

愚弟宗源瀚頓首　十月廿日

張孟皋言鎮海商船要賣砲者甚多，兄晤企南時詢之有大砲否。弟致孟皋一函，望飭送翟輔翁，望先道候，聞已奉委岱山鹽局差，不知確否？有岱山局寫字司事要託薦也，望詢示。

（二十二）

徵三尊兄大人閣下：

奉復函，祇悉一一。當再與鶴生妥商後，再由道憲稟請撫憲示遵。油簍一事，總須由鎮試驗再定辦法。弟現定購三百個，約廿六日可齊，擬送楊統領暨尊處二百個、提台一百個（亦來要）。但此物甚佔地方，非用廠口馬船不可。一馬船不知能裝百個否？擬請尊處於廿五日將馬船放三隻來甯（如船不敷調，或函請錢榮翁撥一隻），以便弟處派人挑運下船。此項油簍擬儲北號會館，尊處船到時，可泊北號會館前馬頭，遣一人來弟署通知可也。此請勛安。

德憲函致道憲，云如批旨入都，須赴甯、鎮一行；如不入都，即不復來，日内無信。

愚弟宗源瀚頓首　十月廿二日

（二十三）

啓者：本月二十三日接英國固領事函，稱本領事約二十八日乘坐海鶴兵輪船往舟山一轉。宜昌輪船擬停上海拆看、添改機器等件。二十六日换一黑身輪船前來，代行二十餘日，名曰重慶，係暗輪、雙桿、一黑煙通，房艙具是黄漆，合併函懇查照，分别飭知等因。除分函知照外，特此奉布，即請查照，分别轉致爲禱。此請升安。

名正肅　十月廿三日

（二十四）

徵三仁兄大人閣下：

啓者：現據洋務李委員面稱，日内有英國水師提督乘輪來甬，此係該國長官，應稍予以體面。且既知係英船，似未便令其停輪候查。商之税務司，亦以爲然。現尚未見英領事知會，惟恐臨時不及，應請執事預先知照超武兵輪，派弁持弟名片往接。並由税務司飭虎蹲山管燈洋人，如見英國水師提督輪船駛來，毋庸懸停輪之旂，稍示區别，以資聯絡。特此奉布，即請升安，惟照不具。

愚弟薛福成頓首　九月廿二日

（二十五）

徵三仁兄大人閣下：

昨據李委員言，日内有英國水師提督來甯，當經函致左右。兹接英國固領事函，稱本國二等水師提督竇約於廿六日乘坐謹守小官船前來，並非兵船，提督職居尊貴，應請飭於虎蹲山懸旂停輪之例略爲從寬，及近釘樁外，自必稍停，以待貴國水師武弁登船問候。查此小官船係明輪，其雙煙通係一前一後，甚易認明，是以早期函商查照等因。特再奉布，即請知照兵輪管駕派弁一接，並飭虎蹲山管燈洋人毋庸懸停輪之旂，以敦睦誼，此請升安。

愚弟薛福成頓首

（二十六）

敬復者：昨接來函，以據北號商在滬老順記置買鐵浮筒二枚、鐵錨四口、鐵鏈八條。因浮筒式樣頗似水雷，誠恐認作軍裝，不准裝載，函請轉稟，咨請上海關道查驗，給滬關公文等情。除由本道咨請蘇松太道轉飭查驗放行，並給公文交給北號賫投外，泐此布復，即請升祺，不具。

愚弟薛福成頓首

（二十七）

徵三仁兄大人閣下：

逕啓者：十一日接英國固領事函開，本國勇敢兵船擬於明早開行，在洋面操演，後晚即歸原處，請飭砲臺官得知，以便出入等因。特此奉布，即請執事迅爲知會各營並吳守備及兩兵輪知照爲禱。敬請升安，不備。

愚弟薛福成頓首　十一晚

(二十八)

逕啓者：　昨接英國固領事來函，擬於禮拜四日前往舟山，業經函致查照。今復接准函，稱本領事往舟山期已經佈聞，玆以禮拜六日如天氣晴和，約午後仍坐颾颱兵船回甯。昨函内偶誤，未曾言及，特再函懇轉知。再，禮拜四日如尚未晴，亦難果行等因。特再奉布，即請升安，不具。

愚弟薛福成頓首

(二十九)

啓者：　本月二十七日，接准英國固領事來函，據稱本領事擬於禮拜四日，乘坐颾颱兵船，前往舟山掃墓，並拜晤文武各官，約午後可到該處。應請貴道即移定海鎮，並諭定海廳得知是幸。合此先布，祗頌升祺等因。除函致定海鎮廳及成守知照外，並此奉布，即希查照轉致爲荷。此請升安，不具。

愚弟薛福成頓首

（三十）

徵三仁兄大人閣下：

密啓者：昨劉鶴笙大令來言，有人自定海來者，據稱貝敏翁接到滬信，本月二十日左右，將有法船經過浙海。不知其是否來擾，抑係欲犯北洋。此等信息，其確否固難懸揣，然使不豫爲之備，固恐爲敵所乘，以致措手不及。若過於張皇，又恐兵民先自驚擾，且或係敵人故播謡言，以資恫喝。若於虚者重加儆備，將來恐於實者轉致玩忽。用是密告台端，務望轉達軍門統領，不動聲色，加意防範，是爲至要。釘樁木料難購，撫憲批准將不敷之價酌量增添，辦理較易就緒，尚望趕速設法爲要。匆泐，敬頌台安，諸惟心鑒，不具。

愚弟薛福成頓首 十三日

（三十一）

徵翁親家大人閣下：

別來許久，系念彌殷，接讀還雲，藉悉瀛眷已遷紹興，甚爲妥當。即維防務賢勞，勛祺績懋，式符臆頌。弟津役於初四日抵省，時值秋風，海船波濤，艱險苦極。幸往來迅速，差堪告慰。昨奉藩委赴鎮，以中丞云天津大沽口現用大木堵口，似較沈船易辦，尤爲商務無礙，事可與沈船並行舉辦，飭弟來鎮與閣下會商能否可行，並已咨會提、道兩憲衙門商辦。把晤匪遥，先此布達。弟准於明日渡江，計十五六日之間可到甯波矣。閣下如可抽暇，祈於十五六兩日之内來甯一晤，免弟到鎮海後往返之勞；亦可先在甯城與提、道兩憲先爲參酌，弟即在甯城等候閣下可也。手此，即請籌安，諸希鑒照，不莊。

姻愚弟翟國棟頓首　九月初十日燈下書

（三十二）

徵三仁兄大人閣下：

啓者：兹於二十七日接英國固領事來函，稱本國勇敢兵船今早開往别口，約是月三十及十月初一日，有海鶴兵船前來，函佈查照轉知等因。除致覆外，特此奉布。即請知照兵輪、砲臺查照爲禱。此請升安，惟照不一。

愚弟薛福成頓首

（三十三）

徵三仁兄大人閣下：

逕啓者：敝處前奉省文，應發鎮海各防軍每營儲備米價洋六百元，並將招寶、金鷄、小港各砲臺合爲一營，亦應發洋六百元（早有公文通知）。查各營早經領去，惟各砲臺未見來領，應請轉達吴吉人兄備具印領，即日派差來局領取，以便敝局彙報完案，是爲至盼。即請勛安，不具。

愚弟陳汝濟頓首　九月杪

（三十四）

敬啓者：本局於臘月初即須請餉，所有貴局十一月分共收厘數總册，此次務須提前送局，以便核計應請餉數。如真總册辦送不及，即望先將總收數目開單示知，是所至盼。專此，即請升安，惟照不具。

愚弟陳汝濟頓首　廿四日

（三十五）

徵三仁兄大人閣下：

逕啓者：一昨接到王雲翁來書，稱奉中丞面諭，所有新盛生洋行購買之七頭水雷、電綫一英里半，日内即可到滬，飭即轉屬洋行代裝輪船運甯存儲等因，用特專函交洋行，同電綫一併送上，乞查收等語。該洋行於昨念日辰刻將電綫附輪解到，適值禮拜，未及起運。弟思此項電綫必爲鎮防水雷之用，若起入甯城機器局，將來運鎮又費搬動，而機器局正在鑄造大批鉛彈、羣子，工匠添用不少，正慮屋宇褊窄，即大殿亦無隙地可容，況此電綫三盤，每盤計三千觔，極爲笨重，搬運進城必須拆開，用多人推挽，猶恐損壞。思維一再，不若徑解尊處，或仍交吳吉人兄收管，派人照料，較爲妥便。弟非患其無人照管，實緣無處可以安放也。特派勇解上，乞賜詧收爲要。專布，敬請勛安百益。

愚弟陳汝濟頓首　十月念一日

（三十六）

徵三仁兄大人閣下：

十月内奉院札，沿海防軍每槍月增銅帽廿顆，合成五十顆，未明示配藥若干。昨得時蓬翁來函，云以後每槍月發銅帽五十顆，配藥十三兩，省、甯事歸一律。並云從前已發藥、帽，少者不必補給，多者不必扣還，以歸簡便等語。用特轉達，即懇轉達鎮防各營一體知照爲荷。此請勛安，不具。

愚弟陳汝濟頓首

（三十七）

徵三仁兄大人閣下：

月之念日，派勇解去七頭電綫一英里半，已荷驗收。昨得省局來函，飭敝局收到後申報等因。竊向來水雷、電綫等項，應取承管之員印領申送，特函懇老兄，如此項電綫仍交吳吉人守戎承管，即請速屬出具印領，以憑轉申爲荷。專布，敬請勛安，惟希清照，不備。

愚弟陳汝濟頓首　十月念五日

（三十八）

徵三仁兄大人閣下：

昨奉復函，並比較局用摺共二扣，均已誦悉。惟查局用一摺，摺尾既經教明，約合支款分數，尚未溢額，其各項簽注似可删除。即望查照昨日來摺底稿，毋庸簽注，再送一扣，以便分别彙轉備案。至比較摺，向須三分一申、藩署一申、省局一存案也。即祈飭承趕即照繕二扣，一併補送過局，即當專案申送。專此復布，即請升安，惟照不具。

愚弟陳汝濟頓首　十二日

（三十九）

敬啓者：本年海防喫緊以來，各局捐數日形短絀，而七、八兩月爲尤甚，自係進口各貨稀少所致。究係何貨短少？若不考查明晰，難昭覈實。兹擬將上年各局是月票根内填運貨物，與本年是月内兩下核對，則某局、某貨何盈、何絀，一目了然。除洋藥、茶檔、鹽捐三局所捐各祇一物，無須查對票根外，所有貴局上年七、八、九三個月内存局票根，望即查照原編字號，每百張訂爲一本，每本内運每項貨物各若干，外加紙面，分别從類填明，彙齊繳送來局，閲後當即寄還，仍歸備查可也。專泐奉布，祇請升安，惟照不具。

愚弟陳汝濟頓首

敬再啓者：昨接漾河局來信，云及渠局中山貨、松木、杉木皆係必須抽厘之物，爲數不少。自七月以來，始則以爲尊處打樁之用，現又以爲係梅墟打樁之用，到卡不遵查問，硬撞過卡，並有穿號褂之勇在内硬撞過去。昨弟函詢湘翁，云及從前祇有尊處用，此時梅墟已改用洋木，未知其中之勇究係何處來者，是否尊處之勇，囑弟速詢吾兄。如有此事，將來需用木料，即祈電尊處，發給護照，知會卡内，庶免影射。特此奉達，即請察照，並請升安，惟鑒是幸。

弟汝濟又啓　初五

（四十）

徵三仁兄大人閣下：

敬啓者：　昨致寸椷並附呈前送裁節局用清摺一扣，請另更正各緣由，計當早邀鑒及。惟查前送文摺之内，尚有一摺内開七、八、九三年，分别木捐、百貨、□米船等項，洋錢兩款收數並又声明盈絀情形。本可照轉，無須奉詢，第細閲前摺謂爲期滿，比较則六年至七年騎年捐數未經開列，少去一年，不合向稟。謂非期滿比较，則摺開捐數又係按照老兄接辦一年起止月分日期扣算，現經飭承將貴局以前每月所送比較摺開列數目，綜計六、七、八三年所收船貨並小港等捐數，查照來摺起止月分日期核算，大數勻分三股，以一股比較九年至十年騎年收數，祇有本年十月上半月捐數，不能懸揣分列，即以九年十月初一日起，至本年九月底止照算比較，已是盈收洋約弍千八百元零，盈收錢約一千四百千零。如果前摺係爲比较開送，請即飭承查照每月所送，比較摺式照造三年通比清摺補送，而經收各捐盈絀情形，既係統算，有盈自應妥晰声明於後，敝處即當照轉。緣本年各局多係短絀，而閣下綜理營務，稍爲分神照料局務，竟能如此大盈，欽佩何可言喻。是以弟亦甚望代爲轉報，俾增總局之光。如前摺係爲飭減局用，以收數約合支款分數而設，擬請於日昨函致更正摺内声明，以便歸裁減一案彙復可也。專此奉布，祇請升安，並祈速復，惟照不具。

愚弟陳汝濟頓首　冬至後一日

（四十一）

敬再啓者：前此備有公文，移請尊處查明。惠濟輪船所需開花實心大砲彈子可否製造？如開花不行，即造實心者亦可。迄今許久未見賜復，不知究竟能造與否？似祈早爲移復方好。又，前次冒昧奉愬賑捐一事，究可代辦少許否？均祈示悉，不勝悚禱之至。此請升安，惟希諒鑒，不宣。

小弟汝濟頓首　十七

（四十二）

（徵）〔徵〕三仁兄大人閣下：

昨奉惠書並悉招寶山後布置情形，就諗籌畫多勞，藎勤楙著，快慰良深。山後沙灘既經衝坍，恐敵船進泊更近，不得不嚴加防範。專恃生鐵小砲，斷難得力，移用元凱、超武砲位，分別安置，最爲妥帖。且於台後山脚隱僻各處埋伏數尊，尤足制勝，辦理詢爲周密。惟各處砲臺雖不堅固，亦不宜全空，須酌留大小砲位數尊，砲兵若干，萬一有事，預備開砲。還應以爲誘敵之計，倘敵人登岸，便可以地雷轟之。打靶一事尤爲緊要，果能演試精熟，砲無虚發，不難以少勝多矣。至船椿爲守口要著，斷宜設法保護。前聞北洋用大木排連堵口，似較沈船稍爲活便，無事時去之亦易，倘能仿照辦理，於釐捐大有裨益。昨已稟商撫憲，派委翟倅前往，與閣下商辦，是否可行，乞即妥籌寄示爲盼。此復，敬請勛安，惟希捷照，不具。

愚弟德馨頓首

（四十三）

澂三仁兄大人閣下：

正思肅簡，復奉還雲，誦知曾託雲翔兄便塵信子並吳守戎字領，均叨惠畇，暨悉貴營地臨濱海，日前陡起颶風，浪高數仞，致浮頭盡行擊斷。撈晉水雷，幸一律完善；火藥乾躁，深爲忻慰。且閣下業飭兵弁將石船沈堵，排釬木樁，不特護持水雷，尤可圍範砲壘。足徵襟懷偉略，指揮裕如，引首宏猷，彌殷欽羨。拉火刻已趕竣，分貯兩箱，共計一千枝，交倩徐挹庭兄繞道攜呈，即希晉驗飭收。惟亟就成章，誠慮未經透躁，還須布曝數天，存儲既易，火力亦不減耳。至續造水雷應添物料，僅獲配齊，飭匠從速製造，一俟工竣有期，再行函達清聽，以備領運是荷。耑此泐覆，敬請藎安百益。

愚弟莊濟泰頓首　九月初五日

（旁批：　十四日覆。）

（四十四）

徵三仁弟大人閣下：

前接來示，知馬梯呢槍彈所製甚多，兹特專弁趨前請領，即希飭發，並前送呈洋槍一桿一並給交帶回爲感。至銅殼一節，因奉文無事不用，故並無存儲，曩有所存已送至甯局矣。再，修砲架鐵匠今日能來否？盼盼。諸費清神，銘泐不盡。此布，恭請勛安，統惟愛照。

如兄錢玉興頓首　小陽廿七日

（四十五）

徵三仁弟大人麾下：

逕啓者：敝處上砲臺砲位三尊，下砲臺砲位二尊，尺寸長短曾經量過。兹特懇請麾下照招寶山土砲臺式，其隨砲所用各件一律代做。全套五付計價若干，或由尊處先行酌墊，或由兄處酌發，俟成工後再備文赴局照領。此事爲麾下熟手，諒必自有成數，諸費清神，統容面謝。此佈，恭請勛安，諸唯愛照，不宣。

如兄錢玉興頓首　九月初八日

（四十六）

（振）〔徵〕翁仁兄大人閣下：

久未把晤，渴想之至。敬維勛祺日懋，節鉞霜清，引企隆儀，莫名俯頌。弟於前月杪進省，月初謁見薇垣，蒙諭謂近有自津門來者，述及是處封口情形，兩傍亦係沉石釘樁，中留一路，左右各用巨木兩枝釘立樁脚，中用粗實横木兩枝浮之水面，一木鍊之於左，一木鍊之於右。鍊左者可以右闢，鍊右者可以左闢，一表一裏，晨啓暮閉，其啓閉之處亦用鐵鍊繫之木端，啓時開鎖，閉時上鎖，一如闢口之水栅者。然云如此辦法，似較以船沉石爲活便。若石船一沉，日後起出甚難，現在傅相處既係如此辦理，我鎮海口能否仿照，飭弟轉告閣下，並云是否相宜之處，務以一函致覆等語。在薇憲之意，蓋恐一經沉石，勢必商船裹足，於捐務、餉源大有窒礙，是以一聞此説，深以爲信。然横木兩枝，即木之至粗，鍊之至巨，能否當敵輪之衝突，未敢預必。閣下珠璣在握，自有權衡，務祈即將弟□達到前情稟復薇垣，俾弟無疏忽之愆，實所感禱。肅此奉佈，敬請升安，諸維惠照，鵠候福音，不既。

小弟裘費堯頓首　九月十四日

（四十七）

徵三先生大人鈞鑒：

前月念捌日，解呈蒲包肆萬隻並運（滷）〔鹵〕壹船，知已到防蒙飭驗收矣。刻又裝解蒲包貳萬隻，仍由哨弁護送至營，即請驗收。該船户等並前次裝（滷）〔鹵〕之船，均懇諭令卸包後速即轉餘，以應敝厫運事爲感。肅此，順請勛安，統祈亮詧，不備。

餘姚鹽厫拜上　九月初四日

（四十八）

徵三先生大人鈞鑒：

昨接協翁由甬來函，囑將續解蒲包陸萬隻逕送鈴轅，遵即照辦。惟包客尚未到齊，已專差催運，兩三日後當得齊全。兹恐鎮防緊要，特先解送肆萬隻，又鹽（滷）〔滷〕壹船，仍飭砲弁護解，到請驗收爲禱。其乍浦之兩萬隻，今日亦經裝解，由巡哨齎文送往矣，合併陳明。肅此，敬請勛安，不戬。

餘姚石鹽公厫拜上　八月廿八日

（四十九）

徵三仁兄大人閣下：

遠企光儀，倍殷葭溯。敬惟賢勞楙著、勛安增綏爲頌。弟□局從公，如恒魚鹿。現值軍增餉絀之時，諸務掣肘，尚祈南鍼時錫，藉資韋佩。頃奉中丞面諭，後膛鎗子價值較貴，此項鎗子操演後，銅殼仍可收回，所有鎮防各營收存銅殼，閣下前曾回明中丞，意欲飭令繳回甯局，點藥另用。惟現已繳回若干，至今未見尊處報文。如未繳回甯局，希即遵照此次憲諭，趕速查明，就近逕繳甯局，並報局察考爲荷。手此布泐，即請升安，統希亮督，不宣。

愚弟時慶萊頓首

（五十）

徵三仁兄大人閣下：

前奉復書，敬悉後膛鎗三種，僅有馬地呢一種，以甯局存有外洋銅帽，尚可裝配。此外各鎗子製法不同，甯無配件。擬先將馬地呢銅殼裝配，餘再設法，足徵籌畫精詳。但毛瑟、哈乞克斯二種，亦請設法收還，就近解繳甯局。日前已由本局行文定、鎮各營，仿照辦理，以便將來設法配製也。手此布復，順請升安。

愚弟時慶萊頓首

（五十一）

徵三仁兄公祖大人閣下：

昨奉還雲，並録寄稟稿，誦悉一一。甯解電綫，既奉中丞飭解省驗試，自應遵照解送。

兹已派員管解上省，並備文咨復，用録文稿，呈請台覽。特爲經理者撇開一筆，以明非與之有意發難。倘晤漱公時，尚乞代爲道明是幸。款議有成，枉顧再行面譚壹是可也。先此奉復，敬請勛安，維希清督，不具。

愚弟黄少春頓首

（五十二）

稟修鈎金塘西北隅等處砲臺需用工料錢文開摺呈送核銷署甯波府鎮海縣江〇〇謹稟

大人閣下：

敬稟：此案准甯鎮營務處杜丞移奉防軍支應局，憲局札奉憲台、撫憲劉批杜丞稟勘估修築北欄江等處砲臺工程，請撥款領辦緣由，仰防軍支應局核明飭遵具復繳等因，並據該丞稟同前由到局，查該丞稟報鈎金塘西北隅北攔江北城牆等處砲臺，爲鎮海東北登岸要路，須先檢平四臺基地，修整上砲路途，以及甃砌坍塌臺牆，共需經費洋二百元，已由江會籌款墊辦，當屬無浮，應准由甯局如數撥款歸墊，一俟工竣，開具工料細數清摺，送局核銷等因。奉此遵查此案，卑職等先經會商，以海防機勢急迫，砲臺爲最要工程，是以由卑職先行籌款興工。前稟估洋二百元，係照舊式檢平基地，修補垜牆，原估之工本可敷衍。迨工竣後安放砲位，經楊統領等相度機勢，以昔年舊砲甚小，彈子未能及遠，不足以禦强敵，將舊砲移去，改换招寶山八千觔大砲兩尊，擡來安置，又因舊時砲門低小，不能合用，復將牆垛折開，放高加大，已另加添工匠。修整甫完，楊統領等親臨演砲，仍照從前格式，垛門外用一堅實横木，兩頭繫以麻繩，捆於砲上，不圖砲大力猛，非比前此小砲，一經燃放，砲身往後退坐，垛牆驟被拖塌，則從前老法甚非所宜。於是，公同議照新築砲臺格式，用羊眼大鐵樁下安横檔，上繫大鐵環，埋入臺下，其石板接縫處並用鐵板兩頭鈎連，是以不能不通盤拆開，重新另造。當時本擬稟請撥款，緣正值法夷竄擾基隆之時，防務吃緊，急需興築，以備不虞，未敢稍事拘泥，有誤機宜。而駐防各營此時亦均有應辦事宜，未遑並顧。卑職本有地方之責，任所難辭，公議以規畫匠作，由鎮海營守備督修，其工資料價歸卑縣執發，俱憑開來帳單發票，照數撥給。工竣之後，除前原估之工洋二百元外，實計不敷工料錢三百四十七千二百三文，均係卑職籌墊。此外，又有鎮海營房牆垣及火藥局前進屋内地板隔間磚牆霉爛坍壞。值此戒備緊嚴，營房爲兵丁戍守之所，藥局爲軍火儲放之處，在在皆關緊要，卑職亦何忍坐視？爰代估工興修，共需工料錢三百二十七千零，皆由卑職捐廉給發，不計在内。兹當奉文交卸，理合將經修鈎金塘等處砲臺工程物料價值數目開具清摺，稟請核銷。内除前領洋式百元並墊款抵付外，尚仍有不敷之數，委係無力再籌，而鎮海營守備猶在營務處支取洋一百八十元，方適敷用，一並據實申明。倘蒙憲恩俯賜鑒憐，准予撥款歸墊，則感荷鴻慈，尤無既極。肅稟，恭請崇安，伏乞垂鑒，除稟撫憲外，卑職〇〇謹稟。

計呈清摺一扣

撫憲批：

據稟，修築鈎金塘北攔江西北隅北城牆等處砲臺，除領用洋式百元外，尚不敷錢三百四十七千二百三文。查此項不敷錢文，當時未據稟報，本難核給，惟既據楊統領相度機勢，改安大砲，拆開改造，姑飭楊統領查復核奪，仰防軍支應局一體移飭遵照繳稟。抄同摺并發。

三月二十五日

(五十三)

徵三仁兄大人閣下：

鎮海堵口一事，業已出示通報。昨日傍晚，美國司領事來署面談，以旗昌電詢江表可否來甯，在鎮海卸貨。經弟詳細告之，領事亦謂，按照公法，既經堵口，商船、駁船不能進口、出口，因詢可否祇准搭客，在虎蹲山外拋錨，囑爲致函，自願赴鎮與閣下面商等語。特此奉布，即望接見會商，並邀同鄧曼雲兄傳語，就近勘明是否可行之處，以實情告之可也。即請升安，諸惟亮照，不具。

愚弟薛福成頓首

（五十四）

瀓翁公祖大人閣下：

十八日接誦捷電，知十五、十七連獲勝仗，仰見閣下運籌決勝，又得諸君敵愾同仇，法酋雖然披猖，想不難指日盪平也。昨晚接印老十二日來信，云於是日到省候船，口間就可來申（早晚可到）。知關藎念，飛此佈知。又，印老展假之件曾否核發，便祈示知。莊師父處拜念无，當日由王頌兄親身送交，並望转復爲感。印老一到，即再佈聞。專此，即請捷安，惟照不盡。

治晚毛廉頓首。

頌兄坿筆請安道賀。

（五十五）

徵翁太守鄉台大人閣下：

敝營左哨八隊正勇施鳳祥隨隊拒戰陣亡，業經呈報敝統領在案。茲奉統領面諭，尊處有賞給恤銀。瑾亦未認數目若干，用特專函前赴台端請領，即祈賜發，印領明日補呈可耳。此請凱安。

黄瑾頓首

（五十六）

徵三仁兄大人青閲：

適捧大札，敬悉壹是。並收到敝營勇丁施鳳祥陣亡之恤洋叁拾元如數。一俟尊處彙報，尚祈示知。專此，復請捷安。

鄉愚弟黄瑾頓首　廿七

（五十七）

徵三仁兄大人閣下：

逕啓者：頃美國司領事函稱，接旗昌行主來電，江表商輪欲在虎蹲山外卸貨，准用小船駁進等語。司領事復來署再三曉聒，經弟反復辨論，告以既經封口，例不准各貨進出，小船駁運仍由口門，斷難允准。領事始言暫緩裝貨，請准其搭客抛錨虎蹲山外，並稱欲至鎮與執事面商，請弟給函。弟思搭客固非我所能禁，搭客必進鎮口，仍恐有窒礙之處。然洋人性躁，驟折之則必争，徐磨之則自罷。此次經弟駁難，其氣已衰。再由尊處剴切開導，自更易於就範。且彼欲來鎮，亦非弟所能力阻，應請執事與鄧曼雲兄接待，隨機應之。緗文太守力持蟹浦招商之議，雖駁運較難，能勸該領事將商輪移往否？專泐，順頌升安，不備。

愚弟薛福成頓首

（五十八）

徵翁仁兄大人閣下：

月前接誦大函，領悉壹是。日惟籌猷宣勞爲慰。弟於十五日逕謁尊顔，至常山橋得警，隨即回營，未獲晤面，深爲怏怏。然弟扼守育王嶺，並分布五鄉碶、孝順嶺等處，兵力不聚，深恐貽悮。故晝夜親督巡查，以詰奸宄而專守責，並更番派兵遠哨。然育王嶺之外紫橋、穿山、大溪豆、天童等處，均屬空虛，弟旁責難周，惟有謁誠駑駭，留心防務爲任。是否之處，即希閣下惠我南針，俾資遵循。如赴定軍火餉項到時，弟當派撥護送。日前賜函，未曾收到。泐此布覆，敬請台安，諸惟愛炤，不一。

愚弟雷芸桂頓首　廿七日

（五十九）

徵翁仁兄大人閣下：

昨奉復示，知洋二千元已將到，劉弁已到，已告知孟臯，請其令伊選擇何樣應送省造，即預備送省，但亦須候省中回信能否造耳。長彈需用車床二部，昨日撫憲電知，道憲云省中有寄，當即寄來。弟亦早有信與蓬仙矣。煤事係弟奉撫憲飛飭滬道接濟，並奉諭已电南洋大臣矣。甯地有買，何分畛（越）〔域〕？此間既無而用款過大，内運相同，則與其我省購運，不若他省自運，或有現存者，則更便矣。是以湘翁出此主意，令弟具稟前去，方有此一着，祈吾兄仍電催之。弟稟内尚云及已墊發六百款，如他省有，多仍撥還，以此間之輪所需，亦多一時實買不出來耳。常山煤尚無回信。餘不盡。此致，敬請勛安，惟希捷照百益。

弟汝濟頓首　廿八早

（六十）

徵三尊兄大人麾下：

昨日之事，弟心頗爲危險，小港一路砲臺不能還砲，（究竟我軍曾發一砲否？望示知。）無可阻敵，萬一大船愈駛愈近，並多用舢板登岸，以擾我軍，將奈何？現又駛去二船，似敵仍另有急欲作之事，無暇專注於此。然此後設再攻小港，試定我之臺壘無可還砲，而彼之大砲駛近猛攻我營壘，一面用舢板上岸，有何抵禦之策？尚望兄與西翁、吉人尋思有何補救之術示知。或諸君不便言，而弟與道憲可微言之，亦有裨大局也。周恒山一營昨夜由横溪拔回，已到東郊，原應即赴蟹浦，昨日因見南岸有事，北岸無事，而黄綺庭一旗拔赴横溪，原壘已空，擬留暫駐數日，不知兄與西帥之意如何？曹庚堂一軍先擬調赴乍浦，沅帥亦允請旨，命程炳文一軍援浙，旨以程軍已進泉州，命由福州酌撥數營來（取道福、甯、温、台）。昨晚接黄芍翁電，知派劉樸堂帶五營來浙也，此請勛安。

弟宗源瀚頓首　正月廿八日

再，敵之鐵甲喫水最深，似其進攻應乘潮長時，乃十五日未刻攻招寶山，廿七日巳刻攻小港，皆正退潮時，似是取大汛之期，得深水之助，取潮退之時，放砲反可得勁。兄試與輪船諸君詳之。

再，黄軍門來電奉閲，其力推兄功最當，弟則何功之有？目前所最慮者，敵視三輪爲進止，三輪一日在此，敵船亦一日不離此，（所最忌者此三輪。）各台壘之不能解甲不必说，而餉源與民之生計皆斷，雖有善者亦將無如之何。現在洋商云欲以小輪自穿山進貨，而此號數船飄蕩口外，亦亟思進，或由蟹浦，或由穿山，尚未定也。

（六十一）

徵三仁兄大人閣下：

頃辱惠臨，小聚爲暢，一切均承擘畫，欣感良多。刻下强虜逼鄰，妖氛未靖，願共執事激厲士卒，誓斬樓蘭。異日論功行賞，欽至策勛，投壺筵前，當推祭征虜居首座矣，預賀預賀！口號已擬足十日密呈，請尊處按夜轉行北岸各營及砲臺、兵船等處，南岸已由敝處照樣發給矣。叠荷綺注，泐銘在心，同袍同澤，不作尋常客套也。專泐鳴肊，敬頌捷安，統希凱照，不宣。

愚弟歐陽利見頓首　念八申刻

（六十二）

徽三仁兄鄉大人閣下：

今早接誦手示並抄薛觀詧來電，均已祗悉。江表商輪擬在（虜鏄）〔虎蹲〕前卸貨一次，司領事面商觀詧函致尊處，情詞懇切，自屬意不容卻。敵雖近在咫尺，偶爾一番，要無妨吾軍戰事，伊且感我情誼，樂得暫爲一從耳。匆匆手覆，即請捷安，再璧尊謙，不具。

鄉愚弟楊岐珍頓首

（六十三）

西翁、徽翁兩兄大人麾下：

數日未聆雅教，心甚歉仄。昨日八點半鐘，法攻小港口砲臺，今復來攻，兵輪砲擊不到。弟往前視，攻毁砲臺、圍牆、民房數處，法逆向此轟擊，大略毁彼攻此，欲爲漸進之策。可否于擊毁砲臺之處略爲培修，虛插旂幟，假壯聲威，誘敵逐日來攻，藉此浪費法人彈藥，虛設疑敵，諒法不敢輕進。愚昧之見，伏祈鈞裁。率泐，即請勛安，諸惟捷照，不戬。

愚弟吴安康頓首　廿八日

再者，昨承惠片，當即遵諭飭各船加意嚴備，勿敢稍懈。弟康又及。

（六十四）

歐陽軍門鑒：

電悉法船屢次被創，其意未忘報復，執事親駐鎮口，指揮水陸各軍，必不使敵志得逞，感佩良深，此復。荃有固電，乞轉徵三鑒。電悉法久駐鎮，必圖報復，望飭三輪船刻刻嚴防。我船砲不及之處，幸勿輕發，既省砲彈，又養鋭氣，期一發可挫敵船。爰要荃（0314）。又，徵翁鑒：廿五電悉，遵呈宫丁（7362，0202）閲過，妥在此間（1469，3145），已派員往查矣。

籌防局叩

（六十五）

徵三仁兄大人閣下：

頃奉九帥來電，中有轉致閣下之言，内有畫碼錯訛，再四翻譯，不通文理。特抄一分，錯碼空白未填，乞台閲後，即飭電局檢查校對，並祈寄語該局，刻下往來軍報均關緊要，萬勿隨意涂抹。蓋因屢多贋鼎，故有是請也。此泐布禱，即頌籌安。

弟利見頓首　廿八戌刻

坿抄電報一紙。

（六十六）

徵翁仁兄大人閣下：

本日電復數語，又另交航船帶上一函，諒均可以詧覽。本月電局抄報，云及法船忽多忽少，忽去忽來，開砲亦不中我軍，此爲何故？明知小港砲臺非我軍要害，打之何益？其意何居？究竟窺其意是真欲攻浙江，抑是仍想走也？如由小港上坡可怕否？弟意由小港開砲，恐是探此路虛實，欲由此登陸，然重重守護，何能捨舟登陸？恐亦不敢，真令人懸揣不定耳。茲有啓者，劉弁帶來彈樣只有四種，共八顆，究竟是先照此四樣動工否？此四種應造若干？聞其種類甚多，尚有幾種究應若何？應分何幾種與省？亦宜預爲檢出，以便省中回信一到，即可檢其與省造之樣，趕緊寄去。又據張孟皋云，須先寄與上海沈委員，囑其將各樣往洋行中細詢明價值，以便酌量定價。弟擬趁沈委員在滬，將各種彈樣開單寄去，囑其一概打聽明白，以便定價。如一時各樣難齊，即擬明日先將此四種寄單前去，囑其先打聽此種彈價，亦可候奉到回示，即由弟函致沈委員也。又，尊處取去之車床何時可以取回？大約將開工時，即於先二三日，由弟派人往取，未知是否？亦祈示知，餘不盡言。此致，敬請捷安，惟鑒是幸。

弟汝濟頓首　廿八戌刻

（六十七）

徵三仁兄大人閣下：

啓者：現准美國司領事來函，本月二十九日有美商江表輪船，帶美國公文並客人到甯，該船擬在虎蹲山外抛錨，現須親自上船接收公文等因，應請閣下此次准司領事出入。如該船有搭客上下，此次並望准其上下。並請轉致砲臺、兵輪一體知照爲要。此請升安。

愚弟薛福成頓首　正月廿八日

（六十八）

啓者：昨接手示並單，聆悉英兵船聞經固領事電留，可不出口，江表昨聞未到；如來須察度情形妥辦。沈石堵口，船隻不准進出，更須華洋一律，以免外人藉口。賞項一事，若水陸各營一概分給，每人所得幾何？似亦未足以資鼓勵。既係軍門及兩統領商准，應請閣下照開清單，呈請軍門核定。並望以公牘示知敝處，庶便轉報爲禱。此復，即頌升祺。

愚弟薛福成頓首　三十日

（六十九）

徵三仁兄大人閣下：

頃接來函，聆悉壹是。司領事昨日到鎮，執事曾否會晤？現議如何辦理？通商改口一節，係爲保全商務，亦冀稍裕餉源。法船騷擾阻撓商務，各國既受其害，如因改口而法船復至，是專與各國商務爲難，各國必起而相争，法人諒不敢爲此。日後或在蟹浦，或在穿山，尚無定議也。封口告示，更繕就六張送上，即祈擇要分貼爲荷。專復，順頌凱安，不具。

愚弟薛福成頓首

（七十）

啓者：刻接税務司函，稱連日關照商船，仍照常出入甯口。現據中外商人面請，准其報貨完税出口。本税務司意見，如鎮海營務處准其出入，則該商等所請報貨完税，本關即未便不准，函致查照示復等因。查鎮口業經堵塞，凡中外商船自應一律禁止出入，以免外人藉口。昨已函達左右核辦在案。所云關照商船照常出入，究竟如何，務望速賜示覆爲要。倘華商仍能出入，則外國商輪將恐再來嘵瀆也。除電詢外，專此布詢，即請升安，不具。

愚弟薛福成頓首　正月三十日

（七十一）

徵三尊兄大人閣下：

奉到復電，已轉致陳漱翁並張孟皋預備，惟今日總來不及下船。又大雷廿八枚、小雷十五枚、電綫三里，業已悉索無遺，應否稍留幾個，以備續後之需，此次應運若干，尚祈核定見示。鎮口封堵一事，公事不能不如此辦；洋商欲走，亦勢不能不以官話拒之。所謂設有禍患，與我無涉也。惟連日自鎮來者，多謂大小商船能從寶順之旁駛過，如白鱉殼小釣船之類，日見其多。洋商急欲銷貨，今日有請用關照船完税者，或謂鎮口稽查不嚴，獨鄙人以爲衹可如此，如竟一夫當關，水洩不通，則商販生機盡斷，不但税釐無出，稍久且有内亂之憂矣。弟豈願吾兄出此哉！關照之船向税務司納税，税司不能不收，以爲彼自願冒險，與我無涉，我卻其稅，彼且詬争； 我收其稅，樂得助餉云云，鄙意亦正如是。 道憲有電詢尊處，並囑弟函致左右，宜衷一是。 弟謂近日兄之辦法，似亦正是此意。 第若明定辦法，正難措詞，封口已有示諭，豈能又生別議？ 有來問者，我總勸其勿走，設有禍患，洋商不能責我賠償，華商亦不能(願)〔怨〕我不阻。 第既有貨物出進，我不能不收捐稅，若欲我明許可走，則亦不能。 强敵在門，安危呼吸，今日可走，明日恐即不可走； 午前試行，午後或即不能准行。 爲兄計，實難以形諸筆墨之詞； 稟復道憲，道憲亦斷不宜據以照會領事也。 弟意如是，如尊意謂然，即請示復，弟處轉陳道憲。 不過甬關既經收稅之貨，行過鎮口時，不可阻令折回耳。 弟遣人詢之北號，現有北船九隻泊於瀝港，一隻在蟹浦，在蟹浦者並未卸貨(畏過塘繁重也，穿山更不必說)，心想一二日内另用駁船駛進大關，鄙意此斷不可阻之。 尊處既不可失此大批之捐，而弟奉撫憲文函飭辦，大捐濟餉，尤日盼商販漸通，方好啓齒。 現在孤拔並未行封口之舉，而我乃自絶粒，旁口既以引敵而不使通，大口之隙又甯聽私走，不收捐稅，豈計之得哉？ 不但此也，現交漁汛，鄞、鎮漁户不下數萬人，皆恃出洋捕魚爲生，若不許其出而捕魚，誰能養之？ 此又其勢之萬不能阻者也。 專此奉布，即盼示復。 祇請升安。

弟宗源瀚頓首　正月卅日亥刻

再，今日接石帥一函一電，云臺灣各口皆有法船守住，並未見鬆，基隆且修壘進駐，約計到江浙之船共衹數隻，爲阻漕來牽制我師，未必有大戰事云，則知舍臺灣、踞普陀、分攻浙洋，皆法人虚詞恫嚇也。又見申滬報，知近日常有數法船在吴淞口外搜查商輪，則又知其以數船來往鎮海與吴淞，所以行踪極其飄忽者，此也。一兩日間，弟擬來兆昌、來鎮，與兄暢談一切。

（七十二）

徵三仁兄大人閣下：

頃差至，拜聆手諭，藉審法船敗傷駛退，承示之餘，令人稱快。此役聞閣下先行決戰，尤見帷幄運籌，謀猷至當，實所欽佩。則他日眷顧恩隆，定可拭目以俟也。惟法夷叵測，陡然竟去，勢將復來，恐詭計叢生，非可預料。亮大才善御多方，毋庸鄙人之贅及。昨獲稱，聞我兵輪又遭魚雷之警，而此等伎倆前施於敝處，今復欲施於鎮關，想高明者自能燭悉，使彼無所逞其故智。前段參戎來石撈砲一（礴）〔尊〕，即行帶上。吴統領亦令二管駕來撈取砲件，經會同鄭仙翁處撈起中砲兩（礴）〔尊〕，現存彼處。尊處若有需用，可稟明道憲，前來取上，即乞惠知爲盼。弟因一水遥遥，□不時親塵教，已後法情何似，如有捷音，尚祈錫我數行是禱。肅復，敬請凱安，惟照不具。

愚弟黄貽橋頓首　廿五酉刻

（七十三）

徵三尊兄大人閣下：

伻來，疊奉手諭，敬悉壹是。敝部之尚堪驅策，實由閣下之調度有方，顧乃謬承奬飾，惶愧奚如？日來曾否開仗？以閣下之鴻猷豹略，定能勝算獨操也，預賀預賀！承囑運工砲位，刻下尚正撈起兩尊。目前天氣正冷，即善泅者亦難冒寒而入，須俟天氣稍暖，然後可以入水。兹先將已經撈起之神機砲、格倫砲各一尊，派弁勇協同貴差先行解上，嗣後再有撈獲，自當絡續解奉。但大者動輒千斤，恐非人力所及耳。以後運解，須由象河潭，最好請派人于該處接遞，或函商提後營游府，請其轉飭該汛，幫同接運。如事屬可行，聞該處尚有勇一哨，並請將哨弁名姓詢明示復，以便將來運交也。蓋目前敝部在石者僅止二船，專顧巡洋尚恐不及。敝營又一半撥入練軍，餘則分守各汛。戒嚴之際，未便遣調，非特無船，且更無人。如此次之配雇船隻、夫役，似多未便。若能短足運長，則較易於爲力。然乎否乎，務請卓裁示悉，以便遵行。弟昨接象邑鄒令來函，知宗太尊囑弟至甬一行。弟早有此意，特以象協憲之稟留，未便擅離耳。兹擬于明早束裝，大約月杪總可抵甬矣。知系綺懷，並以附聞。手復，敬請捷安，諸維雅照，不宣。

教弟鄭碧山頓首　正月二十六日

再，頃問來弁，知僅帶洋六元。由石至象河潭水脚，雖已與船家説明至敝處給領，然自象河潭以至鎮海路尚不少，因復籌付英洋拾元，交貴差備用矣。山又啓。

再啓者：頃以運砲下船，前往督率照料，歸途吾膝爲馬足所傷，一時竟難止痛，且是處舊有彈傷，重復受傷，足趾竟難履地，明早恐未能啓行矣。業已束裝而又出此意外，殊深悵悵。俟稍痊，可仍當即日就道也。弟山又啓。

再，十六響洋砲知目前尊處需用，因將舊存者附上一桿，乞即查存備用爲荷。山又啓。

敬再啓者：鎮口戰事稍鬆，或法船退去，均乞飛示，以便如有續獲砲位，可逕由鎮口運上也。再，砲位零星之件甚多，一路均須有親信妥貼之人照料方可。弟處實難其選，以後如有續運，能仍由尊處派一人最妙。弟山又啓。

（七十四）

徵三太尊大人麾下：

頃奉手書，欣聞捷喜。恰值雪花布陣，寒宵建淮蔡之功；火樹凝輝，元夜奏崑崙之績。足見運籌帷幄，保障寰海。法夷有此一挫，將來望風銷滅，立卜蕩平矣，快甚！佩甚！承示南輪洋砲一節，敝段營雖有數十桿，均係該船管帶存寄暫收，不日即須取回，是以未便遠挪。有方台命，尚祈格外鑒情爲感。匆匆肅此，敬請籌安，並賀捷喜，不備。

制劉青山頓首

（七十五）

徵三尊兄大人閣下：

差回，得復書，已轉呈道憲，均以爲然，此後仍請照舊（分付砲臺兵輪）。日間小船進出，佯爲不知。自願以小洋冒險者，設有失事，無論華、洋，與我一概無涉。司提文向來浮躁，渠之所言皆不能作準，即如自稱調本國兵船來甬，而至今杳然；滿口説江表就到，而江表數日不至。彼自家之人尚不信彼之言，我儘可不爲所動。道憲有時因彼纏擾不休，且云自來與兄面商，不得不姑與一函，然仍任聽兄之駁拒，此後亦不輕給函也。至於江表倘來，只可在虎蹲以外，不得駛入虎蹲，設彼砲傷於人（夜間亦不得卸載人貨），無尤道憲，已與領事、税司言明矣，此請勛安。

愚弟宗源瀚頓首　二月朔

（七十六）

徵三仁兄大人閣下：

連接來電，具聆壹是。鎮口既封，如法船不退，固萬無開通之理。然商漁小船出入，勢所不能全禁。若轟沈一二以警懼之，於心既有不安，且值此多事之際，正宜固結民心。乃法人方以甘言惑衆，謂此來並非欲擾商務，而我先自轟擊民船，恐驅貧窮失業之漁户爲敵耳目，更非計之得也。昨與緗文太守及李小池兄反覆討論，仔細籌商，封口照會告示儘可多發給各埠稅行，儘可嚴申禁約。此係防務大局所關，亦即公法當行之急務。然小船出入既屬查禁難周，如有商貨駁運者，但能杜絶冒混，樂得收其釐稅。餉源既資挹注，民之生計亦稍周轉。如有來問者，總勸以勿走。有願走者，亦不甚禁阻。如此，則民船雖遇開仗受擊，或守候躭誤，皆無可歸怨矣。至司領事召江表至虎蹲山外搭客卸客、迎送公文信件，該領事親自往接，弟初議姑准一次。今江表連日未來，且俟試行一次，能否妥協，有無流弊，倘該領事日後不求駁貨，則我固可勿提；　如竟援華船之例來相曉聒，則告以開仗之際，砲彈誤傷與我無干，夜間亦不能行船。如彼願遵議，弟尚擬索其文函以爲憑據。似此，則胸有成竹，辦法亦一綫到底，不致枝節横生，於防務、商務、交涉三端，皆無妨礙，而餉源與民之生計，則不無裨益。此説本與尊電之意相合，弟與緗文、小池及税務司意見相同。自此次定議之後，可無慮洋人之煩聒；即煩聒亦有辦法矣。耑此密布。如尊意以爲可行，請先行電復可也。順頌捷安，不具。

愚弟薛福成頓首

（七十七）

徵三仁兄大人閣下：

頃接讀廿二日來書，知前寄一緘已邀察入。惟來函云初四申刻曾發電，囑此間補發雷箱、電門一事，電音並未達到。鋼鐵長彈，省局未能製造，不得已，中丞現飭莊鳳梧兄赴滬帶各種彈樣，請金陵、上海製造局代製若干，以應需用。惟能否應手，殊無把握。務祈仍由尊處諄囑劉守備，趕緊添雇匠工，赴局經理。現在局設甯郡，策應亦便，統乞與漱珊兄商同趕辦，以紓憲廑，是所至要。（陣）（車）床兩架、電箱五只、電門一座，現已派員委解赴甬，剋日起程。昨接尊處電音，即奉中丞飭局遵照辦理，以副遠注。手此布復，敬請勛安，惟希察照，不宣。

愚弟時慶萊頓首

（七十八）

徵翁仁兄大人麾下：

頃接來函，領悉。尊處需用哈吃克砲彈，請飭弁來船奉上。專此布復，即請捷安，惟照不具。

安康頓首　初三

（七十九）

徵三仁兄公祖大人麾下：

頃展廿三日所發手書，備聆種切。原函當呈憲覽，頗以調度有方，大加稱賞。昨已將尊銜暨提台錢、楊兩統帥以及吳吉人諸君電奏保請〇〇〇存記矣。台州之案已爲〇稟保歸候補班補用。叠邀奬敍，指顧超遷，熊軾豸章，可操左券也，預賀預賀！砲兵分撥不開，弟已早經計及，前日稟商仲帥撥勇協巡，頃已均蒙允許矣。承示親兵什長，照營制加給口糧，亦多許可，均請照辦可也。衡山一營昨經電飭回紮蟹浦矣。萬寅墀軍門奉委添募寅字一營兩旂，竇晴泉以連管帶左旂，姚育堂振邦管帶右旂，成軍後分紮乍、澉兩防，以作甯、鎮後路也。匆復，祇請捷安，不莊不備。

治愚小弟徐春榮頓首　廿六燈右

敬再啓者：頃在院署，得悉劉克庵爵帥諱典之姪劉觀察（忘其名號）昨奉諭旨，統領閩軍五營來浙助剿矣。又及。

（八十）

徽翁仁兄大人閣下：

兹接手示，已悉一切。今有定標軍火等項經過弟處，正在撥兵護送間，適有張汝翁夫子云及，已將是項軍火雇夫齊備，毋庸派撥矣。然弟親自前往照料，至嶺外四五里路程則下船矣。事屬因公，弟稍有稽延乎？肅此布覆，順候邇安，惟炤不一。

愚弟雷芸桂頓首　朔日

（八十一）

徽三仁兄大人閣下：

即申差來，奉到惠書，誦悉種切。法夷添船，陸續到鎮，其情叵測。開砲遥擊小港砲臺，我軍置之不理，静鎮以待，誠上策也。鎮口堵塞既密，又得三輪巨砲以輔之，陸師雲屯，更有諸公妙算無遺，自見安於磐砥。特我定防砲少、兵單、口多、港闊，殊鮮良策以補苴，幸得衆心固結，或可占人和，以操勝算耳。貴防得有捷音，尚冀隨時飛示。敝處前運軍火尚未解到，不知穿山何時開船，殊深盼念。今日得彭雪帥書，知諒山失利，潘帥踉蹌入關。該夷猖狂乃爾，真堪髮指。臺洋近無音耗，不識尊處邇日有所聞否也？專此馳佈，敬請台安，惟祈督照，不備。

健帥、西帥諸君統乞致意，恕〔不〕另。

治愚弟貝錦泉、成邦幹仝頓首　正月三十日戌刻

（八十二）

徵三仁兄大人執事：

正月晦夕，肅復寸箋，交來捷轉呈，計登籤典。月朔遥聞砲聲隆隆（旁批：打小港臺三日，一砲不中。），想該夷又來擾犯，探訪鎮來民船，傳述之間，未能盡實，用特飭派探差馳赴貴防，敢乞賜將邇日軍情詳告，以慰鄙念。敝防前雇兩航船赴甯倆運軍火，（旁批：雷錫文来函，已代照應。）已於今日午間到定，途中平順，特以告慰。聞閩中派有五營來浙，（旁批：尚未到浙界。）到時添防何處？中丞曾否先示機宜？（旁批：不曉得。）尊處有

聞，尚乞賜示是幸。專此布臆，敬請台安，惟祈督照，不備。

治愚弟貝錦泉、成邦幹同頓首　二月一日亥刻

提台、西帥統乞致意。

（八十三）

徵三仁兄大人閣下：

昨接廿六日來書，聆悉壹是。砲彈由甯郡設局，已飭劉守備帶匠前往開辦一事，前接漱翁函，讀悉一一。弟於廿七早曾布一函，備述省中不能製造長彈，中丞特派莊鳳梧兄赴滬，向金陵、上海製造兩局内商請代製各種砲彈若干，仍請閣下迅飭劉守備添匠趕製彈子，以多爲貴，各節諒邀察照。車床二部及電門一座、電箱五隻，業已由派員解往，即於今早起程，大約初三準到。至銅信子一項，省存僅有一千三百個，長三寸一分，徑一寸·分，配十二磅圓洋開花彈可用。未知與鎮防各砲能否適用？（本擬無論合用與否，先行解上，或可濟急。因王雲翁云尊處係造長彈，此項決不能用，故候示方能起解。）如尚合用，即請示知，以便即解。先此奉詢，敬請勛安。

愚弟時慶萊頓首　卅日大早

（八十四）

徵三太尊仁兄大人麾右：

頃奉來示，誦悉一切。弟於昨日至蟹浦、灣塘一帶親歷，鄙見與尊意相同，即請麾下與楊西翁商酌，電稟撫帥可也，弟在此静候好音。且海塘一帶本屬空虚，更宜移駐彼處爲是。今早弟又至鎮海城外江干戚一行，未及近城走候。頃大札到時，適值陳企翁在弟處細商一切，並見此信，想晤時自可談及也。專此，敬請勛安，不一。

鄉愚弟周士盛頓首

（八十五）

徵三仁兄鄉大人閣下：

頃誦謙示並衡山兄原函，知周營已移紮灣塘。衡兄所囑電稟一節，即祈我兄會電上報。兹特將原信附繳，並希詧收爲荷。復請捷安，再璧尊謙，不具。

鄉愚弟楊岐珍頓首　初四

（八十六）

徵三仁兄大人閣下：

廿八午後奉到惠書，誦悉一一。法夷增船來鎮，難免無再犯之舉，昨忽向小港燃砲，豈將於此偷渡耶？鎮、定脣齒之依，該夷一日不去，兩處一日不敢稍懈。承詢運件到否，查敝處軍火前雖倩船赴甬，卻尚無起運之信來。昨得薛公來書，運脚已荷中丞允局開支。現經派人駐穿，擬隨時相機倆運。但該夷多船橫梗於中，往來倆運，誠不可稍涉大意。前次上書中丞，擬請撥營顧沈家門、岑港、三江等處後路，昨得復書，以無可抽撥具答。弟等亦惟有儘現有之兵力，以顧力可能及之地而已。承念並及，專此馳答，敬請台安，惟祈凱照，不一。

治愚弟貝錦泉、成邦幹仝頓首　廿八申刻

（八十七）

敬稟徵翁公祖大人台下：

謹稟者：二十九日有周協戎領軍至鎮北貴駟橋駐劄，嗣因該處人煙稠密，既無隙地可以紮營，又無空房可以棲住，當晚移至貴駟橋之南一里外妙勝寺安置矣。鎮北各鄉自去年七月舉辦民團，聯絡一氣，相安半載，現雖鎮口聞警，各鄉仍安堵如常，蓋恃有團勇保無他虞耳。而各鄉團費均由各鄉殷實之家及店鋪等按月派捐，尚皆踴躍，故得安業安居。今見大隊一軍就近立營，人心頓沸，稍有力者皆舉家避去，民居漸散，鋪業就衰，將來團費無着，團事必有妨礙。夫添兵、設備，添之於受警之地與添之於不受警之地，緩急之形既殊，故安動之情迥別。晚等於事關軍務，未敢妄參末議；而礙及團務，不能不爲地方戚戚也。閱邑尊示諭，此軍爲澥浦一營添助兵勢，貴駟橋距澥浦實有十五里之遥，似未便於接應，即距本處海塘亦有五里，距本處海塘外塗口不下十里，又未便於瞭望。以形勢度之，應請移駐逼近海口之處，與鎮城、澥浦首尾相連，可以資呼應，亦可以彰聲勢，較之駐貴駟橋之内地似覺尤宜。大公祖爲國爲民，慮周法密，晚等承辦鄉團，敢不實心圖事，以期各保里閈，無負委任。凡有裨地方、有礙地方者，不得不上達清聽，用備採擇。謹據各鄉今日情形，泐呈電鑒。可否有當，伏候鈞裁。敬求霽照，公叩勛安。

治晚生范振祺、王景杲、劉慎樞、胡元欽、劉鷃、洪敘範、余燦、貝頫棠、劉孝恩、應寶康仝稟

（八十八）

徵翁公祖大人轅下：

日前奉到手書，誦悉周總戎駐軍貴駟橋，今晚邀同劉斗翁前去謁商等諭。查此軍現已移紮妙勝寺、東嶽宮兩處，先時有該處紳柱會同各團董到舍，僉謂該處非住紮之所，居民向未見兵，突見大隊軍士紛集，不禁大駭，擬請再移別處。經晚詳言開諭，並於昨午在大市堰近處邀集東、西管兩鄉紳柱團董，勸令省社會之費，併作團練之用，照敝鄉章程，另設總公所，雇勇常巡，以安民心。一面將大公祖函諭之意徧爲傳曉，俾知周總戎帶勇來鎮，原冀保衛地方，紀律嚴明，必不擾及鄉民。因昨周總戎往澥浦，未得共談，已囑各紳董，俟回營時先自往謁，妥定安頓之法，一切想可接洽矣。惟各紳董又以兵屯內地，瞭望洋面、接應南北尤多未便爲言，並備有公所信三封，囑分呈於楊統師、宗太尊與公祖大人之前。晚以奉有尊命，應先謁周總戎商之，故旋即赴澥浦，而總戎適又回營，僅見龔尚翁，詢知後海頭一帶，業由尚翁陪同往觀。總戎意亦以移紮外塘較有聲威，察度形勢，尤宜於殿跟、灣塘地方分住勇丁，實於鎮、澥軍情應接兩便。查該處在兩縣交界，舊歲奉諭督辦慈東、鎮北團練，殿跟、灣塘亦屬敝公所聯絡之區，兼此處尤近舍間，有事招呼較易。惟軍經遷移兩三處，偏於該境作久留計，在愚民必更少見多怪，妄生謡惑。故晚於今日復至妙勝寺與諸翁再三相商，終以駐紥外塘爲宜。隨謁周總戎，仍持前見。夫事苟有利於軍國，豈容姑諉？況承信任，夫復何辭？謹將公信呈閲。如果宜於灣塘、殿跟，晚當先集村人開諭。總公所擬再添勇四十名，以二十名會同瀨營兵四出梭巡，以二十人會同周營兵四出梭查，庶使莠民、游勇各知所懲，客勇、土民兩不受累，且使各村市見我本地人亦與營兵爲伍，便釋然無疑矣。第營團會巡之處，應否稟定施行，還祈核示。又，前委購船網等，昨奉太尊手示，囑統由尊處領給。此款晚已填付多日，仰懇迅賜，核數撥給，緣市上燈期已到，幸垂原宥。肅此奉覆，敬請崇安，伏乞慈鑒，不備。

治晚生陳紹唐頓首　二月初三日

（八十九）

杜大人捷升：

今晨敝部正、副兩營後膛砲位八尊轟擊賊船，計（仲）〔中〕五砲，可惜砲小子微，未能重傷。詎伊連開數巨砲，並未傷我一卒一兵，可見法船雖巨，砲雖利，不如我之小砲多矣。竊思此次砲勇人等均有微勞，自應獎賞，以示鼓勵，務望借洋四十元以便給賞。如蒙允諾，即乞撥交來人不悮。手此，請安。

如兄錢玉興頓首

（九十）

徵三仁仲大人台覽：

頃接手示並抄電，均悉。所見正同。今早周衡山來函亦云此言，兄亦請督駐灣塘，業已回復矣。再，兄已飭正副二營撥小砲八尊至清泉嶺安設，以備五鼓開砲轟擊。手此佈達，即請勛安。

如兄錢玉興頓首

（九十一）

澂三太守大人閣下：

敬肅者：　敝營前在石浦，至馭遠沉輪上，撈有克虜伯後膛炮位壹尊，內食開花彈子壹顆。現值需用之際，必欲將彈子配足，方能適用。聞法輪盤踞清溪嶺洋面，即日難免不有戰事，設遇敵至，教弟有此利炮，儘可奮力轟擊。查是項彈子，貴處機器局正在製造，教弟擬自出薪貲，籌備叁拾餘顆，無庸報銷，省些周折。兹特送上樣式，祈閣下飭工匠照式趕急製造叁拾餘顆，以資禦敵。其費使需用若干，容當如數呈繳。敝營已撥後哨駐紮育王，每日遴派妥弁常川哨探。近日法人消息如何？並（布）〔希〕示知，以慰鄙念，是所拜禱者耳。肅此奉布，敬請捷安，諸惟愛照，不具。

教弟段生福頓首

計呈送開花彈式一顆。

（九十二）

徵翁仁兄大人閣下：

昨奉手示，敬悉各種所需。上海各件電報誠如尊諭，字因太多，且錯訛必甚，不便打去，只得由信函寄去。刻下各信局亦快，聞五日即可到上海矣。本日又奉電示，其電綫五里、電箱兩具均照單囑沈委員趕購前來，但恐電綫未必有買。吾兄係由何處得悉？是果有否？如有，則妙甚矣。昨日孟臯回來，即已函致沈委員，囑其買電綫，即云水旱並用之不大不小綫，或電報局内用餘之電綫，買回自己包好，再作水旱之用均可。今現大北公司有，則更妙矣。又，孟臯云吾兄尚需鑽床一部，已函致沈委員亦趕緊買回，大約亦可速到，此物不過數十金耳。惟吾兄處既需修整各件，車床之外，尚有各器具又需匠人，則將來必須立一小局方合。或廣福寺不必設局，即將造彈事一並仍由吾兄處一並辦理，以免兩起費事。昨已與孟皐談及，弟本無所不及，由孟皐照料，兩邊走往，其料物由郡帶去，亦甚便。今早湘翁回來，又云可以不必，云及吾兄事多，若將造長彈事一並歸吾兄，未免事太煩，不若仍歸郡中辦理。只是留車床一部在鎮，常與匠人去修理各物足矣。究應如何，尚祈酌示。弟毫無成見，總期於事有益，而諸凡便當無所不可耳。省中解來車床二部已到。另有電箱五隻、八頭電門一架、玻璃罐十八個、藥粉三十磅、螺絲起子式把，大約是尊處所用，祈示知，以便或送或來取皆可，餘不盡。敬請捷安，惟希察照百益。

弟汝濟頓首　初四日

(九十三)

徵三仁兄大人撝下：

日來連奉電信，均悉，已照辦矣。今日李君文卿解到砲彈收訖，即由敝處專人解省可也。昨日省委胡經歷解到，奉發尊處，應行電箱、電門、玻璃罐等件，遵交李君解上，並坿單一紙，乞詧收，照單轉飭承管之員出領備案。上月之杪及本月，解有尊處㩒子式萬觔，又水雷十個、旱雷十五個、電綫等項，並望查明，由經管之員補具印領爲禱。再，法艦日來忽增忽減，倏去倏來，或日向小港砲臺用砲轟擊，究竟詭計安在，豈黔驢之技，不過爾爾？鄙意誠恐聲東擊西，南北兩岸正路兵力甚厚，法奴不敢正視，或希冀於南岸之南、北岸之北，乘虛直擣。如道光廿二年間洋人犯定海，屢衝不得進，忽以大船羽翼小船，直進東路。我軍見犯東江浦，知爲聲東擊西之計，領軍者正傳諭西路守嶺諸士加意防範，令甫下而報者至，知擊東城者悉空船，而西犯曉峯嶺者偷渡海岸，漫山塞谷，蜂擁而至。前車之鑒，是用隱憂。幸麾下暨各統帥均戎軒久歷，洞悉機宜，必卓見早已及此。鄙人蠡測管窺，未識有當高明採納否？　茲因羽便，率筆及此，敬請捷安，惟希凱照，不具。

愚弟陳汝濟頓首　初五

嗣禎坿叩。

（九十四）

徵（山）〔三〕仁兄大人閣下：

頃由威利輪船接讀手書，備悉。　承囑，貴友戴綏之兄奉龔道憲委石辦撈取鎗砲等件。茲貴函已到局，綏兄未見，或亦由路阻涉未可定也。　且其船若爲撈取鎗砲而來，自當有明文知會，一體商辦。刻均由鄭仙翁處彼之一切情形，自能函知不贅。手復，即請升安。

愚弟黄貽橋頓首

（九十五）

徵三尊兄大人閣下：

昨晚匯利輪船來泊港外，正在偵探馳報。今晨該船進口，讀悉手書，弟即下船晤章君久達，知戴綏之兄未與偕來。據西人云，此來先行察看情形，回申裝運機器前來，方可動手。惟現既到此，若不撈取砲位數尊帶去，似不足取信於龔觀晉。弟以未見公牘，而尊札亦並無述及現在撈取，未敢聞命。因思澄、馭二船，既在石港沈没，地方文武責有攸歸，應行看管，敢祈閣下函致戴君，將來撈取船砲等件，必得浙省大憲或薛叔耘觀晉公牘知照，方可照辦。至所需船隻、人夫，届時自當會商廳、縣代雇，以副台命。惟大號商船，石港向來甚少，未審小船堪用否耳。悉泐奉復，即請捷安，餘惟愛照，不具。

教弟鄭碧山頓首　十四日申刻

再，澄、馭二船沈没後，船上物件不無飄流散失，當經敝部哨弁派船照看。昨又會同廳、縣查追散失各件，暫交敝署收存矣。惟澄慶船有後膛小鋼砲一尊，業經段碧春參戎取去配用，便中希轉致戴君爲荷。弟又頓首。

（九十六）

徵三仁兄大人閣下：

敬逕復者：敝營餉章，大建應領銀二千七百五兩二錢，小建領銀二千六百二十一兩六錢九分，親兵正勇、伙勇共五百四名，長夫九十名，哨官薪水扣建月領餉項，惟具印領，内載實領得某月某建分薪糧銀若干，均申英洋若干云云，（旁批：核算營官薪水、辦公，每月二百兩。）承詢，特及肅復，敬請勛安，惟祈丙照。

教弟劉玉田頓首　十四

日昨奉到撤幫辦之文，唐雲莊今晨即回甯矣。知念，附告。

（九十七）

徵三先生大人閣下：

前日匆匆放棹，至二鼓方抵郡。次早，謁健帥，將諸事陳明，憲意知得我公經理，自臻周妥，甚爲忻慰，想刻下定已清楚。勝因郡中尚有小事，勾留一二日，即當回防。瑣費清神，心感不盡。肅此奉布，敬請台安百益。

教弟張藝勝頓首　十四

（九十八）

徵憲大人鈞座：

敬稟者：頃奉鈞諭，並賜龍鬚草几席一方。祇領之下，深感情殷故舊，有加無已，銘泐寅丹，難宣子墨。兼悉鎮海砲臺大工將次告竣，從此嚴疆鞏固，澤國奠安，兩載勛勞，千秋偉績，名垂青簡，功在蒼生，翹首臨風，傾心向日。卑職履冰知警，佐治堪慚，荒寺棲身，荊榛滿目，城關遥隔，寒燠無聞，處此實難，言之可愧。刻下已逾六年，俸滿之期，本應赴省驗看，因思推挽無人，徘徊觀望，行止茫如，兼之蒿目時艱，杞憂日切。兩旬前鄉市洋布陡賤，道聽途説，雖屬齊東野人之言，要亦事非無因。昨向城中借閲《申報》，始知和局已成，北事無恙。似此歲歲會盟，年年索幣，要求不已，決裂堪虞。即此時廣羅人才，勤修武備，尚恐緩不濟急，如之何行政但工粉飾，用人惟重人情，以至志士向隅，徒爲寡婦夜泣，如是而已，尚何言哉！昨接江右來信，江皖一帶亦有剪髮夢魘之异，迭經拏獲教黨，此風猶未能息。又聞蘇松郡邑民間徹夜鳴金，以鎮邪魅；太湖散勇聚衆拒捕各事。傳言紛紛，固不足信，而外患方熾，内憂又生，不幸生當其時，此豈高枕之日？卑職鄉居多暇，無所用心，乃學古人半日讀書、半日静坐之法，以自勉勵，久而行之，此中覺稍有得。已將半生閲歷、萬里奔走，證之時事，法之前人，以筆代舌，盡情傾吐，得若干篇，又採取國朝先正大儒言行事略，旁及近人之作，如會稽山人之《防倭八策》，白嶽樵隱之《海防芻言》、《水戰火攻論略》，鴛湖長之《採訪西法不如採訪人才論》，抱不平子之《辨誣論》，汀洲漁隱之《擬不以倫說》，第二傷心人之《夢鳩鵲記》、《憫西商說》等，又得十數編，而以曾文正公之《致西使書》冠諸首，彙爲一集，名曰《筆陣迴瀾》，秘之笈中。蓋欲學子魚之論戰，不願爲伊川之上書也。憲台宏中肆外，識卓才優，當有爲之時，處能爲之地，功名前程不可限量。他日儻蒙提攜而有所命，則卑職斷不敢以老病辭也。引領望之，何日忘之？謹此具稟，恭叩鈞安，伏乞垂鑑。

卑職兆賡謹稟　丙子八月二十一日書

（九十九）

徵三仁兄太守大人閣下：

日昨把晤，暢領元譚，快甚！昨奉惠翰，並承寄示稟稿，洋洋灑灑，妥密周詳，欽佩之至。將來該員弁等得進寸階，皆拜大君子之賜也。至囑轉咨一節，既經老兄通稟，諒上峯斷無不准，敝處似可毋庸再轉，何如？專復，敬請勛安，諸希訾照，不備。

愚弟黃少春頓首　初五日

杜徵三友朋手札第五册

（一）

澂翁太守大人：

頃間迭接大片，祇悉壹是。本市民人與營勇争鬥一事，曾回署後即經詢問。據門丁稟稱，該民曾經送案請驗後，經門丁面斥，並無重傷，何必如此做作？倘一經驗明，反不能了局，莫如仍自擡回醫治爲妥。該民等亦當自悔悟，情願擡回，並再三〔情〕〔請〕求免究。及曾回時，早已各自散去矣。第既自知悔，仍請免予深究可也。此復，即請勛安。

江繼曾頓首

（二）

徵三仁兄大人閣下：

初四巳刻差旋，奉到惠書，誦悉一一。該夷横截於鎮、定之間，不戰不退，情殊叵測。

貴防將士兩旬以來枕戈待旦，能無勞乎？敝防自客臘迄今，未敢有一息懈，幸各兵勇分更輪值，尚不致疲。由穿運來軍火兩船已到，海外孤軍幸荷中丞垂憐，飭令甯局經理轉運陸行，此間派船相機隨時偷載，免虞缺乏。惟各島莠民接濟，遥隔海中，稽查、禁止均難實行，殊乏良策耳。專差馳探，特此敬請台安百益。

治愚弟貝錦泉、成邦幹仝頓首　初四申刻

再，頃據汛弁報稱，本日巳刻有輪船四艘自南過北，因瞭望處距外洋甚遠，莫辨何國旂式，並據洋汛師船駕弁報同前情，合併奉聞。載頌春祉百益。弟又頓首。

（三）

徵翁公祖大人座右：

前日趨叩崇階，匆匆拜别，未克常侍左右也，殊爲抱恨。昨致周衡翁總戎一函，早經送去，想有復信，未識作何定奪，各友殊深念念，望賜示下，俾可轉致。又，舍親王孝廉之子名崇義者，日昨幾過（避）〔敝〕居，糾纏不清。據云伊祖墳在江南黄家碶口地方，墳邊莊屋不知何營，有雷哨官者意欲挈眷居住，王氏以祭掃在即，眷屬均須停居，諸多未便，再三囑儀代求公祖大人，設法囑其别居。爲此備情伏乞指示，則王氏一家感戴爲靡涯矣。然此非儀之好事，實出於情之無可卻也。用敢冒昧直陳，還祈曲宥。肅此奉稟，即請升安，諸維愛鑒，不宣。

名正肅

（四）

徵三仁兄大人執事：

初四夕奉布寸函，度已登覽。初五申刻得手書，誦悉一一。今早遥聞砲聲隆隆，想該夷又來撲犯鎮口。午間有三枝桅、兩煙筒大鐵甲一艘，過定口往西行，度必又至貴防。承示中丞電，取定海鋼砲彈式，已得總局來書，當將鋼砲四尊每尊捡一顆寄送矣。穿山羅游戎來稟，以新關洋人奉道台派往穿山一帶，查看商輪運貨路途。據云因鎮口封閉，商輪客貨欲由此運駁，擇地設局查驗，繞道前進等語。查穿山本爲内地，並非通商碼頭，日前若許英來設局，恐爲法另開門路，更慮後來各國藉此再開碼頭。刻下定防軍資由此偷渡，若輪船一行，將來運道大有關係，用敢稟請咨商等情前來。查穿港本非通商碼頭，條約並不在内，若一設碼頭，是又爲法開一門徑。倘彼以一輪駐泊該口，則定防運道梗絶尚在其次，竊恐貴防又須分心顧彼，力更不及，尤慮將來因此又生枝節。該處本隸提轄，弟原不應與聞，第以事關重大，既有所知，不敢不告，還祈裁酌，轉商當道，妥籌辦理是幸。專此馳布，敬請台安，惟祈愛照，不一。

治愚弟貝錦泉、成邦幹同頓首　初五酉刻

（五）

徵三仁兄大人閣下：

昨申抵滬，當經發電，今早十一點鐘接奉復電，謹悉種切。並諗十五、十七兩次奏捷，仰賴運籌決勝，全浙胥安，使該酋不敢正視，欣佩何如！惜弟未克親執鞭弭，愧甚悵甚！弟前月初七日接到賜電，於十二日即由籍起程到省候船，至十九日坿輪。不意沿途阻風，至日昨始得抵滬。兹將公事粗爲摒擋，擬於明日由内河赴杭，順道謁見撫憲。渡江過鎮，承囑代購薩拉木呢各件，自當帶上。良晤匪遥，諸容面罄。坿上公文一件，祈察照。又，提憲公文一件，望飭送爲感。再，晤楊西園軍門與同事諸公，先爲轉達，拳拳尤盼。專此，即請捷安，諸希偉照，不具。

愚弟制陳旭頓首　二月朔日申刻

坿上公文兩件。

（六）

徵三尊兄大人麾下：

初四早，弟至金鷄山，見提台談及賞項，擬請道台作主即發，不必再候提憲之示，提台似頗欣然順從。午後趕回甬見道憲，又已細陳，允即照辦，想到鎮後已與兄談及此事否？鄭仙岩已到，談及輪船事，仙岩以爲欲毁其小輪，事尚易爲，特於彼無大損，恐此後彼必還怒小船，見即開砲，反斷小船出入之路。又云我輪與彼輪相對開砲，恐終難制其死命，最好是募廣東亡命，要約賞恤，得敢死將領駕我輪，出其不意，徑薄彼船，捨命躍過，屠其士卒，奪其船砲云云。所議似均有見，不知執事與諸公以爲何如？此請升安。

愚弟宗源瀚頓首　二月四日夜

（七）

徵三仁兄大人閣下：

敬啓者：敝處命案逃兇陳正海，風聞在尊處化名當勇，現奉憲飭速緝。除派差備文赴鎮海縣關提外，爲此泐函布懇，務請閣下密查該犯，果在營中，乞即獲交敝役，押解回玉，以憑訊辦。專肅奉懇，敬請升安，惟祈斗照，不一。

愚弟名正肅

（八）

敬稟徵翁大公祖大人臺下：

敬稟者：昨奉到手書，敬領種切。附致周營兩函及東西管紳董一函，亦遵即分投矣。以晚仰荷不棄，俾半生憤激馳驅之念，一伸於師旅堂正之前，復時聆崇諭閎議，一消鄙俗，直令心胸俱拓；雖冒矢衝鋭，有願與身共者也。特慮才力淺薄，莫酬高厚，幸附驥尾，獲垂不朽，皆出大公祖雅意栽培之德，乃猶致勞藻譽，並荷謙光，實不敢當。至小舟，雖非他船之比，蒙估給英銀七百，定價適稱，益見高明燭照無私，成我實勝於愛我也。謹具押結奉上拜領，謝謝！又呈領藥結併懇惠給，俾全團務。肅此奉稟，敬請崇安，諸維俯鑒，不備。

治晚生陳紹唐頓首　二月初六日

（九）

徵翁仁兄大人麾下：

前奉手示，令函致地方官，本應尊辦，惟近讀曾帥奏稿，有澄、馭兩船俟查明再行辦理之語。業派胡觀訾前往，並設法撈取砲位。兹由敝處札委馭遠幫帶屠宗全前往解運砲位來營，毋得任意失散。今有胡觀訾來浦，是弟亦難專主，請俟解到敝營。貴處如有所商，白當一面函商胡芸翁，一面備文送交，爲貴營借用，庶他日回船，得以全數陳繳，以符公事。至此次屠弁解砲，不免需用夫役，尚祈函致石浦、象山兩處地方官，發夫代運，足紉舟誼矣。手此奉復，祇請勛安。

弟安康頓首　初七日

（十）

澂翁太守大人閣下：

一昨飫聆教言，不覺頓開茅塞，慰甚感甚！　頃由統領處轉致電諭，以敝營所需開花砲彈，已蒙代爲配到，飭即派妥人來領等因，具見閣下公事賢勞，不遺餘力，宜乎朝廷倚重，恃若長城，引企芝暉，莫名欽佩！　兹特專丁前來，尚祈飭發，多則壹百，少則五六拾顆。一俟彈子領運回防，即補具印領，送呈冰案，以備查考。伏候尊裁，不勝待命之至。瑣瀆清神，容後圖報。匆泐奉復，敬請勛安，諸惟愛照，不具。

教弟段生福頓首謹肅

（十一）

徵翁仁兄大人閣下：

昨日李文翁函收到，彈樣當即專送省城矣。其電箱、電門、藥粉、玻璃罐等件，即遵電諭，交文翁帶回。嗣於晚間又有輪船人持來信，詢及各件，當令其往尋李文翁，查明此件已否帶去，未知究竟如何？大約昨晚不到，今早亦當可到耳。頃又奉到電示，取水雷、膠帶，即詢韓弁，據云實係此物，上海缺乏，是以前此提台、各營所需，至今亦惟此物未有買到。已打電與沈他以爲尊處或有，當可配用，今既同無，則只有趕打電報與滬上委員趕購矣。積甫，不知買得着否？聞紡綢亦稍可用，或先爲配用何如？高明酌之，恐滬上無有，奈何？此致，敬請勛安百益。

弟汝濟頓首　初六

（十二）

徵翁仁兄大人閣下：

午前寄上一函，諒入台覽。膠帶已電滬趕買矣。頃省中解來水雷信子百個，又拉火千枚，聞係尊處所需，物件不多，可否即祈便中有人即着帶回爲感。特此奉達，祈察照爲要。鎮海另設小局，修整各物，亦可以行。弟無有不遵照耳。此致，敬請升安，惟捷照百益。

弟汝濟頓首　初六

（十三）

徵三太尊仁兄鄉大人麾右：

昨奉手示，並承關注，心感之至！　所有奉發敝營毛瑟槍五十桿，每槍子藥三百出，均已派弁前赴甯局請領。弟昨日特往沙河鎮陳企南兄處，敘談良久，並偕往灣塘周歷細看，託伊借成廟宇二處。弟擬灣塘駐四哨，瀨浦之南坳息雲庵駐兩哨，該處既便於山頭瞭望，且可放哨，均於今日黎明拔隊前去，是否有當，伏候鈞裁。　知承廑念，專此佈聞，敬請捷安，並候玉復，不一。

鄉小弟周士盛頓首　初八日巳刻

（十四）

徵三仁兄大人閣下：

兹接英國固領事函，稱鎮海有賞格告示，恐無知之徒誤傷性命等語。未知告示内如何聲敘，敝處並未深悉。是否尊處擬發？抑係鎮海縣中所出？務望執事查明照録示知。我軍爲防爲剿，自須堂堂正正，即欲激勵兵民設法殲敵，亦須措詞得體，庶免開和好各國之疑竇，不致另生枝節。想高明必能體會斯意。兹將英領事來函及復稿抄送台覽，即盼示覆。順頌捷安，不具。

附抄函二紙。

愚弟薛福成頓首

鈔録英國固領事來函

頓啓者：本領事風聞鎮海東門外，有賞格告示，恐無知之徒誤傷性命，殊非目下所宜。想貴道自必知之，即請查明禁止，是爲深幸。此達，須頌日祺。

二月初八日

照録復英國固領事函

逕復者：頃接來示，以風聞鎮海有賞格告示，請查明禁止等因。具見貴領事關顧大局、思患豫防之至意。查法人在馬江、石浦燬我兵輪，戕我將士，今又在鎮海口門盡力攻擊。我浙省水陸諸軍自不能不同仇敵愾，力挫兇鋒。苟不豫懸賞格，又無以鼓勵衆志。若兩陣相對而先禁重賞，必致軍心頹沮，敵焰鴟張而後已。實非貴領事敦示睦誼、保衛地方商務之意。今鎮海賞格告示，本道尚未深悉，且俟一面查詢，如明示兩軍交仗擒獲法兵之賞，揆之公法實無不合；若渾括言之而無切實分別之法，誠如貴領事所云，恐無知之徒誤傷性命，殊非所宜，本道即當酌令更改，妥議辦理也。此復，即頌日祺。

名另泐　初八日

（十五）

瀓翁太守大人閣下：

頃奉鈞函及道憲原緘，捧讀之餘，祇悉種切。第賞罰告示係去年面商後，會銜通稟各上憲，嗣奉撫憲批：能斬敵人首級一顆，賞銀五十兩。原稟賞銀猶祇三十之數，係撫憲加增。其餘均照會稟示稿寫貼，並未有一言礙及諸鄰國之事。茲將示稿抄呈，並道憲原札一並抄閱，務祈轉複道憲爲荷。肅復，敬請勛安。

江繼曾謹肅

附呈道憲原函並英國照會。又及。

（十六）

徵三仁兄大人麾下：

昨接尊柬，尚須借用砲位，當即備函肅復。兹據馭遠三副陳德新隨同鄭仙巖都戎解到和乞克司砲一尊、祁機砲四尊，其和乞克司砲已經安配鎮口船内，尊處如需神機砲一二尊，祈即示知，以憑撿送也。手此奉布，衹請勛安。

愚弟吴安康頓首　初九日

前借尊處之煤，應還何處，祈示復。弟又及。

（十七）

徵三仁兄太尊鄉大人麾下：

兩日未見，渴念之至。弟已於初九日拔隊移駐灣塘。此間駐四哨，蟹浦之南坳山半駐兩哨，因該處山頭便於瞭望、放哨等事。知承廑念，先肅佈聞。一俟稍爲部置，即來前趨教可也。佈此，敬請勛安。

鄉愚弟周士盛頓首　十一日巳刻

（十八）

敬密啓者：頃見法有黑白三船齊泊一處，不知有何詭計。或者搬物併歸一船，以輕船來攻，便於乘潮，亦未可知。愚謂於游山傍水邊安設水雷數具，其電綫即由口門總綱處分支，以備轟擊法船，又擬於游山坡上由敝處飭弁暗布旱雷數具，其電綫亦度水從金鷄山邊發端。二説能否可行，乞槃才斟酌定議爲盼。此泐，敬頌捷安，不既。

愚弟歐陽利見頓首　二月初卜日戌刻

（十九）

瀓翁太守大人臺前：

敬肅者：日昨接奉鈞函並附道憲札，捧讀之餘，藉悉有海關脚夫送信往甯，中途突被兵勇劫掠之事。當即飭值役下鄉查詢，並傳喚本處地保來城。兹據去役探聽回稱，海關脚夫前在盧林地方係遇騙客丢包誘騙。緣該脚夫於途中偶拾得一銀錠，喜出意外，當即有人言此銀我亦看見，應得瓜分。比欲將銀取去，而脚夫未肯允從，願偕其人同到甯城估換派分。其人亦未肯允，定要取銀，脚夫無計，自願將身上衣服脱予其人作抵。迨到甯後，請人看估，並非真銀，乃一錫錠。心下惱恨，故飾詞具訴領事，以爲被兵搶去，希冀追賠云云。此等事情容或有之，但即是被兵擄去，既未知其姓名、住處，從何查起？况刻下各處營規均極整肅，斷不至此。且白日在大路搶劫，豈無往來之人看見？兵勇即是行强，亦未見如此膽大。揣情度理，遇騙之事較覺近情，仍祈酌奪回復上游可也。肅此縷陳，恭請勛安。

江繼曾謹肅

附還道憲札，乞一併詧收爲荷。

（二十）

徵三仁兄大人撝下：

日前縷布寸椷，計邀青睞矣。一昨敝局奉到省局札飭，内開甯、鎮各輪需用煤觔，已在滬購到五百噸，由内地運甯，特派委員護解，到即查收具報等因。及晤委員，稱此項煤斤係南洋所購，備南琛等輪之用。蘇省另有委員徑解鎮海交卸，渠等不過奉委護送到甯而已。前項煤斤，諒吴徵三鎮軍必已收訖。前得老兄電信，謂南琛等船前在敝局領用之六百噸，擬如數照還，商及應存何處。弟比即電復，請存鎮海爲便，未知擬還之六百噸係從鎮口運到否也。若是昨日所解一批，則照數歸還，尚有不足，望即查明示知爲荷。手此，敬請勛安，諸惟捷照，不備。

愚弟陳汝濟頓首　十二日

（二十一）

徵三尊兄大人麾下：

吳守備已於緝匪案内列保，此次又記保，原以其奮勇可造就，惟聞該將粗性未改，與人多不睦，望爲諄勖。除打仗當一往無前，至於伺候長官、接待同僚，均貴温和謙讓。否則，乃是一名冒失勇丁，有何用處耶？僕欲成全該將，故苦口勖之。此頌勛安。

鄉愚弟劉秉璋頓首　二月初八夜

（二十二）

徵三仁兄大人閣下：

逕啓者：頃接撫憲來函，以十五、十七兩役，甚佩執事擊敵之功，與吳吉人兄奮勇血戰，深爲褒獎。惟於南北岸齟齬一節，似有所聞，囑弟與執事力勖吉人極意和衷，於『甯認喫虧、力顧大局』八字，實力體會，古人保全功名皆由於此。況時艱方棘，正當同舟共濟。

尚望隨時勸勉爲幸。撫憲致執事函本係露封，而粘釘於致弟函中者，特行轉寄。此函應否交吉人閲看，應請卓裁酌度。或竟不必交閲，以免愈着痕迹愈滋口舌，但渾述憲意以勸之可也。專泐密布，順頌捷安，不一。

愚弟薛福成頓首

附撫憲函一件。

不嚴頃又奉到撫憲批示，有不可不詳細斟酌，免致一發難收等語。應請執事議定章程，務使周密無間，最爲緊要。如於樁外酌派數船駐守，凡進口之船先行查看，方准進口，於稽查之中寓防守之策，似亦一舉兩得。法報閲後，請由尊處鈔送提台、統領一閲，以便轉告守口將士周知情形。除吴統領處已另抄致送外，專泐，順頌凱安，不具。

愚弟薛福成頓首

附抄報一紙。

（二十三）

徵三仁兄太守大人閣下：

頃奉手教暨電紙抄稿各件，誦悉種切。昨得王朗青方伯客臘初二由越南車里來函，該軍板崮之戰大爲失利，正深焦灼，兹得尊處轉知電語，蘇、馮兩軍大勝，王軍小勝，幸有此舉，可分内地賊勢，快極快極！　此復，即頌捷安百善。

愚弟利見頓首　十三亥刻

（二十四）

徵翁尊兄大人：

頃接大片、公牘，均皆領悉。前次公文，兹轉送，還乞督收銷案爲幸。神機砲請即着人來取可也。籌防局來電，抄寄尊覽。草此，復請勛安。

吴安康頓首

（二十五）

吴徵翁鑒：

來電轉呈宫保閲過，浙電商借撈起哈乞開司等砲，並撥彈子。不過暫借單撥神機一種，哈乞開司未撥撈費，總宜有著，胡道至比自有分説，請告管帶知之。

籌防局啓

（二十六）

徵翁仁兄大人閣下：

昨奉手示，敬悉種切。法船忽多忽少，來去無常，誠如尊諭，不日當有戰事。然伎倆只此，得吾兄多方籌畫，督率親戰，諒該逆亦莫如何。承電示趕買油簍，現已定購千隻，據云須陸續方齊，明日可運送二百隻，其餘亦即隨運前去，當不遲誤。前囑買電綫，尚未據沈委員查明大北公司有否。兹接沈委員寄來綫樣一段，係大水綫，每一英里價三百六十兩，未知吾兄此種合用否，究需若干。又據云，莊風翁在滬購去小電綫五英里，每里價一百四十兩，聞係與石浦用。此説殊不可解，石浦何用電綫邪？並云渠與風翁談及，據風翁回語云，如鎮海要，須另行再購。但其信内又云，風翁欲買之小綫，已由瑞行一齊賣盡等語，亦不可解。兹特付上大水電綫樣一段，祈查收，看需此種否？即示知。又，莊風翁已買之小電綫五里，吾兄可電請省中發與應用否？或電請風翁再與吾兄加買此種若干，但不知所謂小綫是水旱並用者，抑係只可作旱路用者？均祈酌示需何種、並如何辦理爲要（旱綫亦可用否？祈示知）。滬煤如將來可還，祈收存爲要。省中先聞有買煤與甯之説，刻又聞未有矣。江山煤，省信云不能用，即攙和亦不行等語，大約不辨矣。弟現只有數百噸，擬飭滬員加購五百噸備用可也。鐵已到四十噸，聞孟皋云不忙，其上海匠人尚未到，已陸續將別件辦好，再造彈子。續又有一批鐵，則有百噸，亦日内必到。劉南榮派赴滬之人，不口亦即回來。初八由滬動身，各物均買回，兄需鑽床並各物均已買交帶回。但造彈事，俟開工後，弟應否與吾兄會稟撫憲與省局，祈示知。弟既署府篆，又兼局務，才輕任重，何以克當？叨愛有素，尚祈指教，一切不勝盼禱之至。湘翁不知何日可來，惟期其及早前來，則諸事可以就教，以免貽誤耳。餘不盡。此致，敬請捷安，惟希心照百益。

弟汝濟頓首　十四酉刻

（二十七）

徵三仁兄大人閣下：

昨奉電寄，趕辦油簍，現在已經搜購得大小貳百五十隻，仍一面向油棧各處再買，以期陸續趕解尊處。聞此物尚多，不至有誤也。兹特專差送呈，即祈督收爲荷。手肅，並請籌安，惟照不具。

愚弟陳汝濟頓首　十五

（二十八）

徵三太尊仁兄鄉大人麾右：

前奉惠書並捐册一本，均已收訖。敬維勛祺懋介，鼎祉延釐爲頌。所有粥賑一節，弟同龔尚兄各捐米拾石，一俟關餉時，即如數奉上，以便彙交。日前奉發口令七天，扣至十七日止，即請尊處再發口令十天，統交去手帶下爲盼。弟一俟天霽，即來鎮趨教。連日法船有無舉動，尚乞示知。附上捐册一本，祈詧收。專此，敬請勛安，諸希捷照，不莊。

鄉小弟周士盛頓首　十六日

（二十九）

杜大人：

今晨敝處有由滬來者，云法人於初十日在上海雇一甯口領江，係麥邊輪船之二副，沿途大赤、羊山均泊有法船等語。手此，即請捷安。

弟吴安康頓首　十六日

（三十）

徵翁太守大人閣下：

午間永甯到口，兆昌即出口載客。晚即親往查驗船内各貨，由兆昌裝至甬報關查驗，餘無違禁物件夾帶。内搭客六十人，外國人四人：一爲江表船主，一爲江表領港，一爲宜昌船主，一爲新聞紙館内人。晚均查明，均已進口。緣恐綺廑，用特奉達。再，該永甯船現已改竪二桅，定於明日開行，並以附聞。肅此，祇請籌安，不宣。（所有搭客，均至新關碼頭候查。）

晚鄧驄保謹頓　十七

（三十一）

九帥電開：　頃接福州電云：　頃接臺灣劉道沛前藩□信，正月十九、二十、廿一、廿二日敵分路進攻，我軍與土勇血戰三晝夜，因槍砲不利，傷亡過多，以致各軍敗退，軍械帳棚盡失。現省帥與蒓農退守六堵、工亶、凡水、返脚，其月眉山、毯澳坑、大水窟、暖暖一帶，每壘均被法路，文報不通，情形危急，請飭邵道、龔道由滬密購槍砲帳棚，由徒山匿南登岸等語，答轉。用特飛佈，即請晚安。

利見頓首　二月十六夜四更

（三十二）

瀓（山）〔三〕仁兄大人閣下：

復電想已達覽。旴啫土槍滬上實購不着，只有新式連明墩槍五十桿（並子五萬），未知合用否？電光燈購定，價銀三千兩，較南、北洋所購價位少賤，已裝箱雇船，即運杭送呈。中丞閱後，或示運至鎮，亦未知。假之來辦轉運煤事，已囑面陳一切。匆匆率佈，即請捷安，不一。

愚弟照□頓首　正月廿八日

（三十三）

徵三仁兄大人閣下：

頃蘧使至，奉惠書並賞洋叁伯四十弍元，縷悉壹是。諸荷雅注，感甚！兹承示，謹擬就口號十天，另紙繕呈，祈分諭各部爲荷。泐此鳴謝，復頌籌安。

愚弟歐陽利見頓首　二月十七午刻

（三十四）

徵三仁兄鄉大人閣下：

頃誦惠書，並送到敝部中、前、左、右、後五營及周衡山兄一營，共賞洋二百四十元，又招寶各砲臺賞洋一百元，均已收訖，遵即分送各營具領，散發各勇，以示鼓勵。匆匆，復請捷安，再璧尊謙，不具。

鄉愚弟楊岐珍頓首　十七

（三十五）

徵三仁兄公祖大人麾下：

頃展還雲，備聆種切。敬惟勛勞卓著，升履咸綏，至以爲頌。弟如恒栗六，無善可陳。承囑抄寄保案，此稿暨名單尚在院署。弟日來恩允萬分，未經抄出，容稍暇再當抄呈冰案也。台州剿匪案内，吾兄已保歸候補班補用，吴吉人兄已保都司加游擊銜矣。日來法船屢被砲擊，賊膽已寒。該船一旦退去，則五馬升階，當可爲麾下操券，而吉人兄之升游府加協鎮銜亦在意中，此足爲我兄預賀者也。匆匆布復，餘容續陳。即請升安，統惟捷照，不備。

治愚小弟徐春榮頓首　杏月十二日

（三十六）

徵三仁兄鄉大人閣下：

昨今三誦惠書，並送回吳吉人處洋蚨百元收訖，兼知雨衣一項已蒙撫憲允作四千件，將來陰雨接戰，洵屬有資。承示越中已復諒山，法酋身受重傷，基隆亦有克復之信。法相花利以下各執政因議院中不願再籌東京餉糈，擬爲辭職。由此觀之，内而支絀，人心不和，外而敗亡，軍情日挫，均屬我國幸事，而醜類當指日可清矣。連讀佳音，不禁爲之狂喜。匆匆手此，覆請捷安，再璧尊謙，統惟凱照，不盡。

鄉愚弟楊岐珍頓首　十七

（三十七）

徵三仁兄大人閣下：

前解油簍弍百五十枚，已邀詧入。兹又購得大油簍弍百個、小者壹百個，共計三百個，特專勇解呈貴處，即祈點收爲禱。手此，敬請勛安，惟照不具。

愚弟陳汝濟頓首　十八日

（三十八）

徵三仁兄太尊閣下：

頃得九帥電信，知尼格里因傷斃命，令人狂喜之至。唯該議院又增餉增兵入越，賊心未死，戰事非旦夕所可了也。孤拔往攻澎湖，但使其隻輪不返，則醜類不難殲盡矣。兹將九帥來電抄送一分，即請凱照，藉頌籌祺百吉。

愚弟歐陽利見頓首　十八夜子刻

敝友李少雲屬筆請安。

九帥來電

健飛軍門鑒：

頃接北洋電，駐德許星使十六日來電，法議院允五十兆佛郎調兵舫人赴越云。又接上海電，晉源報稱法統領尼格里因傷斃命，孤拔已攻擊澎湖云。

荃轉

（三十九）

徵三仁兄鄉大人閣下：

適奉撫憲行知緝捕之案，現于初八入奏，我兄歸候補班補用，吉人兄係保都戎並加游擊銜，殊爲一喜，容再趨賀。先此奉聞，即請捷安，不一。

鄉愚弟楊岐珍頓首　十九

（四十）

徵三仁兄大人閣下：

二月初六日奉到正月廿三日排遞捷音，深慰遠盼。前此曾奉提軍門來書，悉十五日獲勝情形，猶未知十七連捷之喜，此真可大快人心者。東甌兵力既單，海口又闊，安得如執事之謀勇兼優，如吉人守戎之每擊輒中，倚爲長城也。刻下道路傳言，法船遠退閩洋，商輪不至，確信無聞，悶悶終朝，無從探訪。古人所謂『山静似太古，日長如小年』者，正可爲温郡道矣。弟年内外抱恙月餘，尚未脱體。此間防務愈辦愈難，從前尚有民捐可以濟用，自教堂賠款以來，財力已盡，無可措施，空釜爲炊，徒形掣肘。現在稟省請款，准發與否尚不可知。尊處前辦堵口，共用船隻幾何？椿木幾何？通共用款幾何？敝處力雖不及，亦頗願聞其詳，尚乞便示一二爲盼。静薌大令以憂去官，不知何人爲繼，此又一缺手也。但願甌口常保平安，則鄙人之幸。北風遇順，甚望露布時傳，無任翹企。專復，順賀捷喜，並請勛安。

愚弟温忠翰頓首　即日燈下泐復

（四十一）

徵翁仁兄大人閣下：

頃奉手示並洋三十二元，敬領種種。油衣帽一件，頃與裁縫細算，到餘姚買粗綿寬布衣，足蓋膝頭，袖到手灣略外，不必太長，對襟，共需布一丈一尺（不至窄小）。其帽，弟意不可做帽，恐大小、尖圓、方長不合用，不如用尺餘方布一塊，前一角可以拆落在上，其兩邊兩角與後一角聽其垂下，照得三面與頸下之雨。用此一塊布，先置頭頂上（聽其自己），再加包頭一大條，則無論雨大，亦不至濕透，冷氣入頭皮内，高明以爲何如？倘竟不要帽，又恐雨大，即有包頭布，亦必濕透頭皮也。共合布一丈二尺，每尺作爲三十文，共衣帽三千三百八十文，油與黄顏料並工手，在一百文或八十文，裁縫工加五六十文，通共似可不過五百文。但專人去餘姚買布，總須數目方得，回布亦恐數目不得齊，以共有一千數百疋布耳。油易做，裁縫工亦尚易，合共廿天或可成，未知可以遲至許久否？擬包與轎子店內，照做轎衣帽，一律令他包辦（又恐他之布不好）。但少則是他快當，有如此之多，則他亦快不來。或他亦圖便益，亦專人往餘姚買布（亦不能剋期），則事相同矣。以城中布比該處貴得多也。在城中買布，則不能如此之便宜。去年弟製帳房不少，是以知此中道理也。諸祈酌量示知，以便如何照辦。又恐轎店包辦，其價未必如此核實，尚不答應五百文耳。已着人去探問，且看如何。先此奉復，即祈酌示。或定准後，即祈電示一音，以便今晚即專人去買布，何如？均候吾兄之信爲准。若油帽真不要，則更少費，即合共亦在撫憲五角以外之内也。戰賞清單謹悉，賞洋卅弍元，即當分送給賞。昨日油簍想已到矣。此致，敬請捷安，惟希察照百益。

弟汝濟頓首　十九

再者，頃據與轎店商估，來人回署云及，該店通包必需九角一件，衣帽在外，即自己買布與伊，單請其油，而顔料油弟與之，價亦需每件五角。據云每一件顔料需一百文、油需三四斤，工手在外，似此何能包辦？只有自己買布，自己煎油之一法。究竟如何辦理，祈速急電復，以便照辦。弟又及。

或者合算不來，即帽一定不要亦可。祈示悉爲要。

（四十二）

徵三仁兄大人閣下：

前接來電，以電表口壞，屬配電表一架等因。兹查省内現存一架，津匠比較，電力口所常用，然鎮口緩急懸殊，只得將存表專丁送上，請即查收，並乞將壞表即交去手帶回，或能修理使用，亦未可知。手此，即請台安。

愚弟時慶萊、土恩咸頓首　十四日

（四十三）

徵三、吉人兩兄大人閣下：

久未修函奉候，惟籌祉吉羊爲頌。專啓者：津匠趙升駐守電房，關係非淺。現在鎮城人民均已搬空，該匠日用食物自必較常多費，該匠赴鎮時曾蒙中丞許允酌給犒賞，兹當法船遊弈之時，電房尤爲喫重，擬請開仗之月酌予犒賞，每月洋拾元，以二月爲始，按月由尊處開報支給，以酬其勞，以該匠離電房之日爲止。但須切囑該匠用心防守，謹護電綫，無爲奸人剪斷，是爲至要。至於接仗時，尤當寸步勿離電房，帶同勇丁嚴密鎮静，切勿躁急疏失，致爲法人所乘。倘法人必欲送死，發電時務須看准，命中一二船，方足以伸天討而快人心，其功當亦不小矣。手此知照，即請台安，唯照不備。

愚弟時慶萊、王恩咸頓首　二月十四日

頃已回明中丞矣。又頓首。

（四十四）

徵三仁兄大人閣下：

頃奉惠箋，備聆種切。鎮防叠捷，爲禦夷僅見之事。閣下躬臨前敵，首建奇功，榮晉頭銜，即在指顧，曷勝欣賀！龍州大捷，聞之甚爲快意，非獨邊事之幸，抑亦大局之幸。諒山收復，不審果係確報否？聞王莼農觀察渡臺被圍，甚是可慮。此信想屬外間浪傳，未足爲憑；如得有續報，務乞寄示爲盼。該夷船久泊此間洋面，不進不退，徒心煩而技〔攙〕〔癢〕，望洋興歎，計將安出？如有舉動，尚希隨時飛示，是所至禱。耑復，就請捷安，惟祈凱照，不具。

提軍門、兩統領前不另具函，祈代達下忱。

愚弟貝錦泉、成邦幹頓首　十九日申刻

（四十五）

徽三仁弟大人閣下：

昨日派人密探金塘馬岙口，今據回云該處停有法船六隻，内一公司船。今日公司船開去，仍泊五隻，三黑兩白，每船兩旁用巨木二根下入泥中，上高船尺許，用鐵絲纏繞，以爲護船，大約防魚雷擊船之意，並無紮木筏之事，亦無有人上岸，伊僅每日在船操演，毫無他事云云。謹以奉佈，即請勛安。

如兄錢玉興頓首　十九日泐

再，小港外一隻昨日尚無鐵網，今亦有木二根，用鐵絲結網。至孤拔，詢據有云往澎湖，有云未去，不知如何。又及。

（四十六）

徽三仁兄太守大人麾下：

敵船逼泊不去，我軍水陸各營壘晝夜瞭備，且最要者，夜雨夜霧無月光，巡哨更宜十分嚴密。前已函商台端暨分函地方官，禁止漁商各船出入口門，既防奸細私相接濟，又慮魚雷舢板探襲，如有舟行不遵，晚間不辨真僞，我軍開砲即轟，久經會銜出示曉諭，並由弟處傳諭團董等在案。竊恐相持太久，我師疲困，夜間巡哨偶見行船在外，勢必開砲轟打，其彈子跌落岸上，一經誤中自家之人，失事不小。今與各軍先商：凡晚間見有船從北而至者歸北岸開砲轟打；由南而至者歸南岸開砲轟打；其由中路而至者，歸兵輪開砲轟打（總宜對來船轟擊，均不准向岸上亂打）。此係指夜晚巡哨而言。若白日昭昭，敵船來攻，我軍或應分剿，或應合征，是又在君我之隨機變應也。如此辦理，似可以專責成而免歧誤。刻下大敵當前，軍情萬緊，同袍同澤正在今時以工拙見。如果可行，務乞宣諭各部，一律照辦，是爲至禱。不逮之處，尤望大教頻頒，以匡救之爲盼。專泐布懇，敬頌勛安，希惟融照，不宣。

愚弟歐陽利見頓首　二月廿午刻

（四十七）

徵三仁兄大人韜席：

敬啓者：現奉省城防軍局札開並發到貴處釘椿經費暨置備堵禦各件經費兩清册，憲意以敝局節次報案，與尊處現在報册，其中款項有大略相仿者，致奉查詢。因附粘有局中報案一單，查現在單開多半從前另撥之款，惟其中有採購撥釘堵塞海口叢樁機輪、樁架二副，並螺絲、板片、樁木、繩索、工價，洋一千二百卅四元七角一款，似與尊處現開樁架項下重出，而銀數又不符合，兼之敝局報案底稿，遍搜不見列有此款，一時殊難查悉，未便含糊復省。惟念釘樁之事，既執事一手經理，除去歲在弟手前後支洋一萬四千元外，從前在敝局中是否曾領過此項，現查報銷册内並無此款，而省中行查，必是已有報文可憑。所恐者，當領洋之時，局中只有報案，厥後此款或改爲另一項用去，是以未經請銷，因是月册遺漏固不可知。專此敬懇，飭承將購撥釘叢樁機輪一款，細爲檢查，祈詳細示復，以便申省，實爲公便，不勝企禱。手此，敬請勛安，諸惟愛照，不具。

愚弟陳汝濟頓首　廿戌刻

又聞此項去年二月即經執事承辦，旋復上台意欲中止，迨秋間始奉允行，不知其時領款與否也。弟又頓首。

（四十八）

徵翁仁兄大人閣下：

勇回，奉到來示，敬悉種種。油帽一頂收到，惟是油衣用洋標布極佳，其價與綿布相同，而少用油，且不能漏，真是合法。本日清早即買標布做成一件，用油一斤（夫一要十八文），黄顔色卅五文，裁縫工手五十文，油工手廿文，洋布需一二角，合共五百九十餘文，若作得多，自當可少，或五角洋一件，或五角以内，似尚可以商辦。倘必可不用顔色，自又節省數十文一件矣，尚祈酌量顔色，究竟要用否即示知之。惟帽樣太好，其邊上乃細針密縷縫成累珠者不一條而足，布亦多數層，若照此做，據工匠云，此一帽即非五六百文不行，何能仿照？可否略仿其意，其大小式樣照辦，其細密則不照，但用此單頂夾邊，或一概用夾，或一概用單，未知可否？若必照其細密而好，則費大而斷不合算，不特五角以外乃撫憲所定不能行，即再七八角亦恐不行。弟擬衣稍短，帽用夾布，或單頂夾邊，不細縫，則合共或可六角了事，即再加當亦不多，吾兄以爲何如？兹送回油帽一頂，祈斟酌妥當，趕急示知，即當隨即趕辦耳。膠帶，據沈委員來信，一時云已買四十盤，計二十磅，即交運鐵人帶來。一信在後，又云上海無買，乃向陽行借來，（即劉南榮專去之人，初八動身回，至今未到。）隨後給價何如等語。究竟不知已寄來否，已有信去催矣。砲彈總候匠人到甯再能開工，俟定何日開工，擬即會吾兄銜稟明一切。刻下辦事實難，由内運頭一批鐵，竟走二十二天；二批初八來，亦至今未到，爲之奈何？吾兄之鑽床亦未到，皆由匠人帶回耳。餘不盡。此致，敬請勛安，惟希詳示爲荷。

弟汝濟頓首　廿日

（四十九）

徵三仁兄大人閣下：

承示電燈船上載有敝軍煤炭三墩有零，起入砲臺。敝軍尚有應繳尊處之煤，請以此煤先作收數，俟全數繳清，再行合計也。手此奉復，即請勛安。

小弟吴安康頓首　十九日

（五十）

徵翁太守大人閣下：

久欽元度，未識荆州，遥企芝光每深，葵隱近寀，鴻猷琳著。屢挫敵鋒，法夷縱狡獪不馴，當可從兹褫魄矣。兹啓者：前閲致敝居停手書，囑將已經撈獲之砲解鎮，以後如有續獲，亦隨即飛解前來。當即交來差解上神機砲、格倫砲各一尊，計程諒早達到。現又經金、蔣二管帶撈起五尊，合即派弁勇飛解台端。其隨砲物件，另單開列，敬乞檢存示復爲禱。敝居停月朔啓行，由甬而鎮。知係綺注，並以坿陳。恭肅，敬請勛安，不具。

晚生馮楨肅上　二月初四日

另單坿呈。

敬再啓者：頃金、蔣二管帶囑將此次運上砲位函知吳徵帥，但敝居停既不在署，殊爲未便，可否即乞執事便中轉達？是所敂禱。

晚楨再肅

駛遠兵輪解上

神機砲　二尊　裝兩箱零件在内

哈吃克司砲　一尊　裝一箱零件在内

砲架　三座

鐵遮　兩塊

澄慶兵輪解上

神機砲　二尊　裝兩箱零件在内

鐵圍　四塊

鐵砲架　兩座

木砲座　乙個

哈吃克司彈子　乙箱　計六十枚

仁磅砲彈　八個

二月初四日石都署具

（五十一）

徵三仁兄大人閣下：

昨奉中丞函諭，接到閣下電稟，請製雨衣、雨帽，當即電復執事，飭由甯局製二千付，由省製辦二千付，以應尊處之用，想已查照。旋即由局飭向店家詢價，並令先製一付作樣，計價洋五角有零，尚屬便宜。惟聞油布一物，層叠重壓即能生火，而解甯起運又不能不捆裹從事，途中甚屬可險，尚不若由甯製造之爲妥便。是以又將情節回明中丞，奉諭即飭統由甯局照省中價值再添製一千付，連前共三千付，每營有一百五十付，即敷應用。並令函告執事，俟製就解到後，必須加意督飭各營，不得任該勇等隨意堆叠重壓，務令件分挂，以免意外之虞等因。特此奉佈，統希查照辦理，是所至禱。敬請勛安，諸祈愛照，不莊。

愚弟時慶萊頓首

另附尺寸單一紙，乞查照。又及。

油衣乙件

净長二尺六寸 出手二尺四寸 挂肩一尺四寸 腰身一尺五分 領口一尺二寸 袖口一尺二寸 上用鈕扣一個 下面用帶兩根

油兜乙頂

净長二尺五分 闊一尺九寸五分 上用貼邊一條 下用帶兩根

（五十二）

徵三仁弟大人麾下：

逕啓者：敝營兩磅過山砲失去洗把一個，前已懇請飭配，惟所用洗把日久，多漸損壞，應再奉請添造六個，並前配一個，共計七個，速日造成備用爲荷。計價若干，隨後趙上。有費清神，感謝不盡。此托，恭請勛安。

如兄錢玉興頓首　二十日

（五十三）

徵翁太守大人閣下：

頃接甯波洋人來電，云總税務赫德北京來電云，於本月十九日已與法國巴黎士言定和議，未知確否？不識尊處有信息否？乞即示覆爲盼。特此飛佈，祗請捷安，不一。

鄧聽保謹頓　廿二日酉刻

（五十四）①

春江老兄大人閣下：

頃奉覆示，敬誦種種。具徵老成持重，見事熟諳之處，殊深欽佩。前日與陳竹香兄論及，又接瀚如兄來書，謂取結呈查，當與兄商酌辦理，故竟毅然陳請。昨又細思，與妥友反覆推求，當另有辦法。因案仍未能十分細翻之故，有無不能定也。此後如必須行查辦，局再函乞卓裁。團拜費出自區區之忱，乃承吾兄格外體量。原貼擲下，殊不自安，然又不敢有違尊諭，祗慙愧於懷，容後竭忱以報雅誼。弟明日行矣，天地南北，尚祈時錫箴言，以匡不逮，是所拜禱。手肅，敬請台安。

如小弟載亨頓首　廿八

①此信收件人爲杜冠英親家崔國霖。

（五十五）

敬啓者：蛟門趨謁，渥荷高情，拜別以來，彌深感念。辰維澂三仁兄大人勛華麟炳，禄茀駢膺，引企祥光，定如肊頌。弟來甬日久，急欲言歸，而諸事棼如，一時未能就緒，殊切心焦。茲有懇者：敝同鄉戴君義元，久歷行間，曾保藍翎千總，告假出營，在江東開設舊貨店，昨以池魚受累，家計蕩然，無可如何，只有重復投營，業已代爲函懇吳吉翁。惟當此人浮於事之時，殊非容易，務乞俯念鄉誼，格外吹嘘，該弁身受殊施，必當感激圖報也。肅此代懇，敬請升安，惟希荃照，不盡。

鄉愚弟江希曾頓首

（五十六）

徵三觀督大人閣下：

敬肅者：久違塵教，時切蟻忱。頃間奉到手諭，敬讀壹是。藉審動静多綏，勛業卓著，式符慰祝。農粟碌如常，毫無善狀。前月中丞按閲敝營，託福尚稱平平耳。承囑陳君一節，現陳太守已於中旬晉省，容俟月杪旋署，即當轉達尊意。農任重識淺，隕越時虞，尚祈訓誨頻頒，俾得有所遵循。肅覆，敬請勛安，惟鑒不莊。

教弟蕭尹農謹肅　四月廿二日

（五十七）

澂兄大人如握：

前奉環雲，敬聆一一。佳想勛祜並懋，慶企無量。承示前款作監一名，現在省局詳定公費等項，一俟刊出，當以奉聞。其履歷或先寄下，以便候實收有時，即爲代填耳。砲臺經費，聞省局已詳請留用。洋藥原捐，其奏章未經復准之前，即由叔憲借撥，仍是自支萬金，似此當無虞棘手，慰甚慰甚！何見石比部與弟世交五代，有百年文字淵源，惟窮上供職丁都，實難籌湊。兹來甬江，仰慕仁風，特來奉謁，伏祈春陽大庇，廣爲嘘植，至爲感禱。手此，敬請勛安，惟照不盡。

小弟從萬頓首　二月十五

（五十八）

澂兄大人如握：

久未奉書，寔緣俗冗鮮可陳者，然企念梧暉，靡時可釋，屢企甬來友人詢悉近履，即審藎躬多福，勛望益崇，慶甚慶甚！聞大砲已到上洋，當即日運回鎮海，臺工愈形緊要，督承愈著辛勤也。前因客冬捐助直賑之款，曾函請酌量作何獎敘，奉諭擬捐監生一名。聞此項賑獎有一定限期，似宜速辦，外加部飯公費若干，祈即詢之秦庚生兄，或交渠請，或函交弟代填實收，均無不可。以弟所經收照之根，申送省局有案可核也。晤吴吉兄，亦祈以此告之。弟聽鼓多閒，課兒輩讀，壹是尚平。惟株守于兹，舊有僕從亦難容膝有所，只得爲謀噉飯地。歐陽福相隨有年，人亦勤慎，令其叩謁崇階，伏祈推愛屋烏，量予收録親兵隊中。以該僕受恩之處，自當感而圖報，弟亦同聲稱感。肅懇，敬請勛安，伏祈垂照。

弟從萬頓首　閏月初九

潘偉兄均此請安。

（五十九）

徵兄大人閣下：

蛟川聚晤，暢敘離懷，諸感盛情殷殷，故舊至好間，當不復以浮言申謝也。揖別解纜後，一路風色甚好，隨於廿六日下午遄返紹城。日來整理歸裝，衹以安頓六舍弟眷屬，正如嬰孩乍離乳母，真正左右爲難。現擬訂於初七日先搬六弟眷屬至杭，弟即於十六日由紹登程，仍取道杭垣，覓雇民船南返。承囑搭坐輪船較爲迅速，且爲我招呼一切，此情此誼，足與桃花潭水俱深，感銘無量。惟念眷屬隨行，零碎物件較多，輪舟不無匆促，似不若民船之爲便也。第此行暫別，實因家務諸大端不得不逐層布置，然能否克遂初心，尚難預必，且盡人事以聽天而已矣。惟冀閣下隆隆直上，大展勛猷，俾千里故人遥聽鶯遷，是所翹盼。前薦之金性甫兄，隨弟十年，經理帳目，小心謹慎，極爲得力，俟弟月半間啓程後，即令趨詣尊前，量爲位置，同深感感。前囑書『望海樓』三大字並祖祠門方，隨後寫就，再行寄上酌用，何如？手此奉布，即志别忱，敬請籌安，統希垂鑒。

弟傑頓首　四月初二日勒

廉卿、宗五、伟堂諸君同此道念。

秉之、卓夫、李捷三處，並爲致謝。又禱。

（六十）

澂三觀督仁兄大人閣下：

遠隔鴻儀，時殷蟻悃。祇以鱗稀蝟集，未克肅奉起居，想知心者當不以筆墨課疏密也。敬維勛祺介楙，履祉增綏，翹首崇階，莫名抃頌。弟侍養庭幃，母老病多，不敢偶離左右，如恒栗碌，無善足陳。惟賤軀無恙，閤室㣺安，堪慰垂注。茲有懇者：敝族坦卿前在弟營，辦事甚屬勤勞，茲欲出覓枝棲，託弟一言爲之介紹。弟思閣下修建砲臺，工程浩大，需人必多，務祈推愛録用，飭令監工等事，當不至有遺誤。萬一不能安插，即乞推薦各營或文護兵，其感佩亦不啻身受也。此請勛安，不具。

愚弟黄少春頓首　四月初一日

（六十一）①

翔甫二哥大人閣下：

自别芝儀，蟾圓兩度，花晨月夕，靡息不思。六月底，海秋大哥來都，詢悉吾哥於六月初二三安抵梓鄉，所託帶之婢，道上聞頗費事，多蒙鼎力，已交到家母舅處。慙怍之餘，彌增感激。方擬肅函叩謝，乃聞華翰先頒。七月初，令尊夫子大人言兄有寄弟一函，中有談及臺灣戰事數則。海秋大哥恐被外人看見，並未交弟，即行焚卻，故此函弟未之見，無由肅復。遲遲之故因此，非盡關（稽）〔嵇〕生之懶也，尚祈恕罪是幸。昨二十八日，由信局遞到

①此信收件人非杜冠英。

手書，備聆壹是。就諗履祉潭祺，均符私祝爲慰。路費餘剩一元，尚蒙繳還祥和，弟聞之益深慙感。前囑代世兄考宗人府供事一事，弟准即效勞，決不致誤，兄可放心。惟考期現尚未定，大約總在八九月之交，届時考取與否，弟必飛函奉知。兹又囑爲令親覓人代考詹事府供事兩名，（履歷兩分收到，暫存敝處，以便臨時報考。）弟本擬自己效勞，便可無須潤筆費。惟家嚴現已爲弟改捐主事，到衙門後，此等捉刀之事殊不便爲。若須雇人，則取一名總須二十金，報名投卷費隨時增減，大約至多不過三金，至少二十千（京當十錢），亦須領小票費四千、領照費八兩、銷照費八兩、送館費八兩、到館費八兩，若非本人當差，尚須交功課費，功課費亦無定數，隨時增減者也。詹事府此時尚未招考，大約今冬不考，明年准考。爲此，先將大略遵查奉知，俟有考期，再詳布一切，請吾哥即轉達令親。果准報考，速賜覆字，弟當俟有考期時，一面函知，一面投卷覓人，庶不致誤。所有考費、酬費，遵命代賻，即請寄交陵陽鎮家母舅處轉寄可也。舍弟秋間北上，賤内亦須一仝回京，知念附及。此間瘟疫盛行，近今稍輕，風雨調和，年稱大有，較之今春，真有治亂之殊。惟臺灣戰勝未必可憑，甘省撤回勢甚猖獗，天下事未可信爲已治已安也。李傅相留京，德中丞罷職，皆近日大典故，想吾哥必早聞之。府報及杜魯川兄上夫子大人稟均已代呈。夫子大人本月二十六考御史，高取第十六名，准可記名，無任忭賀！舍下自家嚴、家慈以次均各平安，堪慰遠注。餘容續陳，書不盡意。匆泐申謝，並賀秋喜，順請升安。

姻小弟徐履謙頓首　七月二十九日燈下泐

草草答復，幾於寫不成字，尚乞鑒原是幸。

二嫂大人懿祉。世兄文吉、魯川兄均此請安，恕不另啓。

（六十二）

徵三公祖大人閣下：

自去秋爲張漢翁東厫事纏擾以來，久未奉書左右矣。辰維祉與時增，名隨海闊，引覘蓬勃，曷勝軒翥。寅今春自餘姚歸里，兩耳如風激聲者月餘，左耳尤甚，且如槖籥吹火，或呼呼，或唑唑，或㱿浫㱿浫。醫者以爲腎經濕火，服其藥數劑不驗。又易一醫，謂心腎肝膽四經皆寄于耳，左耳㱿浫㱿浫者，四經之濕火也，又有謂風火者，然皆服其藥各數劑，毫不少瘥。大公祖博聞强識者，不識有醫治之法否？漢翁十一日業已由杭回淮，其東厫愈弄愈壞，今年恐不徒拆八千而已也。寅承其初邀坐鎮，繼請就近往還照顧，皆辭以　國二公，必致各掣其肘，不如竟從山東老指揮，庶幾有所專責云云。今又欲寅先往江陰數月，再由河南一同晉京，不知立莽兄何故求薦淮垣而去？謝右鐘何以多年江陰忽而分手？寅頗爲之躊躇審顧耳。鬚長六七寸而全白之人，如此遠道長途，恐不能不自顧慮而審慎云。醇邸出閱海軍，哄傳欲来浙海，山陰縣曾星槎同年居然電問京中，乃知專至山東之燕臺耳。中丞大閱過蛟川，登招寶之臺，必瞻矚非常而嘆氣佳哉。刻下憲旌是否渡海，循温、處而還？寅刻下祭掃方畢，小孫院試又不能不照顧一番，廿外赴杭，四月初旬回鄉，擬料理自輪船成功以供驅遣，並擬造流馬數匹，有電綫，不能無流馬以副之。流馬者，水陸通行，由甬晉京，可以一馬直達，無煩易船换車也。老謀深識者得毋見之同耶？專肅，敬請升安。淼洲舍姪，仰蒙終始成全爲感。近聞得加薪水之信，其母亦覺欣然。

治晚范寅頓首　三月十七夜

（六十三）

澂三仁兄大人麾下：

昨由虞子樵少尉交到惠書，拜悉種切。砲位已到，籌畫上臺，想必倍增勞勩，從此海防門户屹若金湯，甄敘藎勛，定當首膺懋賞，曷勝敬頌。弟承乏四明廿有一月，非特豪無蔗境，抑且日入窘鄉。此中苦情止能獨喻，而不能共喻，斯爲難耳。所屬一節，當即函商總辦，今早見面，已允照辦。本有成案可援，故亦不便異議。手肅奉復，敬請勛安，諸惟

弟名肅

朗鑒，不盡。

寅翁、吉翁見時均乞道念。

（六十四）

敬逕啓者：前囑何瑞棠配購槍子，業已配就七百粒，共需價洋十五元四角，即由敝處墊給矣。兹乘元凱輪船旋甯之便，託其帶裝來前，至祈飭收。昨惠瑞棠手書亦已誦悉，砲件遵示裝運，瑞棠昨去杭州，知注坿陳。肅泐，敬請勛安。

地亞士洋行帳房同人頓首　閏四月二十七日

（六十五）

徵三仁兄親家大人台覽：

本月十三日余友佐甫出都，託寄一函並參半斤，想邀哂存。惠賜覆函亦已收到。閣下回府大概情形，當不似敝舍之以煙賭爲事也。弟離家已十六載，他日歸族間，兒童亦必相見不相識矣。大婚典禮，現派一百餘員，弟在幫辦之列，有勝於無。堂上無招呼之故，近日人情非師生之至契者，大人先生不肯爲力也。弟不願求人，亦明知求之無益，故聽其自然以至此。但冀署中多陞數人，則多出幾缺，弟以次序補，則此願償矣，夫復何求？ 兹者蘇運卿兄函囑弟爲招呼補缺之事，部費業已説妥，需銀卅兩，弟已代允催令趕辦。俟抄底稿前來，即行墊付，合併奉知。另信一函，乞交運卿收閲。敬請勛安。再者，聞李爵相保薦洪文卿、李若農、舍本家惠人諸人出使外洋。又及。

姻愚弟霖頓首　又四月廿五日

（六十六）

徵三觀察仁兄大人閣下：

會垣一晤，别又經年。月前道出蘭江，殊以未合萍踪，一親棨範爲歉。昨承手教，敬諗勛猷遒駿，潭祉駢鴻，引睇升華，般裒晉竹。見囑文郎姻事，既蒙諈諉，理不應辭壹是。昨經代達貴親家，無不遵行，年内通行六禮，祗候尊處選期。若衫裙、首飾、衣料之屬，荆布、文綉，一聽君家自爲之計，儀不計物也云云。愚意彼此多年契好，且皆客居，自當概從儉約。來冬諏吉，或以入贅爲宜，高明是否謂然，尚望便鴻示悉。弟以積累之軀，又當至瘠之缺，左支右絀，不問可知。至今眷屬仍寄省門，接之所費太奢，不接諸多未便，頗想取法吾

兄與厚田仁兄。而得人之慶，又非僥倖可求，未審老堂台有以惠而教之否？ 㥯泐布答，敬
請台安，不備不莊。

京培謹肅　四月二十五日燈右

再，貴親家邇來心緒欠舒，諒經洞督。月前大發肝疾，近又染黄疸之患，連服五苓附桂諸方，未見速效。弟與同居，極承親厚，自無不盡心照拂。惟其家中乏人理料一切，今非昔比，思之甚爲可憐可慮也。又及。

（六十七）

徵翁觀察尊兄大人閣下：

前於閏月六日布復一函，昨又肅丹，恭賀午禧，諒經先後達覽。比諗勛猷夏大，潭祉風龢，引企卿暉，慰孚臆祝。貴親家郭外峯兄一病六十餘日，迄今未見痊可，朝夕見之，頗爲愁煩。昨話向年之愿，似甚以盼望尊處回信爲念，病中情緒亦可慨也。兹因紅單師船統带官鄭仙巖兄回甯之便，再布數行，浼其速達左右，尚希撥冗略爲示復是荷。餘不贅瀆。敬
請台安，統惟霭督，不莊。

五月十四日　弟名正具

（六十八）

徵三太守仁兄大人閣下：

不奉大教十七年矣，鎮海、鄂垣相隔數千里，冀得尺素書以通款曲，談何易也。惟每念芝□，時深葭溯，搔首雲天，有加無已。今嘉年月朔，得王厚兄信，欣聞閣下鴻才大展，功建海濱，連膺鶚薦，秩晉三品，下風遜聽，喜不可知。敬唯虎符日綰，驄馬風行，指顧真除，定符所頌。弟於庚午年僑寓鄂垣，閉門謝客，奉親訓子，十載安閒，而其間不無運蹇，副室云亡。本無意出山，乃於庚辰八月蒙李筱帥檄迫而出，但人逢知己，義不容辭。成軍而後，即委辦緝務於鄂、豫、皖三省毗連一帶，邊宇綿亘千里，料理難求妥善，差幸數年於斯，頗無乖誤，詢爲托福。惟先慈於壬午年十月間去世，二先兄癸未亦亡，煢煢孤我，意興闌珊，屢次告退讓能，莫克獲允於大府，而江南復游之願刻不釋懷。茲又欣悉閣下峥嶸臺閣，王厚兄業握紫符，恨身無雙翼，振羽飛來，把袂談心，一瀉渴塵萬斛，如若三生石上，再假機緣，舊雨重逢始爲快也。兩豚兒托庇遠蔭，均已成人，學業犹未就緒，曾陪考已兩次。大子生女，本月一周，迴憶在杭時，蒙其磨頂孩兒，又不覺彈指間也。閣下現在幾位令郎？惟厚兄尚未得子，實爲念切。然物孤思伴，人老思傳，恒情也。閣下相處較近，時函慰藉爲幸。平湖家閩現寥落，思之憮然。紙短情長，書不盡意，茲因鴻便，特泐數言，馳請勛安，餘惟心照，不具。

愚弟余朝貴頓首　十二月初八日自湖北麻城鼎字聱寄

（六十九）

徵兄大人閣下：

初二日曾上一椾，計已早塵青覽。前日承寄之勝寶女金丸一包，當經照收。即令每日吞服，如能有效，則誠好極。種種荷蒙挈誼，感何如之。初七日先將六舍弟眷屬移進杭垣上板兒巷，賃屋居住。弟即於十六日由紹登程。昨早渡錢塘江，箱籠物件隨用駁船運至大關上船，準於明日解纜前行。此番暫別，惟念多年知己如閣下與筱圃兄，一旦分襟，寸衷不無耿耿耳。日前接余鼎翁來書，情深語重，戀戀故人，並有致我兄一函，坿請台閱。鼎翁篤誠君子，有儒將風，未獲大顯，亦行將老矣，可慨也。夫前薦之金性甫，隨弟十年，絲毫不苟，一切已經面談，但其人樸實成性，悃愊無華，的是生意哥一流人物。茲囑趨詣尊前，乞量材器使可也。倚裝匆此，不及多述，且俟抵里後再行續布。敬請籌安，不盡縷縷。

愚弟王傑頓首　四月十八日武林舟次勒

臺上大將軍已到滬否？坿上刀傷藥一小瓶，即桂元核粉，以後請留心製用，極有效驗。又，門額九字，大小兩紙，並祈酌用。『望海樓』三大字，俟到家另紮棕帚再行書寄，何如？又注。

偉堂、廉卿、采五、秉之、卓夫諸君均此致候。

（七十）

王家楨，號鳳樓，浙江上虞縣人，向在楚軍右營佐理文案事件。

（七十一）

賜佩赤符朱縷之華，黼扆頒恩，台階晉秩。弟百里匏懸，四經槿序，愧乏宜民之政，偏當多事之秋。正月杪凌汛陡漲，敝境城北一帶田廬多被灌淹，請賑辦災，心力交疲。復接辦培修堤埝之工，岸分南北，任責一人，櫛風沐雨，不敢告勞。現雖此工蕆事，又須籌備防汛樁料，並建修閘口河務。連年官民同累，所幸麥秋豐稔，轄境胥安，足以告紓遠念。潤之弟防局濫竽，尚無隕越。仲春捧檄赴青城縣一帶採買稭料，現已辦有成數。諸事幸無棘手，知關垂注，並以附陳。許久未讀惠書，頗縈心曲。鴻便祈賜我好音，是爲翹企。手肅奉懇一節，刻間接到甯提友人來信並抄稿，知玉參一席，以弟與例不符，已奉駁。度由撫憲於五月廿四日接准兵部火票，本月初五日行文，初八日到提。所商之事，如蒙雅誼以爲可行，即請查照前信，或將尊稿封交來差帶下照辦，由申覓便寄去，或請就近由鎮遞發。不論交局、交驛，總祈妥速，均請卓裁。弟本無意於此，倘早設是想，前者閣下到申時儘可面懇一切。只緣迭接友人來信，囑令設法，是以稍盡人事耳。因思部文早已到閩，用特專差走請。託在知己，想不以瑣瀆見責也。倘有窒礙之處，就請作爲罷論可耳。專此，即請勛安，立候德音，不既。

名正具

再，如尊處向來寄制憲信件由何處寄遞快捷，仍請照尊處向遞之處寄發，冗爲妥協。

又及。

坿抄前信一紙。

（七十四）

再啓者：川省夷蠻雜處，盜匪滋繁。弟任事以來，辛勞倍昔。季春大閱營伍，力挽頹風，賞罰從嚴，旂鎗尚整，各勇營洋槍陣式亦咸知步伐止齊。近來峨馬三邊派隊嚴防，尚稱安静。四月十二日，仲憲巡閲蜀東，除巡捕而外，只衡山兄一人隨行，短棹小舟，輕騎減從，官差概免，民困大蘇，治蜀半年，口碑甚好。近由重慶轉巡小川北一帶，約閏月中浣即可回轅。今春雨水尚匀，菽麥豐稔，太平有象，堪告錦存。近日新文便希惠我爲幸。專此，再請升安。

玉興再頓

（七十五）

徵三仁仲大人閣下：

遠違芝範，屢易蓂階，悵鴻度之難親，幸魚書之可達。客冬曾上寸啓，計已早入典籤。辰下恭維勛祺日茂，履祉雲臻，引領升恒，傾心豫頌。月之四日，敝眷安抵省門，據大小子稟稱，臨行踵府叩辭，仰荷盛筵相邀，具見多情，感銘無既。並閲閣下督修砲臺，十分辛苦，他日大功告竣，定卜不次超擢，以副賢勞，此可爲代操左券也，預賀預賀！川中幅員寬廣，道路紛歧，民情極爲浮動，盜賊更屬繁多。近省一帶則有嘓匪帽頂，動輒千百成羣，日則欺壓鄉愚，夜則强劫富户。川東一帶則有鹽梟私販，每多恃衆横行，一經官約盤查，即行持械拒捕。至于會火盟香，幾于無處不有。貽病已深，積習已久，縱以峻法嚴辦，恐難一時挽回。然時事雖云如此，而兄受國厚恩，未敢畏難苟安，虛糜帑項，惟有竭盡心力，認真將事，以期廓清而安良善。接事後即振刷精神，首先整頓營規，次則講求兵法，訓練成功，罔惜餘力。能則賞之，劣則黜之，數月於兹，頗收成效。去冬曾親赴近省各州縣周歷巡查，陸續拿獲著名巨匪十餘名，稟明大府，就地駢誅。近日頗知畏懾，不致肆無忌憚。但願匪踪日漸消滅，則守土之幸，全川之福也。兄所部壽字七營、泰安四營，以一營作親兵營，壽副中營駐防成邛，屬之崇慶州大邑縣，（崇慶州離省九十里，大邑縣距省百廿五里。）壽中營駐成屬之郫縣、温江、崇甯等處，（崇甯距省九十里，郫縣四十五里，温江四十里。）壽前營駐防成屬之新澤、雙流、蒲江等縣。（新澤距省九十里，雙流四十里，蒲江百八十里。）壽後營駐防潼川府屬之蓬溪縣、射洪縣等處，（蓬溪距省五百里，射洪四百十里。）壽左營駐防西陽州屬之彭水縣，壽右營駐防西陽州屬之秀山縣，距省均有二千餘里。泰安中、左兩營均駐防峨邊廳等處地方，距省五六百里不等。該處夷漢雜處，夷人最爲强悍，時出擄掠人物，勒贖了事，否則殺害，不畏王法。春間該夷出巢滋擾，我軍大張撻伐，屢獲勝仗，大錯兇鋒，現已退歸老巢，不敢復擾。然若輩犬羊成性，未必能始終不渝，實爲隱憂。此外尚有壽副前營、親兵兩營，均駐省城，馬聘翁統領長勝三營、武字一營，以長勝右營駐紮省城北門外，周衡翁統領安定五營分駐合江、瀘州等處，爲查緝私梟而設，又有張翹生協戎統領達字五營駐防敘府、雷波、馬邊等處，似此棋布星羅，層層防範，外匪一日無從托足，内奸亦可漸次斂迹矣。制憲曾于前月十二日遵旨出省巡閲川東北一帶，至本月初九日旋署，現在勵精圖治，百廢俱興，官民同深愛戴，遍起頌聲。徐杏林直刺已于月之四日抵省，此番志在作官，昨經制憲委令，暫充通省營務處管帶，親兵四十名，想不久當除授名區矣。浙省近日情形如何？尊況如何？統望示知，藉慰拳拳。手箋布臆，敬請勛安，伏惟愛照，不具。

如兄錢玉興頓首　五月十四日

（七十六）

徵三觀察大人閣下：

月之十八日奉到手書，欣悉勛祉潭祺，均如心頌。華泠坐古濠，闔署尚叨平順。承示族中三大舉：一修譜牒，二整家規，三捐義租。均兵燹後緊要急務，足見有心人思深遠慮，無微不到，欽佩之至。第修譜一層，久有此志，憶自常回里時，曾席請各分父老入祠會議，面達尊意，願量力倡捐，幫貼經費。比因分勢强者各懷私見，自己不肯出頭，又恐他人占了面子，以致各分衹理譜稿，未能合修，至今抱歉。今欲重修宗譜，非四五年工夫不可，先勸慨捐公費若干，函請樂軒、實庵、蓮舫、彭壽諸位，邀集合族商議，酌派幾人先起譜局，通知各分將前理譜稿再過細查核，各自謄清，限五個月送交總局。有遷居在外者，函請各理清稿，限十個月送交總局。俟事有頭緒，華即回里襄助成功。緣華分勢太弱，恐族中人心不一，難以倡始。一俟各分理齊歸總，斷不退縮不前，有負雅意。舊例太嚴，凡死於非命者均不收入，此次重修於兵燹後，不能不略爲變通。無論當入、不當入者，聽各分開送，不置一辭。俟總理發刻時，再秉公酌奪。庶於公事有濟，人亦不至以私忿阻撓。質之高明，以爲然否？至於整家規，即可於修譜時兼及，商定規條，刻入譜内，以垂久遠。若捐義租以贍宗族，則仍在獨力慨捐。惟願早早補缺，俾族間得以分潤，廉泉則幸甚。承屬買屋遷居，所見極是。無奈價值修整，要需千洋，力有未逮，且作緩論。肅此布覆，敬請升安。

春華頓首

（七十七）

澂兄大人如握：

昨奉環雲，敬聆一一。即維起居吉羊，公勤益懋。大砲已到，臺工更形忙亟，經費不至掣肘，從此立海疆百世扼要之圖，宏厥遠謨，慶企何量！諭詢已捐之洋，作爲監生應補若干，遵即詢之省局，回信呈閱。如即行辦理，則請寄示履歷，當爲照填實收也，並祈轉致吉兄知之爲荷。弟閒居課讀，無善可陳，冀惠教言，俾撲俗塵數斗耳。昨金少翁交來一信，囑爲彙寄，云是趙姓者所托，並附呈。肅叩勛安。

小弟從萬頓首　初八

潘偉翁均請安。

（七十八）

載讀另箋，藉悉壹是。砲臺工作將次告成，砲位亦陸續運到，具徵藎畫，佩慰莫名。萬統領督率所部在工興築，想執事遇事共商，不存畛域，尤切勉勤。肅復，再請籌安，冗中不贅。弟又啓。

（七十九）

徵翁仁兄大人閣下：

久未會晤，殊深悵悵。辰維升祉吉祥，履祺安燕，爲頌爲慰。啓者：本邑有周理者，負欠弟祥生懋名下賬款紋銀叁百餘兩。其人狡猾，蓄意鯨吞，殊屬可惡。又刁夥舒慶仁仗支英洋弍百五拾餘元，亦負欠不楚。弟已遣友至鎮，擬先後具呈。但詞内衹有總賬簿據，續繳恐其不准，且慮官案延宕，或抗不到案等件，懇閣下於邑尊王子翁處鼎力吹噓，以免脱案，是所至禱，容後面謝。肅此，併叩秋祺，統希鑒納，不宣。

愚弟名正肅　巧月十二日泐

（八十）

徵三仁兄大人閣下：

久未作函奉候起居，至爲渴念。非懶也，暑氣逼人，終日流汗不能握管矣，又加滿腹不快，有此二者，能乎不能？想必有以諒之矣。辰惟賢勞丕著爲頌。弟間住無事，聞聞見見，殊爲駭人，若少不留心，便插入是非場裏，惟有杜門謝客，聊將公館作桃源而已矣。兹啓者：同鄉江瑞亭者，春間偶爲胃納不旺，誤藥以致浮腫，五月間貧病交加，因而物故，身後一無所有。據其姪子來言，家尚有弱子、老女（三十歲未許人）並寡婦、婢女四口，死者無以殮，生者亦無以活。弟比代借三十元，爲棺衾之具，又於吳春泉處設法，當承贈廿□。江於去年曾有貧負，月得六千文，春泉意若爲寫知單，即官廳所得者無幾，且貧負六千先爲除去，兩下比較，不如不寫知單之爲愈也。現在六千文只敷四口逐月食用，不能不爲設法送之回去，免致流落。據其姪子來請爲函致執事，信到後，想誼屬至親，又吾兄樂善性成，必不輕易放過也。胡練翁與松兄在日極好，人又慷慨，務望費神广爲方略，張羅多錢，死者得以回去，生者到家薄有下脚糧，即江家世世不朽矣。江家住衆安橋河下安慶會館内。手此，即請台安。

愚弟□頓首　六月初十日

（八十一）

萬里遠行，未獲面叨榘誨；尺書遥奉，渥承手惠飾祠。展誦迴環，彌殷結轄。敬維徵三仁兄大人鳌延夏永，績比秋高，崇勛懋著於南天，異數即膺夫北闕，豸華翹仰，雀頌難宣。弟别後鼓棹，於閏四月四日抵川。現領戎樞兼統衛隊，勞人草草，報稱毫無。喜僑居即在節署轅前，得以時相晤敘。眷體敉適，差紓廑懷。川中存營無多，勇皆缺額，經制府一番整頓，近已數足操精。惟佈置已定，而將官紛至沓來，殊有位置爲難之嘆耳。大砲裝運至滬，前接瑞棠信，已悉端倪。現在起弔上臺，得老手佈置，自必措施精當、妥帖異常也。楊西翁奉調海門，好極妙極！已奉准莅新否？賈統領暨吳吉人近況如何？便祈示寄爲慰。專肅奉復，敬請勛安，諸惟荃照，不莊。

愚弟徐春榮頓首

（八十二）

徵（山）〔三〕山太守大人閣下：

浙防從事，叨教良多。數載以來，俱承青睞，只期常親塵範，時領箴規，詎意不測冤生，致使驪歌倏起。承闢垂之靡靡，荷綺注之殷殷，種種深情，時銘五内。敬維福同夏大，政與時清，翹企鴻儀，曷勝雀忭。弟别後於十一日抵漢皋，因民船風逆，遲至念六日始抵梓垣。一俟沿途托庇平順，堪慰錦懷。惟是八載離踪，始獲歸里，於家政一切不得不稍爲清釐。一料理有緒，即便束裝赴蜀，奉謁仲良制軍。伏思愛我有素，諒必始終成全，尤冀於使中不吝齒芬，預爲洗刷，是則私衷所切禱切盼者也。肅此佈候，並鳴謝忱，衹請勛安，維希炯照，不備。

教弟劉玉田頓首

（八十三）

徵三仁兄大人閣下：

一朝聚晤，兩月盤桓，豈獨厚擾郇香，兼聆雅誨；並脱盡形骸之迹，重傾肺腑之談。

祇以行李殊途，離亭判袂，天涯回首，曷任欽遲。飽德之餘，銘篆不諼矣，謝謝！想仁兄閎肆之才，受知大府，承辦海防重務，智力兼施。砲之利、臺之堅，深思遠慮，法善律精，此真當時之利器獨出冠羣者，而伏波銅柱豈獨專美於前也？敬維真除指日，忭頌臨風，一月三遷，必膺上賞，逖聽好音，定符心祝。弟自拜别後，輪帆順駛，直抵申江，會晤何瑞堂、樊時勛兩兄，面交惠書，多承關愛，款洽情殷，感激無既。小住數日，又到金陵訪晤厚田老兄，渴别之情，萬言莫罄。適值厚田歸太平甚急，弟及於七月念七日登輪，念九日安抵鄂寓矣。舍間托芘平適。知關愛注，肅泐以慰知己耳。餘情縷縷，不盡心言。兹因鴻便，特具荒函，祇請勛安，餘希荃照，不宣。貴幕府諸同仁統祈代致，不另，恕恕。

愚弟余朝貴頓首

（八十四）

徵三觀察尊兄大人勛席：

頃展還雲，如親雅霽，並悉前書均達爲慰。令郎納采之吉，擇于秋冬之交，已爲轉述，届時仍候先期函示爲盼。外翁病久，深以爲憂，昨得資福山僧診治，刻已日有起色，（起居、飲食漸已如常矣。）所謂藥遇有緣也。知關錦系，特以布陳。敝缺實任馬君報故，新選居君查又係貴州實任知州，恐來浙尚需時日。眷屬往來非易，此間照料需人，而本地風光殊多未便。前書健羨得人之慶，固非泛作頌揚語也。仰邀垂注，銘感已深，夙蒙青睞逾恒，或有以愛而教之否？王厚田兄令親錢玉衡者，係前在浙江候補縣佐秋門先生之子，人極樸誠，粗知書算。厚兄前在餘姚，渠曾相助爲理，現在困守省垣，艱苦萬狀（弟已寄去數圓將意），因知執事與厚兄交非恒泛，來函囑弟爲作曹邱。倘能賞予一枝，俾免凍餒之患，固是莫大功德；否或于省垣知交中賜函一爲推轂，亦感玉成之惠於無窮也。手肅奉布，敬請勛安。

弟培頓首　七月十九日

（八十五）

徵三仁兄大人閣下：

前復賀箋，計塵青睞。昨披手畢，如對晤言。比維蓋履輯綏，蘭防輧祜，引睎雅度，抃頌莫名。承示辦理五處砲臺及砲位上臺試演彈路各（下缺）

（八十六）

再啓者：弟有孫女，年已十三歲，尚未字。浙省同鄉官中如有好小子，乞代留意，即江浙人亦可，特此拜託。

弟霦又啓

坤造　光緒戊寅年十一月十八日已時大吉（旁注：朱月湖令愛之八字。）

（八十七）

徵三親家大人閣下：

前奉華函，敬悉砲臺工程漸次告竣。辛勞之功，足慰宸衷，爲慰爲頌。所屬補領監照一節，託友查來，須補四成實銀，方准鄉試，單附呈閲。如要辦，則望託票莊將部照並銀寄進，以便託領寄出。兹接貴府鶴亭兄代筆之信，云令嫒於八月卅日患病甚重，旬日水米不下咽，現稍轉頭等語。閲畢不勝懸念，近日貴府信曾提及否？現在可全愈？鴻順聞之，欲趕出京，弟因刻間海風過大，伊身又弱，未便聽其即行。爲此先信敬詢，乞示速知爲荷。兹託朱韻翁寄來台黨参一觔，敬求附寄貴府，與令嫒服之。此物較野山高麗參雖不如，然多用亦可補益脾氣，乞速寄爲禱。敬請台安。外信弍函，敬求寄至貴府爲荷。如夫人、世兄均好。

姻弟崔國霖頓首　十月十一日

（八十八）

徵三仁兄親家大人閣下：

前承賜《玉環廳記》一部，公餘之暇，盥薇三復，知愛人之政，澤遍海隅，諷誦吟章，益深欽服。頃間砲臺工程將次告竣，有大作否？乞寄拜讀爲快。敬維績懋秋高，福同月滿，爲頌爲慰。弟從公碌碌，無善足陳，惟賤軀安適，眷屬平安，足慰遠念耳。八月十三日大小兒又添一子，亦寒門之喜幸也。兹者：敝親朱月湖印葆清捐同知分發浙江，據信云九月來京，引見後即挈眷赴浙。前託弟爲伊女作伐求配於令世兄（年庚并呈配合），將來到浙之日，如承俯允，即乞察看定奪，特此先行函商。再者，兹有徽州府同鄉金慈生別駕印遵祖分指來浙，如有機會可以關照之處，乞留意爲荷。即請勛安，如夫人暨世兄均安。

姻愚弟霖頓首　八月廿四日

（八十九）

徵三大公祖大人閣下：

久違芝範，時切葭思。方擬蕪函奉達，迺承錦札遥頒，爇香捧讀，心感靡窮。恭諗升祺日麗，履祉風清，手挽狂瀾，羣欽賀若；流中砥柱，咸仰德威。臨風翹仰，禱露曷勝。寅僕僕塵途，毫無淑景。因修身之未善，遂蹇及於室人。暮景冉冉，予懷渺渺。雖月圓必缺，天道且然；而人孰無情，誰能遣此？誦箴示之諄諄，惠愛流諸片紙；賜華幛之簇簇，光寵及於九泉。寅何人斯，其能當乎？惟有泥首風前，更當銘心地下矣。用特專肅奉謝，敬請升安，伏祈垂鑒，不宣。

治晚范寅頓首上書　十月廿一日

（九十）

澂三仁兄大人閣下：

久未通問，彼此同情自不相咎，相思之切當必共之。邇惟公私協吉爲頌。弟寂處省之東隅，滔滔皆是，一無所聞；中防一席空懸，幾生修到？未可强也。刻奉飭開局製造火

藥，未經閱歷，事事需人，人山人海，臧否爲誰，難以著眼。所幸藥庫工竣，可專致其力，或免叢挫，有把總湯積榮（下缺）

（九十一）①

碩翁仁兄大人閣下：

頃由全盛局遞到惠緘，誦悉種切。就維升祺萃吉，勛祉卓著，恰如所頌爲慰。承委洋□紗、磨石兩種，遵處原輪帶甬，由慎記錢莊轉呈，至希查收爲禱。本月十一日寄奉鉎刀兩蒲包，諒亦收到。十五日承匯下規元五百兩，已收尊册，當有收條奉復。知關綺念，用併陳明。專此，敬請升安，唯照不備。

弟倪芹香頓啓　三月二十日

再，所詢赴津輪船，刻因難于預定，然赴津輪船近來極多，二三日一號，常有開往，貴居停沈子翁如欲趁船，可先至小行，再行覓妥輪乘坐；否則，候月底□先期奉闻亦可。又及。

①此信收件人非杜冠英。

（九十二）

大人頒書，得蒙關注，當即上寄，附奉一信，敢飭轉交，並懇轉致一切，是爲至禱。乃載草此，匆匆布泐，覆請升安，恭頌勛祺，諸惟鑒照，不宣。

治晚生倪芹香頓首　九月廿二日

（九十三）

澂翁太守大人閤下：

敬肅者：頃奉□翰，拜悉種切。就審福履綏燕，勛祉凝祥，引企慈暉，允符遥頌。蒙示碩甫翁來日駕滬，那時是當恭候。沈司馬委購書籍刻已到滬，本擬於今日由甬寄奉，信已封固，適逢惠款，請大人代爲收存，一并坿擲。亦可至南榮□伯□刻已過入尊户。據王厚翁云及，曾經言妥，定能□約。附奉沈子翁發單一紙，至懇轉交，其□料已交南榮寄上。肅此又布，順頌節安。

治晚生倪芹香頓首　八月十三日

（九十四）

徵翁尊兄大人閣下：

前承枉顧，藉得暢談，下懷良慰。頃奉手示，具承種切。即維起居萬茀，頌禱無量。承示砲臺工程將次蕆事，需費孔殷，飭將二千五百餘兩之數一併奉呈。本不敢稍稽時日，惟查敝局奉文，係三萬兩左右，前此公牘已詳陳之，諒蒙垂省。頃已將大移稟請道憲核示，一俟奉批，即當全數趕緊奉上。兹先措備銀捌百兩，交來使帶呈，即乞詧收。此實非弟之故爲鄙吝，公家之款，卑下未敢擅專，故不得不爾也，區區之衷，想荷鑒諒。甫復布肊，祇請勛安，摹璧晚謙，幸勿再施爲禱。閏臺從即日來郡，諸俟面縷。

愚小弟慶藩頓首　廿七

杜徵三友朋手札第六册

（一）

（上缺）吾皖旌德人，從前在羅景山軍門大營出力，聞尚可用，投標無資，求事不易，爲友代求給紙，赴尊處投效。弟雖未與之共事，而觀人必於其所與，則以信吾友者，允其所請，用給數語，敘其來歷，聽卓裁行。如座滿，或求轉薦一地造就，以備異日干城之選，亦所望大君子賜以一謁可也。專此，即請藎安，不具。

愚弟潘紀恩頓首　十二日

（二）

（上缺）前信係九月十二日所繕，因求者患病，措資沉滯，未行。昨以情節不符，恐滋疑惑，又託加函諄懇。紀恩拆閲之，不過製藥一事中变小異耳，不妨重言以正公論。製藥局向本軍裝局兼管，初次奉文照案開向製（并敘十月初一日開辦），後委少班駐局稽查照料，又言仍歸我總理，並周沛南傳語及面言，不妨将事先爲布置，乃奔忙二十餘日，俟至次日開工，忽小委員來言，已歸防軍局兼辦，屬由小委員專报。我以事備，且先開辦一日，初二日暫停，即或相咎，係奉文初一日开工；如停工，亦必有文飭知。小委員忽變口提調叫我，應速去。至半夜奉文，日子可笑不甚相宜，應另擇，飭知再辦。至初二日乃有文到，由防軍局兼辦。此等支節離奇，無非爲中丞考盍，院未曾回明也。竊思我輩入官，只求心安理得，於人何毁何尤？不過於政體太不講求。自接事以來，無端横羊層見叠出，都爲查硝查藥，並不短少，不能隨人文致人罪，有以啓之也，一嘆。二小媳産後七日患消食病，高麗服至五六斤，黨、芪、术、地等不下一二十觔，鷄、魚、蓮子、桂元、棗、燕淡菜、抱魚不計其數，窮人生富病，力幾不支。日來淹淹一息，若非自己用藥講求，幾乎殆矣。中心惡劣、公私棘手，可以想見。果何日脱离耗運，重風樂境耶？湯君來甬投效，其意甚拳，當不肯自負生成也。能否照前信量爲設法，是在大人斟酌遣發也。家信不及再敘，以此付偉堂，並覽知我苦極惱極。

十一月十二日再拜上

（三）

敬再啓者：前於秋孟奉復一函，頃讀手書，知尚未達左右，浮沉何處，悵惘良深。砲臺各工，經執事佈置經營，現已大具規模，可謂賢勞備至。而安遠砲位彈路可期十五里之遥，尤爲妙極。從此浙東無恐，實足副憲意而勒膚功。一切情形業爲代陳，制憲極爲歡悦。倘西藏有事，憲意又將借重閣下同吉人二位也。蒿壩本安靖地方，今竟有信舟被劫之案，游勇披猖如此，令人殊切隱憂。川省自仲帥莅治以來，風氣日漸丕變，惟嘓匪積習牢錮，一時未能潛消。前經嚴定章程，迄今尚少巨案，憲躬康健，堪報遠懷。弟於六月四日得帶親兵一營，八月朔因馬聘之調統達字全軍，復得接統所遺之長勝三營、武字一營並原帶之營，即就督轅箭道親兵營内居駐，仍兼營務處事。所部將領半皆淮軍中來，而分紮地方均係匪徒出没之所，欲加捕治，非眼綫不能。現無此輩在旁，不免煞費籌畫耳。敝眷現租箭道後民房棲止，照料尚便，諸托敉平。知在念中，並以附及。手此布肊，再請勛安，並頌潭茀百益。

弟春榮又頓首

（四）

徵兄大人閣下：

別來半載，未獲一通音問，緣旋里後，諸事毫無就緒，秋間又復病魔纏繞，至今不得脱身，臂肘感患風濕，時形痛楚，握管爲艱，執是之由耳。敬審起居萬福，潭第咸綏，至爲翹祝。兹有懇者：六舍弟近尚無差，旅資已竭，昨有函來告急。弟雖困處家鄉，勢不得不爲之接濟，祇以道遠，措寄萬難，惟有仰乞我兄代爲設法，暫假鷹洋壹百元，能得匯寄杭垣，交六舍弟手收最好，抑或由六舍弟處領取亦可。承情惠假之處，舍弟一有差使，即便首先歸趙；否則，開春仍由弟处寄繳，決不爽約。想多年至好，諒不我卻也。至弟之困憊近情，容俟臂肘稍愈，再當詳細縷陳，以煩請聽，何如？手此代面，敬請籌安，統惟垂照，不盡縷縷。

愚弟王傑頓首　冬月十八日勒

（五）

徵三仁兄大人閣下：

魚書互達，鴻範遥暌，萬里望光，倍常結想。辰維海疆樹績，帷幄宣猷，疊晉升階，良殷豫頌。弟錦官承乏，碌碌無所短長，所幸四境平安，足紓一心契好。蜀中民氣夙號刁健，尤尚浮華。制憲莅任以來，大加整頓，寬嚴並用，感化頗多。防營勇丁亦稱精壯。前在金陵購來開花砲數尊，日内分飭操練，漸就嫻熟。機器局雖設立有年，而製造各項總難十分合法。此時蜀境幸皆甯謐，然无事不得不作有事之防。回憶尊處向有劉、趙兩弁，製造旱雷甚爲得法，安遠砲臺碰雷已有成效。弟擬製造旱雷，隔四五里燃放，雷綫以細爲妙，綫箱能可隨時移動攜帶爲佳。約每箱該價若干，並劉、趙兩弁薪水多寡，統望示知。如尊處刻下無多製造，可令該弁等來川，並攜帶雷綫兩箱，價值隨後奉上不誤。此弟之私擬製辦。將來該弁等到川，必爲之設法位置也。因承厚愛，故敢奉煩，臨穎無任拜禱，勒此，敬請勛安，諸惟垂照，不盡。

愚弟錢玉興頓首

敬再啓者：弟前在浙時曾用存有旱雷電綫數箱，日内不知存儲何處。此綫藥水甚佳，務望代查。如尚未用，懇即示知，或交來弁齎來。該繩綫之價（又箱兩隻）不知若干？如能分弟應用，自當照價奉上。至劉、趙兩弁同來更好；否則，得一爲佳，並帶徒一名亦可。統望酌行是幸。杏林弟駐省垣，聘三兄駐敘府，離省有五六日程，知念坿告。手此，再請台安，不一。

弟興又頓首　十月十六日

（六）

澂三仁兄大人賜覽：

久違雅教，時切馳思。上月張紀交到惠書，拜悉一是。伏承藎籌楙績，勛履多綏。上次周佩翁到鎮查看砲臺，亦甚欽服。足見實心辦事，一任悠悠之口疑謗叢生也。弟腰疾纏綿，雖内外兼治，迄未向愈。良由氣血已衰惡，難平復如昔耳。冬行春令，雨雪愆期，於台工最相宜，於春花最可慮，僻處水鄉，直至無從汲飲，殊是苦事。承屬張紀前路，實以人浮於事，無從安插。爲謀不忠，尚乞鑒之，復請籌安。

弟元□頓首

（七）

澂三仁兄親家大人閣下：

伻來，得禮帖，藉悉禔躬多福，爲頌爲慰。尊紀在此購皮椅、杌欖，因輪船太擠未帶，兹付甯波商船寄上，望飭點收。弟鬱鬱久居，今歲又爲病魔所困，尊紀在此大約略知，無可告慰綺注也。手此布達，敬請大安。

姻小弟鐘岳頓首　冬月廿七

外高信一封，祈飭局即發。

（八）

徵三堂台仁兄大人閣下：

　　伻來，接奉鱗椷，如親雅霽。就諗勛祺迺駿，潭福延鴻，慰孚臆頌。承囑代繕名帖，已查照前用帖式寫交送去。貴親家回禮轉呈尊紀，行時未及知道，故此函稽遲奉達也。肅泐布復，並賀大喜，祇請勛安，順頌冬禧，餘惟惠照，不備。

鄉愚弟吳京培頓首

（九）

　　頃奉手示，誦悉賑捐一節，仰賴仁人倡議，登高一呼，甫有成議，不禁爲災民感德。時近年底，尊處用繁，弟深所知。但鄙人之拮据，更有甚於老兄者，力又無可以墊，且諸君子之事，皆執事口角之功。若提倡緩至，來春則附從者亦將起而效之。災民延頸以望，揆諸仁心盛德，當亦有惻然不安者。務求于無可設法之中極力一挪，弟定於明日赴甬兑解。救災如救火，斷斷不容再緩也。惟大君子諒察一切，曷勝盼禱之至。弟實爲災民請命起見，因痌瘝在抱者尤甚于我，故敢迫切言之。手復，敬請徵三仁兄觀察大人升安。

弟重暄頓首　即日

（十）

徵三仁兄廉訪大人執事：

前承賞肉，祇領分給，代爲感謝！笠山石壁因雨久致傾，弟今日赴工看過。推原其故，實因砌石太陡而扯碼欠長所致。將來重整，似宜分層，略留等級，能用長鐵條作扯碼固好；否則，亦須六七尺之長石，方足受砲力之震撼也。高明以爲何如？惟細察裏面亦有可虞，已囑朱、黄二君及汪弁派人用木撐拄。如能拆卸十沿、八沿，更臻穩妥。否則，恐雨雪重來，設或不支，不免於砲位有礙，乞速酌奪。本擬走談，餉到須發，不能分身。如台從何時來工履勘，請傳諭敝親兵歸述，當到彼候教。年内爲日無多，此等工程又不能急，明年開工，人手衆多，亦易集事，望執事勿過焦勞也。此布，敬請勛安，諸維荃炤，不具。

教弟張國林頓首　十九酉刻

（十一）

澂三仁兄親家大人閣下：

曼雲兄送福太守來晤時，詢悉起居安善。邇届椒盤獻瑞，柏酒凝祥，至頌至祝。前次尊紀所購皮杌，現尚有二十六張，交曼兄託其代呈。天气漸寒，工次諸希珍攝。手此佈達，敬請升安，兼賀年禧，闔潭百益。

姻小弟郭锺岳頓首　嘉平望

（十二）

徵三觀察大人麾下：

季秋下澣，復賀一椷，未知紆折郵程，已否得達左右。頃奉手教，敬諗勛華日懋，履福時綏，慰甚頌甚。安遠及小金鷄山等處砲位器重工艱，仰仗碩畫經營，與吉人竭半載之賢勞，得一一佈置周妥，彈路可及二十里之遠，稟陳憲聽，忻佩同深。北岸各土工，前接寅老來函，言可次第告竣。從此浙東無恐，悉出諸位隆勛，區區經購之勞，何足上挂齒頰？川省諸事如昨，惟西藏噶爾喀大太子，前爲二太子驅逐逃赴印度。嗣噶爾喀王殁後，二太子承統被刺，英人送大太子回國。噶番造砲臺以阻其來，噶境之獨吉嶺地方早經英人修築鐵路，現遂謂其有礙通商，由總署電致川督，令其即行拆毁，否則統兵攻打。雖經咨請駐藏大臣設法勸阻，昨接回文，仍未遵從。英人必乘機以搆衅，藏番復外强而中乾，蠻觸相争，藏中難免無事。倘邊事一起，正壯士報效之秋，尚求轉達吉人，詢其願否。子喧得代理鄞縣，殊慰遠懷。游勇搶劫頻仍，重以諸君子鎮定巡防，近想安輯無事，念念。節轅稟牘已代呈矣。手肅奉復，敬請勛安百益。

徐春榮頓首　十一月初十日

（十三）

敬啓者：同鄉胡辛齋參軍振馨，以按經歷需浙廿餘年，貧困已極，丙戌奉委海鹽塘差，方藉此以餬口；迺於去秋在工病故，遺有妻女，旅櫬難歸，孤孀待哺。覩此情形，實堪憫惻。素知我公梓桑誼重，賙恤爲懷，伏祈贈賻布而送靈輀，分廉泉以蘇涸轍，多寡不殊狐集，存没均戴鴻施。如蒙賜唁，請寄杭城報國寺轉交爲妥。專此，祇請升安，諸惟惠炤百具。

鄉愚弟王恩咸、王嶔、吴世榮、余庭訓、胡晉甡、潘紀恩頓首

（十四）

徵三仁兄大人閣下：

別來舊雨，又值新春。想視履之考祥，定熙台之更上，福隨時泰，允洽頌私。前奉一函，諒邀雅鑒。弟臨安移駐，鮮善可陳，所幸防務順平，賤軀粗健，堪告錦存。月正十五日

晉省，十六日謁見撫憲，承詢砲臺工程何時蕆事，所築臺牆堅固與否，弟對云若無陰雨阻隔，六、七月間可以告竣；　至於臺牆，真乃堅亦益求堅、固益求固也。復承口諭，大約二月底，敝旗仍當回鎮幫同工作。望旌麾而色喜，幸承教之有時，耑肅奉佈，伏祈風便，示我數行，以慰遠念，至盼爲荷。敬請升安，統希朗照，不備。

教弟黄錦文頓首　正月念九日

（十五）

徵三仁兄大人閣下：

頃接何瑞堂兄來翰，知前定栗色火藥等項已在德國裝載，放洋三禮拜後可到。刻已函致瑞兄，到時知照台端，回明提憲，派輪赴滬裝運。俟運至鎮時，砲臺應留何項若干，即祈酌定駁上，一面報局查考，餘運甯局存儲，是所拜禱。再，閣下前定栗色砲藥七出，係作何用？　是否吾兄自行備辦，毋須作正開銷？　並祈示悉爲盼。專泐手布，祗請勛安，並希玉函，不備。

愚弟周李燮頓首

（十六）

澂兄大人閣下：

長至前後，曾寄一函，敬問起居，想邀青鑒。即審百凡萬福，定愜遠懷。弟因眷屬寄寓金陵，諸多不便，曾於月前廿一日攜眷遄返里門。胃氣之恙近雖漸好，而右肘痛傷後，至今舉動爲艱。據醫云風濕入於筋絡，現尚日服藥酒，究不識交春時節，能於全愈否也。舍間諸務亟待清釐，而兩姪習慣性成，四舍弟亦復委靡不能振作，且費用繁重，入難敷出，且俟開春後家務能否就緒，弟之行止方能定局。知關垂念，用以奉聞。劉僕王明忠純樸實，公所素知。因弟家居，無所事事，用與一函，令其趨詣尊前。而伊之報效情殷，必能得力，尚祈録用，是所切禱。臺工近時諒大可觀，明年夏秋間當可竣事，經費或不至短絀否？念念，問問。浙中近情何似，便希惠以數行，用增聞見爲盼。此請籌安，並頌潭福，不盡縷縷。

愚弟王傑頓首　嘉平初六日勒

（十七）

徵三親家大人閣下：

頃間金守戎來都，奉讀手書，敬悉藎勞日懋，茀禄雲蒸，砲臺工程漸次就竣，以欣以慰。醇邸養疴日久，尚未能銷假，巡南之事恐屬訛傳。至委以領照一節，應即遵辦。奈現因爲鴻順捐指省分發，需銀六百餘金，去冬在號商暫借叁百金，辦成此舉，指分江西，仍歸議敘班補用，於臘月驗看，於二月領憑，偕同鄉左篆禾巡檢同行，頃間該早到上海，月底該可到家，三月中旬總可到江西省。刻下實難遵命即辦，然轉瞬又須録科，恐誤場期，如何辦理之處，静候尊裁。方命之愆，即希原諒是幸。敬請台安，諸惟藻鑒，不備。令嗣世兄均好。

姻愚弟國霖頓首　二月廿日

（十八）

瀓三仁兄大人閣下：

頃奉環章，領悉種種。前定德國火藥不久諒可來華，到時即祈查照所商辦理。至於吾兄前次稟請砲臺工成之後，應需添派砲兵及油費等項六條稟摺，因夾送各處畫稿，不知遺失何處，務乞飭承將前項原稟原扻一併抄録寄下，以便發房備案。專泐奉布，敬請勛安，唯照不一。

愚弟周李燮頓首

（十九）

再讀手書，祗聆種切。安遠各砲位經執事一番佈置，大具規模。笠山彈路之遥，並可達十八里半間，足捍禦强寇，固我海疆。當即將書進呈憲覽，憲意以安放妥速、辦理得宜，甚爲嘉悦。閲至『惜法船侵犯太早』一語，則笑曰：『安有法夷未到，而皇上肯購此砲乎？』周沛翁來鎮一層，則又曰：『伊未諳砲臺情形，何以令其查閲耶？』附陳以博一粲。浙東西游勇四出搶劫，且聞有營勇在内，如余瑞亭、劉在中各營官，因此被撤，是否如此？向來甯、紹本甚安靖，今亦若是，可驚可怪。萬寅翁在鎮，軍民既屬相得，中峯又無間言，務望勸其勉留浙東，安作統帥，一則維繫在浙之淮將，二可就近宣力於要層。四川勇營無多，局面極小，南友輩紛來沓至，年來逐漸更置，所留川將不到十分之三。淮部閒散尚多，即營官亦難再設法，近如東長泰、趙茂盛、李希璜等，業已資遣回籍。況長夫一裁，每營減去百餘金，適爲營官之病。迢迢萬里，道險且長，到此船隻往往出事，此不得不代爲妥慎籌劃，並非飾詞摒拒之也。噶爾喀與英人齷齪之事，已奉電旨諭令通商，所建龍土山等處卡房，英人先約期二月十八令其撤去，現又展限四月，看來不至有事。倘或竟至蠻觸，彼既不遵中國號令，距川復萬數千里而遥，挾纊裹糧，抑又何必？故往援之議，刻今亦已寢之矣。

川省自冬徂春尚未得雨，幸川源頗長，不若我家，連喫水爲難。米價十餘年來未有今日之賤者。弟統親兵、長武各軍，半就附省盜藪駐紥。入冬後匪徒出没，頗費經營。邇幸設法捕獲數名，始得漸漸平靖。孱軀無恙，仲帥體亦康强。知關念懷，並以附及。手復布肊，裁請升安百益。

弟榮又頓首　新正十四日

附致吴吉人一函，祈轉交爲感。

（二十）

憶違英度，又見星回。翹企芝儀，良殷露溯。賡蕭艾而深别緒，託梅花以慰離悰。敬維徵三仁棣大人績偕時懋，祉與日新。紅蓮高映戎帷，時畫子房之策；緑柳復襄營務，長書甲帳之勛。引睇鷹揚，曷勝忭頌。棠牙璋謬握，指畫多疏；屈計居諸，虚抛荏苒。過午夜以慙蚊負，對寅寮而虞鵜譏。幸各邊地鳩安，鄙躬亦如恒平順，聊紓遠注。昨接浙江提標候補都司傅玉松來稟，得悉該員承辦砲臺木工業已告竣，擬即赴川圖事。殊不知川中人浮於事，而我南來將領雨集雲屯，賦閒者殆難更僕數。雖制憲恩濃舊部，亦如身入山陰，萬壑千巖，而有應接不暇之勢。棠更無可如何，尚希棣台轉致該員，毋庸來川，以免往返之苦。尤冀垂青，念其夙昔頗著微勞，就近栽植。倘假大君子之手援之，在該員固感深雨露，即棠亦荷雲情於靡涯矣。肅泐，恭賀新禧，敬請升安，諸惟惠照，不莊。

如棠錢玉輿頓首

（二十一）

徵翁廉訪大人閣下：

昨差旋至鎮，當即趨候，未晤爲悵，因有事，故即匆匆回甯。得讀手教，拜悉壹是。承詢金華府繼太守之號，係屬子亭。特此奉復，餘容後晤再敘一切。匆率布復，祇請勛安，唯照不具。

鄧驄保頓首　初四夜

再啓者：頃據小火船上人云，欲交敝船帶管。但刻下惠濟係歸元凱帶管，其小輪似須一並交歸元凱。俟歸敝船時一同交管，以歸劃一，免致兩歧。尊意以爲何如？再請勛安。驄又啓。

（二十二）

徵三廉訪大人閣下：

日前渥荷枉臨匆匆，諸多慢褻，抱歉實深。辰唯履祉延釐，升猷禔祜，至以爲頌。廿一日展輪，廿二到申，廿三日提憲夫人即已抵申。因火藥未到，暫等兩天，於本早纔行啓輪返甬。唯火藥到申後晤何瑞堂兄，所説或三五天，或十餘天，尚無定期，而地亞士行往往如是。舊年大砲到申，我船亦等有月餘，現在火藥又屬如是，元凱已經等將匝月。渠行中每因駁船棧房等項，省些費用，早早以我船爲兒戲，實在當爲議罰纔可。至火藥到日，元凱一船儘可統裝。倘肯將兵艙讓出數天，以爲裝藥，十餘萬藥斷無不能統裝之理。已將此節囑瑞堂兄與元凱商量，萬一實在不能統裝之處，請其即趕緊電知，以便再行來申云云。茲有義昌寄尊處並吳吉翁等信件，先將信寄上，其物件希即飭紀到甬攜取可也。晚邊過鎮，未克停輪趨候台階，暢談一切，更爲悵悵。專此布達，敬請勛安，唯希荃照，不戩。

鄧驄保頓肅　廿六夜泐

附呈義昌信，弩收。

（二十三）

鷺堠常通，鴻儀遠睽，每懷麈教，時切蟻忱。近諗徵三仁兄大人勛華楙集，履繶蕃臻，指顧真除，傾心假樂。弟一是如恒，寸長鮮述，奔馳江海，礪碌風塵，自問殊無謂也。弟二月中浣出巡，至本月望間返防。知萬寅墀軍門月前到淞，適弟出洋未晤，嗣經專差前來，齎到建修鎮海總持寺捐簿。弟以地方善舉，閣下與吳吉人兄定必同爲襄助，翻閲之下，不但冰銜未署，而各寅好皆未登名，是以當經函詢吉人兄作何書捐，俾知底藴，稍盡棉力。嗣接回信，知其未與此舉。弟思既已齎到捐簿，未便分文不捨，若使大書特書，又非力量所及，用特奉詢。緣來簿不但各處皆未登名，即萬寅翁亦無署有捐數，而弟又何得首先登簿？此舉究竟是何辦理，地方紳董有無與聞，閣下諒必深悉。至尊處有無書捐，均望詳細示知，俾弟得所適從，不勝感盼之至。專此，順請鈞安，静候德音，諸希藹照，不既。

愚弟陳旭頓首

（二十四）

徵三老兄大人閣下：

昨奉惠椾，猥以篆攝西塘，爲鄙人慶幸，中心銘感，何日忘之。敬維升祉延釐，履祺集福爲頌。弟才疏防海，心凜臨淵，幸刻下新章，險工統歸局辦。三廳各支月修銀七千兩，外間傳聞尚須裁減，俟大憲臨塘酌議，方有成説。知念，坿陳。家丁金順本當位置，奈工程既減，事亦不多，而薦者紛至沓來，已不下數十輩，實無安插之處，祇得從容再爲設法。賤軀舊臘積受寒滯，胸腹脹滿，入春後託福就痊。敝眷均臻安善，順以告慰。肅此布復，祇請蓋安，諸希荃誓，百備。

鄉小弟潘紀恩頓首

（二十五）

詢□□□已函致省局查問，一□□□□□□，自當專函奉達。知邀垂注，先此肅復，祇請勛安，統祈亮誓，不宣。

晚生期秦大奎頓首

（二十六）

載披另翰，藉悉所購大砲一律起釣上臺，具見碩畫長才，辦理迅速，欣慰奚如。弟鞅掌如恒，息肩無自，差幸公私犆適，閤屬敉平，堪紓存逮。肅復，再頌升祺，不盡縷縷。弟又啓。

（二十七）

徵三仁兄大人閣下：

月前武林于役，道出甬江，欣登浣花之堂，重聆如蘭之論，星匆分袂，迄共楊柳依依也。仲春十日得誦惠書，就諗勤宣蛟海，績懋鳩工，翹首少陵，傾心企頌。弟杭垣小駐，叠謁中峯，詞訓之間，尚稱優渥。稟辭後至甬換乘兵艇，因遣勇期猝，不及四明停帆，冉趨芝教。東風一路，於杏念五抵椒。將前、正兩營裁撤完竣，即會南洋之哨，又作北洋之行，至紅謝桃花始返海署。幸諸托惝適，差慰注存。承薦把總張德輿，自當謹銘心版，留意隨時，一有機緣，定爲報命。惟是情深江水，徒馳工部之丰裁；尚望語寄巴山，當作平原之暢聚。泐此，復請升安，統惟斗照，不具。

如弟楊岐珍頓首

任雨泉附候。

（二十八）

徵三仁兄觀察大人閣下：

昨奉手函，當傳黄綺亭來營面商，即將尊意轉告。惟綺亭以後旂勇丁挑挖五臺黄土，係由貴營務處暨錢統領稟明，派定在案，且于砲臺工程素未見過，實係外行，深恐貽誤等語。弟復又令王應常勸勉綺亭，終以要工任重，無此擔當爲□，因思用舍之權操之執事，如何調撥之處，悉聽尊裁指使，無所不可。泐此，敬請勛安，諸維朗照，不具。

鄉愚弟萬重暄頓首　二月二日

（二十九）

澂三仁兄大人閣下：

昨偉堂舍姪來杭，極荷德意栽培，深愧未能贊襄完工；並言福體違和，語言蹇澀，深爲馳系之至。此時情形若何？想吉人天相，當已霍然。竊維此疾多屬痰滯肺絡，必宜化痰爲主。甬上多有名醫，不妨多延，審妥施治，幸勿大意，致令纠纏。然操勞太過，亦當爲國珍衛。蕭廉訪升授江西藩司，浙中又有新様，春憲或留此間，以展其所欲爲，未可知也。厚田來信，俟譜事有緒，仍思出山。知念並復，此請台安，不具。

紀恩叩上　三月三十日　兒姪隨叩

（三十）

徵三仁仲大人閣下：

遠違（塵）〔麈〕教，時切馳思。每企蘭標，彌殷葵向。緣關山之間阻，致魚雁之罕通。然而暮雲春樹之思，未嘗一日忘也。敬維勛祉鴻釐，升祺燕譽，引詹喬采，抃頌奚如。棠供職如恒，乏長可述，所幸地方静謐，眷口清平，堪以告紓塵注耳。鎮海有一製造水旱雷之趙弁，聞去歲赴津未歸，刻下諒已回鎮，敢乞代爲向伊一詢。如願來川，即希轉飭趕緊前來，是所切盼。川中近日並無新聞，惟馬邊猓夷蠢動，出没無常，現在設防嚴密堵禦，該夷匪亦漸斂迹，諒不敢大肆鴟張也。印藏一事毫無頭緒，俟有端倪，再爲布聞。内致各友信件，希即分别轉交爲感。風便尚望好音時錫，不勝翹盼。耑泐布悃，敬請勛安，並頌潭祺，餘惟電照，不具。

如棠錢玉興頓首

（三十一）

徵三仁兄大人閣下：

日昨騶從枉臨，備聆教益，深慰莫名。承囑開列請築各臺工料細數清摺，現由承築委員管帶砲臺陶參將開具送呈，伏惟察核。尊議將莫家山、東港浦、青壘頭請築各土臺經費，添築城外土堤，將請築各臺之砲移置土堤砲洞，堤上酌建兵房。較分築土臺尤爲得力，洵屬確實不刊之論，甚深欽佩。查議築土臺，係爲節省起見，惟工程既少，臨時未必合用，後日由營管守，諸多貽累，更無論矣。爲定防切實之計，非多置巨砲、多築堅臺不可。惟經費奇絀，實覺無可置喙，故弟於六月間晉省呈上中院節略，於莫家山、青壘頭兩處不議改築，只議將東港浦砲臺三合土損壞之處如法修補而已。嗣因成太守到定，建議改築土臺，需費多少，由成太守估擬。弟以同舟之誼，不能不咨請委勘。閣下既以改築土堤爲妥，應請以尊見稟辦，弟斷不以咨請在先稍有膠執也。餘事爲閣下所悉，恕不多及。泐請升安，諸希察照。計呈清摺四分。

愚弟郭定猷頓首

再，正欲發函，適成太守商知竹山嘴臺，由渠處開列細數，繪就圖式，專送尊處核轉，各土臺細數照咨文估擬開列，無容另開等語。（且拆舊改新，其中合用各料勢難懸揣，又難于開載。）即備清摺三扣送核。弟初欲待成太守圖摺彙送，是以復命稍遲。伏惟恕亮，又請台祺。弟又啓。

（三十二）

徵三仁兄大人閣下：

逕啓者：查鎮海口添建改築砲臺處所，一係小金鷄山，一係笠山，一係安遠臺旁之二石磯上。前升憲原奏未經指出地名，此三處皆報添建。又威遠砲臺一處，係報改築。又小港口至金鷄山，地形散漫，於北面一帶築寬六丈、高三丈土隄一道，南面臨河一帶築寬三丈、高一丈六尺土隄一道，此係劉仲帥原奏，現閱來摺，有大金鷄山名目，是否即係安遠臺旁之三石磯，或另易處所，未准聲敘？又原奏威遠砲臺係改築，摺内僅稱添建砲洞一間。又安遠砲臺添建砲洞，爲原奏所無。又南北有長隄二道，摺開僅止一道，亦均未符合，究竟如何舛錯（須看原奏爲要），望速詳查，明晰示知，立等詳請奏咨立案。專此奉詢，祇請勛安，統祈賜覆爲盼。

鄉愚弟王恩咸頓首　二月十二日

（三十三）

徵三公祖大人閣下：

前承枉顧，輶褻歉甚。即諗元旋晉吉爲頌。昨初五申刻，已蒙提憲、道憲會臨閱勘兩船修理工程，出自關垂之惠，感紉無似。將來送册稾銷，尚須重費台神，另容泥謝。手肅奉聞，祇叩勛安。

治愚弟貝珊泉頓首　九月六日

（三十四）

徵翁觀詧大人閣下：

日前趨叩崇階，諸荷容接，迺蒙飲食教誨，青盼逾恒，感蘭訓之拳勤，益葵傾而心向。別後於念四晨抵滬，諸叨福芘，請釋廑注。敬維鴻猷丕著，駿績聿昭，引睇豸章，式符鵲頌。茲肅者：今寄呈祥生廠洋文收條壹紙，至請詧鑒。所有前次小號代出華文收條，便中乞即寄擲爲盼。敬請勛安。潘渭翁、魏廉翁前敬祈叱名代候爲禱。

晚董學泉頓首　九月廿六

（三十五）

徵翁大公祖大人閣下：

昨自上海寄到惠書，誦悉壹是。敬維勛祉延釐，履祺萃吉，至以爲頌。棟自八月初間赴津，旋於廿三日入都，碌碌塵勞，無足告慰藎廑。承示起重機器祥生廠有八十尺長洋木弔桿在内，價較便宜。兹復函詢敝東，據復前開之價，是外洋克虜伯廠造，無木弔桿及横檔鐵練，或用鐵絲繩，價須叁千貳百捌拾兩。若起重機器仍由外洋辦來，而在滬添造木弔桿、横檔鐵練或鐵絲繩等，價銀肆千陸百叁拾兩。若用單盤者，只須價銀貳千肆百肆拾兩，外加在上海添造木弔桿、横檔鐵練等，價銀壹千叁百伍拾兩。如或吕宋繩無須用至五百邁，當可以扣回每壹邁當價銀壹兩。若概行在滬製造，壹切皆全，只須價銀肆千肆百貳拾伍兩貳錢。兹附呈價單一紙，祈詧收。應辦何者，祈示復爲荷。倘賜復函，仍乞寄至上海本行，棟擬出月初旬即可回滬。匆此肅復，敬請勛安，伏乞垂鑒。

治晚生何良棟頓首　九月廿四日

附呈價摺壹扣。

（三十六）

徵三仁兄大人閣下：

頃奉來示並文領等件，均收到。惟此項尊處墊款，仍須備文至省局請示，始能照發。昨在練老案頭，得閱張蓴生來信，云砲臺工程有仿照塘工章程辦理，由司局另委親信人來鎮。如果屬實，事既不能一律，必至于決裂而後已。叨在至好，用敢布陳。此復，即請勛安。（以下缺）

楊葆銘頓首　十月初一日

（三十七）

澂三仁兄大人閣下：

前番翳從晉省，得奉清談，藉悉砲臺工料事宜，良多裨益。兹誦來翰，猥以蔬肴薄意，尚辱齒芬，顔汗奚似。就審賢勞返鎮，籌備益周，臘春之交，百料具集，自無停待之虞。笠山勢據高巔，石骨深透，五丁開山，定有鬼斧神工相助。爲力闢拓，雖非易事，如閣下之堅忍督持，仍自無難。起砲機器以及大船碼頭逐項具有眉目，心精力果，洵堪劈易千人，曷勝欽佩。至月需撥款，昨已奉撫憲照道詳批准，當即由局遵移釐局查照矣。肅復，虔請勛安，藉完芳版，不具。

愚弟唐樹森頓首

（三十八）

敬啓者：所有鎮海口阻礙船道之物起去一事，最爲緊要，不便久延。敝廳昨來鎮海查勘，已將從前起樁及起所沉船隻之處撈浄，並探該處水之深淺。惟該處尚有未起之樁多枝，並沉船所遺破爛等物散積多處，亦亟應起去，以便船隻往來。又查得一易行之法，乃將該處餘樁並沉船等物曉諭鎮海各船户人等，准其自行打撈，取回自用。因所遺在水者多是蛀壞之物，值錢無多，以此辦法，既不費錢，取效又速，較用火藥轟去尤妙。昨因急急回郡，未將此意晤商。今特修函奉致，可否准行，望即示知，以便稟復税務司可也。順頌勛祉。

名另泐　十月初十日

（三十九）

逕復者：昨接手翰，以工程局銅鐵器由江天輪船進口，囑免税放行等因。正在核辦間，旋據招商局呈到官運物料免税專照一紙，内載銅鐵器三件，即係尊處此次運甯之物，故即查驗放行。正擬函復，聞貴使已回鎮海，不及馳遞，深爲抱歉。嗣後尊處運甯物件，如係尋常之物，應完税者，倘無他口免單，亦無本口監督衙門護照，照章不能免税。如係官用物料，則應先赴本口監督衙門，將所運之物數目斤件、價值各若干，分别開單呈驗，由監督衙門給一准其起下官運物料免税專照，送關查驗放行。倘未請有專照，本關實亦礙難驗放。諸希電察，專復，敬頌勛祉。

名另泐　十月二十八日

（四十）

徵翁大公祖大人閣下：

久疏音敬，時切孺忱。昨奉賜書，如親榘範。敬諗履祺日懋，勛福雲蒸，翹望喬暉，良符頌祝。晚自桂秋于役津門，繼而之京，羈旅二月，始於小春望日抵滬。草草勞人，乏善堪告。所幸公私粗適，藉足以慰廑念耳。蒙諭詢舊購克虜伯砲七尊，十一月内能否到滬等因。即經轉致洋東，據云此砲前接外洋來信，已將工竣，未識臘底邊能否裝運來華，然亦不敢豫必，容俟將來得有實信，即當具函奉□。肅先覆陳，敬請勛安，伏乞垂鑒。

治晚生何良棟頓首　十月二十八日

（四十一）

頻年侍教，承棠蔭之分輝；　尺地移防，悵葦杭之間阻。芳徽在望，葵向彌殷。敬維徵翁觀察大人履續延釐，鼎裀篤祜。旌旗蔽日，三軍深挾纊之恩；　功績懋昭，九陛錫綵綸之寵。鶯遷指顧，雀躍心殷。組鳩愚莫掩，蚶邑移防，於月之八日率隊抵象，分飭各哨擇地駐紮。因南田、石浦最當衝要，已令前、右兩哨先往替防。組一俟象轄各處佈置定妥，再當親赴石浦等處巡閱一周，以臻妥洽。惟是地方遼闊，防務紛繁，責重才輕，常虞隕越。所幸不遺在遠，時錫箴銘，以匡不逮，是所盼切。除將到防日期備牘咨明外，肅此布臆，敬請崇安，惟乞霽照，不備。

費金組謹肅

（四十二）

徵翁太守大人閣下：

日昨接奉惠賜瑞棠復函，敬聆壹是。瑞棠因母病，已於日前回定海省親，大約月底初可來滬上。承詢前定砲位安置之法，並此次俞君帶來前呈圖樣。商查前定之砲，即此圖樣，係現在新造新式，並非舊式舊存安置之法。除已面與俞君言明外，再將砲心距地尺寸詳之如圖，内載砲心距地平二千五百八十密倫，即英尺八尺五寸有零，此乃二十一生的砲圖尺寸也。至若二十四生的砲，砲心距地平二千六百六十密倫，即英尺八尺九寸有零。此二砲皆舉前心磨盤而言。再，二十一生的中心磨盤砲心距地尺寸，外洋尚未寄到，只有磨盤圖樣。量中心磨盤圖樣，門檻高二千密倫，前心磨盤門檻高亦二千密倫，想中心磨盤與前心磨盤高低相仿，而兩砲前中距地尺寸，料亦如之。然終恐中心距地尺寸有錯，已於昨日發信克虜伯廠詢問，俟接回信，再詳陳之。擬請將前心磨盤、砲房先造，帶候中心磨盤者回信，再造中心磨盤、砲房，事屬爲妥。至若密倫尺寸，如拾個密倫美當爲壹個生的美當，壹千個密倫美當爲壹百個生的美當，壹百個生的美當爲英尺三拾九寸六分，祈請以此類推。寄上一面密倫美當、生的美當，一面英尺寸數洋尺壹柄，交俞君帶呈，祈㸃收爲荷。肅此代復，敬請勛安，伏乞垂鑒。

外附呈洋尺壹柄。

德商蘇立志頓首　十一月十四日

（四十三）

徵三仁兄大人閣下：

久違教益，時切馳思。辰維懋著賢勞爲頌。日昨唐藝憲接展温、鎮來翰，以温州口岸專以砲臺爲握手自創，建龍灣一臺殫竭心力，宜添置鋼砲數尊，此臺乃爲可恃等語，業已回明院憲。奉諭鎮海大砲臺新購克虜伯砲七尊，運到之時，可否騰出舊有鋼砲數尊，移置龍灣砲臺？囑令轉達清聽，務祈即行查示，是所盼禱。專泐奉詢，祇請勛安，惟希遥照，不備。

愚弟周李燮頓首　初二日

（四十四）

徵三仁兄大人閣下：

滿城臈鼓，轉盼又逼歲除矣。前得惠書並《四明戰事圖説》及彭鼎卿兄訃聞　封，均經收訖，尚未裁答。適于仲冬廿九復誦手械，敬諗績懋鴻工，勤宣蛟海。現經稟准，發款源源而來。酒漿克繼於南邦，箕畚交施於東甬。指日聖臺武備，聿昭工部文章。引企藎勞，曷勝欽頌。承示總持寺現遭回禄，寅兄棲止無資，囑轉商何海峯將江干碶前營通融借駐，以寅兄事本薄淡，又致祝融不情，至好聞之，能勿駭歎？弟得信後遂即專致海峯，慨然允諾，其該營所存軍裝等物已飭趕運沙頭堰。營壘一俟騰出，寅兄即可喬遷，惟旦夕風雲，事多不測，尚祈從旁婉爲轉勸，俾寬縈懷。至鼎兄遽爾仙游，更屬出人意外，凡在故好，理應脱驂，所有敝部五營連弟處共擬賻助四十元，聊表寸念。剋日赴甯請餉，即當彙送尊處轉交耳。朔風栗栗，珍衛加餐。復請升安，並頌潭福，不盡神馳。

如弟楊岐珍頓首　嘉平朔日

(四十五)

徵三仁兄太守大人賜覽：

昨奉手教，敬悉一切。藉諗勛祺善吉，履祉綏和爲慰。承示萬統領猝遭回禄，寄身無所，囑將江干碶營壘暫行騰出，俾資棲止等情。弟與寅翁同軍多年，極相投契，現伊既無安身之處，弟亦何忍坐視？況重以大命諄諄，自應遵示辦理。刻已函飭中哨官，將營中砲火、軍裝移置左營安頓。容俟搬理清楚，再由敝營中哨官稟請萬君入營，俾免夾襍，想亦閣下所聞而首肯也。專此佈知，敬請勛安，諸希雅照，不具。

鄉教弟何乘鰲頓首

（四十六）

徵三大公祖大人閣下：

敬肅者：竊晚生爲先慈謀安窀穸後，匆遽出申，未及晉謁崇階，一爲敂别，悚慙無既。龍門回首，蟻悃傾心。辰惟升祉日臻，履祺冬懋，爲頌無量。貴工需用鐵板等件陸續運鎮，均由生昌函稟詳明一切，敝處因不復贅，度邀亮詧。惟小號在甬洋木二百餘枝，承飭派馬船以次駁運。頃據敝友來信，謂馬船載貨不多，所已運者係較小之料，尚餘巨料，盤運匪易。年内爲日無幾，似宜從速運結。緣已關照敝友，另覓駁船包運來鎮。晚生爲鄭重要工迅速蕆事起見，定蒙俯允。至是項駁費或照馬船運費核給，俾免虧帖，出自恩施，感無涯涘。肅此，敬請勛安。

制治晚生樊棻謹稟 十一月二十八日

（四十七）

徵翁觀察大人閣下：

昨由武昌輪船裝奉洋板叁拾式塊，託招商甬局李炳兄代收轉解，諒早收到。逕啓者：前言購鐵板並元、方、扁鐵條，該鐵板今已由外洋駛抵吳淞口外，計裝鐵板八百叁拾塊，共重陸千四百八拾五擔，請即飛咨上海道署，發給進口免税專單。元、方、扁三項鐵條，英文帳亦已接到，共重壹千五百擔。此貨約准月内念六、念七亦可駛抵吳淞，祈另請道照壹紙，並祈派撥兵輪來申裝載爲荷。專此，敬請勛安，唯照不宣。

晚董桂芳頓首　十二月十一日

再，超武輪於頃抵滬，杜、蘇二公已到，一切容明信再詳。

（四十八）①

廉卿仁兄大人閣下：

昨前接讀徵翁由甬發來壹緘，當晚又接復電，謹悉種種。承由甬怡記莊匯來規銀陸千

①此信收件人非杜冠英。

兩，已照註册。超武兵輪此次共裝五分、六分鐵板肆百塊。因該輪堅不肯多裝，不但弟等不能相强，即蘇采翁亦無法子。現下餘剩鐵板，因起卸不便，均在駁船暫存。前函懇請速派元凱輪船來裝，諒早部署矣。今坿上發單壹紙，又總清單壹紙，又小號名下往來收付總帳壹紙，均祈誓核。所該各款，緣年關歸款緊要，務乞鼎力婉懇徵翁逾格鑒願，迅即匯解。雖台端向例月領萬兩，不便多付，第鐵條又適在二十六七可到，需款較鉅。總之，惟有切懇徵翁格外體恤。其如何另行調移之處出自鴻慈，一切均託蘇采翁面陳。專此，敬請年安，唯照不宣。

弟董桂芳頓首　十二月廿三日

徵翁前統求代陳一切爲禱。超武於今早晨展輪，緣未關照泰安棧，致采翁不及趁船。

（四十九）

徵三大公祖大人閣下：

敬肅者：頃由生昌交到規銀叁千兩，已謹收尊册。今日由超武船運上鐵板四百塊，其員鐵、方鐵亦由洋到滬，即可續運來工，一切已由生昌函詳，恕不更贅。兹有瀆者：小號今歲年關稍覺擠軋，在甬運鎮之洋木能否年内運竣尚未可必。緣恃鈞寵，可否於洋木款内先賜撥銀二千兩以資流轉？冒昧之處，尚望曲原。如蒙俞允，務祈歲内匯到爲感。肅此，敬請勛安。

制晚生樊棻稽首　十二月廿二日

（五十）

澂兄大人如握：

手示並洋百五十元收到，奉上收單，爲填浣花草堂及吉雲堂名目，伏祈詧存，將來敘奬或有用也。弟即刻開舟矣，餘再函達。手叩勛安。

吉人兄祈叱候。

弟從萬頓首　十五

（五十一）

徵翁太守大人閣下：

月之十七日拜奉惠書，敬悉壹是。二十四生的砲位，知蒙照呈圖樣建築砲房。至二十一生的中心磨盤尺寸，當即遵諭發電克虜伯廠詢問。昨接該廠復電，言中心磨盤砲心距地尺寸與二十一生的前心磨盤砲心距地尺寸一樣。特此布聞，即希查照建築，以速要工。至前定砲位，大約明春可到滬上。肅此布復，敬請勛安，伏乞垂鑒。

德商蘇立志謹啓　十一月廿六日

（五十二）

徵三仁兄廉訪大人執事：

葭管飛灰，一陽來復，敬維勛祉雙綏爲祝。茲啓者：敝營勇丁承辦笠山工程，久未操演，誠恐技藝生疏。茲擬本月暫行停工，以資練習，並於夜間輪向埘近各村莊巡查，俟明春敬候示期開工。是否有當，合泐布達。祇請勛安，並叩朔喜，維希荃照，不具。

教小弟張國林頓首　初一日

（五十三）

徵三仁兄大人閣下：

日前把晤，暢聆麈教。比諗藎祉雲臻，升祺日懋，至爲忭頌。昨黄海珊司馬自省回郡，述悉省中防軍局採辦軍裝、硝磺等件浮冒事發，自提調王韻士太守以下均已撤差，恐情節較重，一時尚難速了等語。此等差事，最易資人疑慮。其實提調大員，斷不致任意侵欺，大半因經手委員不得其人所致，一時容隱，遂致決裂。因思砲臺工程，情事相同，可爲鑒戒。凡一切工程採辦等事，必須人人妥當，事事核實，庶帑不虛縻，吾輩可無牽累之咎。務望執事慎選妥員，採辦各件仍隨時實力稽察；稍有弊竇，即行澈究，以冀事歸實濟，力杜後患。共事數年，情同膠漆，彼此中懷坦白，毫無畛域。前者台旌來郡談及此事，尊意本屬相同。茲因省局之事意有所觸，輒布區區，順候台安，諸惟霱照，不備。

愚弟薛福成頓首

（五十四）

徵三仁兄大人閣下：

頃奉來函，拜悉壹是。聞貴局機廠已經開工，想勤勞更甚，即維起居安邕，爲慰爲頌。採辦煤炭一節，本擬赴滬購辦，因薇垣兩次來信，爲利生説項，勢難置之不問，日前已在該行定購五百墩矣。且源昌之價又不能稍抑，故不能交易也。茲將薇垣原函附呈，祈閲後擲還。近接省中來信，王雲士一席已更委周佩蘭，未識因何事而撤差？雖微有所聞，卻不敢據以爲實。張蒓翁現奉檄來甯辦理直賑，不日可到，然此事甚不易辦。肅此布復，敬請勛安，惟照不具。

偉堂兄並此致意。

愚弟期楊葆銘頓首　十月卅日

（五十五）

大人閣下：

敬稟者：昨日送到繪屏四幅，夾有胡太尊名片，不識作繪者何人，想必大家，皆送憲台與萬統領，如何致餽，敬乞示遵。外寄呈英洋百元，除歸墊肆拾元外，託吉翁代爲開銷，不敷示知，再爲補找。萬統領之洋，望即歸趙。前派之役，一人未回。昨又派三班總頭十人、頭役十人，重賞以資，飭其分頭嚴緝矣。知關廑系，用以附陳。手肅，敬請崇安，不莊。

承照謹稟

（五十六）

徵三仁兄大人韜席：

日前拜奉惠書，猥以初到此間，適形忙碌，裁答稍羈，甚歉甚歉！昨又奉手示，承命撥付工程銀五千兩，原應趕急照上，因伯翁處帳目及銀錢各項昨日交來，稍遲之由，實緣於此，尚祈多方諒之。比維動履安綏，勛華卓懋，勤碩畫則邊防鞏固，卜綸音即寵晉真除。近仰吉輝，無量頌祝。弟忝權榷務，深媿樗庸，咫尺相依，克親教益，實殷欣幸。原捐一項，現在敝處實無存銀，兹特趕寄洋蚨七千元以應尊需，將來仍須折成銀數，方與原案相合。其應如何劃算之處，敬候大裁，聽俟復玉，再將尾數找上。近聞洋藥一項大有變更之説，如果屬實，則原捐月撥一款又屬子虚，未卜執事亦有所聞否？如砲臺工程，實爲緊要之事，似此又不容不早爲籌度矣，想高明亦必謂然。手肅鳴謝，匆匆，復請勛安，並賀年喜，諸惟心照，不備。

愚弟李景曾頓首

（五十七）

徵翁先生大人節下：

昨肅寸箋，託潘蔚翁轉呈，度當登覽。即夕奉手示，祇悉一切。承詢鐘桂亭曾於練軍左哨食宿一節，並曾住張福升煙館等語，容即飛函專人往查確實，再行奉告。組本擬詰朝回象，因楊伯翁將行，在此候送，故有躭擱耳。手肅馳答，敬請台安，惟祈詧照。

金組頓上　元宵日

（五十八）

徵三尊兄大人閣下：

久承教益，遽爾分襟，何日能忘，中心藏寫。弟自十四日拔隊登程，一路水道，風雨無阻，於十九日午刻抵至西興，隨即親詣撫轅，請示行止。旋得傳諭小隊後旂，着暫駐南星橋石營舊壘，聽候分派。二十日系屬封印之期，滿城文武除賀喜外，俱皆免見。二十一日始行面謁，諸荷憲恩霽威相接，言此番札調敝旂來省，並無他意，不過因嘉、湖一帶鹽梟拒捕，現在差弁前往打探。如仍猖獗，恐水師力單，必須敝旂以資協捕。一俟冬防無事，再爲調回。大約正營並左旂可以無庸復動矣。復又問及砲臺工程，意頗着重。弟以喫緊之處一一條對，撫憲云似此大工，不在省費人力，總以堅固爲上，所謂『一時千古』，無論何營，只要應用得手，不（防）〔妨〕指名調遣。細思撫憲此言，並無彼疆爾界之分。望祈閣下堅定自持，隨將砲臺喫緊工務肅稟上達，並指名何營、何旂可以實力做工，則敝軍各營旂不勝幸甚矣。耑泐，敬請升安，諸惟雅照，不具。

教弟黃錦文頓首　十二月廿一日泐

（五十九）

徵三仁兄大人閣下：

奉到惠翰敬悉。客臘所撥七千元，已邀詧入。惟據錢莊劃算，應合成庫平銀五千兩，尚須找洋五百二十元。除已如數找付外，擬請執事另具印領，希將洋蚨七千五百廿元，作成庫平銀五千兩，于領字内註明，以便照申省局。去年所交原領，仍當奉繳也。承屬撥還道庫壹萬金，毋使經辦者爲難，已蒙批准咨商釐捐、防軍總局設法矣。歲序更新，再图良晤。肅復，敬請勛安，惟詧不具。

愚弟李景曾頓首

（六十）

大領、公牘均收到，弟並奉道憲面諭，擬俟本月洋藥原捐解來，即行遵撥。至繪圖經費一項，客臘奉咨後即再四籌畫，奈敝局實無他款可提。若論六成罰款，則年收不過二百元左右，非十餘年之久不能彌補清楚，亦斷無此公事。不得已，祗好再行稟請道憲，咨商省局，意謂繪图一事，系奉李傅相委辦，進呈要件（下缺）

（六十一）

徵翁先生觀察大人節下：

前日奉到函示，遵即專函飛飭各哨長確查。今日接據差旋面稱，據左哨哨長查明，鍾桂亭於十二月十四五六等日在左三住，十六在左五住，二十下午起程赴象城等語。又據中哨胡哨兵往查張福升煙館，據云廿二曾在該館住宿，惟現在該煙館已經縣封，鋪夥十四午後拘押在县等情。用將左哨哨長開來原單寄奉台覽。組核所查各情，尚屬確實，惟鎮轄出事未知是何日期，其人是否在内，想秦庭研訊當不能遁飾也。組明晚擬即回防，不及趨謁，肅此奉達，敬請台安，惟祈詧照，不莊。

金組頓上　十九夕

鍾桂亭，年卅餘歲，住湘潭，於十二月十四五六日住左三宋什長處，十六晚住左五曹什長處，至廿日下午起程到象城，未知落住何處。其人前在達字副右營吃糧，忘（計）〔記〕何哨。鍾與曹什長家中離隔十餘里，前在家不熟，值至桂投達字副右營，兩營相近，談起家鄉相識。

（六十二）

敬逕覆者：廿二日接奉賜何瑞棠手示，代展之下，聆悉種切。所有浙局年前定購克虜伯砲位，當即轉詢敝東。據云前項砲位，聞外洋已裝出兩禮拜矣，應需該砲進出口公事，昨已電請浙局照辦矣。合亟覆聞，以慰廑念，敬請勛安，不具。（瑞棠在家，尚未出來，知注附陳。）

地亞士洋行帳房同人頓首　元月廿四日

（六十三）

徽翁大公祖大人閣下：

適奉惠函，領悉壹是。敬維勛祺日懋，履祉時綏，至以爲頌。承詢前購大砲七尊已否到滬，查該砲於英二月初十日在德國裝英國船名矮而物輪船。該船本擬初十日裝砲後即行開運，後因添裝他件，遲至英二月十五日，即華正月廿三日始克解纜開行，屈指計之，已將四十日矣，大約日内可抵新加坡、粤洋一帶。聞該船尚裝有粤省大砲，抵粤後尚須起提砲件，定有數日躭擱。棟擬俟該船抵粤時，即當具函奉聞，以便尊處料理各事也。匆此肅復，敬請勛安，伏乞垂鑒。

治晚生制何良棟頓首拜　三月初二日

（六十四）

徵翁大公祖大人閣下：

昨奉手札，展誦之下，得悉初四日寄呈、初二日覆陳蕪函未蒙詧照，不知緣何遺悞，念甚念甚。承詢前購大砲已否到滬，當即轉問敝東。據云該砲於英二月初十日在德國裝英國船名矮而物輪船。該船本擬初十日裝砲後即欲開行，後因添裝他件，遲至英二月十五日，即華正月二十三日始克解纜開駛，屈指計之，已有四十餘日矣，大約日内可抵新嘉坡、粤洋一帶。惟聞該船尚裝有粤省大砲，其到粤後尚須起提砲件，定有數日躭擱。棟擬俟該船抵粤後，再當具函奉聞，俾尊處可豫料理各事也。匆再泐覆，敬請勛安，伏乞垂鑒。

治晚生制何良棟頓首拜　初十日午

（六十五）

敬再肅者：　辰下台屬匪情尚稱安謐，前於二月初上石井一役，計獲得匪徒七十餘名，匪勢漸稱安静。復於九月間又拏得巨匪王采海一名，山海之間餘匪亦知斂迹。嗣後拏獲餘匪亦復計有多名。近日台垣六邑之間，道途往來尚覺安妥，無甚劫案，台垣匪情未有如今日之安謐静者耳。但年歲欠豐，來春究未識何如。晚生仍駐紮臨海花橋之地方，防地一帶尤復時加巡緝，尚無他案。知關廑念，故特稟知。肅此，再請勛安。

晚生鼇再肅

（六十六）

敬稟者：竊卑職於正月初九日蒙賜陪讌之榮，彌深飫德之感。乃以叩辭抵郡，旋即偶抱微痾。夙仰大人公事爲重，本應力疾趨承，藉供驅策，緣據醫云，舊有勞傷之症，新兼感冒之加，服藥調理，略需静攝。憲恩高厚，想可鑒原。用敢直陳，伏乞賞假，一俟稍可就痊，即當衹叩鈐轅，銷假伺差，決不敢偷躭安逸，有負栽培。肅泐丹稟，衹叩崇安，伏祈垂鑒。

卑職德蓮謹稟

（六十七）

徵三老弟台大人閣下：

客臘甬江于役，諸荷垂青，並承頒賜郇珍，感銘無既。敬惟勛祺納福，籌祉增綏爲頌。兄別後回滬，祇以歲事將闌，匆匆未及作書道謝，至以爲歉。新正赴金陵、太平等處一行，道路奔馳，至日前始得返滬。在甯奉曾宫保面諭，醇邸有四五月前來南洋閲操之信，將來旌節南來，未知尚至鎮海閲視否。俟得的音，再當奉告也。此間現由宫保委令籌防局湯觀察日内來滬，與關道及水陸各營統領會商一切，以便先期備辦耳。專泐奉布，並致謝忱，敬請勛安，餘惟愛照，不具。

如小兄吳安康頓首　正月廿九日

（六十八）

徵三仁兄大人閣下：

昨接惠函，知省局定購大砲月内可到，各臺基址均已拓平，到時即可起弔，具見辦事妥速，督率有方，欣慰之至。近閲申滬各報，皆云醇邸春間巡閲南洋，察看砲臺船政等事。傳說不一，如既到上海，或順道來鎮，一視前年戰勝事迹，實意中事。其到鎮時，或上岸，或不上岸，亦未可定。前晤吳徵三總戎，據云須明歲來南。然一人之言，未足爲憑，要不可不預爲之備，以免臨時倉卒失措。執事能否先行探聽確信？其東嶽宮、招寶山等處，如何設座，亦須早爲籌度。客秋醇邸莅津，傳相動用海防經費，並委道府數員專司其事。若邸節果須莅鎮，中丞是否當委執事豫備迎候之事？抑或另委候補人員或甯釐局辦理此差？似應由尊處預爲稟明請示也。專泐，順頌台安，諸惟霽照，不具。

愚弟薛福成頓首　二月初三日

（六十九）

徵三仁兄大人閣下：

客臘曾泐椒緘，亮登籤記。而匆匆年事，又試風燈，翹首金蘭，彌殷洄溯。除夕前一日接誦惠書，敬諗丁年集鹿，亥首迎羊，遥想火樹銀花，詩吟工部，定別有一段佳興也。寅兄借屯江干，事屬微細，袍澤知己，何勞上辱齒芬？小隊一軍奉調浙西駐緝，經我兄稟請留止，只撥綺兄一旂開行。竊念回禄之餘，殊難于遷移之累，幸賴山公啓事，維摯白駒，公私兩資，在寅兄叨愛非淺，凡屬舊好，亦爲心欽。此間無可上陳，惟去臘有温匪過台，經弟督隊往剿，于除夕始行旋郡。刻已具稟撫憲，擬定開纂後分兵四路進山，搗穴搜捕，倘有所得，庶以稍寒賊膽耳。彭鼎翁奠分業經送到，並以附及。復請升安，並頌潭福，不盡欲言。

任雨泉附叩。

如弟楊岐珍頓首

（七十）

徵三仁兄大人閣下：

中浣肅泐一函，藉鳴謝悃，想可早登台覽。即諗鼎茵集祜，履繶延釐，爲頌無量。啓者：鎮海保案所有弟與敝部各員弁履歷，玆已遵示造齊，計共二十四本，寄請閣下分別轉送。諸費清心，感激之至。除另備公牘外，肅此順請勛安，諸唯藹照，不具。

愚弟陳旭頓首

外坿公文一件，並履歷二十四本。潘偉翁均此致誠。

（七十一）

徵三仁兄大人韜席：

日前奉訪，適台從赴小港督工，一面緣慳，望洋興嘆。比惟勛履安綏，賢勞卓楙，無量欣頌。頃奉省城釐捐總局札開，得悉貴處工程銀改由道關月撥萬兩。似此仍歸便捷，不至有赴領守候之累，良深幸甚。敝處公事不日即當遞上，計執事或已早奉省文，未可知也。專此布達，敬請勛安，惟鑒不具。

愚弟李景曾頓首

（七十二）

澂三仁兄大人閣下：

久闕候箋。入春以來，雨多晴少，時惟督作勤勞，櫛沐交瘁爲念。月朔奉到仲帥來諭，謂鎮海砲臺核實興築，防務必臻周密。閣下勤慎可嘉，可致函勖之云云。仰見節度天涯，猶不忘東事也。正抄，地亞士電音到，局所訂克虜伯砲兩禮拜後便可運到，刻下尊處計已接到前途來音，料理一切矣。惟前聆面説砲到須加鑄子藥一層，如準，須由省局就廠造製，務望先示一音，子到便寄一枚作式。現因各項子藥以及銅帽製辦俱已足數，擬於三月杪停止機器局工。如必接辦砲子，則另有一番打算。統候復音，以備上達。特此布詢，虔候勛安，惟鑒不具。

愚弟唐樹森頓首　二月既望

（七十三）

瀓三太守大人閣下：

前親麈教，藉慰積忱。辰維勛祉延釐，至以爲頌。弟别後護送撫軍，於十一抵定，十三抵台，十六抵温。沿途風和日晶，海波不揚，撫軍頗有豫色。案閲各屬諸操，亦尚愜意。十八日由温冒雨啓節，蓋深恐歷時久則辦差者愈費，其體恤屬員爲何如哉！兹有啓者：去年三月間，承示鎮邑大碶頭染坊劫案暨黄明府賞號及贓單等。接奉來示後，當即飭弁購綫，四處緝訪，迄無影響。至本月初六日，始據綫民訪得是案確實正犯一名。經敝弁捕獲解署，並將該犯所劫各案開單呈送前來。時弟在甬，敝友函報到甬，而弟已由定而台矣。午間返石，略加研訊，先認竊案三件，及鎮案則遊移狡獪，尚未確實供認。避重就輕，若輩故智。觀其情形，當是此案正犯。現特備文，飭令敝弁王賢法解送該犯至鎮，並令詣前將移解公牘呈閲，則前後情迹均可接洽，閲後並希代爲封口擲付該弁。其綫民開呈該犯劫案一單，亦抄附台覽。惟敝處尚未通報，務祈轉致黄明府從速録供移復。最好訊問後先行抄供寄示，以便敝處稟報各大憲，是所禱切。瀆費清神，不安之至。專肅，敬請勛安，諸希荃炤，不宣。

教弟鄭碧山頓首　三月二十日亥刻

（七十四）

澂三太守大人閣下：

前月二十日，飭解弁齎呈寸緘，知登寶記。辰維績著籌邊，謨能裕國，以治賦者治兵，均輸本以助戎政；而良吏即良將，腹心乃寄以干城。指顧真除，傾心豫頌。山謬統水師，兼權石篆，了無淑狀可慰廑存。敬有懇者：前解鎮邑盜犯，山專候其録供移復，然後通報各憲。前因捕獲時，山適在甬，故移解較遲。迄今去捕獲日期已將一月，通報不可過遲，用特懇請台端轉飭鎮令從速訊供，剋日移復，俾山處得即申報，以免稽延之咎，出自恩施，無任叩禱。敝處本擬逕行函催，因未知王君别字，有所未便。便中亦乞示悉，以便將來通函也。專肅奉懇，恭請勛安，維希垂詧。

鄭碧山謹肅　四月初四日

（七十五）

徵三仁仲大人戲下：

久違大旆，正切懷思，忽一朵祥雲自天上飛來，開函浣誦，甚慰飢渴。敬惟藎猷卓著，籌祉綏佳爲頌。兄碌碌如常，無可告慰。上月護送海運漕艘至煙臺一行，於初七日返滬。月半後尚須出洋操練，不過數日即返。閣下來滬，果在何時？想不至彼此相左。如台旌到滬，兄已出洋，即希寬住數日，藉图良晤，以抒区区積抱也。粟色火藥此間從未辦過，各船所用者，皆製局自造之藥。間有所購，亦非佳者，是以無可奉寄。有方雅命，尚望見原是荷。專泐奉復，敬請勛安，諸祈愛照，不備。

如小兄吴安康頓首　四月十二日

再，粟色藥，北洋定有此種，兄已作書向丁禹廷兄索借數百磅。如經寄到，即當轉交地亞士行奉達也。惟乞鄰而與，能不貽笑大方耶？此致，再請台安。兄又頓首。

（七十六）

敬稟大人閣下：　謹稟者，上月鄭參戎移解盜犯王三妹一名，卑職隨於次日問供，一訊即認張宗室染店一案，委係聽從行劫，並非爲首之人。本擬即日移覆，緣敝刑友慎重太過，謂單開數案，只供一案，恐有不實不盡，必須細加研鞫。後又續問數堂，供仍如故。現因敝友有事往郡，至今未歸，是以稍稽移覆。既經鄭君信催，謹將原供録呈，並照原懸賞格洋伍拾元奉上，仍請由大人處寄交，並乞代述緣由。一俟敝刑友回定，即録供移覆，不敢再有稽延也。匆泐，敬謹鈞安，不莊。

卑職王承照謹稟

（七十七）

徵翁大公祖大人閣下：

昨奉函示，祗聆種切。敬維履祺日懋，勛福雲蒸，至以爲頌。所定大砲，外洋裝出，日期的係不錯，實因該船走脚過緩，以致遲之又久。近日究在何處，亦未有確信。至栗色火藥，奉示之後，晚知南洋未有此種火藥，即經趨晤吴軍門，談及之下，果然不謬。惟聞北洋定遠、鎮遠此藥有備，適因該兵艦停泊煙臺，當即商請吴軍門函懇北洋丁統領暫移一用。倘能借到，是爲至妙。兹晚猶恐或不能借，因思小行前蒙長江李軍門定有火藥，現下擬即裝船，但未識外洋有無出口。晚囑洋東今日發電外洋，如裝前項火藥之船尚未開出，命其隨帶栗色火藥，每砲各一出，以備尊處試放。倘使北洋先能借到，而各省公事必需照還，將來外洋帶到之藥，就可以償北洋借款。否則，北洋見卻，即應尊處試用也。專此泐復，敬請勛安，伏乞垂鑒。

治晚生制何良棟頓首　十二日

（七十八）

據王三妹供：小的姓吕，名叫連升，又名子定，現年廿二歲，是台州府黄岩縣人，家住西門外四都新街地方。小的十一歲那年到甯波提中府羅大老麾下，在彭總爺處侍奉當差。數年後，因彭總爺病故，小的于光緒六年間在達字前營左哨七隊補名食糧。至八年，營主看小的矮小，除名銷差。當于八月，又在副中營右哨二隊張大人處吃糧。十年三月，因小的技藝不好銷差。到九月裏，小的往定海副旗營右哨三隊貝大人處當勇。到十一年八月撤退。舊年二月初十外，小的在副右營右哨四隊什長湖南人李金堂處做工，就在此處停宿。至三月初一日，有石浦人謝福順起意糾劫。據説在大碶頭染店，他往兩次，先已看明情形，他又糾仝湖南人周永慶、温州人曾得盛，連小的四人，本月初十夜由大道頭飯店吃飯動身。謝福順、周永慶各拏馬刀一把，曾得盛執持鐵鑿、斧頭，小的在山上拾得木棍一支，走到大碶頭染店門首，曾得盛用斧頭、鐵鑿劈開店門，遂各進内，搶得布疋並青洋布、皮馬褂等件。當有店中染司二人，手拏木棍追捕，小的們各自負贓逃走，至布陣嶺下俵分各散。

周永慶把所得青洋布、馬褂拏往甯波，謝福順把贜拏往梅墟去了，曾得盛與小的分得染皮布七八疋，于十一那天當在城内瑞泰當内，得洋十一元，當時花用。今年三月初頭，小的往石浦，想要到練軍營吃糧，停在該處飯店戲賭，先被司官查拏賭博。有客人失落小錢袋一個，内有銅洋一元、光洋一元，又當票五六紙、藥粉一包、銅帽數顆，小的從而撿得。忽有人敲門，有黄岩人姓陶，説又來拿賭。小的害怕，從樓窗(挑)〔跳〕落，就被他們拿住送案，轉解來鎮。今蒙提訊，小的俱照寔認，不敢混供，總求加恩救命是了。

三月廿三日　招書張維泉

堂諭：　着將王三妹即吕連升收禁，聽候核辦。此諭。

（七十九）

徵三仁兄大人閣下：

昨接防軍局來電，内云撥發砲臺工程銀貳萬兩等因。想不日即可匯寄到此，特以奉聞，即希備具文領，便中交下。一俟匯到，當即移解，以應要需也。專泐，布請勛安，惟希澄照，不具。

愚弟期李𣈶曾頓首

（八十）

徵翁大公祖大人閣下：

前郵寸椷並摺，計邀垂鑒。所有栗色火藥，頃接外洋來信云，接到小行電函之日，適裝李軍門定購火藥之船業已裝齊，殊形不及，容後遇便再寄等語。合亟據情佈聞，即祈俯待爲禱。前懇稟函有無寄出？念念。晚定二十六日去杭，知注附陳。肅泐，敬請勛安。

治晚生制何良棟頓首　閏四月二十四日

（八十一）

徵翁大公祖大人閣下：

日前台端莅滬，快聆教益，祇以多方簡慢，至今猶歉。敬維旋祺集吉，動定咸宜，載頌且祝。所有前到大砲，聞經裝出二次，計日諒已起提，但未知何日復來裝運，念念。惟該砲價銀爲數甚巨，晚擬日内赴杭請領，且查合同内本係到滬交卸付銀，爲此函懇閣下，可否將前項大砲業已到滬並點過大略，及已派兵輪漸次裝運情形，先乞函聞浙省軍需局，以便晚赴杭時庶有接頭，拜託拜託。兹坿上克虜伯廠致喊姆薄地方小行來信，録呈台覽。所云栗色火藥，將來必須購辦，緣前項砲位甚屬精固，應需火藥自不能低次。想閣下整飭防務，無不精益求精，此節尚祈便中提及關顧爲禱。肅泐，敬請勛安，伏乞垂鑒。

治晚生制何良棟頓首　閏月十五日

（八十二）

澂三仁兄大人閣下：

前奉還函，以克虜伯大砲到鎮，便將砲子專勇送省仿造等因。查刻下機器局改鑄制錢，未能帶造砲子，且砲臺成工尚需時日，仿鑄正不在急，暫毋庸將子藥送省。前得滬上電音，知大砲已運抵香港，不日可到。務祈妥爲督飭，分別起駁安置，是所至禱。專泐布意，祇請勛安，惟希遥照，不莊。

所需二、三、四月經費，已商明釐總局籌撥矣。

愚弟唐樹森頓首　十七日

（八十三）

徵三仁兄大人閣下：

日前何瑞堂兄來省，詢知大砲已運二尊赴鎮，其餘日内諒可運齊，分别安放。第有砲必須有藥，究竟當日向地亞士洋行定購砲位時，曾否將砲藥一併議購，合同內無從查考，未識閣下知其底蘊否？如有所聞，望即示悉。若當時藥未定購，存在鎮海之七星餅藥能否合用？現存若干？應否添購？並祈查示。專此奉詢，祇請勛安，唯希朗照，不一。

愚弟周李燮頓首　端陽前一日

（八十四）

徵三廉訪大人閣下：

昨晚到鎮，本擬趨謁崇階，爲雨所阻，歉仄奚似。就審勛祉延鴻，鼎祺綏燕，引覘吉藹，允愜藻私。弟於初三日抵滬，緣有温州船已在碼頭裝載火油，遲至初七日，方得裝運大砲，初九日裝畢，昨日展輪回鎮，已將裝運各件開單送閱。惟此番敝船已裝甚滿，砲箱等件裝至船尾，現尚有大砲兩尊並零星物件，諒元凱再往，儘可全行裝載，似毋庸敝船再赴也。何瑞堂兄到杭州，尚未回申，統此附聞。弟於本早暫回甬江，日内當即來鎮趨聆雅誨，暢敘一切。匆匆泐此，敬請勛安，唯希荃照百備。

愚弟鄧驄保頓首　端月十一日申

（八十五）

澂三仁兄大人閣下：

日前因外洋運來之大砲，有彈無藥，曾經專函奉詢，度已早達典籤。頃奉會辦悉諭，以仲帥在浙時，吾兄曾以七星餅藥能製自任，價亦便宜。現在大砲（以）〔已〕到，須於平日時常操演，臨事方有把握。所需常操七星餅藥，如能自製，希即稟請開辦；萬一不能，亦祈示復，以便酌定，是所企禱。專泐，祇請勛安，立盼回玉，不具。

愚事周李燮頓首　初八日

（八十六）

徵三太守大人閣下：

別經逾月，意切望雲。敬惟福履燕綏，勛猷彪炳，引詹霽宇，曷罄孺私。鎮地新運砲位，諒已布置安詳。惟需用棕色火藥一節，前經面獻芻言，乞爲稟請中峯函商閩省，權挪數出，藉資試驗，目下諒可運到。其試放之後，該藥神妙定邀目賞，諒必上聞撫軍，爾時幸乞惠示數行，俾可束裝赴浙，藉圖招攬。倘得有成，皆出自逾格栽培，不勝銘感之至。耑此，敬請勛安，伏希垂照，不備。

蔣埅謹肅

（八十七）

徵翁大公祖大人閣下：

久疏音敬，恒切孺忱。遥維起居集吉，勛福延釐，敬以爲頌。所有砲用火藥業已辦妥，彼二十一生的砲，用訂購九十九磅重新式栗色攻堅裹藥二百五十顆，六十六磅重常用裹藥一百顆；二十四生的砲，用訂購一百四十九磅重新式栗色攻堅裹藥一百顆，九十九磅重常用裹藥四十顆；十七生的砲，用訂購三十九磅半重常用裹藥四十顆。又訂購新式不裝裹散餅藥八萬磅、黑色七星餅藥二萬磅。惟十七生的砲，用攻堅裹藥，原議訂辦一百顆，後奉軍需局來電云，此項藥裹無庸購辦，只辦常用四十顆可已。晚本擬回滬後即欲具函奉聞，比因俗冗，兼之合同尚未書就寄杭，以致遲遲。至黑色七星餅藥，晚在杭時亦經見過閣下之信，擬購十萬磅。乃唐觀誓以近時防務稍鬆，毋須多辦，且有栗色散藥備用，故先試辦二萬磅，將來欲用又可添辦也。砲件到鎮，閣下佈置安頓，諒費清心，王事賢勞，當爲能者誦之矣。然而砲件裝完後，務懇閣下即行稟省，因小行砲項找價，欲俟砲件全數到鎮可以找給，此亦出於意外。伏查合同，原議載明砲件到滬付價，兹因多年主顧，亦不與之計較。尚祈閣下體恤逾格，拜託千託。肅泐，敬請暑安，伏乞垂鑒。

治晚生制何良棟頓首　二十九日未刻

（八十八）

徵三仁弟大人麾下：

讀來示，知悉今早接薛叔翁來文爲電綫一節，當飭衢軍派人幫擡，自甯到梅墟，其由梅墟到鎮海，又須派勇代爲挑擡電綫桿等件也。承示電綫不必過江，自應如此，以省糜費。早間宗太尊在營已與言過矣。所代製馬梯呢鎗子，今特遵命送上洋槍一桿。惟該鎗膛口不能一律，或大或小，似須小者亦做數百顆以備用可耳。特此布達，恭請勛安，諸惟愛照，不宣。

如兄錢玉興頓首　初三日三鼓

（八十九）

徵翁太守大人閣下：

前日由尊處挂號領紙内，砲子名目未注。及至甯局詢稱，已填大鐵子名目。其子因局中未備，允即照子板大小定鑄，遲數日往領。惟既定鑄，已請加鑄四百粒，兹特備呈領紙，即祈挂發是荷。肅此，敬請台安，統惟愛照。

劉昆宗謹肅 初四日

（九十）

徵三賢弟大人麾下：

昨晚具上一函，計邀英覽。所有梅墟砲臺、砲架，尊處原做砲架匠人，即希飭令前來相視一切。昨准省局來文，又由省撥解大砲四尊，不日可以到甯矣。此佈，恭請勛安，統惟愛照，不盡。

如兄錢玉興頓首 初四日

（九十一）

徵三仁兄大人閣下：

滄波咫尺，久闊鱗緘。昨捧朵雲，藉抒結軫。就維籌防績茂，樹建勛隆；側聽英猷，傾忱藻頌。淡水屢獲捷音，臺事想尚能得手，论者以閩中有備，深恐敵船竄擾鄰疆，鎮口布置森嚴，釘樁沉船，執事如意指麾，洵可謂毫髮無憾。昨聞梅墟又紮四營，爲郡垣第一重門户。然浙東保障全賴長城，蛟關兀峙海中，宛同鎖鑰。況麾下深知兵略，調度得宜，彼衮衮諸公又何煩紛紜顧慮耶？吳守戎解到蒲包，已如數點收，留以備用。陶士行竹頭木屑，無一棄材。乞將尊處護臺情形縷示爲荷。肅勒鳴謝，祗叩捿安，不備。

愚弟成邦幹頓首

（九十二）

（徽）〔徽〕三仁兄大人閣下：

久隔鴻儀，恒殷鶴跂。適荷芝章，莊誦藻誦。藉審履福雲蒸，勛祺月朗，鶯遷在望，燕忭彌虔。弟邇來承甯道委修營船十餘號，卜日興工，必須親爲監驗，洵之草草勞人何以休息者耳。承示公致李灼翁之太夫人屏份，弟處已照部内哨弁等計有十二名，即彙繳份金洋共叁十元，以呈台詧。餘此亦經通知敝同事陳印兄備繳也，想在日間定可寄到矣。手此，復頌秋釐，諸祈霽照，不宣。

愚弟張蓉光頓首

外抄復名字單，以便註銷。

杜徵三友朋手札第七册

（一）

徵三仁兄大人閣下：

啓者：砲臺經費，前將執事所稟轉申撫院。昨奉批示，准撥四、五兩月餉銀，由省局支發。即希執事電致防軍局，請其從速撥發，當不致再有遲延。大砲到齊，何時可以上臺？砲臺工程興築約及幾分？天時伏暑，執事督率維勤，賢勞卓著，曷勝廑系。去年所辦《鎮海戰守圖説》，敝處但鈔其説，而圖則尚無底本，應請執事將正圖一、分圖八，命工代爲照繪一分，不必裝潢費事。一時如無繪手，或將稿本寄由敝處覓人照繪亦可。專泐，順頌台安，諸惟藹照，不備。

愚弟薛福成頓首

（二）

徵翁大公祖大人閣下：

昨奉復函，祇悉一切。超武十七生砲即經轉詢敝東，據云外洋已將裝船，大約二個餘月可以運到。此次裝到各砲俟尊處配好試放，始能具報，是亦理説，然計此非數月不可，惟小行尾找價銀甚鉅，實難懸待。仍祈閣下將砲件裝完情形，先乞函致周配南太守，俾有接頭，具報悉聽尊便可也。諸望推情體恤爲荷。肅此，敬請勛安，伏乞垂鑒。

治晚生制何良棟頓首　六月初五日

（三）

徵三仁兄大人麾下：

昨奉還雲，拜悉一一。就諗勛祺夏大，履祉秋高，欣如頌慰。前托王世兄一節，如有機緣，尚希留意。頃接省局電音云，貴臺經費匯洋一萬五千元，日内可到，屆時請備文來領可也。弟溽暑塵勞，采薪偶抱，近雖漸愈，而精神尚未復元。演砲有期，或當放棹蛟門，一聆（塵）〔麈〕教，即當枚生《七發》何如？此佈，敬請台安，惟照不具。

愚弟期李景曾頓首

（四）

徵三仁兄大人閣下：

昨展復函，聆悉一切。前接曾宫保來函，以澄慶沈船，已飭靖遠兵輪正管砲陳步雲向辦拆卸。其馭遠一船沈水較深，是否有礙民船往來，應用水雷轟去等情，即囑歐陽軍門及敝處就近主持其事。查水雷轟去沈船，前年鎮口已經辦過，於居民並無妨礙。惟馭遠船身堅實，或仍須招滬關營造司洋人，用黄火藥幫同轟擊，軍門現已札委鄭仙崖都戎督度辦理。仙崖因水雷等事未甚諳悉，擬就尊處周詢一切辦法，務望執事詳細告知。或飭派熟悉水雷老成弁目一二人，前往幫同料理，最爲有益。業已行文知照冰案矣。繪圖一事，如照前減價百元之議，請令照繪一分，其價隨後奉趙，切勿見卻。如不能來，仍希將底稿寄下，以便飭人照繪。專泐，順頌台安，諸惟鑒照，不具。

愚弟薛福成頓首

（五）

徵翁大公祖大人閣下：

昨奉賜書，誦悉試砲情形已蒙通稟省憲，費神感感。所有砲架左旁弔抽斗、鐵竿、繩索、輪盤，諒非短少。聞繩索係用鐵絲所做，或裝錯别箱亦未可知。請將十三號及十七、二十一、二十五號箱内檢查，如果烏有，自當照補。兹寄呈水蜜桃八簍，即此土物，惟祈莞存。又坿上四簍，敬求飭送吳吉人兄手收爲禱。肅此，敬請勛安，伏乞垂鑒。

治晚生制何良棟頓首　二十二日

（六）

徵翁大公祖大人閣下：

前月二十二日託王新甫兄帶呈蕪函，外水蜜桃八簍，諒蒙督收。廿九日接奉手示，祇聆一切。所有拉火已照尊處前寄省局之樣，業經訂辦三千矣。肅泐奉復，敬請秋安，伏乞垂鑒。

治晚生制何良棟頓首　初一日

（七）

徵翁大公祖大人閣下：

昨日余鼎臣軍門來，拜奉手示，誦悉一切。敬維勛福咸宜，起居增綏，定符私祝。前蒙委辦黄火藥七出，現接外洋來信，云已同超武船上砲件一起裝運來華，約後一個月可到上海。惟前項火藥到時不能上岸，將來作何辦法，候示遵辦。應需進出口公事，即祈稟請甯紹台道憲咨照滬關道憲，致關驗放，以便到時起運。至前項黄火藥將近抵滬，嗣後尊處裝就大砲，幸勿再將七星餅藥試放，恐損砲體，請少待幾時，俟黄火藥到時再試。乃託所有砲架左旁短少之件，詢據洋東云，那邊並無有此弔抽斗，祇有右旁有裝彈抽斗一只，用後即挂在鋼(篦)〔遮〕上，如左邊亦有此項弔桿步位，或即此一根通用，大約或左或右，隨意安插，以期靈便爲主，未知是此意度否？或者留放扶梯地步，亦未可知。統祈詳細查察，是所盼禱。余軍門已會晤各處，遵導先路也。肅泐奉覆，敬請勛安，伏乞垂鑒。

治晚生制何良棟頓首　七月十三日

（八）

澂三仁兄大人閣下：

日昨接奉惠書，誦悉種切。查尊處拮据情形，前已回明，各憲深知爲難，故砲臺經費月前曾匯解一萬五千元，本月初三日又匯上一萬五千元，核與撫憲批撥二萬兩之數相符。勉力報命，聊濟急需。至於臺工，固屬緊要，勢難停待，而近來釐捐支絀異常，實有應接不暇之勢。如甯關徵存洋藥原捐一款，奉部覆准，即可就近源源接濟，不致有掣肘之虞，諒覆文亦在旦晚間耳。倘有急用，可商道憲暫爲通融，未識閣下以爲然否？專泐奉復，祇請勛安，諸祈遥照，不莊。

愚弟周李爕頓首　七月八日

（九）

澂三觀察大人閣下：

前承飭派武長順隨同赴滬定購水雷，心感之至。山自申旋甬，緣奉提憲面諭，於十一二等日親詣石浦，查看沈輪情形，因於昨初七日先趕回石，匆匆不及再詣台端，莫名歉戀。刻聞提憲來石察勘後，尚須回甯會商道台，函商曾爵憲，示復然後舉辦，囑山在石守候。一俟月底、月初接奉憲示，當即前來趨聆教益也。耑泐，祇請勛安，維希察鑒。

鄭碧山謹肅　七月十二日

（十）

澂三觀察大人閣下：

不親麈教，倏又經旬，依企寸私，刻莫能釋。敬維藎猷日茂，茀祉秋高，慰如所頌。兹懇者：山昨自甯郡回石，據管駕扮商軍功王賢法報，獲盗船一艘、盗犯孫阿豐等三人並匪械多件，一再詢詰，據供種種情節概不相符，其爲積年老盗無疑。如果安分商民，當拏獲時逃去兩名，迄已日久，當有人來保，山返署後即應起解。因有一犯日前病勢甚重，誠恐斃於中途，所以遲遲未解。現已稍愈，用特備文移解鎮海縣，請其確切研訊，究竟船貨是何洋面劫來？內中有無别案要犯？山仍一面密派幹弁前往定海、岱山，四處偵訪該犯實迹。便乞轉商王子翁，務請費神，詳加研鞫，務得確情。如果不認，亦請且爲收禁，幸勿即便釋放，致匪膽益張，是所叩禱。所有一切情形，已於移鎮邑公牘内詳敘。兹特露封，呈祈察閱，封交來弁投遞。忝恃愛末，當不以瑣瀆見責也。再，匪犯顔阿木所雇引江楊阿洪，本在石浦受雇下船，兹併獲解質訊，倘訊無通同爲匪情事，祈請王子翁先行保釋，俾免株累是幸。再，王子翁囑拏周雲慶等三名，已著綫民張三林四出訪緝，至今未來。倘能獲到，即當解送也。便中乞致聲爲叩。專肅，祗請勛安，維祈察照。

鄭碧山謹肅　七月十三日

（十一）

日昨趨叩台端，即蒙教誨，私衷感戀，莫可言宣。敬維徵三觀察大人勛績秋高，升華日萃，翹企吉暉，莫名忻忭。山別後抵甬，旋將各務部署，一切所有敝輪現已裁汰，自應駛赴蛟川，奉繳尊處。伏思蛟口商輪各船進出停泊之區，港口擁窄，誠恐有礙船隻，莫如灣泊甬江鹽倉門之左近，庶免碰擠之虞，抑駛至鎮口，均乞裁示。前荷飭留敝輪水手數人，在船照料。在山之意見，設有風潮開動等事，必須留車目、頭目共水手等十名，方足以資經理，其口糧之若干，仰求酌給，是否均祈示下，俾得遵循耳。謹肅，敬叩勛安，虔頌秋祺，伏維垂照，不具。

鄭碧山頓肅

再啓者：如果敝輪奉諭停泊甯港，並求派委至甯點收是禱。山又肅。

（十二）

澂三觀察大人閣下：

今日潘煒翁來甯傳述尊諭，當將悃忱陳請一一轉達，想煒翁回鎮時，定能察鑒。所有惠濟輪船薪糧，業截給至七月底止，餘存軍火以及槍砲軍械，已就近解繳甯局收儲。頃奉鈞函，並即轉囑馮管駕，遵將該船妥爲清理，駛赴鎮口，請賜驗收接管。應備公牘，山當即日回石辦理齎呈也。先肅布懇，敬請勛安。

鄭碧山謹肅　七月二十九日

（十三）

澂三仁兄大人閣下：

接奉惠函，拜聆壹是。砲臺經費已由裕泰匯奉，諒荷察收。繪圖一款，兹特撥付洋七百元，並希照入補領備案是荷。頃奉防軍局憲行，知惠濟輪船已奉裁撤，薪糧給至七月底爲止，其船由尊處變賣繳價。將來估計定時，尚祈開價示悉，緣曾有友人託爲介紹也。肅復，祗請升安，不莊。

愚弟期李景曾頓首

（十四）

徵三仁兄大人閣下：

珍謬鎮黄巖，遠承丹簡，殷拳道賀，可感可欽。祗以俗冗匆匆，有稽裁答，歉也奚如。

際此秋色西來，桂香盛放，遥維績懋鴻工，勤宣蛟海，浣花堂上定增一段藎勞也。幹忝守椒江，愧鮮樹建，幸近日甘霖疊沛，民里謐安，差抒尊注。兹仝懇者：昨接鄭仙岩兄書，知上游有遺撤惠濟之舉，撫台洋緝全賴該輪，一旦奉裁，深切杞慮。現幹已具稟陳提道兩憲，懇爲上請免裁。如已入告，不及轉圜，惟有另議歸于海標收管，一面當與珍會稟中峯籌款，請示遵辦。因閱仙岩兄處來文，知將該輪奉交尊處，變價收解軍火，用將專函馳達，務祈我兄飭將該輪軍械等項暫留免繳，存船數日，俟看將來奉批如何，再行函達辦理也。承情之處，容當再謝。專此飛懇，祇請升安，不盡縷縷。

愚弟成邦幹、如弟楊岐珍頓首　八月朔日

偉堂兄處弟珍附筆請安。

（十五）

徵三仁兄太守大人閤下：

昨泐覆函，並以惠濟同梓翁公達台端，亮已早登籤典。頃於仲秋初六尊紀至椒江，接誦惠示，敬諗勛祉凝鴻，潭祺綏鹿，工部風采，向往良殷。承示惠濟兵輪現經僊岩兄面陳叔芸觀督，意在以台郡議添官航之款挹彼注兹，已爲徑函往商梓翁，洵爲至善之計。查惠濟往來台甬，大益防務，極利敝軍。目下執事者專講刻求，注意在于敝處勇夫薪費，日議删裁，數載經營，一旦付之流水，徒喚奈何。昨已函覆局中將就冬防，待至明春全數請裁，大局難顧，祇有決計另作良圖。知己如兄，用以肺腑傾告。其官航一節，前雖經梓翁稟請，奉批無款，尚須設法另籌。既承尊示殷殷，自當將原書函寄梓翁，公同計議也。至黄、鄭之事，弟早洞悉，容俟稍遲相機報命。兹因來差守候，匆匆手此，復請升安，統惟恒照，不盡。

任雨泉附筆請安。

如弟楊岐珍頓首　初六午刻

（十六）

徵三仁兄大人閣下：

敬復者：昨奉手示，以砲臺工程叠次請款，動經數月，雖又具稟，恐非旦夕所能給領。可否暫於關庫先行撥借銀貳萬兩，將來省款撥到，仍即呈繳等因備悉。查敝處近來各款積存甚少，遲早不過一月，總須批解。其洋藥釐金一項，户部久未核復，原檄本令專款存儲候撥，誠知尊處工程緊要，時勞藎籌，弟亦常爲繫念。無如愛莫能助，存庫之款，既無部檄，實亦未敢擅動。現已照來文轉稟中丞，或俟奉批准撥，再爲代催省局速爲籌給，以濟要工可也。草此泐復，諸希鑒原是幸。敬請升安，惟照，不備。

愚弟薛福成頓首　八月廿一日

（十七）

徵翁大公祖大人閣下：

前承惠函並火藥公文，早經收悉，祗緣俗冗倥偬，未得即復，歉仄之至。辰維履祉秋高，籌祺咸宜，至以爲頌。敬啓者：所裝大砲之船已到香港，其勢十日之内定可到滬。此次帶來之栗色藥，除前關照七出外，尚有十七生的砲用藥兩，想尊處亦定能合用，棟當代留之，如何？否則即歸製造局用，便乞示我爲荷。專此佈達，敬請勛安，並惟鑒照，不宣。

治晚生制何良棟頓首　廿四日

（十八）

徵三廉訪大人執事：

昨奉台簡，敬悉。當經轉飭各哨，遵照辦理。敝營兵勇夏秋以來均各清吉，詎近今七八日間病患大來，每棚好人祇得其半，甚有不及半者。哨弁病者四人，昨故其一。睹此情形，殊深焦灼，擬請近日赴工人數略爲從減，一俟各勇就痊，即行加緊趕做。可否之處，乞示遵行。肅布，敬請勛安，不莊。

教弟張國林頓首　九月朔

（十九）

瀓三仁兄大人韜席：

蒹葭秋水，近溯伊人。辰惟勛福崇隆，如頌爲慰。逕啓者：頃接防軍局周佩翁函，稱本年五月間在上海洋行向德國定購各種火藥二十餘萬磅、橫直拉火一萬三千枝，系預備鎮海砲臺操防之用，約年底運到。佩翁意在存之甯波配用爲便，但敝處儲藥局窄小，現尚存有數十萬之多，況此鉅數何能再加？此藥殆即鎮台新砲所用，聞其值極貴。似此重大之件，竊恐收儲稍欠檢點，或有潮霉，如何是好？倘能存在砲臺，嘗得人檢視，最爲妙著。尚祈執事酌奪，或商吳吉翁籌一善儲之處，實爲公便。專此奉布，敬候玉音，以便復佩翁函也。即請勛安，惟鑒不具。

愚弟李景曾頓首　九日朔

（二十）

（徵）〔徵〕翁大公祖大人閣下：

頃承環雲，拜悉種切。兹者所裝大砲並火藥之船，明日可到滬，務乞派超武來裝，以早爲盼，因火藥不能上棧故耳。附上外洋試砲凭據（英文）兩紙，譯出漢文兩紙，裝砲全圖一張，零件各項已開白摺乙扣，統希詧收是荷。肅此，敬請台安。

治晚制何良棟頓首　廿八日

（二十一）

徵三廉訪大人閣下：

頃奉惠緘並文件，謹悉壹是。就諗升華懋介，鼎祉駢臻，翹首吉暉，允符頌藻。承示砲位已經到滬，原應開赴裝配，但昨日已經奉札巡洋，並順便往海門公幹，來往約有數天，初六、七日方可返棹。定於明早展輪來鎮，駐泊暫停，並晤敘一切。倘必需先行赴滬裝砲，請即刻電復，以便將巡洋之札繳還提轅，俟另日再當來鎮。專肅奉布，敬請勛安，唯希荃照，不備。

鄧驄保頓肅　九月初二日

潘偉翁均此請安。

（二十二）

徵三仁兄大人閣下：

前承函囑，於大金鷄山開泓一道，現已開挖二尺有餘，泥質太鬆，動即傾卸，必欲深至七八尺，似須兩旁打樁，務請勘明。如可應用，祈將砲位即日運送上臺。海塗潮汐，往來挾沙而入，恐易填塞，如泓身太淺，不能合用。乞即核示，并發樁木，以便趕緊加工，是切禱切。專此，敬請台安，惟照不一。

弟□丹淼

（二十三）

澂三觀察大人閣下：

昨日午後由甬啓行返石，過鎮口天色傍晚，未及趨詣請安爲歉。夜半潮退，揚帆出口後，將至三山，風力愈微，流水愈緊，篷帆無風不能得力，爲流水逼入山足，將柁葉碰壞，幸船身則尚無傷損。然舵葉一壞，船即不能行駛。敝船木料、木匠雖有，而既無鐵板，又無鐵工，洋上又無從覓雇，必須駛至鎮口，方可修整，用擬敬乞賜假小火輪即日來此，將敝船拖至鎮海，用煤若干，自當照數繳還。如蒙俯如所請，則感激盛情，實匪淺鮮，當俟面時，再行叩謝。專肅奉懇，敬請勛安。

鄭碧山謹肅　八月廿九卯刻

再，尊處小火輪如因風大不能來此，則可否飭惠濟一來之處，乞斟酌定奪爲叩。

敬再啓者：　如飭惠濟來，則須派尊處小火輪之鐵鬼前往該輪，至水手等則已飭敝部楊弁在紅單勇丁内選撥矣。餘着楊弁面陳一切，不及贅矣。又行。

如尊處小火輪來，則須於明日寅刻開行前來方可；　不然，恐逆潮拖不動也。又行。

（二十四）

徵三仁兄大人閣下：

前月杪接奉惠書，讀悉種切。即諗勛華日煥，履繶雲升，爲頌無量。承示惠濟一節，弟日前有事赴申，當至發昌代詢。該廠主因承辦河南開河機器，隨同龔觀察前往未回，是以復至各處轉託，特未識該船估價若干，便祈示知。倘有合意者，弟當付函，令赴台端也。弟刻已轉知各處矣，或有受主逕自來鎮往看，亦未可知耳。專此，復請鈞安，諸唯偉照，不具。

愚弟陳旭頓首

毛仿山附筆請安。

（二十五）

徵翁廉訪大人閣下：

前日別後至海門，本擬即回，因連日風大，又等伍子翁初七方到，以故稽遲。昨日開船，今日始得進口。緣伍子翁家眷共有八十餘人，行李什物亦復不少，須俟公館尋着，方可上岸，看光景今日定不及也。且敝船八月餉未領，已着人往領散放，约在十二、三方可開赴鎮海。因恐綺念，用特先行奉聞。俟船到鎮海，再當趨叩台端面談一切耳。肅此，敬請勛安，惟祈鑒照，不宣。

鄧驄保謹頓　重九日

（二十六）

徵三仁兄大人閣下：

久違教益，舊雨相思，辱荷惠書，慰我渴念。敬審勛猷逴越，綮衛吉祥，式如遠頌。弟台山再守，又入窖鄉，風土人情已迥不如疇昔，力求補救，深恐無裨。譬之病形，膚完肌爛。局外視之，以爲匪氛漸息，可以銷兵，而伏莽之多，水陸具有，防捕少懈，匪即伺隙而來。弟既不領兵符，賴有防營相濟，聞大府裁營節餉，竊爲隱憂。即如惠濟奏裁，非但不便轉輸，外海恐從此多事。諸承關愛，感何可言？而經費浩繁，計無所出。曾與西帥往返函商，亦乏善策，且俟仙岩來此核定月用，再行熟籌。手此，敬請勛安，即維寅照，不宣。

愚弟成邦幹頓首

（二十七）

徵三仁兄大人閣下：

午後展誦電函，縷聆種切。笠山砲門裝船數日，因風浪太惡，自應派船幫拖。頃已照派元凱，遵指於翌日潮漲時鼓輪赴鎮，聽候驅使可也。唯昨奉惠書，以超武前在德廠所購之砲已經到滬，商派超武前往運回等因，本應轉飭遵照，緣秋汛正旺，弟正在考校二班軍政，未便抽身出巡。曾委超武於月之初一日出口巡緝，而初三日尊書到後已遲二日，追趕不及，刻不宜静候超武巡畢返甬，再行飭令詣滬運砲可也。今日亦接道台函，同前由。除逕復外，特此布答，敬頌籌安，統希朗照，不宣。

愚弟歐陽利見頓首　九月初四日

（二十八）

徵三仁兄大人閣下：

昨楊翰修兄至，奉惠書，詳聆壹是。承示笠山等處砲位安好，約期詣視等因，足見大君子賢勞卓著，慎重海防，無任欽佩。比即接准道台柬邀，訂於月之念八展輪偕往，乃忽於昨念五日弟驟冒風寒，以致上吐下瀉，頗覺困頓。據醫家云標症騷擾，非静養數日不能見驗效之速。若力疾前往，恐海風爲厲，病反加劇。若另行約會，又慮誤公。再四思維，只得函請道台如期先往，會同胡、李兩君詣臺勘閲，一俟賤恙稍愈，容日定即補行詣約可也。唯偏勞清神，此心未免滋歉耳，一切不周之處，尚祈原諒之爲荷。專覆鳴肊，敬頌籌安，統希融照，不具。

愚弟歐陽利見頓首　廿七日

（二十九）

敬復者：頃奉翰言並大移抄詳及惠濟器具清單，祇悉種因。當派在船弁目、水手隨帶原單馳赴鎮海，請即飭令原派經管人等逐一點交，以便隨即駛甬，轉令遵照看守。第升火駛内所用煤炭，雖單内見有存下，而油紗等需亦不可少，即機器等項既經看管，不加逐日擦磨，易至銹礙。而油綿、鈔紙等料在所必需，應如何商支，並如何輪替之處，均俟超武回甬，與之議確，再行會銜咨復可耳。專肅布達，敬請徵三公祖大人台安，統希鑒照，不具。

治愚弟期貝珊泉頓首　九月廿一日

（三十）

逕啓者：頃奉手示，拜悉壹切，當飭捕役留心察訪矣。兹乘貴弁言旋之便，先此奉聞，餘容續布。敬請徵翁尊兄大人升安。

小弟名正肅　十四日

（三十一）

徵三廉訪大人閣下：

鎮海別後，倏忽數天，企想芳暉，彌殷葵向。敬唯升猷懋介，履祉綏和，引睇喬雲，傾心頌藻。驄十八日抵滬，風飄無恙，藉慰綺懷。連日起卸火藥、鐵板等件，現已蕆事，遂將砲路工程向椰松洋廠商估，但船上原安砲路地方必當先行打驗，並砲路舊痕應當削平，兼補螺絲舊孔，方可將新砲路釘上，然後安置砲架，以便起釣大砲，安配妥協。一切工程共議價銀四百八十兩。再三商減，讓去八十兩，的實價銀四百兩，萬不能再減。至火藥艙，原在船尾官艙之下，地位狹窄，儲藥無多，現在新砲需用栗色洋藥並各項彈子，較之舊砲藥彈，爲數倍蓰。擬於船頭添設藥艙，以便就近取藥，且免混淆。亦經該廠酌估並艙內添備應用傢伙，一切共議實銀三百七十五兩，亦係的寔價目，難再讓減。兩項共需銀七百七十五兩正。商之本地工匠，據云此等價目尚屬不敷，但砲路並打舱工程礙難躭延，遂於二十二日已經興工，據云兩禮拜可以竣事，只得催其趕速，勿任挨延，能彀早日完工更妙。唯舊年修船時，已蒙執事稟明，暫扣一千二百兩之款，以俟砲到添配砲路等費用。刻此兩項工桯，共需實銀七百七十五兩，除另備公牘懇請迅賜轉稟察核，札飭甯郡牙釐局照數給領外，第前經面商砲路先造、藥艙暫緩一節，誠恐分開兩次稟請，似更費事，而添設藥艙亦屬萬分緊要。唯奉批准之後，兹將砲路先造，如有便差來滬，再行修造藥艙。但據該洋匠云，凡造砲路、安配天星，工程甚大，況此項無多工程，斷不敢稍事虛浮，俱係實在價目，萬難再減等語。統此布達，諸費精神，容圖晤謝不盡。肅泐，敬請勛安，仰候回示，唯希荃照，不宣。

鄧驄保頓首　菊月念五日申

外附呈公文壹角。

（三十二）

澂三仁兄大人麾下：

日前楊委員來郡，交到尊函，因即趨教，故不作復。乃昨早束裝，隨道憲前來，詎至碼頭，忽感寒，胃氣大發，請假折回，豈眼福太壞，未令鄙人一開眼界耶？伏惟藎畫崇勛，蕃釐楙集。本道到工又增一番酬應，精力彌滿，倍極賢勞，爲慰爲念。弟前次東渡，本爲參謁臯憲而去，剛值憲體欠安，不免空勞往返。惟上院稟辭，詢及台工，弟答以經費源源接濟，來年當可完工。又問楚、淮各軍情形若何，弟答以楚軍在南岸做工，淮軍在北做工。又云擬調一軍來辦冬防，汝可前去查查密稟。昨回署曾稟商道憲，奉諭楚軍做工雖不甚得力，然軍門一面似不能不爲顧住，或仍請黄綺翁一旂前去。現在各台工究有幾分工程？砲位共安過幾尊？鐵門曾否全上？黄軍是否可調？即祈與□寅翁斟酌，並將台工情形一同詳示，以便稟復，免得弟來前一次也。手肅奉布，敬請勛安。

弟□頓首

吉翁、寅翁、子暄諸位均乞致意。弟胃氣昨痛一日夜，現已平矣。又及。

（三十三）

徵三廉訪大人閣下：

前肅寸緘並公牘一角，知邀乙覽。恭唯鼎祉迎鼇，升猷禔祜，爲頌至祝。頃奉電示，囑開估摺，以便附稟，足紉關情，曷勝感佩。但此番安配砲路，原係包工，並無逐件估計，蓋因工程瑣碎，難以按項計工。非若修船時某某若干，自當開列清摺，不過統包，將舊砲路地方修好，加補灰艌，然後新釘砲路，安頓砲架，起鈞大砲，安置停妥一切，共議實銀四百兩。至火藥艙亦係統包，估計極少需銀三百七十五兩。詢之該廠，亦云工程無多，且零星瑣碎，難以開摺計工。俟工竣時付給價銀，自當開一收單爲憑等語。現修舊砲路地方並打艙已經蒇事，唯砲圖係德國尺寸，尚須翻譯英文，方能安配。該廠尚費躊躇，只得催其趕速完工。

尚懇迅賜轉稟核示，以便領價付廠，俾免躭延，則感荷鴻情，當無既極。昨日禮拜，致稽報覆。肅泐，敬請勛安，唯希荃照，不備。

鄧驄保頓肅　菊月念九日申

(三十四)

徵三仁兄大人閣下：

桂花開罷，又看黃華，每企雲停，正殷露溯。適於月上浣珍奉惠書，誦諗勛祺遹駿，時祉凝羊，載忻載祝。亦示惠濟緩變，公私垂愛，感曷可言。珍當作函致幹，往返熟商，在該輪往來台甬運解軍火，裝送餉糈，順道巡洋，誠屬萬不可少。惟中丞甫經出奏，若再請留，仍須入告，出爾反爾，中峯亦未易措詞，恐難允准。且買費雖屬無幾，而歲修月餉爲款孔巨，籌措難以爲繼；　兼之私辦官用，出入口門，又慮別生枝節。再四籌計，彼此徒喚奈何。只好函達台端，仍遵局議，變價已耳。泐此奉復，同請升安，統惟斗照，不具。

愚弟成邦幹、如弟楊岐珍頓首　十一日

（三十五）

敬稟者：月之十日接奉鈞函，備聆種切。正在具復間，續奉訓示，藉諗勛祺懋介，福祉延釐，慰如下頌。卑縣鹽厫被刦案内，所獲之薛漢堂一名，研訊後因民間恭迎神會，觀者絡繹，良莠混雜，既難細審，復恐疏虞，故俟會畢提犯迭次熬審，詳細推求，不但鎮案堅供不知，即厫案亦一味狡展，未肯吐實。幸搜出會據，斷難寬縱。將來如何辦理，以及鎮海案内果否在場，容再研鞫確情，再行具稟。惟該犯薛漢堂初供同夥胡錦華等，逃避鎮海西門外吳家祠堂，前託王子卿哨官回鎮查拏，不識有無弋獲？曾否供認？仰祈憲恩俯賜查示爲盼。至鎮邑送來之陳子庭一犯，訊與薛漢堂素不認識，即横河信船被搶，供未同夥。況前獲解郡盜匪王春山、李得勝兩犯，供無陳子庭之名，亦無唐姓在内。察其信語，意在訛詐，其爲同屬游勇已可概見。除復訊明確稟復道憲外，渥承垂詢，率先稟復。敬請鈞安，伏維慈鑒。

卑職高桐謹稟

（三十六）

徵三廉訪大人閣下：

昨奉環章，敬聆壹是。諸荷關情照辦，感謝莫名！就審升華懋暢，勛祉延綏，引領喬雲，傾心頌藻。敝船興工之後，緣砲圖須翻譯英文，該匠方能安配，致延兩天。刻鑽轉砲路螺絲眼孔頗覺費事，昨又催其趕速完工，特加鑽匠兩名，然極速亦尚須一禮拜工程。大約起落大砲安置停妥，當在月半左右矣。知關廑念，並以附聞，諸費清神，統容趨謝不盡。肅泐，敬請勛安，唯希荃照，不宣。

鄧聽保頓首　小春五日

（三十七）

徵三廉訪大人閣下：

昨奉寸緘，計登籤掌。辰唯升華懋介，鼎祉延綏，爲頌至祝。敝船砲路工程，大約尚須一禮拜，工程方可竣事。緣螺絲釘孔甚覺費事，計旋鎮當在月半後矣。唯試砲應用洋火藥若干，請貴處函致地亞士洋行何瑞堂兄借備，以便帶回。其信或逕寄該行，抑由敝處轉致均可。專此布達，敬請勛安，唯希荃照，不宣。

鄧驄保謹肅　小春八日泐

（三十八）

澂翁太守大人閣下：

逕啓者：敝旂前革什長宋漢臣，經縣堂訊，並未入盜寄贓，究係因其曾借盜犯李從林洋蚨五番，早已還過三元，其二元宋漢臣不允歸償，以是李從林因之挾（搛）〔嫌〕誣扳，供有衣服交宋寄頓等語。頃聞王大令熬審再三，已水落石出，其寄贓通匪一節均屬子虛。惟斷宋漢臣將借洋當堂還清，比即開釋，免其受累耳。用特告慰綺懷，手肅奉布，敬請升安，惟希愛照，不具。

愚教弟段生福頓首

（三十九）

徵三仁兄大人閣下：

前接惠緘並清摺二扣，聆悉一一。砲臺各項工程，均能堅實穩固。閣下心精力果，規畫周詳；諸君子櫛風沐雨，不辭勞瘁，卓著成效。鄙懷深爲佩慰。昨於稟撫憲函中詳述情形，並請添設砲兵。紹興一協尚可抽撥。即將原摺遞呈，俟奉批，准否如何，再行知會可也。陳子庭一犯，即當札餘姚縣解鎮備訊。專復，順頌台安，諸惟督照，不既。

愚弟薛福成頓首

（四十）

徵三仁兄大人閣下：

頃接惠緘，知大金鷄山砲臺所有砲位、砲門等項，已逐一起釣上臺，即將威遠砲臺接續辦理，安遠三合土工已捶築平頂，各臺鐵石各工均趕緊興作，次第裝砌，工程迅速，至爲欣慰。諸君子曉夜督工，不辭勞瘁，鄙懷尤爲廑念耳。專復，順頌台安，附璧謙版，不具。

愚弟薛福成頓首

（四十一）

徵翁大公祖大人閣下：

頃奉翰章，具悉種切。所有前購大砲缺少之釣竿等件，即經轉告敝東。玆據敝東云，前項短少之件，此時殊難照補，仍請尊處照小行前開統單，何號箱件内裝何物，逐一點驗，並望尊處最好俟砲件一律裝齊後，照前開之單，於第幾號箱内的少何項物件，指明實在，即此方可發信外洋，令其補足。否則，單中所開之物，與箱内所裝之物合符，其間彼此通用，或裝箱時舛誤，俱未可知，若是不得謂缺。超武船之砲亦已裝好，諒多髣髴，即請比驗一切。至囑派之人，刻下敝處人手寥寥，無人可派，容俟將來再說。超武船之砲到鎮後乞即申詳省局，以便領取價銀，仰祈體恤，幸勿稍延爲禱。肅復，敬請勛安，伏乞垂鑒。

治晚生制何良棟頓首　廿四日

（四十二）

徵翁大公祖大人閣下：

昨奉手教，敬悉種切。所有栗色火藥，當時本寄龍華藥局，後因該局安放不下，轉寄松江藥局，刻下去取，往返需三四日。超武船急欲展輪，殊屬不及。將來尊處如遇便船，祈即示知，以便託其帶上。至扣還一節，好在爲數不多，隨後可以再說。再，浙省前定拉火三千枚，不日即可到滬，應需進出口公事，即請尊處逕咨滬關道憲，較爲便捷，勿延爲禱。肅泐，敬叩勛安，伏乞垂鑒。

治晚生制何良棟頓首　廿三日

（四十三）

徵三仁兄大人閣下：

頃接惠緘並砲位砲架圖五張，聆悉一一。鎮海南岸劫案，既先後拿獲三犯，搜出當票贓據，自可澈底根追，盡法究辦，庶可懲一警百。昨飭督捕華生，在江北岸獲到張子成一名，已派衛安勇協同來差解鎮，歸案訊辦。據盜犯黄福勝在鄞縣供稱，張子成實係周維新，亦是頭目，五月間趙姓一案，有彼在内。李犯所供段營前哨四棚什長宋漢臣，訊非同盜，不過替工。既將失察之哨弁斥革，仍望諄囑各營官實力查察，以期整肅營規，安靖地方，保全各營聲名，所關匪淺鮮也。專復，順頌台安，諸惟荃詧。

愚弟薛福成頓首

（四十四）

吉人、徵三兩仁兄大人麾下：

蛟門把晤，罄領麈言。觀試砲於鯨波，習投壺於虎帳，醇醪飽飫，佩感同深。辰維茀祉延庥，藎猷增祜，定愜頌忱。兹敬懇者：達營繳回格林砲兩尊，極須講求拂拭、安拆之法。

昨經稟奉省局，飭令軍裝局員就近飭匠，估計雖所需工價無多，特恐槍匠經手未必即有把握。用特奉商可否於尊處砲教習中揀派一人，帶同工匠來此一估，俾興修之際，經費不致虛糜； 既修之後，安拆可以得法。感荷盛情，殊無既極。至教習工匠來此，川資、飯食一切，弟處自當籌給，不使徒勞往返也。專此布謝，並以奉懇，敬請勛安，惟希雅照，不具。

愚弟李景曾頓首

（四十五）

徵三、吉人仁兄大人閣下：

日前爲格林砲事，奉布寸啓，計達典籤。近維勛福並隆，至以爲頌。敝處軍裝局修整洋鎗工匠，工價本極節省，今修格林砲位，實有不能放心之處。奉懇飭匠來郡估看，想執事急公好義，斷無不許之理。現擬斟酌歲修收儲之法，必得貴台高明匠人看過，參酌盡善而後稟省。事辦在即，務乞作速見復，是所盼禱。手此，敬請勛安，濡筆立待玉音，不盡千萬。

愚弟李景曾頓首　廿三未刻

（四十六）

徵三廉訪大人閣下：

昨晨試砲，諸叨教益，感激弗勝。唯匆匆简褻，尚荷鑒原。就諗勛祉日隆，升猷冬盛，爲頌至祝。砲路工款已蒙批准，由敝處逕領，抑備造印領，送由貴處轉爲領給之處，尚乞示知遵辦。至試砲公事，敢祈早日轉爲稟報，即希惠悉，以便照辦。諸費精神，容後晤謝。肅泐，敬請勛安，唯祈荃照，並望回玉，不具。

期鄧驄保頓首　廿九日

再者，砲路領款，昨晨匆匆，未及面詢，兹特專達，尚希示復爲盼。又及。

（四十七）

徵三、吉人仁兄大人閣下：

陳砲匠至，奉到惠書，敬悉種切。頃經弟率同該匠將砲細看，詰其修整之法，亦極明白。擬請執事飭匠來郡，再將機器拆卸，澈底察驗有無損壞。據説須得三人方可興修，即乞如數分派。如果中無損壞，則工程不大，完工必速；否則完工稍遲，派來三人似宜酌定薪水（其火食由敝處備辦），即祈兩台代爲酌示，俾敝處可以照發，不至有錯也。待修在即，務祈作速飭派爲禱。手復，即請勛安，惟照不具。

愚弟李景曾頓首

（四十八）

徵翁廉訪大人閣下：

頃匠目王禄坤來，奉手示，聆悉一切。當即引看估計，據云實屬不敷，今亦别無他法，惟有購辦料件，令敝船木匠自做，船上亦有二三人可以幫做。俟裝火藥赴滬，得能多泊幾日，再由上海雇匠幫做，庶可敷衍。且藥艙所用，盡是鉛板，木料鐵板概不能用，因此此數祇敷購料，事多掣肘也。鄙意如此，執事以爲何如？砲路工價，該廠曾來催過，囑早寄去。如尊處接到總局有信知會，務祈迅賜發下，俾可轉付該廠也，是所感禱爲盼。肅復，敬請勛安，惟祈荃照，不具。

鄧聽保頓首　冬月初二日

再肅者，正封信間，適奉來電，敬悉壹是。遵即造具印領兩紙，專差送呈，希爲詧收是荷。並懇迅賜轉領擲下，以便付給該廠。諸費清神，容圖晤謝。再請勛安，並候還雲，唯希澄照，不備。

驄保又頓

（四十九）

敬稟大人閣下：

謹稟者：月前姚什長獲送游勇劉理洪一名，緣迭訊數堂，毫無口供，又無贜證，不是前途阻水，已擬递解回籍矣。詎料該犯惡貫滿盈，天網恢恢，不容疏漏，前於覆訊周維新之時，偶提該犯質供，彼此互相攻訐，無所遁飾。五月間，長山橋潘姓之案直認不諱，至李厚德家一案，到底死不承招，究之案情，無論大小，只分得贜與未得贜。一案在場，得贜雖微，已足制其死命，當命錠鐐收監，按律詳辦。惟卑縣新舊數案，只去歲孫姓及今歲林姓、李姓三案，賞格最重，餘均照例懸賞。潘姓一案，緣登時獲盜二名，案情又細，並無賞格，而姚什長等奉大人之命，每出一案，無不竭力幫忙，何忍没其辛苦？擬照大碶頭染坊之案，拿獲夥盜，賞洋五十、備洋伍拾元。敬祈大人代爲賞給，以酬其勞。俟再研訊，倘能復招李姓之案，自應照李案賞格補給也。肅泐，敬請崇安。

卑職承照謹稟

（五十）

澂翁太守大人閣下：

逕啓者：敝部巡弁段年福昨在江南街巷查獲游匪一名。經弟訊問，據供李明奎即李少林，年二十九歲，湖南湘鄉縣人，於光緒六年出外喫糧，至今年四月内由達字中營銷假。前月會遇左老三共道貧難，邀其同搶布陣嶺李家財物，共劫得金銀手鐲各一只及零星首飾等件，其金銀兩手鐲比時被王玉林奪去，其所得者不過零星首飾而已等情，直認不諱，並在其身畔搜獲當票五張，每張原當錢五百，或叁百、肆百文不等，其是否贓物，尚不得而知云。第訪悉其人，自離營以來早已流入匪類，雖無贓據，然亦確係夥犯無疑。已經面稟統領，令弟將該犯及當票解送有司衙門歸案審辦。如閣下會晤子翁，祈代懇嚴行正法，切勿縱容，庶幾懲一可以儆百也。率此奉告，敬請台安，不具。

愚教弟段生福頓首　初九日辰洳

（五十一）

徵三仁兄大人閣下：

江天欲雪，馳念良殷。近維勛履時綏，至爲額頌。承派撥修砲匠人三名，前月初二到甯，本月十六修完，計有月半之久。查聞前月辛工，該匠已向尊處領取，本月辛工亦不知已否領去，因此敝處不便發給，均祈執事代爲照付。砲上配用各項材料，多取給于台端，尤爲感甚。應備價值若干，暨匠人月半辛工，統祈開示，以便照數寄上。兹給該匠等船費一元，令其持函銷差。多承惠拂勤勤，誌謝不已。手此鳴肊，敬請勛安，惟鑒不具。

愚弟李景曾頓首　十六戌刻

（五十二）

徵三仁兄大人閣下：

拜奉復玉，就諗蕃祉籌猷，與時並楙，如頌爲慰。砲匠辛工一項，先承墊付，謹如數奉繳，即祈詧收。添配各料，承示不關價值，急公高誼，感何可言？繪圖經費，刻在念中，無如敝處六成罰款，數本寥寥，除已就此發過外，年内更屬無幾，且看年終各局報解如何耳。平餘項下，亦經籌過數百元，今歲通約數目尚可就此項撥付。尊處洋一百一十一元二角四分七厘，即乞如數給領爲荷。手此，敬請勛安，惟鑒不具。

愚弟李景曾頓首　廿一日

（五十三）

徵三仁兄大人閣下：

頃奉惠函並領一紙，均已讀悉。辰維台務宣勤，藎猷卓著，惟謀況瘁，致累福躬，幸值和煦春風，自必霍然有喜也。承示領取東洋煤一百噸一節，惟查局存僅有上前惠濟輪船繳回用存東洋煤八十一噸另六百六十一觔，此外所存均係台煤，無從如數照發。爲此專函奉商，如其可以儘東洋煤存數領用，不拘於百噸之數，擬請照數换領寄下，以便照發歸册，開報來領附繳，並乞察收，俟奉復音，再行遵辦。專肅奉復，敬請勛安，統祈朗照，不備。

愚弟李景曾頓首

（五十四）

（徵）〔徵〕翁大公祖大人閣下：

昨奉電示，具悉。敬維起居與勛祉均綏爲頌。兹着敝友陳正卿偕同洋人梅爾克來鎮叩謁台端，面聆教益，即祈指示一切爲禱。肅此，敬請勛安。

治晚生制何良棟頓首　十六日

（五十五）

（尊）〔徵〕三仁兄大人閣下：

每懷黄度，時结丹忱。正擬修函，迺奉華翰。薇浣三復，竹篆五中。敬審賢勞懋著，籌祉繁膺，慰如頌私。弟猥以樗材，謬荛推算，諸務須加整理，功效恐亦難期。粟色藥已照來單如數收訖，尊處及超武輪船所備領字二紙，亦並收到，月底當即彙案轉出。至省局撥發起釣砲位墊費，實因敝局款項支絀，一時未能湊集，尚望寬其日月。想此地情形閣下深悉，當能見諒。弟俟將一切交接清楚，即擬趨候大教，藉以瞻仰砲臺。肅泐，祗請勛安，諸惟霽照，不宣。

愚弟彭念宇頓首

（五十六）

徑復者：頃奉函開，笠山砲臺地面寬闊，工作甚巨，擬調集練軍全力興作，以期迅速等語，足徵籌畫周備，辦事認真，欽佩欽佩！查此案前准防軍局詳准抄咨前來，當經飭遵在案。因續接中丞函開，俟臺工全完再行移駐，是以從緩辦理。昨據練中營陳管帶稟同前由，已分飭達中營，撥哨替紮儲藥、軍裝二局，練副中營撥哨替紮奉化，並批飭陳管帶將各該哨調回鎮防，幫同工作，俟臺工全完，即行分佈移駐。特此奉聞，敬請勛安，繳完謙版，不具。

愚弟歐陽利見頓首　四月初七日

（五十七）

徵翁觀察大人閣下：

連日未聆雄譚，殊深悵悵。承示鑒帥函並奉批稟，敬悉感佩。現已飛飭各哨，俟派來哨勇替紮，即星馳拔隊回鎮。知念附聞，專此，敬請勛安，不具。附呈批示。

名正具

（五十八）

澂翁觀察大人閣下：

一昨肅泐寸箋，度邀鈞鑒。就維鳌延泰始，慶洽恒升，載忻載頌。茲啓者：敝旂弋獲之首匪左勝發一名，當經弟面稟統領後，即派親兵解送縣署監收核辦矣。惟客臘敝處兩次飭勇目先後往杭，分帶眼綫，爲日甚多，所有盤纏、旅食及節節夤緣偵探之人，其已用費佛郎約三十餘員之譜。奈弟景况据拮，既乏力可以補苴，而弁勇分外辛艱，祇可勞力，是難於貼資。查左勝發係搶布陣嶺李姓案内之要犯，與逸匪王玉林罪同一律，經縣懸賞購緝，遐邇咸知。今其法網伏誅，乃該勇綫等不無微勞足録，故不得不仰懇閣下轉致子翁，可否破格施仁，從豐賞賚？　則施之者固不傷廉，而受之者即叨惠無量矣。至此次搶盜之日，曾向協標借撥兵丁，隨同掩捕，亦當賞洋以酬勞勩。如蒙子翁許可，并請函屬將賞項撥由錢店走取。因去冬領到賞金内挾銅洋數元，徒覺有名鮮實，想子翁血誠熱性，斷非出於其心，必係司事者曖昧罔知暗中伎倆也。手此布託，敬請台安，再叩鴻禧，不盡縷縷。

愚教弟段生福頓首　初二日早申

（五十九）

澂三仁兄大人閣下：

久稽通候，渴想殊殷。辰維勛祺迪吉，籌祉凝祥爲頌。兹啓者：　前本局批撥甯局釣桿工料價值，就近由甯局照發，俾得支給。惟省局以節關用繁，猝難兼顧，且甯局亦入不敷出，莫能籌撥。昨接彭仁翁來信云，此款須從容湊集，請爲轉致尊處，幸勿催迫等語，亦屬實在情形。務祈閣下體諒時艱，通融辨理。鈞桿一款，暫緩函催，俟甯局湊有成數，當即解交，以清款項。如吾兄處有款可籌，即請先行挪塾，隨後仁翁匯撥歸還，更爲妥協。均請裁酌行之，專泐，敬請勛安，諸希朗照，不一。

愚弟周李燮頓首

（六十）

徵三廉訪大人閣下：

日前匆匆過鎮，未克暢聆麈教，抱歉實深。昨奉鈞函，備悉壹是。敬諗履祉清龢，升猷卓懋，允符忭頌。承飭交到凌雲小火輪並器具清單一紙，謹即飭照點收。但照單内短少物件暨損壞各件，應即繕録清單，呈請詧查，尚希示復。唯瑣瀆清神，統容圖謝。肅泐，敬請勛安，諸唯荃照，不莊。

鄧聰保頓首　四月廿三日

凌雲小輪船照單短少損壞各件

車頭螺絲母及銅枕一套　只有螺絲二個

梃杆螺絲母及銅枕一套　只有螺絲二個
玻璃水鏡二枝
車油碟二個
鋼手鎚一把
鋼鈎二把
油掃一把
繩掃二把
船面楢木桶一個　單開二個只有一個
炭灰鐵桶一個
鋼鑢二把
以上各件均無
爐柵六條
圓燈一盞
手燈四盞
去艙底水手挑一個

川夫婦書乞加封遞去。今歲玉環之海荒甚於風災，海濱之民倒懸甚矣，良用喟然。手此，即請大安，兼賀年禧。

姻小弟郭鍾岳頓首　嘉平廿二日

（六十四）

（尊）〔徵〕三仁兄大人閣下：

前奉惠書，祇以商酌未妥，裁答有稽。頃又奉到來札，備聆壹是。即維勛勞林著，廑履宣勤，景仰停雲，莫名頌祝。弟處支絀情形，竟爾日甚一日，巧婦爲炊，徒喚奈何。前以尊處釣竿一款無可籌解，請示於省局，原知墊出已久，需用甚殷，恐弟處一時不能應手，致誤所望，而省局亦未示一的着，只云格外設法，弟實無可如何。今向裕泰莊籌商，遵示先劃半數撥歸尊款，其餘半數尚希多假月日，俾得稍舒氣力，感且不朽矣。肅泐奉復，敬請勛安，惟祈愛照，不盡。

愚弟彭念宇頓首

（六十五）

徵三廉訪大人閣下：

睽違芝範，時切葭思。辰唯履祉綏和，升猷晉吉，至以爲頌。敬啓者：惠濟輪船現雖由兩船派人輪流照管，但遇此大風司令，倘有颱風一起，誠恐人少難以照拂，抑遇船不在港，更覺不便。刻商量挖一船塢，將惠濟安放塢内，似屬穩當。一面輪流派人看管，欲用之時，請預先示知，以便放出。現驄奉差定於初一日展輪赴申，載送温州道到甌，萬統領亦附搭赴滬輾轉，諒有十餘天方可旋甬。可否之處，尚希裁酌示知。珊現亦奉差，日内即可回甯，所有賜示，祈即寄元凱可也。專泐，敬請勛安，並賀節禧，唯希荃照，不戩。

貝珊泉、鄧驄保仝頓首　清和廿九日

（六十六）

澂翁太守大人閣下：

弟擬今朝趨詣崇階，面陳一切，適陰雨連綿，遂爾不果，歉悵交縈。惟砲臺工程必須趁此晴明趕緊興築，所以近來親兵篩灰拌土，無分晝夜，擬九月杪告成爲妙；否則，遲至打

（六十二）

徵三尊兄大人閣下：

前謁崇階，得承接納，幸實三生。且蒙讌賜多珍，禮隆異數，拜領迄今，猶深感謝。恭維暑安納福，籌祉增庥，以忻以頌。弟以抵營伊始，一是部署不免匆忙，只恐才術疏淺，鉅任難勝。然幸託仁宇之下，總祈不吝教言，俾遵循有自，庶免隕越遺羞矣。茲啓者：敝處裝運土船，因系久差，不無損壞。前據鄞邑船户稟稱，拾隻之内，損壞一隻，准其撑回掉換。業經多日，所换之船尚未到差，而此九隻之内又復損壞一隻，不能裝土。現當土工緊要，敝旂早暮併工，倘聽其因循，不能按時掉換，則雖有存土，無船裝運，臨時恐不得用。特函稟白，即希速飭鄞邑鋪頭趕緊將壞船掉換，來差裝運，庶不致誤要工。耑此，敬請暑安，諸惟裁照，不具。

教弟王萃頓首

（六十三）

徵三仁兄親家大人閣下：

讀來書並婿女函，悉一切。臘盡春回，遥想安善，爲頌爲慰。如嫂已占勿藥否？與魯

螺絲鎚一把

車油瓶二個

長身油瓶一個

鋼鏨二把

以上各件均壞

（六十一）

徵翁大公祖大人閣下：

久疏音敬，恒切馳思。比維勛同夏大，景祉時臻，至以爲頌。所有補辦砲架旁邊之釣桿等，已先補到二副。兹據克鹿卜廠來信云，此件係在外加，須要照聽價值。惟此言祇可該廠與小行説，而小行不能向尊處説，因小行素蒙浙省栽培，雖需賠貼，亦不計較。仍囑敝東信去外洋照補，現在補到之二副，或裝甯波輪船，抑尊處有便船來滬再裝，統祈示知，俾可遵辦。專肅，敬請暑安，伏乞垂鑒。

治晚生制何良棟頓首　初十日

霜下雨，則更難爲力也。弟查拕捶一項，因尊處只發來七十四隻，實不够用，然敝旂定須此捶一百六十隻，至少一百二三十隻，方得濟事。所有要緊之物，既不能領齊，而勇丁則不能徒手應命，弟亦莫可如何，惟有氣煞悶煞而已。且各項捶柄均以小小杉木爲之，粗若燈心，彎如鳩杖，甫經下手，即分兩段，蓋勇丁多有被其打破頭顱者。似此器具，何能當兹大工？然用具不精，則築牆難於堅固，所謂『工欲善其事，必先利其器』，倘工涉草率，則其過究誰與歸耶？容俟弟將各物送至台前，請閣下試驗可也。況此地不比在小金鷄，乃總持寺有木司可以就近修整，于今隔山渡水，殊屬爲難。由是弟故于今日另雇木匠四名，製辦拕捶、更换木柄等件，藉資迅速。弟並非花樣過多，實緣愚戇性成，遇事不敢苟且，是以與别人迥不相侔，諒在洞鑒之中耳。至牆坂現祇四副，尚有二副未來，将来平頂時更宜加至八九副，可以剋期蒇事矣。用特預先奉聞，容後再作計較。但填心黄土，斯時左旂勇少，每日所挖尤不敷用，蓋昨日耑呈手函，弟在工所，因傳語者意未述清，遂致執筆者以悮傳悮，無非欲請閣下商□該旂，必宜加派多人，或全哨，或兩哨前來，每日常以挑送，俾免停滯之虞，則弟等不勝感激者也。肅此奉懇，敬請勛安，並候玉音，統希諒照，不具。

愚教弟段生福頓首　初三日泐

再者，敝旂需用之物，敢請即飭照單辦齊，以便專丁走領，是爲至要至要。教弟又及。

（六十七）

謹稟大人閣下：

敬稟者：光緒十年籌辦海防案内，各軍建築營壘，開廢民間田地，業經憲台會同江前令稟奉升任撫憲劉批准，援案給價豁糧，飭縣查明畝分、户名，弔驗契串詳辦。嗣因各業户延不呈送契串，江、廖二令無從核詳。卑職前年抵任之後，即飭莊書、文書按照業户呈報地段，分頭查丈；一面勒差弔取契串呈驗，三令五申，始據各业户陸續呈送，甫於本年六月間一律送齊。查核户名、畝分，均與契串相符。兹已造册具詳，除將稿簽各件另文申送憲臺會行會印外，緣此案文册繁多，一律繕齊需在卑職起程之後，是以肅泐寸函，留俟隨文同送。敬乞憲台即賜核明行印，並請將會稿留存一分備案，其餘稿簽各件一併發還，俾便分别存發，是所叩禱。恭請鈞安，伏維垂鑒。

卑職王承煦謹稟

附呈會稿二分、文册九套、印結九套。

（六十八）

澂翁太守大人閣下：

逕啓者：承飭專築小金鷄砲臺，今已完竣。惟工程草率，未免貽羞，自覺不當尊意，幸獲優容垂諒，不加譴責，復以大金鷄一臺，仍令敝旂幫工，以期迅速蕆事。弟雖無能爲役，實有誼不容辭。現擬二十二日分撥哨弁，率帶全哨勇丁駐紮沙灣祠堂，則風雨不致耽延，作工諸多妥便。查該處祠堂兩所，曩年曾紮過勇營，弟已函告捷三，請其向該姓房長借定，免致臨時再費周章。倘不够住，另搭草棚可也。並祈閣下加函示知捷三，更爲穩妥耳。其餘一哨逐日煮粥拌土，或早日興工，可以早日告竣。惟統領現已赴省，未及稟明，容後望閣下告知可也。所有應如何勷辦之處，弟按月親往督工，必不致有負雅意，用特告慰綺懷。手肅奉佈，敬請勛安，統希愛照，不具。

愚教弟段生福頓首　十六日

再者，弟因船隻渡江，殊屬費盡心力，有諸多不便之處，故欲一哨勇丁駐扎沙灣，以資妥便耳。弟又及。

（六十九）

徵三仁兄大人閣下：

頃接台緘，聆悉一一。砲臺工程浩大，首尾四年，在事員弁晝夜暴露，辛勤可念，自應照北洋大沽、旅順砲臺成案，擇尤請獎。昨已函致相幕景翰清兄，請其查照原案鈔示，以便遵照辦理，原函先交來弁帶去齎投矣。笠山砲臺碑銘，頃始脱稿，字數較多，兹特録寄一閲。如尊處現無寫手，希將碑石尺寸開示，以便弟請人書寫，再行寄上刊刻可也。敬頌台安，諸惟霱照，不備。

愚弟薛福成頓首　十月初七日

（旁批：　碑身長魯班尺一丈，碑頭長二尺，碑脚高二尺。）

（七十）

徵三仁兄大人閣下：

前接復械，具聆壹是。頃間專弁由津回甬，接幕府景翰翁函，並抄到北洋新城砲臺奏片摺稿兩册。據云北洋各口築臺均未請獎，惟新城曾有獎案，部議改照尋常勞績辦理。實缺者准補某項升階，在任候補；　其候補者准保補缺後以某項升階用，並應加升銜；　加級封典等項，均不准連保兩層。近來部章尤嚴，須先奏准立案，並將員名咨部，然後保獎，方符程式等語。　兹將原稿附上，即希詧閱。　因來弁等待，不及録稿，仍請照抄一分寄下爲要。此次砲臺工程浩大，在工人員勤勞茂著，似仍當酌量詳請獎勵。　惟到院後能否核准，尚未可必耳。　專泐，順頌台安，諸惟霭照，不宣。

附抄件兩册。

愚弟薛福成頓首

（七十一）

澂三仁兄大人閣下：

昨展惠函，以鎮海砲臺克虜伯大砲缺少鐵釣竿，由地亞士洋行補配裝釣船運鎮，囑飭驗放，並據王典史將砲臺應需白綿紗等件各數辦齊，雇潘順興釣船裝運，將原給護照送驗，請飭放行各等由前來。　除將護照驗明發還執運，並分行大關暨釣船局隨時驗放，勿稍阻滯，以利遄行外，專肅奉復，敬請勛安，惟希藹照，不僃。

計護照一紙、單一件。

鄉愚弟龔照瑗頓首

今將□□頭烘船用藥開單呈送憲電

計開

每個用土藥四拾四斤

每個用洋藥六拾磅

三月初六日用小鐵桶式個計土藥八拾八斤

初七日又四個　又壹伯七拾六斤

初八日又四個　又壹伯七拾六斤

初九日又四個　又壹伯七拾六斤

十一日又叁個　又壹伯卅式斤

十三日又一個　又四拾四斤

共用土藥叁拾壹桶半　每桶計重念五斤

十三日用洋藥小雷六個計叁伯六拾磅

十五日又四個計式伯四拾磅

共用洋藥念四桶　每桶計重念五磅

傷（懷）〔壞〕用去小地綫四拾丈　共用鐵桶念壹個

光緒十四年三月廿七日南攔江頭目武祥仁呈稟

（七十二）

徵三觀察大人閣下：

敬肅者：　昨奉教言，敬聆壹是。承示驅逐游勇一節，值此隆冬，防範尤爲緊要，業於本月朔日會商張春翁，輪派弁勇，晝夜严密查拏，務使游勇無可託足，以免勾結而安閭閻。發自愧㯳材，深恐鞭長莫及，所幸斗山伊邇，好領箴言，尚希碩畫頻頒，俾資率履，是則寸衷所切禱者爾。肅此奉覆，敬請勛安，唯希誓照，不莊。

陽洪發謹肅

（七十三）

徵翁大□□大人閣下：

曠違棨範，音敬多疏，孺慕之私，無時或釋。敬維履祺曼福，勛祉吉羊，翹首喬雲，式孚祝頌。晚栗六如常，乏善堪告，所幸公私粗適，藉足以抒廑念耳。前蒙委購大砲，短少砲架左旁之釣竿等件，除已補到二副運往尊處外，所有續補數副，現亦補辦到滬，共釣竿等五件，計裝一箱。惟前件進出口公事，即請尊處趕緊備文，咨請上海道憲致關照章驗放，俾可起提轉運，幸勿稍延，免違定章，盼切禱切。至已到之釣竿等一箱，尊處於何時有便船來滬，務望先期示知，以便整備裝船，不至臨時局促。專此佈達，敬請勛安百益。

治晚生制何良棟頓首　初四日

（七十四）

徵三仁兄大人閣下：

日前走送，未遇爲悵。刻李建憲已到甬，大約明後日即赴鎮海，今日係提臺請早酒，道臺請晚酒。所有火藥局做架一層，當着匠人過細估工，昨經估來，弟尚嫌其大，着令重估。所有稟稿現已擬就呈閱，並邀練翁會銜，請斟酌改正後，令書手另謄送建憲一覽，此稿仍望擲還，何日繕發，候示辦理。此請勛安。

弟念宇頓首　冬月廿七日

（七十五）

月杪匆匆返棹，揖別鴻儀，雪花疊疊迎休，心殷凫扢。祗惟徵三仁兄公祖大人茂膺卓譽，聿著循猷，建威業於范、韓，無驚風鶴； 樹奇勛於褒、鄂，錫寵雲鸞，□□共□，□殷丹轂。兹啓者： 前月二十八日送軍門赴鎮閲看砲臺，不意是夜凌雲小火輪機器銅管、叫筒、錨鍊，均被挖斬盜去，所派兩人管守，住在惠濟船中，相隔一塢，竊去之時，未經聽聞。幸浮裝小件，早已拆藏惠濟。弟船到後知有此事，即傳地保桂安邦、方捕陳小高到來，孰知此等刁頑之徒，如許推諉，不肯認真追捕。從前當進塢之時，曾諭飭西四五莊地保照料，目下置之不聞，延至十餘天，仍無音信。弟自初七日函致鎮海縣王大令，託其將該保捕押追，恐現值考試，不理公事，以致遲延。若不趕緊追辦，伊於胡底？ 務望閣下函致鎮海縣王大令，追查究辦，或可物歸故主，以保國家鉅款之具，免得彼此被累，是所見原。專泐布懇，並請升安，守候復音，不備。

治愚弟貝珊泉頓首　十二月初十日

（七十六）

逕啓者： 擬造儲粟色火藥層架，稟稿並繪圖式現備有兩分： 一存尊處，一存敝局，請即劃行蓋用關防，並繕完紅白二稟，一併專差齎呈。蓋用關防仍望交原役攜回，以便趕發，幸勿遲擱爲望。特泐，即請徵三仁兄大人年安，惟祈朗照，不一。

愚弟彭念宇頓首　廿八日

（七十七）

今領到前存南欄江砲臺内

電桿　肆根

電綫　壹梱

釣椀　肆副

光緒十五年二月十三日鎮海電局呈

（七十八）

今將鐵毛馬船等開列于左

計開現存

大馬船　弍隻

小馬船　拾弍隻

大小外國毛　拾壹尊

大小本國毛　念五尊

神仙車　壹部全

打樁架子　四副不全

大捂棚　壹副全 連鐵器在内

長攎桿 洋松式支

前洋鍊條　弍根

後洋白鐵絲　四根

大六灣鐵釣頭　壹副

大單併鐵釣頭　壹副

大六灣木釣頭　壹副

魏師爺台電　二月十一日　南欄江砲臺呈送

（七十九）

徵三尊兄都轉大人閣下：

昨奉大移，敬聆壹是。承示砲臺告竣，在工出力員弁給予外獎，擇尤開具清摺一事。惟敝旂哨弁如何請獎之處，及勇目應給獎多小名，並請示以限制，以便遵即擇尤開摺，咨請核轉。泐此，祇請勛安，不一。

教弟張國林、陽洪發頓首

（八十）

中國電報局華文來報抄發

鎮營務處杜：

准今午後，請台從來郡一敘，至要。胡印。

光緒十五年四月初一日

（八十一）

大小本國毛　二十五尊

大小外國毛　十一尊

今將釣已需用各器具開列于左，計開

平底裝砲大馬船　弍隻 艙板少一塊

櫓　捌支 加小馬船十三隻，艙板不全

柁　式面又櫓二十六隻
英尺一寸半徑外國白棕繩　叁根
英尺弍寸半徑外國白棕繩　壹根
英尺三寸徑外國白棕繩　四根
英尺一寸半徑油繩　弍根
英尺三寸徑油繩　叁根
三並木鈎頭　七個
雙並木鈎頭　四個
雙並鐵鈎頭　一個
三並鐵鈎頭　弍個
單並鐵鈎頭　弍個
木地輪　四個
鐵地輪　一個
鈎桿長洋木　弍根
後□□洋木　弍根

木横櫓　一根 鐵器全

鈎桿鐵底盤　弍座

鐵絲繩　四根

大□摇車　全副

白鐵鍊前電條　弍根

三寸徑千斤鐵鍊　四根

今將工程局來各物件開列于左，計開

搬鑽十三把　木鑿五口

木螺絲十七把　木輪九個

月光錘十一把　木鈴三個

風箱十個　傢伙箱三隻

鐵砧五個　鐵圈七個

老虎鉗三把　碎鐵三百節

板欖鉗一把　棹子弍條

皮風箱弍個　木夯八個

鐵板弍塊　車床壹座

鐵掀廿把　鑽床壹座

破鍋五口　公母螺絲　母十九副　公十八副

磅秤　壹個

四月初七日陳雙得手

付皮帶鐵圈　弍個

付螺絲板　四把

付推手　弍個

付枷板　一副

付大小螺絲　十五副

付傢伙箱　壹隻

四月初九日　南欄江砲臺送

(八十二)

甯局來

七頭海綫　一輪

四頭海綫　一輪
單頭海綫　弍輪
小旱電綫　弍車

杭省來

單頭海綫　拾輪
七頭海綫　六輪

以上共廿弍輪，均修過

四月十二日　南欄江砲臺送

（八十三）

計開

鐵砧叁只　地局四支
木風箱叁部　老虎鉗叁把
鐵鉗拾四把　鉗卓叁張
大小鐵槌　四把

車床　壹部
鑽床　壹部
以上等件於光緒拾五年四月十二日送還甬局　彭

（八十四）

發下各件，謹照原單點收存儲，此上營務處杜大人查照。

甯郡機器局具　己丑四月十三日

（八十五）

徵三仁兄大人閣下：

昨復謝函，計邀盼睞。辰諗升猷夏大，撫景增釐，愜我祝私。弟二月間在省謁見中丞，談及惠濟船事，憲意深以廢棄爲可惜，諭令設法修理，助捕台洋。旋署以來，籌維再再，於無可設法之中裁去廣艇一隻，擬議上陳。茲經批行防軍局核准，由弟興修，給修費湘銀三千。聞此船擱久壞甚，恐難敷用。既經議定，自當勉從其事也。聞該船係尊處轉交貝銕兄經管，所有船身及隨船機器零星使用各物，有一件則省一錢，款項稍可節省，自合先行查點，以便動工。茲派吳千總赴甯，敢乞我兄函致銕兄，即日點交該千總查收，以便措手，不勝感禱。提台處亦已咨明矣。台地一切如常，五月以來又獲廿餘犯，水陸均(盗)〔謐〕，足慰馳懷。匆泐，祇請勛安，惟希愛照，不宣。

如弟楊岐珍頓首

（八十六）

徵三仁兄大人閣下：

頃奉寄箋，縷聆麈話。上月曾專吳千總琦去一信，計此時久入典籤矣。辰惟勛祉夏增，種孚忭祝爲慰。惠濟船雖歸弟處修理派帶，但事勢煩瑣，(葳)〔葺〕舊不異於製新，且領款僅此區區，既求工堅，又要費省，洵非得有熟悉好手不易從事。弟於船事未盡諳練，本擬泐函奉商，因聞原船有一李姓向稱熟手，是以派令該千總前去招呼到甯，未知如何定局。兹承薦之鄞人陳賢鎮，既係貴處機器工頭，又在各洋船管輪有年，與之接談，各事均有條理，足見尊言之不謬，修船更不可少。現藉敝友黎纘卿赴甬領餉之便，趨詣台階，並邀吳千總妥爲籌商。惟經費無多，果能即有所成，則裨益良非淺鮮也。特此奉復，祇請台安，惟希雅照，不宣。

如弟楊岐珍頓首

（八十七）

愚弟郭式昌恭賀

瀓三仁兄大人年禧，敬請升安，統希愛炤，不備。

（八十八）

敬再稟者：　前託惠濟輪船帶上代購之《圖書集成》，度早詧收。彼時匆匆，未及具稟，兹謹附及，便乞示復爲盼，再請鈞安。

棻又稟　十二月十四日

（八十九）

敬啓者：　匏繫岱東，緬鴻儀而神溯；　樹勛浙右，仰豸繡之望隆。際兹五夜平分，一輪光滿，敬維徵三姻兄觀察大人鼎祉秋高，升華日茂。建駿猷於古越，海防著保障之功；覘蟾鏡於良宵，錦第啓木樨之宴。即卜寵承黼座，行看秩晉台階。翹企崙暉，允符藻忭。弟山荏承乏，碌栗如恒，春間捧檄，挖黄河積淤，至清和月始蕆事。端節後，接辦培埝之役，河干馳逐，僕僕風塵。嗣交秋陰雨連旬，以致工程遲誤，告竣約在秋節前。聞鄭工合龍尚須時日。東省防務稍鬆，可藏鳩拙。乃因沙壓堤占地畝，又須核辦。紛如叢集，鞅掌仍形。所幸頑軀尚可耐勞，眷屬均稱犄適；歲成中稔，比户燕綏。近況聊陳，藉紓遠注。潤之弟河防逐隊，一是順平。前在姚工出力，保本班後花樣，經部駁，創立名目，另行核獎。嗣因查明，仍以知縣本班歸部銓選，即係本班後花樣，乃前爲部友所誤，毫釐之差，謬以千里，其此之謂歟？現已由河防局改奬詳院矣。知念，並以附陳。舍弟運卿來信，據稱前隨左右，諸荷垂青。四月間莅任，缺苦異常，意欲捐升，乃力不逮。弟勸其閱歷須從苦境學來，宜緩設法耳。餘容續布，敬賀秋禧，祇請勛安，諸希朗照，不盡。

姻愚弟蘇杰頓首

（九十）

徵三姻兄觀察大人閣下：

遠違芝采，覿面無由。浙水岱雲，常通夢寐。雖鱗鴻之往復，究衷曲之莫伸。宦轍分馳，奚如菀結邇屈。珠杓轉律，日麗南榮。遥維祉偕春茂，望並日隆。秉豸節以敷猷，名高古越；拜鸞綸而篤眷，慶集錦潭。柏酒開筵，藻忱抃頌。弟在城謬寄，六載於兹，冰惕時深，每虞隕越。今歲敝邑水災之重，差使之繁，賠累之多，奔馳之苦，較昔年爲尤甚。漕賦蠲緩已多，而民間困乏，輸將者迄今尚未踴躍，他事更可想而知。惟冀明年量移一缺，得卸仔肩，藉藏鳩拙，亦屬幸事，不知此願能償否。潤之弟春間丁母憂旋里，秋後回東，現仍在河防局當差，諸事尚稱順適。知關念注，統此奉聞。肅丹，恭賀年禧，祇請勛安，諸希雅照，不戩。

姻愚弟蘇杰頓首

（旁补： 運卿舍弟何時航海出洋，便乞示知爲感。巨川。）

（九十一）

光緒十五年十二月二十二日，奉上諭： 有人稟浙省災民過衆，請飭及時籌策一報。據稱浙西荒田多招外來客民墾種，一遇荒歉，難保不藉端滋事。宜乘放賑查户之便，另編棚民保甲，以弭隱患。餘杭州之南湖關繫浙西三府水利，宜仿以工代賑之法，濬河培堤即用客民之强壯者，任以力役，免致羣衆爲匪等語。所陳二端，如能實力奉行，自於賑務有益。著崧駿體察情形，妥籌辦理。另片稟（加）〔嘉〕興州知州王晉玉在任八年，於征收外不問民事。本年鄉民報災呈詞，一概批駁，而張樂飲博如故，皆由信用幕友陳月樵，將此次災荒立意壓閣不辦等語。現當辦賑喫緊之際，豈容貪官劣幕貽害民生！著崧嚴飭該管知府，將陳月樵即行驅逐當境，不准逗留，並將該□將王晉玉被參各節確切查明，據實參稟，毋稍徇隱。原報片均著抄給閱看，將此諭令知之。欽此。

再及，風聞浙江（加）〔嘉〕興州知州王晉玉，在任八年，於征收□□外，民事一概不問，惟以樗蒲演劇爲樂。本年八、九月間水災已成，鄉民告災呈詞，一律批駁，並將代書責押以絶寫狀之根，已則張樂飲博如故，稟報災祟格外遲延。又午未奉恩旨之先，漏夜趕造扳串，希冀開收。其代爲畫策、一意信用者爲劣幕陳月樵。該幕友前在秀水州幕，與甯紹客民表裏爲奸，致釀土客争殺之禍，經土民控者多案，迄今案懸未結。此次災荒，立意不辦，於荒呈僉理批駁，稟災之牘壓閣不肯具詳。該州浮收重征，控案累累，大率成於幕友之手。伏思（加）〔嘉〕興現當賑務喫緊之際，豈容似此劣幕把持盤踞，貽害地方？應請飭下浙江□□將（加）〔嘉〕興州劣幕陳月樵即行驅逐出境，不准逗留，並將王晉玉在任劣迹據實參核，以爲玩視民瘼者戒。謹附片具陳，伏乞聖鑒。謹奏。

十六

（九十二）

敬再稟者：寶璉供差開濟，隨侍居停，覓薪水之無多，顧身家而恒歉，久欲別圖枝棲，而一時苦無就處。近悉四號緝私柯管駕因病銷差，正值需人補充。不揣冒昧，專肅寸稟，叩求恩憲大人俯賜矜全，鼎言噓植，致函與濠河頭鹽局湯君，轉託張君星甫，將該船賞予寶璉接管。務祈大鈞之噓育，俾小草以向榮。此後寸階倖進，皆出自逾格鴻施，則仰荷恩培，無殊感戴二天，銜結之私，曷其有既。肅此附稟，再叩歲禧，虔請福安，伏乞鈞鑒。

沐恩寶璉叩稟

（九十三）

謹稟大人閣下：

敬稟者：叩別鈞輝，倏經廿日，五中馳系，與日俱深。轉瞬鳳紀書元，遥祝龍門集慶。恭維鼎裀篤祜，履繶延庥，引領勛華，曷勝額頌。卑職叩別後，於二十六日到杭，旋附徽河船返里，沿途水乾，延至十二月十一日始抵里門。仰叨福庇，一路平安。前蒙代求甯郡分府，已荷胡太尊允，待明年二月再爲設法開正。憲台遇便晉郡，務求再爲一提，是所至禱。卑職擬於明年二月初間即行趨赴台端，重聆訓誨也。謹肅安稟，祇賀年禧，恭叩鈞安。

卑職余慶邦謹稟

（九十四）①

伯英仁兄大人閣下：

正宜親叩新禧，因務纏身，是以赤柬而叩，敢勞我哥代送乃荷，改日有暇，再行赴鎮盤桓暢敘也。此請勛安。

弟汗沛田頓首

（九十五）

丹山仁兄大人閣下：

頃讀惠函，一是祇悉。承辦下之裙，式樣新奇，請筆託代致謝爲懇。弟栗六如恒，毫無善狀。刻下盼望卸肩，竟難從願，寸心鬱鬱，莫可言宣，不卜愛我者何以教我也？茲寄上

①以下三札收件人待考。

家信一函，至乞託魯川代帶回南，抵里後遣妥人交去是感。不知閣下出月能結伴回歸否？仰之兄既有西席之責，想春間不暇南旋矣，乞道拳拳。匆此，即請台安，不具。澂憲前乞叱名稟安。

小弟霞頓首

（九十六）

丹山仁兄大人閣下：

頃接劉媽遞到手書並洋蚨等件，均照收入。就諗籌祉履祺，均大吉羊，爲慰。弟供守如恒，鮮善可述，幸一是牿平，堪以告紓雅注。家汝美兄不□已經赴省否？想其生平欠於把握，以致如斯。逃走之婢，迄今尚未緝獲，亦難爲力也。臺工告蕆，日事諸君次第紛散，想兄不免又已寞寂矣。仰之兄開年何時旋里？念念。明歲有恩科，八股又當重習矣。匆此布復，敬叩年禧。仰之先生處乞爲致意。

弟錦霞頓首　廿二日

衡甫兄附候。

（九十七）

敬附稟者：　前以先慈見背，仰蒙厚賜，俾使靈輿早歸，盛德雲天，至今感深肺腑也。卑職自上年丁艱後，每以鷄豚未逮，抱憾終天，日夜哀思，痰鬱氣結，至本年四月竟至人事不知。爰即往申，胗視無效，遂赴直北遍訪名醫，施以攻下之劑，痰氣始開。於九月廿前回台，續加調理，刻已復元。大難重生，仁天再侍，卑職之深幸，當亦我憲所代喜也。前于十二年五月法款告成，敝統領條陳鎮防善後六事，稟稿經潘偉堂索去謄録，刊登志書，瀕行匆迫，未及取回。懇祈憲飭文案草抄一分，便中賜寄椒江，以備存案，是所叩企。再請勛安，伏乞示復。

卑職環增又上稟　十二月初十日申

（九十八）

舅父大人尊前：

謹稟者：　前月采芝哥到省，收到烏洋三十元，跪領之下，感悚莫名。刻下三場已畢，文甚平平，恐又在孫山外也。甥自愧無學無文，屢荷大人恩賜，欲圖報而未能，欲副望而不得，清夜問心，有靦面目。所自誓者，『金可鑠，石可磨』，此恩不能忘也。工程局辛勞，伏望大人珍重福體，曷勝拜禱。肅此叩謝，恭請

福□百拜謹稟

（九十九）

未親雅範，時切遐思。兹際鳳紀調元，鷄籌復旦。敬惟徵三姑丈大人福履延庥，升祺納祜。柳營獻歲，自燕礐之咸隆；楓陛承恩，益鴻猷之丕著。喬雲在望，藻頌奚如。姪肄業寒窗，毫無善述，惟叨賤軀無恙，堪以告慰。

（一〇〇）

徵翁大公祖大人閣下：

前誦諭章，敬聆種切。祇以塵勞擾攘，以致稟復稽遲。仰企龍門，彌殷蟻悃。辰惟勛祺夏大，景福日隆，定符肊祝。奉諭，所退鐵件作價加一成核算等因。我公有命，非不恪遵，是鐵件倘有別項銷路，其虧折不難一算而定，無奈更無恰好用場，閣置存棧，身本拆息，爲時愈久，爲數愈鉅，正不知若何結帳。是公處之貼耗有定，而小號之貼耗無底也。萬求

格外原諒，俯如所請，仍照前議。方命之罪，容日負荆。耑肅稟復，敬請升安，伏惟鼎鑒。

治晚生戴嗣源、制樊棻頓首

（一〇一）

徵三先生太守大人撝下：

許久未獲肅啓上候起居，非疏懶至此也，緣自中秋之前一病至今，尚未脱體，且闔寓大小皆多患熱症，藥罐滿室，令人焦灼莫名。先生聞之，當亦見憐也。頃文卿兄來，展誦惠簡，敬悉。就諗勛躬萬福，潭祜增綏，至爲忭慰。飭取中徑銅帽、彈頭各萬顆，遵即填給聯單，交赴軍裝局照領矣。省鈔到甬，有傳撫憲調任閩疆、蘇撫調浙之説，日久未見《申報》，恐浪傳也。江秋珊明府聞在鎮患病回杭，於上月念間歸道山矣，先生又失一良友也，聞之同深扼腕。法人自基隆、淡水迭受我軍痛剿後，現無動作，恐困獸未必思鬥也。幸浙口仗諸公極力保障，彼族必不敢正視吾圉矣。率此奉復，敬叩勛安，諸惟愛鑒。

彭嗣禎謹上　九月五日

（一〇二）

徵兄大人閣下：

別後十一日卯刻抵滬，比經打聽，長江輪船十三日係太古開行，衹得在滬小住一日。現在義昌店躭擱，所有先後收拾兩表，均交南容帶上，請查入。书籍一節，業已寄甯，當可由慎記遞到也。初十日五點鐘時，船過招寶山砲臺，見下層砲洞三合土結頭似甚平而且薄，即據南容亦云，頂上宜加高二尺许，鄙見總□凸式方足壯觀。現在似乎平淺，或即商之禹卿鎮軍，頂上再加土二三尺光景，請裁之，何如？匆匆手此，敬請升安。

弟制傑頓首　十二日辰刻滬發

子谷兄處，均此道意。鳳、述諸兄，未另勒。南容明日回鎮，所購油繩各件均已辦好，俟傑到時再當面回一切也。又及。

（一〇三）

徵三仁兄大人閣下：

昨奉手教，當復寸箋，計登籤掌。電箱一項，今早傳韓千總前來，詢悉此種尚是從前舊樣，當初金陵亦曾製過，據説内件皆系藥水所煮，日久藥乾，多不能用。該弁曾經試驗，謂其斷難放心，深恐臨時誤事，且其信子我處亦不能仿造，盡須取給于人，似仍不如現用之箱，我處尚能製造，較爲便易。惟提憲已經購買兩箱，即留備一格亦無不可。似此後添置務須斟酌。現在經費支絀，另製亦不容易。钱統領亦有函致弟處，已將此情轉告矣。專布，敬請籌安，惟照不儩。

愚弟陳汝濟頓首　初四

再啓者：正封函間，適又奉手書，具悉一切。查敝局發各營關餉，悉遵撫憲定章。弟自接辦以來，已經數月，並無壓過某營關餉之事。現在前營關期亦並未過，其差弁所傳之語並四十天一關駭人聽聞之説，不知從何而來。省中並無變更，敝處亦無異説。如此後前營恐敝處有逾期不發之事，或即請其逕稟撫憲及防軍局另酌撥單日期，不更妙耶？除已詳細函復何君外，荷爲代詢。特此奉復，並頌籌安不盡。

弟又頓首　初四申刻

省局撥此一關文書清單，於前月廿三日奉到，前營即係與左、右各營一體同撥，係九月初十大關内，並未另行早發。其所謂初五應發者，乃弟處因其屢次求早，故通融提前數日，而彼遂以爲例。即使初五不可更改，而今日尚是初四，亦並未曾逾期，真是奇事！現在弟處前已通融，此次仍准於初五發給，斷不因此些微之項誤事也。

（一〇四）①

澂翁太守大人閣下：

敬肅者：日昨奉到手書，拜悉種切。蒙囑鐵板等，遵示寄奉，另具發單，並附提貨單字条壹紙，至時祈請飭紀上甬至江北岸，向旗昌行問陳順山先生處提歸可耳。辰際菊展黄金、露凝白玉，敬惟福履凝和，勛祺篤祜，仰（下缺）

①此信寄件人爲倪芹香。

杜徵三友朋手札第八册

（一）

（上缺）錦懷耳。兹家母有一舍親，伊向在杭生理，奈近年失利，以致散業閒居。但其人頗屬穩妥，家母意欲懇求大人代爲提拔。倘蒙金諾，位置有期，望即賜示得知，以便着伊前來代供驅策，戴德何窮，感恩莫罄。肅此上稟，恭敏新禧，敬請勛安。

姻小姪蘇世澤頓首百拜　正月念九日

（二）

徵兄大人閣下：

別久念深，時縈寤寐。昨自鄉下歸來，接讀四月廿一日還雲，欣悉尊恙漸就復元，不勝慰念之至。但仍須静心調養，切勿稍事煩勞。好在臺工已得十之八九，一切規模均有就緒，即略爲將息，諒無妨礙。在閣下雅具兼人之勇，力果思精，究竟中年以後之人，正非復壯盛時可比，亟宜顧惜精神，爲國珍重，是所切禱。弟自開春後，力將先塋次第修葺（一律完好，寸私稍慰），現擬接辦族中譜事，一俟草底告竣，約秋冬間當攜至尊前就正。即在滬中用活字板刷印何如？承代匯杭四舍弟處之四百元，費神感甚。祥源之款移存泰源，想當極靠得住，尤爲感感。

再有懇者：昨閲五月初一日《申報》，内載本局所印《古今圖書集成》第二批應出之書，業已訂齊裝好，催取第三批應繳銀兩，其第三批之書現在趕緊裝訂，不久亦可出書云云。查弟處前經兩次繳過規銀壹百兩（取有兩次收條爲據），只再繳五十兩，即要取書。該館第一批出書不得而知，現出第二批之書，催取第三批銀兩，但銀兩繳足，書仍未齊，不知何説？敬乞閣下確爲探詢。或俟全書告成，銀足取書，抑須先將銀兩繳足，再行取書，其書準於何時取付不誤，老兄爲我酌之示復。因該報内有『催繳第三批銀兩，限五月内速即照付，逾限概不收取』字樣，真令人不解耳。特將原報粘請台覽，爲弟一查示知，至禱至禱。

筱圃兄西防之缺較前雖減，當可敷衍。而來函頗深抑鬱，或係因家計之累，情現乎詞耶？偉堂毛病過雜，早知不了，兄之相待似乎過厚，即如此等行境，前次筱圃函來猶愛之憐之，未免近於姑息矣。笠安餉差已得，大約兩淮局面當比浙中較優，鹽務之館想仍舊否？久未得信，念念問問。家鄉情形，其病太窮，竟有不能久居之勢。先人墳墓總算修理完整，再得數月將譜事告成，以畢多年心願。至於出處一節，再當相機以行，此時尚難定見也。質之高明，以爲然否？先此肅復，敬請愈安，不盡縷縷。

鄉愚弟王傑頓首　夏至前一日書於守拙齋

大令郎仍在家讀書，隨同表兄，近時功課何似？有明機否？二令郎近時讀書，想必與時俱進，念念問問。又注。

（三）

徵翁觀督大人閣下：

久違鴻儀，時殷鶴企。敬惟興居盡善，籌績咸宜，指顧升華，心殷豫祝。弟虎林聽鼓，鳩拙藉藏，惟寓用浩繁，時形掣肘。前承惠假款洋（非一人也），僅敷開銷，前項逐日寓用，仍如懸罄，一籌莫展，刻不可安。曾記頻行時，家兄囑弟，倘如在杭寓用未能接濟，可向尊處暫爲通融等語。深知弟人地生疏，無門告貸，惟自問生平從未向朋友挪借分文。今實出於無奈，因思閣下古道熱腸，與愚兄弟相交數十載，素蒙謬愛，用敢不揣冒昧，敬懇俯賜措假百元，以濟眉急，俾得房費一切均可開銷，不致束手待斃，則感荷隆情，實非尋常比擬。萬望慨如所請，速祈措交匯下，以救涸轍。將來此款或由家兄一併寄還，或弟到任後自行歸趙，決不敢久假不歸，有負閣下濟急之盛意，則感激于無涯矣。專肅拜懇，敬請台安，惟希鑒原，鵠盼玉音，不一。

王信頓首謹上　七月初弍日

（四）

徵公老伯大人賜覽：

前者台從賁臨，幸承矩訓。嗣以政躬弗豫，冒雪回甯，命駕悤悤，寔深怗念，不審此時已否全愈？此症痰多，半因濕起，脾不勝濕，水穀悉化爲痰。善治病者略標而治本，扶脾勝濕，痰不治而自除。鄙見如此，高明以爲何如？姪虛度韶華二十有八年矣，歲不我與，而高堂鬢頒，食指徒繁，環大椿而坐食，何以爲生矣？每值台旌晉省，輒思暢所欲言，商行藏於老伯，適逢貴體欠安，遂不敢以瑣瑣之談瀆煩父執。今既經旬矣，想爲國珍軀，早占勿藥。聞甯波英領事文案將易他人（聞之確鑿），此席若得老伯鼎言，並轉求胡太尊爲姪吹噓，必合成就。能干新觀察歐陽軍門並薦，雙管齊下，更妙。然小草滋榮，悉藉春風煦育，非好依人宇下而無奮振之心也，良以不得於名，商賈又非素習，肩難挑，背難負，與頑然一塊亦何以異？領事文案不動則已，動則必乞齒芬。素聞公事甚簡，雖賤體薄弱，當不貽薦者羞。公餘尚堪温理舊業，爲鄉試計，離杭不遠，温凊常親，善之善者也。即家嚴亦有意令姪别營一窟。成事在天，謀事在人，敬祈從速籌之，毋令高材捷足者先得也。專此奉懇，祗叩鈞安。

愚姪潘鳴岐叩上　初四

附呈名條四紙。

家嚴命筆問痛。

(五)

徵三仁兄大人閣下：

前者于役甬江，本擬買棹蛟川，一親霽宇，藉抒離悰，只以接辦鄞、奉、慈、鎮巡務，部署冗忙，日不暇給。嗣因沈協軒兄偕同赴滬，行色匆匆，致有咫尺匡廬之感。昨晡接奉兩賜手書，誦悉種切。就諗勛華楙著，履纑蕃臻，爲頌無量。承示鄧千總光泰，前因沈協軒兄接手將厥勇裁撤，妥爲安插，曾將鄧千總薦至費毓卿兄營内充當哨弁。至其帶來之勇，業爲派船充選矣。又，教讀一席，弟本擬另延，此次返淞後，適有友人薦來程純甫先生，弟前晚始經訂定。而閣下來函倘早兩三日，則弟無不遵教而樂從也。潘藝田先生既承鼎命，惟有俟諸來年，再與閣下計議，知我者想能諒我耳。肅復，順請勛安，諸希藹照，不具。

愚弟陳旭頓首　四月廿八日

（六）

鴻順賢坦如晤：

昨接來函，閱悉起居無恙，大小平安，慰慰。此間工程，石工約得其半，鐵木工三分之一。所定外洋各料，年底若能到鎮，開年即可加工。賤軀以次均好，毋煩遠念。海運一差，謀夫孔多，非大有力者不能望。糧道雖与府上有年誼，然僕在省時僅見數面，萬難修函懇求也。服闋赴都，三月天時最好，二月間東北風多，波浪恐所不免，無甚要事不必忙也。此復，即問近祉。

僕杜冠英頓首　十二月初二

（七）

久疏塵教，時切蟻忱。比際音調大吕，慶肇履端，恭維徵翁仁兄大人泰祉延禧，履祺迎祥。爆竹聲中，遡聽鶯遷之喜；　梅花香裏，疊邀鳳綍之榮。引睇卿暉，奚如頟頌？　弟在甯候補已有年餘，今冬荷蒙上憲委帶提甯六營精兵巡城營兼總查事務，周歷巡查，不遑朝夕。幸托福庇，地方敉安，堪以告慰。還希南針時錫，俾可遵循。當兹綺歲欣逢，衹以職司攸羈，遥晉椒觴之頌，彌殷葵向之忱。肅修丹啓，恭賀新禧，敬請台安，統希丙照，不宣。

愚弟文楚勝頓首

（八）

徵三觀察大人閣下：

月前道出蛟川，得親霽宇，荷蒙關垂逾格，銘泐莫名。别後即於翌晨抵滬，因左足濕瘍甚劇，是以閉門枯坐者兩旬。因思在鎮時面奉鈞諭，以海口砲臺應置各砲，擬於長至前後晉省，面商中峯定奪。瀕行時，先行示知。仰承雅注殷拳，堃與敝洋東同聲感佩。兹值添紋吹琯，未識騶從何時啓行，幸乞惠示數行，以便買舠淅水，藉聆教言，曷勝企禱之至。專此，敬請勛安，惟希鈞照，不（蔇）〔既〕。

蔣堃謹肅　十一月朔日

（九）①

松林仁兄鄉大人閣下：

別後以來，迄今三年已。夏間曾寄寸函，未卜登上洞覽。暑間又寄一言，亦未見言旋。維憶洪喬在道耳。近維閣下勛躬納吉，諸凡增祥。兹際冰輪皎潔，益欣玉鏡同清。引企芝采，莫名傾忱。弟於去夏曾奉到華翰，悉閣下隨伺叔老太爺赴都，弟如深快甚。自違閣下，弟時運不齊，命途多舛，舊夏維揚圖事兩月，將我外薦，比作浮談。延至去冬，同左幕赴申，腊初隨行來甯，謀就美彝公署，月得番蚨六元，各色均歸自辦。欠識英語，蒲節請假。蒙源程師令將弟至鎮海，隨伺令上人侄偉堂師爺，比下尚屬相安，並有安稟一扣，隨弟主封呈。倘叔老太爺詢弟一切，懇祈方言，務求閣下轉乞令上人與弟主人函内栽植，弟深深感激矣。專此，即請節禧。

愚小弟蕭輔臣頓首　八月初九

①此信收件人非杜冠英。

（十）

中國電報局華文來報抄發

鎮營務處鑒：

撫憲丑刻到紹，卯刻閱操，聞即日來甬。紹電。

太極圖、烏龍水已刻到。

（十一）

敬再稟者：　吴吉翁來省，詢悉憲體違和，旋占勿藥，欣慰之至。蓋尊恙係由三年辛苦相積而成，雖時發时愈，緊要無關，總須及早醫痊，時加珍衛，是所至禱。卑職聽鼓省垣，已五閲月。前蒙胡太尊賞一函，得一漕項差使。嗣後渺無頭緒，閒散至今。司事委員既限於資格，而城門保甲直難似登天。加之會垣米珠薪桂，日食維艱，特此恭懇憲恩賞給數函，以便晉謁當道。萬一謀差不易，即求於甯屬各局賞薦一館，祇堪糊口，便可棲身。素荷栽培，恃愛上瀆，尚乞垂憐，無任盼禱。潘筱甫司馬已於今日交卸，惟今年得一吐血症，近日又發一次，現在尚未銷假，謹此附陳。載叩鈞安，伏維慈鑒。

卑職慶邦謹再稟　六月二十九日

（十二）

伯英、仰之、彩五仁兄大人閣下：

桃花香裹重領雄談，惜判袂之匆匆，覺此心之耿耿。遥瞻芝采，無任馳思；忽報梅開，又驚改歲。恭維三羊啓泰，萬象增新。翹企鴻儀，曷勝欣賀。弟省垣聽鼓，乏善堪陳，所幸健飯耐勞，依然如昔，差堪爲知己告耳。宗觀察已經到省，想轅門抄中早經寓目，無煩鄙人贅述。現今省中惟賑務煩瑣，提調王太尊嶔真有日夕不遑之勢。前日錢塘鄉間已有鬮租之事，恐查賑各員更加一層心事也。加封代寄一函，業收到。統此鳴謝，即賀寅禧，伏維丙照，不宣。運台現升四川臬台，又及。

鄉小弟余慶邦頓首

（十三）①

春江親家仁兄大人閣下：

久未奉書問候，心爲歉歉。弟於四月間稟銷營務，未蒙允准。六月奉撫憲札委，兼統

①以下六信作者为杜冠英。

鎮海南北兩岸砲臺。兹有同鄉吴吉人參戎同事多年，人極爽快，今年爲砲臺事被人誣陷，現奉恩旨送部引見。第初次到京，諸事生疏，一應事件必須託人照應。用特專函奉懇，尚祈親家垂念鄉誼，如何辦法，請與吉人兄斟酌行之。

內函帶至京都前門內東城根工部崔寓面交敝親春江仁兄大人收啓。

（十四）

月前因公赴滬，攪擾諸多。别後回防，無日不神馳左右。敬惟嗣訓仁兄大人起居萬福，至以爲頌。弟戍守蛟門瞬經七載，夏間稟銷營務，未荷允准。旋奉撫委，兼统鎮海南北兩岸砲臺，仔肩愈重，擺脱愈難，惟有盡其在我而已。吴吉人現奉旨晉京引見，光復定在意中，不白之冤可以昭雪。兹有懇者：惠濟輪船楊軍門派友黎讚卿兄往滬修理，第人地生疏，諸事未能熟悉，用特函懇台端，尚祈指引。鐵廠修理，但經費僅准三千之數，出款須賠，不得不力求撙節耳。《圖書集成》第三批書兩部，不知已取出否？倘有取出，請即寄下爲荷。手此。

內函祈帶至上海虹口義昌竇號，面交樊嗣訓仁兄大人收啓。

（十五）

述甫仁兄大人閣下：

昨奉惠書，起居萬福爲慰。砲臺王應常接手，一人未添。弟薦砲兵二名，一名未補。謀事之難，至于如此。吾兄在新壩分卡，雖薪資微薄，閒坐略勝一籌，姑待之以俟機會可也。手此，即請文安。

七月廿七日專足去

（十六）

外峯仁兄親家大人閣下：

九月廿九日接奉廿五日手書，讀悉一是。四月底奉一函並令嫒信稟，小孩帽二頂。六月底又奉一函並小兒安稟，均未提及，或者信局未交，抑或地名寫縣城地巷之錯所致也。弟四月間稟銷營務，未荷允准。六月間奉撫憲札奉委兼統鎮海南北兩岸砲臺，酌加每月辦公銀五十兩，合之薪水，每月一百卅兩。鎮海勉强敷衍，太平用度則不能也。撫憲以此差慎重其事，萬不能以薪水小而辭，只得静以待之。八月至今，雨水纏綿，甯、紹、杭、加、湖紛紛告災，晚禾、棉花均已霉爛。天災流行，杞憂徒切。八月半後，接小兒家信，大小均好，用以告慰。承寄令嫒信，即附信寄去，以後寄信即開地名示下，以免錯悮。手此。

（十七）

[illegible]花園　南洞江[illegible]　[illegible]遠
[illegible]峙　安遠
金[illegible]山　[illegible]寶山　寧遠
虎[illegible]山　[illegible]遠
[illegible]山　[illegible]遠城　靖遠
下港口　鎮海城　[illegible]遠
沙灣長堤八道　[illegible]遠
[illegible]遠碼頭　平遠
大金雞
小金雞

（十八）

小甫仁兄大人閣下：

昨奉手覆，知貴恙霍然，慰慰。弟六月初赴滬，月底回防，花翎之信是以未覆。前稟銷營務，未荷允准。後奉委兼統南北兩岸砲臺，惟薪水公費無多，頗難敷衍。校之省城聽鼓不啻天淵，祇好坐以待之可也。弟所患痰閉、氣喘、腹痛、瘋氣，現已托福全愈，精神、飲食概已復元。今年自春及夏，無日不抱藥爐，自生以來未有吃如許苦水。我兄中秋前後回府料理家事，如苦飯能混得過，可以不必出山，優遊林下，以養餘年，亦幸事也。手此，即請福安。

鄉愚弟杜〇〇頓首　廿七日局去

（十九）

徵三廉訪大人閣下：

日昨過鎮，天晚，即趕旋甬，未克趨候台階，殊深歉仄。敬唯升猷冬懋，履祉日隆，引跂斋暉，傾心藻頌。前承囑購戈二房半夏已經購就，緣帶在公館，故未奉呈，兹因楊舵工回家之便，特令送上，尚希詧收是荷。刻擬在十八日由甬展輪，開往巡洋後到甌。諒由溫開回亦須遲至廿四五日。令少君新眷正可附搭，請趕即信致前途，俾可先期預備，到時以便登舟。俟旋鎮之日，趨賀大喜。統此奉達，敬請勛安，唯希荃照，百備。

鄧驄保頓首　葭月十六日

（二十）①

外峯仁兄親家大人閣下：

初十日接奉初五日覆書，讀悉起居大吉，爲慰。鎮海自八月廿六下雨，及至十月初天晴，四十餘日，晚禾、棉花霉爛，報哭紛紛。子元被議之後，奔馳五六年，今掣往山東，雖否極泰來，而苦已吃盡矣。大駕閩省之役，陸行温州相近水路，往返兩月，明正晉省回，由滬搭輪前往較爲便當。手此，即請

向函帶至温州府縣城殿巷，交郭大老爺（前署玉環廳），□外峯升啓。

十月二十四日繕發

（二十一）

徵三仁兄公祖大人閣下：

前肅賀函，諒邀台覽，文郎浴卿世兄吉席，適弟往金陵，勿克登堂叩賀，謁見新婦，悵也

①此信作者为杜冠英。

何如？從此佳兒佳婦繞膝承歡，欣懷吉事，額慶奚似。辰維升祺集福，履祉千祥，至以爲頌。弟上月下旬赴金陵，謁見沅帥三次，頗蒙優待。月之四日旋滬，諸叨吉庇，尚稱安順，聊以奉慰。敬求者：敝親何建彪，向在鎮海報税行爲業，苦其家口浩大，待哺嗷嗷，現擬自設一行，俾有噉飯。兹聞向縣中請領官戳費用極大，若得有依靠者，減省頗多。王大令與我公最稱莫逆，爲此懇求乞推情於子翁懇商，准何建彪領給一戳，俾得噉飯有方，皆出自我公之賜，弟固受恩（糜）〔靡〕涯，即何敝親則感德永矢勿諼矣。手此奉懇，祇叩升安，諸乞斗照，不具。

治愚弟戴嗣源頓首　十二

（二十二）①

（上缺）囑令親何建彪報開税行，已向縣署王大令説項。據云未見稟帖，俟查明核辦，光景不致爲難耳。手此，即請升安，惟照不具。

愚弟杜〇〇頓首

①此信作者爲杜冠英。

內函帶至上海虹口生昌鐵號戴綬之大老爺啓。

（二十三）①

丹山仁兄姻大人閣下：

月前台從至甌，諸多簡慢，今荷函謝，益增汗顔。比諗籌祉履祺均吉爲頌。弟赴鄉之役，及至初六始克回城，幸一切平順，眷口無恙，堪告雅注。蓂兄託買皮欖十二個，本應遵示年内寄歸，祗鹽船年内已無，輪船又須使費，惟待來春適便再爲寄奉，請諒之乃感。前月敝内人交王家人帶去金簪一枝，言定到鎮後即代打金瓢二枝外，託換金打簪子一枝；又交伊洋三元買印花布及緑絲紥頭繩等件，此均待用之物，務祈轉言購齊，由兄手年内交足帶溫爲盼，計洋若干，扣算可也。費神之處，容圖後謝。手此，即請台安。仰之先生處代言致候。

弟蘇錦霞頓首

王家人雨傘一柄，已交汝美兄帶鎮，乞致言向收爲荷。

①以下三信收件人均非杜冠英。

（二十四）

丹山仁兄大人閣下：

月之中浣，奉到手書，祇悉一一。渥荷雅注，感紉莫名。比諗動定咸宜，百凡如意爲頌。弟職守如常，鮮善可告，惟幸眷口平安，堪抒錦系耳。承囑之事，比日即往，適其他出未晤。及前日再去見面，據云事屬至佳，無如於舊臘接外家來信，爲之作伐，許字揚州日城，當已開庚寄回；如果此處不成，再能開庚與之他處云云。既其已開庚寄揚，請閣下婉回之可也。聞澂憲正月十九日偕吳吉翁等晉省，月初諒可歸來。入都之行已定何時？家眷約在何時動身返里？仰之兄可一日歸南？均三念中。砲臺保案有無子午？衛中丞任内已否出奏？如知底蘊，均乞示悉爲盼。手此，即請大安。仰之仁兄大人及魯川處均乞道意。

姻愚弟錦霞頓首

（二十五）

仰之仁兄大人文几：

暌違廿日，念切五中。辰維諸凡集吉爲頌。弟揖別後於十二月十一日到家，一路上叨福庇，水陸平安。前次蒙徽憲代求甯郡分府，已荷胡太尊應允，如開年徽憲遇順晉郡，臨行務求代爲一提，以便再爲嘘拂也。保舉一層，衛静帥當已批允。如有好銷息，尚祈早日示知。果局中開保，前有尊處之條，萬望代爲一遞。魯川兄何日到鎮，諒有一番大鬧熱，惜弟不得躬逢其勝，爲慊。廉卿兄曾否回家？東嶽宫何時散局？便中均望惠我數行，以當面講爲幸。賜函請寄徽州休甯縣城父昌坊余某收，當不致誤也。手此奉候，恭賀新釐百益。

同袍弟余慶邦謹上　十二日

品芳、采五、廉卿、性夫、述甫、魯川暨在局諸仁兄大人均此奉候。

（二十六）

頃接手書，已悉砲臺釣竿到滬，俟有便當即遵命裝運。辰維徽三仁兄公祖大人政祺叶吉，勛祉延釐，曷勝私祝。逕懇者：嚴子翁係閣下十一年歲終函薦，因渠境況艱難，十二年新正即送每月幹修洋拾元，而時軍門每月送貳拾元，鄧縵翁亦送月需拾元，不滿一年，彼此截止。惟弟仍舊按月送給，但終年並無公事於勞值，至去年交卸之後，弟仍依舊送去所有請假稟件，煩渠繕就，渠即相商假貸，賠費數百金。弟與閣下推情難卻，於去年七月間，渠又挽鄧雨翁面懇，可否將全年修金盡行送渠，以免嗣後纏繞。弟即見允送去，至今叠來數函，言難入耳，殊令人多生炁惱。究竟渠作何擺佈，以擾有事之人，殊覺可笑。況此人係閣下舉薦之人，諒當代弟排解，以免彼此饒舌，是所至禱。專泐布懇，並請升安，伏惟離照，不具。

治愚弟貝珊泉頓首　十二月十九日

（二十七）

澂三仁兄大人閣下：

前月下浣，肅奉一函，想邀台覽。即諗順時祜篤，撫序釐延，至以爲頌。弟月初渡甬，因請撫憲就近轉請給咨，可免赴□，當蒙恩准。就於十一日出文，弟本擬過鎮一轉，藉候起居，只以辦函多年，經手諸務，勢須逐件清厘，俾趕開春北上，不能不返淞摒擋一切。因思閣下亦於開年晉引，弟定於二月初間束裝，未識大駕諏吉何時？倘獲同舟共濟，是亦天假之緣也。專此佈詢，即請鈞安，並候福吉，諸希藹照，不具。

愚弟陳旭頓首

（二十八）

敬稟者：　竊卑職疊奉鈞函，如聆珠欬，領悉一切，敬佩五中。恭維大人天上壽星，人間生佛。服官則歲方及艾，欣看鴻案延祥；□之子而吉叶夭桃，行見鸞章錫誥。算壽五福，華祝三多。卑職遠羈擊柝，適覩乘龍，未得捧觴，稍伸燕賀。遥覘吉席，用賡偕老之章；翹企崇階，敬奉長生之籙。虔修寸稟，恭賀雙禧，敬請鈞安，仰惟雹照。

卑職錦霞謹稟

（二十九）

敬啓者：春醪將熟，方思介耇稱觥；臈鼓遥傳，迺辱隆儀遠錫。猥以家慈七秩帨旦，既吉詞之下賁，益嘉品之頻攽。彩溢蕤幃，光榮子舍。蚼䘑莫報，鼇戴知崇。辰惟潋三仁兄太守大人升華雲上，履繶春和。宣徽猷於五馬，渥殊□□□□。引睇喬暉，曷勝巨耀。弟柳營迹繫，義有媿於循陔；椒頌心殷，情尤深於伸謝。肅此，恭賀年禧，敬叩台安，惟希荃炤。

愚小弟楊杰頓首

（三十）

細腰鼓響，羯鈴催益壽之花；大吕律新，鳳琯按長生之曲。恭維徵三堂台大人五十曰艾，八千爲春。早歲服官，已沐殊恩於□□；假年學《易》，適符大衍於《犧經》。轉看□

繡榮膺，躋升階於八座；　稔卜□□□備，襄鼎祚於萬年。翹首弧懸，傾心鼓舞。壽銘北門承乏，南郭滋慚，回思四十九年，知□已晚；　喜届五句初度，抃賀彌殷。燭獻長明，幛呈延壽。伏祈莞納，遣祝□□，肅請勛安。

晚牛沈壽銘謹上

（三十一）

敬肅者：　竊維柏酒含香，懽晉長生之祝；　葭灰應律，陽回人地之春。茲以臘月八日之辰，爲紀歲五旬之壽，驩言過耳，燕譽傾心。敬維徵翁堂台大人瑞應華嵩，禧凝穀戩。□□學《易》，恒增大衍之籌；　□□□年，豫頌延齡之酒。台背應帝心之簡，全浙東西□□□□□，碑口齊呼；　大江南北□□含笑，海屋添祥。晚生馬齒徒慚，駒光浪擲。稱觴有願，難隨葉令鳧飛；　土物不臧，拱拜魯侯燕喜。專申蕪稟，恭叩松齡，敬請勛安，伏祈鈞鑒。

晚生棠元芳謹肅

（三十二）

敬稟者：　竊以斗杓指丑，又聽臘鼓之聲；　崧嶽生申，喜届懸弧之慶。恭維徵三老伯大人，

《禮》稱曰艾，《詩》頌如松。毓秀皖江，紹紫陽之一脈；服官浙水，先白傅之四年。從茲□□□□□□無疆之□，□壽身壽，世膺五百年名世之生。翹首椿陰，傾心藻頌。姪遠羈北局，莫遂梟趨；遥祝南山，藉伸蟻慕。□□壽幛一幅，壽燭雙輝。恭介遐齡，敬請福安，伏惟□鑒。

鄉愚姪胡懋仁謹稟

（三十三）

敬啓者：月之二日，家嚴八秩壽辰，辱荷藻詞疊福，偕壽星以俱來；還叨藜照分光，益私衷而銘感。恭惟徵三仁兄大人政祉秋高，聲華日麗。風行振俗，咸欽□寿之登；□□□人，共羨□□之照。□□在即，燕祝維殷。弟治水才疏，望雲念切。差喜壽海添屋，彌益算於椿庭；更蒙梓誼雲情，藉增輝於蓬蓽。肅修蕪柬，用致謝忱，敬請勛安，並頌潭福，伏惟朗照，不戩。

鄉愚弟潘紀恩頓首

（三十四）

□日麗青郊，雲飛丹函，荷謙光之逾分，覺臨誦以多慚，指示周詳，心銘曷既。辰下敬維徵三仁兄大人師貞允吉，□□膺□□擒，掃鯨鯢於水上，□遷即卜拜□□□。凱唱遥傳，頌忱藉慰。弟量沙乏術，戀棧徒羞。□□□籌，愧虚抛夫駒隙；有懷十略，願共靖夫鴟張。泐復，祇請捷安，諸希朗照，不具。

愚弟羅大春頓首

（三十五）

猥以初度，辱荷惠椷。感藻飾之綺詞，撫蓬衷而紉佩。敬惟徵三仁兄大人奕延蘭佩，績懋藎籌，鎮虎幄以宣猷，□□令肅；拜鸞綸之寵錫，玉□□□。引企芝光，良殷藻頌。弟年華虚擲，建樹無聞。方樗櫟之滋慙，詎桑蓬之足紀。重承雅誼，曷罄謝忱。泐復，敬請升安，附璧芳版，諸希荃照，不具。

愚弟蔣國楨頓首

（三十六）

幸接清〔塵〕〔塵〕，獲叨陪坐。盍簪方快，驪唱又分。遥想光儀，如何蘊結。敬維徵三仁兄大人駿聲丕煥，勛履迴翔。蒼生冀沐甘霖，咸望總□門鎖鑰；□□湛露，行簡爲南服屏藩。引企卿雲，傾忱祝頌。弟謬叨劇郡，深愧庸才，冀建樹之稍圖，庶涓埃之可報，所期嘉惠時錫教言，俾得遵循，從容就理，是所至禱。敬請台安，諸惟□察，不宣。

愚弟繼良頓首

（三十七）

暌違芝範，恒切葭思。喜桂序之將逢，愧蕪詞之未達。敬維徽三尊兄太守大人履祉雲高，襟期月朗，欣逢西琯飛觴，而皓魄當寅，爲詢子瞻，把酒向青天，問未亥算，定占晉秩卯陛，即沛巽綸。弟仁湖承乏，宦海浮沈，燕戊兩周，勞辛莫補。對此良辰，每寄情於秋水；幸叨知己，願借助於他山。肅泐，恭賀節禧，祇請升安，諸祈鼎照，不備。

愚弟王福祥頓首

（三十八）

仰奉□綸，忝膺藩服。荷華函之獎飾，結竹篆以慙惶。敬維徽（山）〔三〕仁兄大人泰履延釐，升恒篤祜，勛勞聿駿，騰茂實而蜚英聲；□顺翔鴻，登崇階而超峻秩。鵬運則扶摇直上，鸞□則寵眷優隆。引睇喬暉，傾心忭頌。弟久陳蘇臬，未效涓埃；遽擢蕃宣，益難報稱。現在恭摺陳請，入覲天顏；何當郵信先傳，重蒙寅賀。肅泐鳴謝，敬請台安，附璧芳版，不宣。

愚弟許應鑅頓首

（三十九）

頃奉朵雲下逮，藻飾殷拳。鎮日慙懷，竹銘靡已。比維徵三仁兄大人防籌廣韞，釐政勤宣。請弧矢於十洲，烽銷卉服；裕課布於羣賈，澤沛芸生。曾秩虎符，臨風雀躍。弟綜理刊書，迂疏承乏，權領浙西三郡，深媿樗材；遥分嶺上一枝，忝承梅訊。手肅奉復，即請勛安，並璧撝版，不具。

愚弟宋頤頓首

（四十）

帶水遥暌，朵雲寵賁。猥以薇垣倖晉，迺承藻飾逾恒。敬維徵三仁兄大人鼎祉翔華，履祺宜鹿。勤宣藎績，番風揚隼旟之華；恩沛芝廷，湛露渥鸞綸之寵。喬輝引企，抃祝彌殷。弟忝擢藩條，深慙樗質。駑庸鮮淑，謬膺屏翰之階；鴻采遥詹，備荷拳勲之誼。肅復鳴謝，祇請升安，敬完謙版，不備。

愚弟廖壽豐頓首

（四十一）

自睽芝靄，轉瞬一年；每切葵忱，縈情五内。恭維徵三公祖大人功隆建樹，績懋披荆，溥樂利於南疆（旁批：切南田开垦也），歡騰擊壤；荷恩榮於北闕，秩晉上臺。引跂鴻勛，傾心雀躍。治晚材慚樗櫟，仰荷（下缺）

（四十二）

敬稟者：竊卑府久隸帡幪，渥荷栽植；欣傳鵲報，側聽鶯遷。恭維大人冰鏡型躬，絜繩範俗，作閩中之屏翰，庶績咸凝；荷日下之絲綸，雄藩重擁。亹圻指晉，虔頌心孚。卑府戍守蛟川，材慚蠡測，念仔肩之愈重，尤失足之堪虞。瞻福曜之移輝，容光仍被；喜遷喬之載詠，賀廈尤殷。肅修鯉稟，恭叩鴻禧，祇請勛安。

卑府冠英謹稟

（四十三）

敬肅者：　春日載陽，聽好音於黄鳥；　郁雲成朵，貽芳訊於紅鱗。祇諗徵三堂台大人茂對良辰，誕膺景福，卜勛華之雀起，宏建樹於蛟川，疊晉升階，允符豫頌。　承（下缺）

（四十四）

遥企蘭標，時殷葭溯。猥以薇垣倖晉，辱承藻飾優加，莊誦臨風，感慙積日。　敬維徵翁仁兄大人茀禄延釐，藎勛介懋。聲華炳蔚，快賡鶯谷之章；　峻秩超遷，渥荷螭廷之寵。引詹喬采，藻忭允孚。　弟自維樗質，謬綰藩條，愧會計之才疏，益素餐之滋凛。　惟冀箴圭時錫，俾得津筏攸資，是所跂禱。　肅復，敬請勛安，並璧芳版，不具。

鄉愚弟期劉瑞芬頓首

（四十五）

昨奉瑶函，恍親珠欬。　猥以不腆之物，辱荷齒芬，遂使慙感之忱，頓從心起。　浣薇莊誦，篆竹彌殷。　敬惟徵三大公祖大人望重朱旛，聲傾毳帳。　褰帷運策，奇謀早著於甬江（下批：浙東）；借箸籌邊，温綍即頒於闕北。丹陛蘭臺指晉，藻頌心孚。弟迹羈三山，瞬經匝載，愧寸長之莫述，覺一是之粗平。所冀時錫針南，俾得銘諸硯北。肅復，敬請升安，統希斗照，不備。

治愚弟張學醇頓首

（四十六）

虎林聚首，曾飫領夫教言；鳳籥驚心，又屢更夫暄肅。兹際麥秋風暖，槐夏陰清，恭維徵三仁兄姻大人屯營佐績，軍府宣猷，具經文緯武之才，兼墨守輸攻之略。黄堂出治，既叠換夫頭銜；丹扆書名，行特邀夫心簡。引瞻芝采，曷任葵傾。弟日下僑居，雲司供職。涓埃莫補，愧非聽斷之才；弇陋增慙，尚望箴言之錫。兹乘鴻便，用肅鯉函，虔請升安，諸惟朗照，不宣。

姻教弟曹英頓首

（四十七）

遥違葭路，莫覯芝顔；福祝辛盤，時殷鶴跂。陽回寅律，忽奉鱗書；曲致情文，備宣楮墨。敬悉徵三仁兄姻大人膺功介祉，首祚延庥。功與德而俱新，豸節寄干城之任；國與民有兩便，龍綸荷帝命之嘉。行看班馬香熏，一路之凱歌齊唱；即卜蕭曹業富，九重邀寵遇爲榮。升華預望，頌藻彌殷。因株守一官，毫無建白。雖春坊之忝列，鳩拙可藏；仍秋素之如常，駒陰虛擲。倘使玉音不惜而錫教常頒，則銘感無既矣。肅此，敬請勛安，諸維荃詧，不宣。

愚弟崔國因頓首

（四十八）

徵三仁兄大人閣下：

頃披惠翰，渥荷謙光。雒誦回環，感慙無似。敬維聲華日上，勛祉雲蒸。邀心簡之頻頒，喜頭銜之叠晉。引詹吉裔，莫罄愉忱。弟建樹無聞，勞薪如昔。幸轄亹之安謐，藉掩迂疏；跂籌海之忠勤，深叨贊助。專泐布復，敬請勛安。衹完資版，不備。

鄉愚弟劉秉璋頓首

（四十九）

送别雲旌，正殷霞想，適披蘭柬，藉恰蓬衷。就諗黴三仁兄大人蕃祉駢臻，藎猷駿著。虎幄妙箸籌之用，蛟門計榷算之盈。引睇芝儀，慰如芬頌。弟粟碌如恒，薪勞鮮益，所幸會垣安謐，公事順平，足紓雅注耳。肅復，敬請勛安，統惟荃詧，不備。

愚弟唐樹森頓首

（五十）

會垣聚首，頻獲教言。自送行旌，殊深系念。即諗黴三仁兄大人新猷焕發，升祉綏和。運帷幄之奇謀，海疆鞏固；著持籌之偉績，帝坒恩濃。即晉黄堂，允孚丹頌。弟眠食如常，無善足述，惟賤軀粗適，堪爲愛我者告耳。耑此，恭賀大喜，並請升安，不具。

鄉愚弟吴崇階頓首

（五十一）

爽鳩秩晉，錦鯉惠貽。逾華衮之榮褒，撫蕪柬而感篆。恭維黴三仁兄大人履祉時綏，升祺日煥。經猷夙抱，丕揚駿遹之聲；寵命重申，即賦鶯遷之什。銅章指綰，丹藻心傾。弟明刑無術，難平牙角之争；光範近依，快抒葭莩之念。專肅鳴謝，敬請台安，附完芳版，諸惟荃照。

愚弟龔照瑗頓首

（五十二）

豸符謬攝，鯉翰遥賁。承藻飾之過情，撫蓬衷而誌感。就維徵三仁兄太守大人勛猷夏大，政祉時和。布雅化於絃歌，口碑載道；迓殊恩於綸綍，心簡酬庸。引企鶯柯，良殷梟藻。弟識同鳩拙，責凛蚊肩。方事稽臺，濟柳營而乏術；再持篋節，懷棠詠以增慙。惟有倍矢勤廉，尚希不吝匡益，俾資共濟，是爲厚幸。復請升安，謹璧謙版，不具。

愚弟蔣國楨頓首

（五十三）

頃奉瑶函，猥以忝權藩篆，辱承獎飾藻詞，浣誦回環，感慙交集。敬維徵三仁兄大人聲華丕楙，蓋履申蕃。督瞥繕以宣勤，海防績著；迓絲綸之錫寵，天語榮褎。即晉黄堂，良殷丹頌。弟輇材自愧，重任驟膺。懔鵷翼之堪虞，莫藏樗拙；拜鱗箋之遠錫，倍切荃銘。肅復申謝，祇請台安，敬璧芳版，不備。

愚弟靈杰頓首

（五十四）

昨奉瑶函，備承雅教。猥以筴䄙之忝任，迺蒙華翰之遥施。雒誦之餘，恧慙交集。兟諗徽（山）〔三〕仁兄大人履祉蕃駢，升猷茀鹿。懋黄堂之緯績，郡屬謳歌；邀丹陛之醲膏，軒鼚忭舞。台垣指晉，曷罄頌忱。弟謬理䄙綱，自慙樗質。西（泠）〔泠〕一水，願芝範之可親；東閣高風，每葭思之靡盡。肅復，祇請台安，敬璧資版，惟希藹照，不戩。

愚弟德壽頓首

（五十五）

快聯簪盍，寵錫華尊。報乏瓊瑶，感深篆竹。敬維澂三仁兄大人運籌裕略，握策紓奇，軍民胥賴，持平謳歛，路載僚寀，共欽措置，則效誠殷，行荷龍章，晉除豸節，益宏懋績，罔既豫私。弟別後於即日申刻抵署，瞻言百里，深暮雲春樹之思；近在一方，冀端綺南鍼之錫。匡其子惠，實賴寅恭。專此布達謝忱，敬請勛安，諸惟愛察，不宣。

愚弟吴引孫頓首

（五十六）①

春江仁兄同年大人閣下：

叠奉芝函，莫名葵向。備諗鼎祺日懋，履祉秋高。十聯吟水部之詩，三殿拜雲章之寵，升階即晋，豫頌允孚。弟聚米才疏，吹竽迹滯，尚幸公事平順，可告廑懷。承賜世兄名條，業已妥交安福陸大令矣。木植一節，查本年尚無採辦消息，惟是此等要差，均係上游選擇而使，非弟所能越俎代謀。夙承垂愛，故敢據實言之。專復，即請升安，諸希恕宥，不宣。

年愚弟鄧蓉鏡頓首

（五十七）

徵三尊兄大人閣下：

久違芝采，每縈秋水之思；頃展蘭言，如式春風之度。猥以小兒秋闈倖捷，重荷寵譽

---

①此信收件人爲杜冠英親家崔國霖。

過情，雒誦再三，毋任感愧。就審履祺駿格，鼎祉鴻延，引領光儀，曷勝企頌。弟里門息影，歲琯頻更，虎榜遥傳，駑駒忝列。敢謂蜚聲擢秀，祇擬景升豚犬之稱；夙聞小好大慙，益懍韓子龍猪之戒。專勒鳴謝，敬頌台安，維祈鑒照，不儩。

愚弟宗源瀚頓首　十一月朔

硃卷一本呈正。

（五十八）

徵三公祖大人閣下：

久欽汪□，尚稽韓瞻。屢擬赴局，祇謁仁暉，藉聆慈訓，因恐騶從巡視各營伍，公出弗遇，故爾行行止止，江漢朝宗，溯洄從之。恭維才優籌餉，績懋治兵。輸將則滚滚泉流，如川方至；勛業則蒸蒸日上，似水無涯。文武佩其勤能，兵民歌其惠愛。黄堂即晉，丹礼莫名。晚幸荷栽滋，殊深感激。月間蒙賜薪水，仍望推情寄交甬上江東船局轉下，是所禱懇。惟是諸事不諳，受□无功，寸衷時覺悚惶，容俟探詢鴻儀來郡，再行趨叩台端，祇求鈞誨。諸惟山仰，尚乞海涵。謹此布達，並鳴歉忱，敬請勛安，餘希垂鑒百益。

治晚生陳德培謹肅

（五十九）

敬再稟者：　月前江令來郡，述悉卑職銜條已爲轉呈憲鑒，並蒙俯賜栽培，曷勝銘感。伏念卑職近依樾蔭，半載於兹，久擬叩謁鈞顔，躬聆訓誨，無如監獄攸羈，不敢擅離職守，然企仰之私，無时或釋也。辰下敬維大老爺威振柳營，勛猷卓著。轉瞬法人鷁退，定邀寵荷丹宸，遡聽下風，莫名抃舞。卑職微員匏繫，補缺無期，宦海茫茫，毫無畔岸。務求關垂逾格，附列剡章，仰叨福庇，得有寸階，則感荷恩施實無涯涘矣。肅泐附稟，再請勛安。

卑職福田謹稟

（六十）

徵三老伯大人閣下：

去臘曾肅鯉箇，恭賀鴻禧，遥計郵程，早邀鈞鑒。敬維蕃祺日懋，蓋績春融。賢勞宣碩畫之勤，惠敷浙水；夙夜著匡時之績，恩渥虞廷。指晉黄堂，心孚丹頌。姪雲津珞球，尠淑堪陳，惟賤軀物適，足紓慈廑耳。近聞法人移兵窺伺鎮海，我軍兩次擊退，咸謂砲臺堅固所致，然實老伯之力也。老伯辦理有方，久爲上游器重，將來剡章叠薦，一日三遷，固不待姪善頌者也。如果開保，務祈鼎力栽培，俾得進一階，則感銘鴻慈，莫名鼇戴矣。再，姪前致一電谅已鑒及，兹再將姪名條坿呈，至祈詧閲。恃在愛末，用敢瀆陳，伏祈原諒。肅泐，敬叩福安。坿呈名條一紙。

愚姪黃建籀頓首

（六十一）

接讀鈞函，猥叨藻飾，過蒙寵賜，感泐葵忱。敬維徵三大哥大人蛟水宣勤，雉工勞瘁。作一方之鎖鑰，衆志成城；爲兩省之屏藩，功超羣類。引詹芝宇，曷罄頌私。榮家園頻守，聊以立身；館地攸覊，藉以糊口。争奈家門不幸，正月间慘遭家二兄之悲，恨未息於鯉庭，寒又驚於雁序，□家不造，何至如斯？幸家三兄之舍姪二月杪應童子試，倖列邑庠，差以告慰錦注耳。去年寄呈拙卷，曾荷青眼鑒及素心，承執事之吹嘘，濟寒儒之困乏，此情此誼，既渥既優。今又分挹廉泉，潤沾涸轍，施者雖云不倦，報者益覺難安，遠拜隆恩，已無極矣。悵關山之間阻，趨侍無緣；幸梓里之常通，政聲莫隔。肅箋鳴謝，恭叩升安，諸希垂照，不備。

愚小弟□榮頓首

（六十二）

徵三仁兄大人閣下：

奉别芝儀，時殷菀結。辱瑶華之惠逮，承瑑飾之紛披，雒誦迴環，莫名感戢。就諗豸華協吉，鹿轂呈祥。靖波歌南國干城，鎮海固北門鎖鑰。引瞻藹采，式洽頌忱。弟忝持使節，本擬早日放洋，乃□則戚抱令原，繼又病纏藥裹。假期届滿，於前月望前抵滬。現定十二日乘法公司船起程。海外馳驅，時深兢惕。王弁德隆前承允爲位置，已有機緣否？楊委員志泳仍在砲臺當差否？專肅布復，敬請台安，諸維荃照，不備。

愚弟期薛福成頓首

（六十三）

徵公老伯大人鈞鑒：

睽隔慈暉，忽忽五載。山川□阻，執訊久稽。恭維政祉延鴻，履綏茀鹿。指麾如意，聿宣楙績於海疆；心簡即膺，行沛殊恩於日下。升階引企，晉祝維殷。姪年前休邑授徒，蒙老居停另垂青眼。嗣老居停故後，禮遇不無隆殺之分。姪思此道原不可過自卑抑，爰借鄉試爲名，作見幾之舉。無奈家貧親老，家居年餘，愈形竭蹶。大家兄因在閩圖事，兩耳被海風吹塞。二家兄以微员起服，或留浙省，或迴避福建，在在需費，都無把握。若待責伊等籌以家用之貲，甚覺迫不及待。家□叔父體恤維殷，抵省即函招來浙。無如來投者紛紛，幾於應接不暇。從前舊好均若晨星，薦無可薦，所入薄俸不足滿座客之尊。在家叔素有孟嘗之癖，來者固所不辭，而姪輩深知家叔退無錐地，儻更仰家叔薪貲爲膏火之計，於心亦所不忍。再四思維，唯有老伯於家叔情同足手，家叔猶（中缺）老伯猶子，必能於無處設法中爲之设法，□□前來就余宅館時，曾荷我公雅意，留教世兄，彼時姪以已受余聘，未便他圖，迄今思之，懊悔無及。明知尊處已撤海防，幕府人浮於事，且迂腐如姪，實無可位置。第子路有云：『與其鮮廉寡耻求援於他人，孰若歸命投誠控告於君父。』姪此番爲毛生之行，意亦猶是也。望風懷想，未敢徑自摳謁崇墀，不勝引領待命之至。專泐，祗請鈞安，順賀午禧，伏祈垂鑒。

小姪潘掄選謹肅

（六十四）

鷺堠雖遥，鯉箋互答。緬芝光而神溯，值鶉序之又臨。茀禄駢臻，私衷忭頌。敬維徵三姻兄觀察大人勛崇兩浙，祜篤五辰。海疆欽保艾之功，豸章著望；錦第啓斟蒲之宴，鳳葛寵頒。遥睇喬雲，式符祝露。弟承乏依然，樸槃又屆，愧無建白，尚覺耐勞。春間捧檄挖黄河淤墊之處，至四月初始竣工。惟聞鄭州決口較寛，堵築非易。將來河流能否東歸，尚難預必也。潤之弟在局當差，幸無隕越。姚工保案雖出，所保係本班後花樣，經部駁未合，又須另行請奬，多費一番周折耳。知念並陳，餘容續泐。恭賀午釐，祗請升安，諸希鼎照，不盡。

（六十五）

敬肅者：前值蜺旌北上，曾伸鯉牘。南來計將月餘，亮邀霽鑒。兹際梟飛競渡，日切縈懷；料知颺拜賡歌，風前喜聽。恭維右銘廉訪大人昌期麟鳳，聖世夔龍。升恒則慶遇九遷，早繫蒼生之望；入覲而象占三接，定邀天眷之隆。昔年寶鏡無私，清風亮節；此日宫衣並錫，叠雪香羅。翹首吉輝，傾心祝露。茂林秋零自愧，夏屋同歌，久私淑於頻年，喜馳驅之有自，肅修丹稟，恭叩鴻禧，敬請鈞安，伏惟垂鑒。

孫茂林謹肅

（六十六）

敬肅者：榴火將然，樳暉遥隔；望雲翹首，向日傾心。恭維徵三觀詧大人鼇凝卓午，績茂昌辰。保艾依蒲，雅頌紀德政之感；香羅細葛，朝廷隆寵錫之榮。引企榴圖，良殷藻頌。農金華職守，玉粽徒餐。虚擲駒光，又到浴蘭之候；遥瞻鴻度，彌深采艾之思。肅此，恭賀午禧，敬請勛安，統維丙照，不莊。

教弟蕭尹農頓肅

（右批：莘耕。）

（六十七）

鶉火星明，鴻儀日跂。交味真有如橄欖，流光又看到荼蘼。敬維徵三仁兄太守大人鹿協春升，羊凝夏節。筵開重午，江城之梅雨初濃；簡拜昌辰，禁苑之芝雲即沛。蘭階足企，蒲頌心馳。弟忝鎮椒川，虚更艾序。緑槐陰密，適聽鸜鵒新聲；紅豆思長，惟祝鴛鴦景福。合泐乙啓，敬賀午禧，祇請升安，統希離照，不具。

如弟楊岐珍頓首

（六十八）

閏節行移，鶉躔又屆。承錦箋之惠逮，紉綺飾之便蕃。辰諗澂三大兄大人艾綬延釐，蘭湯浴德。聽律而風和夏大，圖繪五時；賜衣而雲爛天中，恩承百福。奉揚謝扇，頌勰韓蒲。弟疆寄久膺，軍符暫攝。遂淹西征之轍，祗益勞薪；欣迎南陸之薰，倍懷采葛。專此，復賀午禧，順請升安，諸惟雅照。

愚弟楊昌濬頓首

（六十九）

敬肅者：幸親霽範，葵向彌殷；翹企卿暉，蒲依倍切。兹際荷錢綴緑，茘火流丹，恭維徵（山）〔三〕觀察大人重午延釐，由庚叶吉。風清鯨海，歌保艾以流膏；績樹蛟門，仰懸蒲之順化。湛露渥承於北極，嘉祥叶應於南薰。引睇升華，傾心豫頌。發拙同鳩守，影負駒馳。覘榴錦之明輝，虔申燕賀；慕槐陰之廣被，益跂鴻猷。肅丹恭叩節禧，敬請勛安，伏祈垂照。

陽洪發謹肅

（七十）

敬稟者：竊晚夙仰鴻威，如風偃草；近儕鷺序，向日傾葵。方龍舟競渡之時，正虎幄揚麻之候。敬維大人鼇延重午，政協五辰。儼如姬相，斧戕秉三年之節；豈似武侯，巾扇興五月之師。從此華山歸馬，荷戈與蒲劍同懸；楓陛錫鸞，艾葉偕葛衣並賜。熙春日永，函夏風清。晚駐防桃渚，又屆瓜期，肅泐子墨蕪箋，恭賀午鼇，敬請勛安，不一。

鄉晚蔡邦清頓首

（七十一）

忽覩榴明，正深葭溯。承瑶章之遠賁，感瑑飾之逾恒。敬維徵三仁兄大人瑞集端辰，望隆卓午。畫策弭海疊之警，浙右功高；賜衣承温綍之頒，天中寵渥。豸華即晉，鳧藻尤殷。弟濫綰督符，勉襄戎幄。所愧粽難益智，幸早靖乎鯨波；對兹繒號辟兵，用攄懷於鯉柬。復頌午喜，順請升安，埘完芳版，不宣。

愚弟楊昌濬頓首

（七十二）

遠睽芝範，時切葭思。每逢節序之推遷，益仰丰暉於靡既。辰惟徵（山）〔三〕仁兄太守大人禔躬景福，偉績崇隆。永日揚輝，瑞獻雙歧之麥；韶光競秀，風歌普被之薰。伫看賜葛酬庸，卜嘉庥於未艾；浮蒲叶吉，占繁祉之方升。弟承乏浙西，忝綜防務，對盤中之角黍，深慙益智無方；揮座右之蒲葵，竊幸揚仁有自。勒此恭賀午禧，祗請台安，伏惟荃照，不盡。

愚弟萬重暄頓首

（七十三）

去冬所交屏幅，惟此兄留滯甌東，日久未回，俟其到日，即當催成寄奉也。英坿及。

（七十四）

仰叨福庇，共事蛟門；悉仗仁暉，得司虎旅。兹際令逢夏五，節届天中，恭維徵三尊兄大人福懋芳辰，祥凝卓午。威加蔀屋，何殊揮扇以揚威；智澈冰壺，奚事解粽而益智。

奏薰風而解慍，酌蒲酒以談兵，翹企柳營，曷禁藻頌。弟未諳豹略，謬領鴉軍，惟期時賜箴規，開吾茅塞；更冀遠頒椠訓，錫我蘭言。固徵舉動無乖，亦覺遵循有自。肅柬，恭賀午禧，伏祈丙照。

教弟伍金洪頓首

（七十五）

徵三老伯大人閣下：

遠睽鴻儀，切葵傾於蟻悃；時逢鶉序，祝茀禄之駢臻。敬維祜篤三辰，禧凝重午，杯斟蒲酒，介景福以延齡；德沐蘭湯，迓榮恩之褒寵。黄堂指晉，丹頌心孚。姪濫竽津析，懔矢冰淵，益智無方，滋愧光陰荏苒；向陽有志，虔誠拜效菖蒲。爰伸子墨，恭叩午禧，敬請升安，伏祈垂鑒。

愚姪黄建籀謹稟

（七十六）

杜老公祖大老爺大人電照：

重山複水，晤教無緣；春樹暮雲，懷思倍切。憶自壬午秋試，省垣晉謁，得晤芝顔，飲食教誨，益集身心，醉酒飽德，銘深肺腑，爲多士之師承，實萬民之父母也。恭維大人政撫五辰，禧凝重午，文章爲四國羽儀，經濟作八方鎖鑰。羽扇威揚，鞠躬而興師五月；牙璋令肅，反手而甦困百城。畫艦競渡，争看首奪夫龍標；丹陛揚休，預卜躬承夫鸞錫。望日傾心，聞雷貫耳。然自顧庸愚，謬承寵貺。窮年卒業，對榆莢而自愧無才；令節初臨，撫菖蒲而興思展拜。恭叩鼎釐，敬請豫安，伏乞泰督。

治晚生馬電光頓首拜

（七十七）

老世伯大人閣下：

暌違榘範，兩易寒暄矣。兹逢節到天中，益仰勛華卓著。敬維禧凝重午，政撫五辰。豐功建而澤及蒼生，離照明而權符赤帝。政當艾服，果然鄧艾英雄；威仰葛巾，不愧諸葛名士。歌來鼂藻，依遂魚蒲。姪於前月委榷濠河，接辦以來，倏逾匝月。翹企鈴轅，僅一衣帶水，每擬趨叩鈞安，而俗冗紛如，因到局未久，一切均須部署，是以欲行輒止。擬俟節後稍暇，定當買舟前來。所慮者往返均必候潮，當日不能駛回耳。肅此，敬敂午禧，虔請福安。

世愚姪張書賢謹啓

（七十八）①

遥睽鴻範，迭易蟾圓。際兹清節爲秋，定卜勞謙多吉。敬維春江仁兄大人潭祺叶燕，新爽延鴻。桂盞香軿，翫一輪之月滿；芝綸寵錫，荷九陛之露濃。引企聲華，彌殷頌藻。弟郡符忝綰，又爽送乎金飆；樹建毫無，徒負呼於珂里。肅修蕪簡，恭賀節禧，祗請勛安，惟希恒照，不莊。

愚弟文明頓首

（七十九）

昨在皖垣，曾通尺素。計違台範，又届新秋。緬芝教兮云遥，撫葵傾而益切。祗諗徵三仁兄大人勛猷開濟，福德崇隆。澄懷依玉宇瓊樓，前身證月；懋賞耀珠衡璿萼，峻秩凌雲。引企扶摇，傾心頌禱。弟自五月半由皖趁輪，水驛山程，備嘗艱險，六月下浣，始達成都。甫拂征塵，即奉飭赴馬邊籌辦夷務，日内仍須就道。該處距省八百餘里，山巒潛發，剿撫交施，自愧軨材，深虞覆餗。尚祈南車時錫，俾有遵循耳。肅佈，祗請勛安，敬頌秋釐。

①此信收件人爲杜冠英親家崔國霖。

諸希朗照，不備。

鄉愚弟萬重暄頓首

（八十）

冰蟾乍涌，望霽宇之凝香；雲雁往還，詠蒹葭而感慨。寅丹伸賀，子墨抒誠。恭維徵三仁弟大人虎帳秋澄，龍韜月麗。洗甲兵於柳幄，手挽銀河；拜申命於楓宸，躬承圭瓚。式膺茅錫，定協蓍占。兄承乏蠶叢，虛抛駒隙，一方迹阻，莫飛醉月之觴；五夜情殷，徒切梯雲之願。肅修蕪啓，敬頌節禧，並請勛安，統惟朗照，不宣。

如兄錢玉興頓首

（八十一）

敬稟者：竊沐恩素沐慈暉，深邀德覆。緣瞻漢之有心，奈梯雲而無路。兹際曉露凝珠，含卿輝而挹潤；秋霞綴錦，映台衮以增華。恭維恩憲大人節比霜清，福同月滿。金天政肅，穰開紫甸成雲；玉燭時調，鑑澈碧宵如畫。霓裳頌捍海之勛，奚止龔黄擅譽；星履裕安民之策，定教韓范齊名。當此未央視夜，甯鎮借重賢勞；共看不次遷階，闕廷懋膺簡命。蘭臺即晉，藻頌咸宜。沐恩海關羈職，城守備員，質類寒蟬，警同露鶴。幸大鈞無在遠之遺，曲蒙涵育；　而小草抱向榮之願，彌望吹噓。　肅修丹稟，恭叩節禧，虔請金安，伏祈崇鑑。

沐恩錫榮謹稟

（八十二）

敬稟者：　竊沐恩夙荷恩栽，時深孺慕。　祇緣去臘奉收提右，不克擅離，以致未能時請崇安，悵甚恨甚。　際兹律諧南吕，序協清商，恭維大人德隆伊吕，望重范韓。　樹麟閣之鴻勛，威名貫斗；　懸玉壺之冰鑑，爽氣凌霄。　桂苑香濃，殿陛沛湛恩而布愷；　鈴轅讌啓，軍民樂佳節以騰歡。　仰吉曜之宏開，正清光之普被。　沐恩前蒙樾蔭，叨沐垂青，惟有矢勤矢慎，以仰副大人夙昔栽培之至意。　嗣後還乞訓示頻頒，俾遵循有是而隕越之無虞，是所至禱。　臨風翹首，即景縈懷，未遂凫趨，倍深燕賀。　肅修丹稟，代躬恭賀節禧，虔請金安，並頌勛祺，伏乞慈鑑。

沐恩豐年謹稟

敬再稟者：　遇有差遣，仰祈録用，以效犬馬之勞，俾圖報德。　沐恩又稟。

（八十三）

遠隔鴻儀，頻移駒隙。當兹庾樓月滿，袁渚風高，緬□芳型，彌殷竹拜。恭維徵三仁兄大人泰祉吉羊，鼎裀清燕。黄堂瑞集，增炳耀於冰壺；玉宇澄清，焕光華於月座。恩承心簡，秩晉頭銜；頌洽寅階，莫名子墨。弟蠶叢承乏，蟾度迭更。詠秋水於伊人，蒹葭宛在；望他山於益友，葵藿徒深。肅修蕪啓，敬賀秋禧，並請台安，統惟朗照，不宣。

如弟錢玉興頓首

（八十四）

亹睽鷺堠，訊隔塵談。停雲興八表之思，在水寄一方之詠。敬維徵三仁兄大人撫蟾證抱，綏燕凝釐。對粟影於瓊樓，樽開香界；懋簡心於朵殿，節擁官銜。露纛猷宣，霓裳頌譜。弟越邦匏繫，商序梭馳。良夜懷人，圓到天邊之鏡；羈踪滯我，泛無海上之槎。爰修蕪牘，祗賀節禧，並請台安，惟希朗炤，不宣。

如弟楊岐珍頓首

（八十五）

敬肅者：竊振邦自隔芝標，時深葭溯，仰辰猷之丕焕，抃悃方殷；值酉琯之將臨，頌忱倍切。恭維徵翁觀察大人望並蟾輪，勛隆豸繡，握虎符而節勵寅清，涼風氣肅；統犀軍而遍敷子惠，甘露恩濃。即拜錫命於九天，定卜真除於指日。振邦蜀都逐隊已逾三年，駒隙空過，毫無一善。桂序重逢，值蟾圓之絢彩；燕箋再上，憑驛使以抒誠。耑此，恭賀秋禧，敬候潭福，載請升安百益。

姚振邦謹肅

（八十六）

詩詠蒼葭，悵棠封之遠隔；花疏紅蓼，慕芝宇而彌虔。恭維徵三仁兄太守大人朗抱冰壺，節清銀漢。布絃歌之雅化，鵲印翔華；拜綸綍之殊恩，龍章寵賁。柏臺迭晉，藻頌允孚。弟迹廁柳營，聽商飆而防秋乏術；躬逢桂序，承乙照而浣露陳詞。爰修雁字之書，藉上鴻逵之頌，專賀秋禧，敬請升安，惟希朗照，不備。

鄉教弟何乘鰲頓首

（八十七）

敬稟者：　竊卑職久離夏屋，又聽秋潮，望卿月於天邊，郵程遠隔；　耀人星於秋半，玉宇澄清。恭維大人鎖鑰功高，勛祺福懋。披豸繡之衣，庾樓攬勝；　集霓裳之奏，戎幕高張。從兹列柏吟薇，卜鵬程於萬里；　預信麟符犀帶，邀鳳詔於九重。指日開藩，臨風忭頌。卑職承乏台防，虛逢桂序，仰清光於千里，迹慨匏懸；　詠秋水於一方，情殷蕪頌。肅禀丹稟，恭叩節禧，伏乞崇鑑。

卑職吴琦謹稟

（八十八）

仰企檮暉，恒殷葭溯。喜蟾光之普照，倍蟻結之難名。兹際酉瑄初更，庚星止燦，恭維徵三太守大人勛如月滿，福與秋高。定知興永南樓，清譚風月；　即卜恩承北闕，叠拜綵綸。驤首桂輪，傾心藻頌。祥福未諳豹略，虛閲蟾圓。祇愧勞辛，莫遂摳衣之願；　欣看洗甲，祥凝列戟之庥。耑泐恭賀秋禧，祇請升安，並祈朗照，不具。

倪祥福頓首

（八十九）

鷗程遥隔，麈範久暌。際兹桂林月滿，引覘芝綬風清。恭維徵翁仁兄大人辰猷懋績，西瑄延釐。鴻鈞與冰輪並運，駿業偕玉宇同清。遥想輿永南樓，即沐恩濃北闕。麟圖紀績，倍切心殷。弟蒼山代庖，樹植毫無，喜佳節之相逢，清光普照；興伊人之洄溯，秋水增懷。肅丹恭賀秋喜，敬請升安，維希斗照，不備。

愚弟林耀光頓首

（九十）

蟾圓人遠，怳接清暉；鴻紀賓來，式徵景福。敬維徵三仁兄大人清節爲秋，澄懷似月，啓南樓而挹爽，笑披金粟之天香；迓北闕以頒恩，即拜珠綸於露湛。引翹芝藹，罔罄棻鋪。弟序按伏辰，才慙典午。詩賡剥棗，擬圖繪於《豳風》；韻拙吟樨，仰照臨於卿月。專泐寸啓，恭賀秋禧，並請勛安百益。

愚弟張建登頓首

（九十一）

敬肅者：久違霽範，覺蟻慕以彌殷；翹企仁暉，欣蟾圓之又度。恭維徵三觀察大人勛華虒丙，景茀燕申。節並秋高，靖鯨波於海澨；澤同夏大，荷鳳誥於朝廷。引領卿雲，傾心祝露。發戎行濫廁，愧鳩拙之時形；防務攸羈，聽蛩吟之候應。望龍門而拜手，時深露溯之私；仰駿烈以傾心，擬獻月恒之什。肅修蕪頌，恭叩節禧，敬請勛安，伏祈賜照。

陽洪發謹肅

（九十二）

久違光霽，莫遂趨承。雖憑子墨以抒忱，每企寅躬而結念。恭維徵三觀察人人功並秋高，勛隨月滿。專博大重繁之任，具光明磊落之才。金鏡爲懷，早握千秋之鑑；玉壺在抱，共瞻五夜之輝。功著蛟川，恩承鳳闕。臨風翹首，祝露傾心。組槎漢情殷，梯雲迹阻。蟬寒自凜，聽入耳之秋聲；鶴跂維勞，悵羈身于海角。肅修蕪啓，恭賀節禧，敬請勛安，伏維朗照。

費金組謹肅

（九十三）

敬肅者：竊晚睽違芝範，恒切葵忱，祇以相隔庚郵，遂致偶疏申啓。茲際丹桂飄香，倏忽江楓染赤。恭維（贊）〔徵〕三觀察大人升祺豫晉，履祉泰臨。總握師干，四方聞子惠之歌；螭陛露濃，三錫紀辛勞之績。薇垣拭目，丹頌傾心。晚自愧樗材，謬司柳浦，既慮時形鳩拙，惟祈遠錫鴛針，俾知法守，可免愆尤。欣逢桂序，原擬早時趨謁，祇因文闈鄉試，終日從公，以致無暇寸泐。謹修丹啓，補賀秋喜，敬請升安，諸惟朗照，不宣。

治晚生劉賢斌頓首

（九十四）

敬稟者：竊卑職睽違鈞範，迭易蓂祥；遥跂斗暉，時縈小草。茲際朱英送夏，白帝司秋，恭維大人酉琯延釐，辰猷懋績。心冰朗抱，涵一片於玉壺；胸鏡高懸，承九重之泥檢。豸章聿晉，雀躍允孚。卑職佐治鹿城，徒慚匏繫；虚拋駒隙，人覯桂枝。標看霞起，彌欽碩望於斗南；槎乏星乘，遥拱清輝於海上。恭敂節禧，敬請履安，伏乞崇鑒。

卑職錦霞謹稟

（九十五）

敬肅者：　竊晚遠違塵教，特切馳思，依樾蔭以匪遥，矢葵忱而靡罄。恭維徵三觀察大人崇勛夏建，景福秋高，袖攜金粟之香，莎廳績楙；　襟抱冰壺之朗（下缺）

（九十六）

敬肅者：　遠隔鴻儀，末由會晤；　引詹駿采，倍切溯洄。際此桐傳秋訊，桂溢芳叢，恭維徵三觀督大人鳌凝百福，祜集三秋。揚萬里之清光，冰壺在抱；　荷九重之寵眷，綸綍榮頒。引企樹雲，傾心葵日。農忝協金華，頻逢剥枣，悵鯨波之浩渺，志切乘槎；　喜蟾琯之團圓，情殷獻斝。肅此，恭賀秋禧，敬請勛安，諸維朗鑒，不莊。

教弟蕭尹農謹肅

（九十七）

（上缺）□事之多嘉，祥開百禄；　值升華之萃吉，興入三秋。引企慈暉，傾心藻祝。爰修寸楮，恭頌秋安，敬請勛祺，諸惟鼎照，不備。

晚生倪芹香頓首　九月十二日

（九十八）

澂翁太守大人閣下：

敬肅者：十二日曾奉尊函并發單等，諒經送到；稟陳一切，定邀左鑒。並自日寄出洋員等，想已飭紀至甬，向旌昌行陳仁山先生處提歸。凡蒙收到之下，乞賜示覆乃盼。近惟升祉凝和，勛祺集懋，引詹慈暉，傾心藻頌。兹坿上沈子翁一函，敬祈轉飭遞交爲托。費神之處，容謝不盡。謹此草草奉布，恭頌升安，敬請秋祺，不一，惟照不具。

治晚生倪芹香頓首　九月十五日

（九十九）

（上缺）塘棲拜瞻芝宇，倏忽六度春秋。恒念之私，神馳左右。別後奔波鹿鹿，毫無善述。遥諗叔父大人福祉吉羊，文祺安燕，定頌奚如。於又五初四遇少松叔于杭返里，詢問一切，得悉叔父大人委辦一處，則一處績政播揚，使姪輩不勝雀躍。月娥姊妹孝順膝下，幼弟讀書慧穎，欲賦前來聽誨，則水遠山長。但昇平以來，我分卑弱，良可悲也。十三年鄉試，姪三叔父謝世。丙子春正，祝三兄又死。生意折本，老者少者度日爲難，如何是好？分内丁單財弱，料理無人，難周清明。卜帛祖宗，歲暮冷落，冷風凄雨，倍多泣感。姪等仍在白名糊口，幸賴平安。四叔父亦託安康，鄉老親友皆如舊好。明年春得暇來杭聽誨，再爲面稟。耑此字奉徵三叔父大人金安。

又月十二　姪肇功頓首

（一〇〇）

澂翁太守大人閣下：

敬肅者：昨具草函，諒登台電。並附玻璃壹箱，以及換奉鐵鍊等，諒蒙撿入。所短鐵鈎十三隻，兹特補奉，至請驗收，便希示復乃盼。肅此草草奉布，恭頌勛安，敬請崇祺，諸唯鼎照，不具。

義昌號頓首　一陽十二日

（一〇一）

徵三仁兄司馬大人閣下：

睽隔芝標，倏經六載，久欲修函問候，緣音聞不一，魚雁難遞。昨晤蔡曉翁於澂江，始悉足下奉委督造蛟門砲臺。即稔勛猷日峻，海嶽風生。嚆矢無聞，咸被卿雲之覆；村里甯謐，相傳載道之碑。遥企（下缺）

杜徵三友朋手札第九册

（一）

（上缺）楓陛恩濃，引跂芝暉，奚如藻頌。晚雉城承乏，蚊負滋慙。際玉宇之澄清，醉月未伸鞠跽；望瓊霄之朗照，乘風莫遂葵私。肅泐蕪啓，恭賀節禧，敬請勛安，維希荃照，不備。

晚生劉光榮謹肅

（二）

天船横漢，恰看秋景澄清；地軸環瀛，快挹冰懷皎潔。十洲澄鏡，欣瞻不夜之天；萬里清塵，願託如恒之宇。恭維徵（山）〔三〕仁仲大人襟爽凌庚，鳌凝吉酉。霓裳高詠，遥通玉宇瓊樓；虎節旋膺，掃盡金戈鐵馬。霜清畫角，瑞盈三五良宵；月到天心，寵賁九重明詔。秋高細柳，頌洽傾葵。兄犀軍忝佐，蟾魄重圓；倏賡剥棗之詩，慣作乘槎之客。當此烽平西虜，願乘秋色馳驅；遥知興寄南樓，定有天香送到。肅修寸啓，恭賀秋禧，敬請勛安，統希澄鑒。

如小兄吴安康頓首

（三）

三五節逢，緬芝儀而隔遠；大千界澈，覽桂月而馳懷。引企蘭襟，良殷葵悃。敬維徵三仁兄大人奇搜太乙，氣爽長庚。瀛海月明，好聽霓裳一曲；虞廷露湛，渥邀綸綍十行。指日升遷，臨風預頌。弟謬典鴉隊，虚度蟾光。又起秋風，祇切梯雲之願；翹詹吉曜，彌殷澣露之忱。耑肅，恭賀節禧，敬請勛安，伏乞朗照。

愚弟張權英頓首

（四）

甯波聚首，渥聆麈教；久違斗範，倍切蟻私。敬維徵翁觀察大人祜篤日恒，鳌延星履。湖心月朗，旌旍增山水之輝；仙掌露凝，江漢著澄清之象。際南樓興永之候，正北闕恩來之時。卿暉當霄，歌風應蜀。田自浙旋湘，每念大德，深同再造，縈結私衷，無時少釋。以其歸伏櫪下，莫若仍效馳驅，是以去秋束裝入川，荷劉制軍優容録用，即檄委幫帶泰安左營。今歲四月，復蒙委帶先鋒左營，辦理馬邊夷務。任事以來，尚無隕越。維材識魯鈍，深懼弗荷，兢兢業業，惟恐有負溉植。尚冀誨言時賁，期有遵守，藉慰鄙忱。耑肅蕪箋，祗請鈞安，伏惟台照，不宣。

教弟劉玉田頓首

（五）

徵三仁兄大人閣下：

遠違芝采，時切葭思。猥以倖進一階，荷華簡之相招，感笙筵之寵錫，醉酒飽德，永矢弗諼。敬維誼敦桑梓，望重枌榆。分鶴俸於魚庭，情深潭水；迓鸞綸於鳳闕，恩渥彤廷。翹企喬暉，良深抃頌。昨承同人公餞，仰蒙厚意，不敢固卻，謹將所集份金分給同鄉方觟尹元瑞、胡參軍振馨、程少尉熙三君家屬收領，俾得扶柩回籍安葬。移東補西，以戲酒之資作贈賻之用，不獨弟感荷盛情，即三家存歿亦戴大德於無既矣。手肅鳴謝，祗請勛安，諸希朗照，不宣。

鄉愚弟吴世榮頓首

（六）

梅雪初消，芝雲遠逮，辱叨鴻飾，祗愧皛衷。敬維徵三仁兄大人績懋蘭防，猷宣柳帳，引詹英采，式慰鋪菜。弟承乏武林，肩負彌懍，幸茅檐之尚静，庶檀誚之差無。承示古憲配祀一節，足徵誼篤維桑，曷勝欽佩。現已稟商蔣、吳兩道憲，奉諭前殿與羅、王二公祠均難附祀，或勒碑敘其功績，則無不可，但須俟閣下來省時主持一切，方能有濟也。手復，祗請勛安，不宣。

鄉愚弟吳世榮頓首

（七）

徵三大兄大人閣下：

遠隔鴻儀，彌殷鵠跂；仰瞻駿望，倍切蟻忱。又加驛使難逢，致疏箋候，歉仄奚似。敬維大兄大人績著武林，澤同浙水。以劉宴度支之法，展段公參政之才，威久見其溢洋，名更登於上薦。早邀帝簡，入覲天顔；叠轉升階，定符豫頌。榮秋間北上言旋，本擬繞道棠罿，藉親芝宇，奈因赧顔下第，遂阻皛趨。來年仍從舌耕，暫爲盤飧之計。歎青氈之坐守，空事雕蟲；徒黄卷之披吟，莫伸屈蠖。倘蒙賜以推援，爲寒士之提撕，則感玉成爲無既矣。

近日自卓村來，聞嫂夫人以下均清吉，用此附聞，以紓錦注。至家鄉現在景況，諒紫庭昆仲已詳言之，恕不贅及。肅泐布悃，恭請升安，伏乞愛照，並頌如夫人闔福，暨二令嗣侍祉。

愚小弟樹棨頓首　冬月十六日

（首行下批：　實菴仁弟。）

（八）

徵三公祖大人閣下：

久違霽采，時切藻忱；　依戀私衷，莫可言喻。新正下旬，台從莅甬，適遇諸塗，未便造次謁見。次晨，特詣大校場晉謁叩喜，原擬一傾下懷，邕聆清誨，豈期又值公出，未獲一晤，何緣慳之若是？　悵仄倍增。際兹暖日融舒，惠風和暢，敬維防務宣勞，勛猷懋績。仰福曜於浙東，河清海晏；　伫恩綸於闕北，軍樂民歡。引企黄堂，曷勝抃祝。恒萍寄客鄉，依然困迫。賦閒已久，嘆命運之不辰；　自顧庸愚，恐圖謀而無益。日惟觀劇、看書，解一刻之愁煩。處此境界，憂終難釋，以致形神焦瘁，五内如焚，究不知作何了局，奈何？　恃叨垂愛，敢布隱悰，務祈格外垂憐，得能有可轉薦之處，敢求鼎言介紹，曲賜提攜，俾得稍蘇涸轍，援諸水火之中，決不敢忘栽成之德，誓必有以圖報耳。再懇者：　刻因小兒學字，無從覓購好帖；　即有佳者，其價必昂，今在窘困之際，何能購買？　素知公祖大人多藏書書字帖，可否仰乞惠賜顔帖一册？或别有好學者亦可，感情更無既極矣，統容面謝一切。肅此，敬請籌安，伏惟丙照，鵠候福件，並頌二太太坤祉、少爺小姐聰吉。

治晚生茅炳恒謹肅　二月既望

（九）

徵三仁兄大人摀下：

魚函往復，雅度如親。即承展布咸宜，聲威震懾。上元之捷，老兄書勛上上，榮列剡章，已荷恩綸，御展名紀，指日懋賞洊膺，不特雙熊五馬，即柏翠薇紅，可操券獲也，預賀預賀！弟以菲材督榷此間，兼理支應，尚有肆應難周之虞。迺昨初六日，湘翁忽奉諱丁外艱，弟荷道憲檄委代榷府篆。時事多艱，膺兹重任，益切悚惶。雖撫憲擬奏留湘翁接辦局務，仍兼支應並辦海防，而湘翁奔喪情急，必須回省，縱辭不獲已來甯，總在一月以外也。弟忝任地方，正值敵人壓境，雖整頓團練，添勇巡防，未必實有可靠。幸前敵得健、西兩帥分鎮南北兩岸，後路又得榮山鎮軍爲之策應，況有老兄運籌指麾，無不機宜悉合，長城屹立，屏蔽重重，夫復何慮？特弟今日接得電報，知鎮海又添來法船一艘，鬼域狡計無端，日久窺伺鎮海，倘見口門堵塞，飛渡無從，而兩岸大軍如林，不能衝犯，或於南岸之南、北岸之北一帶海口，舍舟登岸，以二三千人拼命衝突，直搗甯城，則内犯突來，外圍或因之而解，而餉糈軍火在在可虞。老兄擘畫周詳，諒必商請健、西兩帥妥爲布置，何待杞人鰓鰓過慮？特鄙意行軍固賴主帥之調度有方，尤貴將領之責成足恃。所有南北沿海口岸，凡敵人可以乘隙蹈瑕者，必得老兄晉商健帥諸公，專檄所部，以何營守何路；敵人一至，何營攔其頭，何營截其腰，何營抄其尾，申明軍法，嚴爲責成，如古人所謂前矛、中權、後勁，缺一不可。且必得各將士枕戈待旦，時時存一該逆或從此路而來，即可一鼓而前，先鋒有人，截擊有人，接應有人，庶幾有備無患，力籌一必勝之方，俾立於不敗之地。萬不可蓄一冀其不来之念，存一畏其或來之心。夫而後勝算已操，無虞惶惑；士氣已壯，無虞懼沮。衮衮諸公諒必早已卓見及此。祇以弟郡符謬典，責重攸關，而膽怯才疏，不禁爲此狂瞽之言，罔顧越俎之誚，未審高明尚以芻蕘之言爲可採否？弟現於初八日業接府篆，俟諸務稍有端倪，即當趨謁台端，面領教益。先此奉商，敬賀大喜，順請捷安，惟希凱照，不具。

愚弟陳汝濟頓首

（十）

徵三仁兄鄉台大人執事：

睽違光霽，箋敬久疏，落月停雲，神馳左右。辰維執事長才碩畫，譽重海疆，行見泿靖波平，懋膺剡薦，抱兼人之量者，必奏過人之績也。弟奉委新安，重權榷務，荒隅匏繫，樹建末由，老驥附櫪，壯心何能已乎？法人背約啓衅，虚聲恫喝，惟利是視，賴海防各口嚴师勁旅，切實講求，以逸待勞，以直制曲，鯨波蜃市，指日可見盪平，彼黔驢之技，何足以當撻伐哉？側耳饒歌，定與海上牙琴齊聲高唱矣。舍甥從盛荷蒙録用，尚祈教之，以期毋負栽培爲禱。手肅布臆，敬請勛安，順賀節禧，惟照不一。

鄉愚弟鍾崇□頓首　七月廿八日泐

（十一）

徵三仁兄鄉大人閣下：

遠隔芝儀，倏經數載；每詹芳範，時切五中。辰維景福蕃昌，嘉猷焕發。藎籌臻善，馳妙譽於商家；營務綜膺，張雄聲於海甸。行見風清桂序，仰邀露湛楓宸，指顧升華，心殷豫頌。弟三台協守，寸善毫無。此間地方遼闊，土匪出没靡常，散則爲民，聚則爲盜，雖經隨時督拿，而旋滅旋生，防無可防，誅不勝誅。如弟愚昧成性，深懼弗遑，惟願海防稍鬆，楊統領早日移節台郡，則弟得以藉藏鳩拙，豈不幸甚？且弟素蒙統領垂愛，得侍左右，諸事亦可稟承也。更有羡者，尊處同鄉濟濟，聚首談心豈不樂乎？此地僅弟與劉佑之兄兩人，且各處一方，未能時常見面，言念及此，難免隻影形單之慨。風便時尚希賜示數行，以匡不逮而釋遠懷，是所禱切。特此布函，祗請勛安，並祈涵照，不具。

鄉愚弟王天焱頓首　八月初十日

（十二）

徵三仁兄大人閣下：

前此杭垣聚握，蘭教暢聆。旋同郭、李之舟，遂放申江之棹。花晨月夕，宴惠郇香；綺閣江樓，遊隨杜牧。乃驪歌一唱，萍水分馳。每憶雲情，感深桃潭千丈也。回防後公務勞形，未及函謝。迺于仲秋下浣披誦手緘，敬諗騶從元旋，鳩工著績，黄堂翹首，丹祝傾心。承示趕辦臺工經費不繼，昨在杭會晉見撫憲，闻已發棠，計數三萬。有此一到，似可免東人之賦矣。中秋前二日弟至省門數謁静帥，面稟台防情狀，順以力伸前請，蒙諭優容，只可暫從緩計。稟辭後買舟而南，廿五回防所。此間匪迹自續獲首惡巴牙東等卅餘犯，尚托鳩安，差抒鴻系。惟念暌違日久，每跂雲停，滿擬桂舫之令行，藉作柳橋之重聚。乃寅兄先至，共話西窗；而尊駕遲來，猶羈東甬。挂帆南下，徒覺望眼欲穿耳。合泐鳴謝，復請勛安，並頌閣第百吉。

如弟楊岐珍頓首　菊朔日

偉堂老夫子同此致候，恕未另。任雨泉附候。

（十三）

敬稟者：竊卑職遠違慈蔭，常切孺思。猥以間阻雲山，舒忱祇憑子墨，倍念遥臨，景曜結轄，時琢寅丹。恭維大老爺藎猷聿著，茀禄駢臻，運籌隆借箸之才，懋寵拜真除之選，升華指顧，豫頌心虔。卑職分司榴嶼，七載於兹，計自憲節棨移，年來景況實有朝不謀夕之虞。雖經勉强支持，而局面之變遷、事權之掣肘，時事日非，以致心血日耗。自前二年得咯血之症，至去冬而更甚，幸加意調治，今春甫能勉力支撑。無如本年三月間，又屆四參處分之期。論公則如此，論私則如彼，茫茫前路，真有不堪設想之處。竊思一家廿餘口，一息尚存，似不能不再盡人事。伏念我憲台深恩周至，而於卑職尤蒙格外矜全，可否仰乞憲恩，無論營中文案、支應、雜差，抑或哨官、幫帶，能求鷦借一枝，暫離本缺，則高厚栽成，有加無已。卑職具有天良，宜如何報稱，翹首待命，不勝悚切之至。肅稟，祇請鈞安，伏維垂鑒。

卑職鴻經謹稟

（十四）

徵三仁兄大人閣下：

昨以覽揆之辰，猥承使命專臨，瓊琚盈篚，望風拜德，咸愧交深。藉稔駿業日隆，鴻猷時著，引詹芝采，式協頌私。弟駒光虛度，撫暮景而增慚；馬齒又加，荷隆儀之下賁。益滋顔汗，萬不敢當。敬歸璧趙廷，尚祈恕其不恭之責，雲情心領，永矢勿諼。專此布謝，並請勛安，諸惟朗照，不備。

愚弟歐陽利見頓首

（十五）

徵三仁兄大人閣下：

日前台從莅杭，辱承枉駕，有失迎迓，歉甚。頃展琅函，備叨瑑飾。藉審替襄虎帳，安抵蛟川，引企吉暉，式符抃頌。弟忝膺首劇，彌重肩承，愧無拔薤之才，祗覺勞薪之瘁。承示各節，均已敬悉。足徵碩畫長才，既可和衷共濟，定能措置裕如，不勝欽佩之至。蘇君汝羹本屬舊交，重以諉諈，容即介紹。惟弟伺應運憲未久，不識能邀恩允否。因承諄囑，先此奉聞，祗請勛安，統希惠照，不莊。

鄉愚弟吴世榮頓首

（十六）

敬稟者：竊卑職夙邀鈞植，倍切馳依。衹以鷺堠迢違，莫罄欽遲於子墨；翹盼鳳儀叶吉，益深軫結於寅衷。恭維大人履祉翔華，鼎裀集祜。整旅肅連雲之隊，威聾華彛；蜚聲揚復旦之庥，恩頒綸綍。封圻指顧，饔舞心殷。卑職環山羈迹，深慙樹建之未能；鐃唱遡聞，快覩宏猷之丕煥。冀春風之遠被，煦被蕃昌；望卿月以常臨，榮滋薄植。私心禱跂，寸牘難宣。上年奉委續印《玉環志》二十部，甫於今春印就，以乏便寄呈，是以延閣至今，兹特埘便足帶呈，即祈詧入。肅稟，衹請（下缺）

（十七）

徵三仁兄大人閣下：

頃披惠畢，猥以薦剡上達，渥荷齒棻，歸美過情，撫緘滋媿。所望執事勉益加勉，無負初衷，是爲至禱。戰圖已交原差攜回，一切想照辦矣。專泐，復賀升鼇，並頌午祺。彙璧謙版，維希朗照，不具。

鄉愚弟劉秉璋頓首

再復者：接展次箋，謹聆壹是。以執事賢勞卓著，自應晉秩加銜，乃承歸美鄙人，過情揄飾，省循三復，歉媿彌深。沕復，再頌勛祺，彙璧芳版。弟又啓。

（十八）

徵三仁兄大人閣下：

月前騶從過津，正慙簡褻。昨奉手教，忻悉行旌已於月前初旬回甬。就惟賢勞卓著，吉履泰和，懋海上之折衝，荷天中之迪簡，引詹喬采，彌叶豫私。弟粟碌津門，毫無寸善，蚊肩滋重，鳩拙莫藏。敝同邑葉君慘遭匪害一節，已承轉商西園軍門稟詳撫憲彙案奏恤。將來曠典之特邀，悉出闡幽之至意。九泉有知，應亦感慰。手此佈謝，敬請台安，附完謙版，不具。

鄉愚弟周馥頓首

（十九）

敬再稟者：月前提道各憲驗收砲臺工程，未克趨侍前茅，歉仄無似。竊以自築砲臺以來，始而勘視地基，繼而驗試砲火，或撫節遄臨，或提憲並莅，以及道府往來酬應供給，逐年逐次，亦覺頗費心神。當此大功告成，承煦雖未身與畚鍤之勤，然頻年供迎大馬，奔走江干，皆職砲臺之由，似亦不無微勞足録。現聞援案請奬，可否得附在事諸君之末，保一四品虛銜？出自宏施，不敢固請。專肅鳴意，祗請勛安，無任惶悚。

王承煦謹上

（二十）

再稟者：昨日劉媽到甌，帶來番佛及首飾等件，均已遵諭驗收，乞紓憲廑。承示請奬一節，伏查海運案内實缺人員俱俟開保，請以知縣用，不注『在任』『候補』字樣。卑職仰荷破格提攜，是否可照海運開奬之處，仍懇鈞裁是盼。張蒓生太尊到温後，深蒙垂青，業承面許開年再爲設法。將來如得兼差，皆出自嘘植之恩。聞渠正月底晉省面晤時，再乞緩頰。再請崇安。

卑職錦霞又稟

（二十一）

徵三尊兄大人閣下：

久違芝采，常縈秋水之思；頃誦蘭言，如式春風之度。猥以小兒倖捷，重荷寵錫隆儀，祇領之餘，不勝感謝！ 就審履祺遹駿，鼎祉延鴻。 引領光儀，曷勝企頌。 弟里門息影，歲瑄頻更，一是敉平，堪慰廑注。 辱蒙盛惠，遠道寄將，未便奉璧，惟卻之固爲不恭，受之亦殊增愧耳。 專肅鳴謝，敬頌台安，維祈亮督，不備。

愚弟宗源瀚頓首

(二十二)

敬再稟者： 竊茂林早歲而遊宦，抱卅年之苦，衰齡已迫，家無儋石之儲，十口家浮，一肩累重，況兼斯缺清苦異常，若不早圖，殘年奚恃？ 是以前蒙洞鑒，不吝裁成，賜口角之春風，又毛錐之垂露，纏綿恩意，何復瀆求？ 然而，馬逢伯樂，頻昂首以長鳴； 木入班門，定朽枯之成質。 綜核江西縣丞班，惟廣豐、玉山缺頗優，因憶湖坊司任時，稍知該處風俗人情，似得升補，斷無貽誤。 仰乞劉公一紙，格外成全； 或加當道八行，更爲得力。 總之，推恩設法，將來飲水思源，豈忘所自哉？ 臨書無任悚惶不勝望霓之至。 恭請鈞安，統求矜鑒。

孫茂林謹再稟

外附名條貳紙。

（二十三）

徵三都轉大人閣下：

日前接誦手畢，並匯寄英洋式佰元，俱已遵照轉致。惟小張回省，蒙惠賜小孫女衣料等物，甚頌，即修謝簡。嗣因諸務蝟集，未及即肅寸箋，歉仄之至，謝謝！厚翁司馬一索得男，喜可知也，我輩似應致賀。擬俟開春將所錫小孫女衣料與閣下合送，借花獻佛，飭小張去走一遭，並屬其伺應厚公出山，何如？前寄賀新年信計已收到，晤期不遠，容後傾談。此請升安，再頌年祺，伏希融炤百益。

如兄潘紀恩頓首

（二十四）

春江親家大人閣下：

頃奉四月三十日手書，讀悉起居多福，慰慰。弟承辦臺工，約計及半，來年端陽前後可望告成。令郎鴻順于三月廿後到鎮，四月廿二日啓行赴滬，因連日風雨，躭擱三四日。即搭船渡洋，船上一切已託棧友照應，此時早已抵都。弟此次借運砲之便回舍，一乃離家二十年，不僅兒童相見不相識，即父老亦笑問客從何處來。令孫頭角峥嶸，聰明秀氣，定卜箕裘克紹，光耀門庭，欣賀欣賀！肅此布復，敬請升安，諸惟雅照，不具。

姻愚弟杜冠英頓首　閏四月初十

（二十五）

謹具菲儀六色奉申賀敬。

璟、樹榮仝頓首拜

（二十六）

澂翁尊兄大人閣下：

頃奉手書，猶親晤教。昨蒙詳示一切，銘篆五中，非大君子愛我以德，何能有此忠告善道？弟雖木石，斷不至反覆懷疑，自取辱焉。祈俟殿兄號衣取回，即當請集垂憐諸君前至尊處，以爲了結此事，俾得早歸故里，安妥窀穸。陰陽兩感，非獨身受已也。手肅敬復，祗請鈞安，統希愛照百備。

教弟在苦范秉誠稽顙

（二十七）

徵三尊兄大人閣下：

前日奉來函並稟稿周匝云至，漁船保甲，具文易見，實際難求，現在已令鄞縣員紳商量實際辦法，俟有端倪，擬再推之鎮海，不過不能甚速，且令鎮海縣催辦可也，再看撫憲飭辦之文，弟亦切實轉行矣。韓錦榮已諭令做齊信子，帶回電綫，於十六日親詣台端，聽候指揮。韓錦榮近數年於水雷工夫較有長進，前數日提道、弟等在城上觀其演放大小水雷十四個，無不應手立響。（六十磅藥者，前年自造；四十磅藥者，英國之雷。）六十磅藥者，上用破船一隻（比百官船稍大），立成飛灰，是其手段似比前年大好。今尊處需用水雷甚切，若求之甯波，則有三易而兩難：有教演數年之熟手（提轅親兵有十餘人亦能幫助），有外國大小雷十數架，有極粗長數里之海綫兩大車（有測驗遠近準否之器），此三易也；而無工匠製造，無經費辦理，此兩難也。若求之省城，亦有兩易而三難：經費可作主，工匠可招雇，此兩易也；而無現成之電綫、現成之水雷、現成之器具，此三難也。彼此各有難易，竊恐勢成兩誤。如能併做合辦，即於憲有益。以理勢論，宜以甯波併之省城，緣上憲可以作主，用錢不嫌濫費也。以事勢論，宜以省城併之甯波，省中做好仍需來甯演試，演試不如法又須赴省改做，而在甯之大電綫，非百數十人不能運之登舟赴省也。提道再三問計於弟，以弟意思之此事，恐非閣下來甯察看後赴省與撫憲面商不能有成，又慮兄萬無暇赴省，不知尊意如何？達字後營，中丞已於弟稟批准留兩哨分駐石浦、南田，餘兩哨同新添一兩哨均調鎮海，一面咨請提台於象、石兩營添練一軍，俟排練成熟，明正再將達勇調回云云。尊論請張春園帶中營赴鎮，最佳。聞軍門已於初九日出文辭統領而專帶練軍，不知中丞如何布置紅單船？中丞已函致奎帥，另選剛勁之員統帶。兄揣奎帥將易何人乎？自九月卅日有用兵明諭後，法國無甚動静，且有開議院與曾侯妥議之説，且看如何。此請升安。

弟宗源瀚頓首　十一月十四日

（二十八）

徵三大兄大人閣下：

夙欽玉度，時切葭思。頃奉瑶章，備承藻飾，臨風三復，紉佩莫名。承示督辦海防營務處，仰見才華卓越，經濟裕如，宜乎上游倚重，保障兼資，指日鶚薦榮邀，鸞綸寵賁，直意中事耳。逖聽之餘，曷勝鼓舞。弟讀禮家居，如恒歷碌，毫無淑狀足慰廑懷。所幸舍間長幼以次託庇平謐，家鄉年歲尚慶有秋，知關錦注，謹以附陳。專泐布覆，即請升綏，伏維澄照，不宣。

愚弟制李蘊章頓首　十月十八

（二十九）

徵三太守大人閣下：

敬啓者：弟自本月初二日奉提憲札飭，前赴甯、海緝捕土匪。於初四日到防，駐紥城内城隍廟，即親率前、中兩哨前往山洋、馬坰、劉坑，又渡海游等處，極力搜捕，扒山越嶺，晝夜無休，想箇中苦況自𡱁應分。惟敝營長夫前已奉裁，此次奉調巡緝，軍裝行李挑運維艱，欲令各兵自挑，未免顧此失彼；即僱門雇夫，無論工價昂貴，而且緩急不便。況練軍口糧比楚軍坐糧不足，又不忍攤兵長雇。再四思維，只得暫令各隊招募長夫一名，以備急需，俟弟回營時再行稟報。此件公事，全仗閣下極力幫忙，方能有濟。不然，前修育王嶺防卡及修營房報銷核給九折除零，已墊累不堪，此次雇夫再墊，真是債臺高築，直可摘星，縱令賣馬質劍，不償所負矣，爲喚奈何！甯地土匪自本月初四日經越軍追剿之後，分逃四散，無踪可拿。惟有購募綫民，督飭兵丁，密爲探捕，稍有風聞，即行嚴緝，斷不令其兔脱，以爲民害。現在各鄉尚叨平靖。知關注念，用特佈聞。耑是敬達，祇請勛安，諸惟霽照，不具。

教弟段生福頓首　十四日

（三十）

徵翁公祖大人座右：

頃閒江曉翁躬齎剡函到雲間，啓讀之餘，欣審指麾如意，並悉瀛眷業已到鎮，甚爲慰藉。此閒諸事動輒掣肘，寅髮已全白，功績毫無，但求蜕殻而不可得。蓋蒙大憲垂諒萬分，不即加譴，感媿難宣。其大端在隔省，史所謂吴人視越人之肥瘠，忽焉不加喜戚於其心耳。聞郭申憲撤差並出綱鹽局彈章，前月廿九日入告，撤去花翎鹽運使銜，以同知降归部選。青村司馬亦在撤差之列，又撤青村場廉清縣大使祥調省，以左象山鹺尹昭澤由下砂二三場兼署青村，又調蕭山縣高與卿大令英到松聯絡松府知縣，並檄馬星五觀察駟良來接中翁之手，大憲用心可謂精細而博大者矣。乃路又有左坦黎觀察謀□其差，現已劄委駐松。賓自問才福兩薄，面求大憲，請许、沈兩君照案一同到地，刻知呈憲已挈许學兄於初九日由杭解纜赴蘇，即轉松江，而協兄尚未成行。第年内無鹽，見效與否無從着實，況重則激變，輕仍無益，皆不得過年也。木濆拒殺弁勇之外，且出擄夥勒贖之案，此間各厫慄慄危懼，上海□蘇□倒大賬，胡雪巖且不可收拾，各鹽棧又迫催本年積欠之課。江曉翁本屬卅年前舊識，又重以尊命，刻下竟無處落綱，祇有看年内外轉圜如何，再行設法，已送程儀兩元，囑令回杭暫過残年，再向各處啓齒可也。會館之真、草兩軸業已裱好，隸、篆兩幅由協兄徑往寫，所畫四幅筆資全行寄绍，聞即可寄杭發裱云。承念附答。新歲何時晉杭，容再函訂。敬請麾安，不具。

治苑賓頓首　十一月十一日自松江泐

（三十一）

昨致一函，想已得達左右。韓錦榮本擬十六日動身，十五晚忽然發瘧，間日一發，頗重，須瘧愈方能奉詣也。（軍門望吾兄來商，未知能來否。）揭君任内匿捐之事，現在另集水稅行，押票根、行簿，並司車草簿（内多漏登之船，弊混顯然），按照未捐之船核算，計應繳者衹有一千餘元，合之已繳七千餘，不過八千餘元，似原稟萬餘之數未能作準（紅單有未齊者，現仍嚴弔，然亦不多矣）。聞草簿比印簿爲準，不知若何。本擬勒繳完結，昨奉行知中丞奏稿，揭某操守不謹，彭应辰惟利是視，均請革職（同參五人，王申甫在内），並聲明揭某辦鎮海釐局有串通賣放情弊，現飭交甯波府審訊，從嚴懲辦云云，似此竟不知此案將來如何了結。省提調致信楊豫翁，言司事應辦，行家應罰，已解府之稅行八家，内白湧源因並無未繳之捐，暫行取保，現因其未繳紅單一張，仍飭來府親繳。此八家中光景若何？能罰若干？照釐捐章程，行家漏捐原有罰三倍之説，此八家是否可罰？尚祈察訪見示。王萬興行（此行卻有串弊形迹）到案之王九香云，行事向係其弟經手，已於十月病故。僅有管事人陳桂生在行，伊向業藥材，一切不知云云。弟擬補提陳桂生，是否有益，均懇查訪見示。此請升安。

弟宗源瀚頓首　十一月十八日

（三十二）

徵三老公祖大人閣下：

憶自四明晤教，倏經三載，因山川之遥阻，致修候之有疏，每企台暉，時深夢轂。兹接郡報，欣悉公祖榮攝楚軍統帥暨營務處印篆，不勝忭舞之至。伏願公祖大人德政日隆，景福天申。著功勛於蛟川，鰐遁鯨安；迓湛恩於螭陛，軍綏民樂。翹仰升華，莫名藻頌。晚於夏五交卸玉右守篆，本擬回鎮，因玉左守備輿情未洽，遺缺荷奉鎮軍委晚庖代。迄今數月，未奉制軍允准，祇以職迹環山，有懷莫遂，深滋歉仄。滿擬卸篆後趨晤塵教，面伸積悃，還祈南車時錫，以勖不逮耳。肅此，恭賀大喜，並請勛安，唯希煦照，不宣。

晚生王永嘉頓首

（三十三）

徵三仁兄親家大人閣下：

久未通訊，弟之困頓無聊，不敢瀆聽，且閣下亦奔走不遑也。昨接手翰，欣悉督辦營務，並蒙言及有事之時尚可攜挈，感感！弟閉門讀禮，無善可陳，現得奎垣軍門處一席，月得洋錢二十元。總局尚啓一席，月得錢十千。旅邸薪水之費得半而已。然較一無所入，實啻霄壤，故亦知足守拙。若謬飾謂抱道自安，則豈其然乎？貝鐵翁道及閣下兼鎮海船捐局，弟竊有所懇焉。敝表姪龔福保字柏森，揚州人，三十二歲。前年來敝處欲謀司事館，今已兩年，只有惲直卿兄代辦青田釐局，在彼兩月，此時弟丁憂不在臺上，薦事頗爲喫力，想貴局接手伊始，必可借一枝棲，用特冒昧相干。至於人之老成，切實可保。務祈推愛屋烏。（奔走、算盤等事皆好，在家本習米業，若文字則不通耳。）倘蒙允准，即令前來，否則亦望示復，弟備使回家，以分食指也。此懇，敬請升安。

姻愚弟制郭鐘岳頓首　十月二十二日

再，舊僕施明，揚州人，曾在温州府縣歷當簽稿，此時温州人多無立足處，現等張静薌回任，爲之一薦。如不成，尚欲奉求爲之轉薦一噉飯處，雖跟班、巡丁皆可也。

（三十四）

徵三老哥大人閣下：

別經兩月，馳念彌殷。前昨兩奉手示，敬悉籌畫宣勞，升祉晉吉，丰神在望，忻慰奚似。弟等隨侍撫庭，幸托庇㛹適，差堪告慰綺注耳。舍弟左甫尚在里門，已械招來杭，一到即令趨謁台端，以供驅策。舍弟得依宇下，遇事可以叨教，何能以出息計？當此時勢，謀事萬難，能有立足便爲萬幸，感激無既。劉廉訪開弔，貴寓屬代送禮，弟登時代送呢幛一懸、四事一副，其值俟駕晉省再算可也。弟等俗忙，久未出門，兼之疏懶性成，致瀛眷遄發，有失照料，抱歉之至。西防邢君因病出缺遺席，今見藩台牌委黄君瀛海署理臬缺，簡放李公秉衡高廉道所升，尊處必有所聞。此布，即請勛安，諸惟愛照，不宣。

鄉小弟制余夢麟余夢祺稽首　十八夕

（三十五）

惠覆乃盼。辰際一陽啓瑞，亞歲迎祥，恭惟大人福履綏燕，泰祉延鴻。撫良辰而晉吉，鴻圖日懋；握順慶以增麻，駿績時新。仰詹鈞暉，允符藻頌。晚分陰莫惜，百拙難藏，效皃趨之未遂，維鵠躍以情殷。爰肅寸箋，恭賀節禧，敬請勛安，諸惟崇照不莊。

治晚生名正另肅 冬至前一日

（三十六）

大才斟酌，並請即日示知，以便照辦。冒昧泐復，順請大安，立候福至，不宣。

愚弟旭頓首 廿二日巳刻

再，如有回玉，請包封逕寄吳淞敝寓收便妥。惟信面必寫格外加緊，可得速捷也。如能專差，尤爲更妥。緣弟此番回防，有報獲私鹽公件出去（順此帶敘回防幾句）。

（三十七）

徵三大兄大人閣下：

頃有事須商，如公餘有暇，即望命駕來郡一談爲盼。專此，順頌升安，鵠盼行旆，不勝翹企。

愚弟瑞璋頓首 廿五日

（三十八）

徵三先生太尊大人閣下：

久未肅啓奉候，敬惟榷務戎政定與福祉蒸蒸日上，滸慰無量。嗣禎宦途既嘆偃蹇，家運又值坎坷，月前得鄉書，知寡媳寄居母家，於十月内以出麻證下世。孫雛兩枚，僅八九歲，前四年既痛何怙，此番又嗟何恃。聞訊之下，不禁心如湯沸。擬遣内人歸撫，則川費難籌；擬將雛孫攜來，則途中無人照料。以此日來賦恙日劇，未卜前生有何冤孽，今生遭此折磨也。奉告先生，當亦喟然。敝事深荷盛意，並古憲關拂玉成，已於昨廿五日奉到藩憲札委，正擬鈔稿奉聞，適拜翰教，壹是謹領。古憲前容當肅稟申謝，先生如有緘復，乞先代達微悃爲荷。專復鳴謝，敬請勛安。頃問湘憲，云道憲有信，即請台旌莅甬，餘容面陳。

彭嗣禎謹肅　廿六日下午

（三十九）

瀓叔大人尊前：

十二日由周轉到手書，知何雲已抵周寓，能否爲之位置，且作緩圖。京中回信當不在遠，到時即望示知。（應由何莊可匯，復祈爲之打聽。）天氣嚴寒，舊恙又復作（硬）〔梗〕，前説虎骨膠，務懇作速爲之轉覓（須求真者）寄下，（只有虎骨酒、狗皮膏，統交廉卿。）至盼至盼（封固逕寄崔陳□）。吉翁令岳之房屋，已託支应公所先爲看過（京信照抄奉上），據説無甚空屋，即鄰近處亦竟無有。現經顧墨翁看有甯城絲行街徐姓一所，係與各半同居，是否合用，尚不得知。亦擬遷居紹城，均未定奪。此間兩席業已去函辭覆，不作戀棧之想矣。肅此奉陳，敬請福安。宋阿福何日去里，統祈示覆，無任結企之至。

姪際辰拜上　葭月望日

（四十）

徵三仁兄大人閣下：

手書至，知由營務改作釐務矣。舍姪託宗老幫同爲言，當不我卻。此君愛才若珠玉，祈婉商之。宋貴屢求爲薦，不得已也。我衣在浙，至今未到，念念。三舍弟由蘇回，託貝康侯以英佛三百於二三月匯到。或仍舊貫，擬再騰三五百設法斡旋，或令由上海而來，未可知也。王覺士之子王繼泰居然得之，已出奏矣。謀事在人，詢不誣也。俟再得覺一，吾其告辭歸浙矣。要地難居，徒爲他人泄踏，太不值得。承詢舍姪，何日飭黄舍親運衣起身，以慰我心。聞梓臣病重，然歟否耶？王厚兄、杜笠兄屢事古公，以賢才視之，似不可置於閒散之地。區區一麾不足展其才，當同閣下登諸公朝。時事方艱，年老薦賢以代，自古傳爲美談。部文一紙，堅不肯出，擬日内抄張中丞以服闋人員仍應歸浙一奏，稟求中堂以達，風明選公大臣左相事也，呵呵！此復，即請台安。台眷已否移甯？念念。

弟紀恩頓首　冬月十八日

（四十一）

徵三尊兄大人閣下：

前日得復書，具悉一一。歐公辭統領已得復文，請其照常統率。韓錦榮前日已赴台端揭魁儒之事，擬待捐項繳清，再想措詞之法。張奎帥昨日到此，甚盼兄來。道台亦有專函，請來郡一行，亦必須通商之事，尚望即日命駕，翹盼翹盼。此請升安。

愚弟宗源瀚頓首　十一月廿六日

（四十二）

昨日台旌莅甬，快領教言，感佩之至！楊西帥移領火藥，業經與先生酌定，暫發三藥二百桶，彈子、銅帽照配。兹將文領發還來弁，請下次補移可也。至鑼鼓铜號，局中無存，如西帥處要領，請再另備文領到局，即當購發，均懇先生代爲函知西帥爲荷。此請徵翁先生太尊朔安。

嗣禎忙肅　嘉平初一

（四十三）

徵三仁兄公祖大人閣下：

月前晤教，欣慰渴思。承雅愛之懃拳，復盛筵之厚擾，醉飽銘心，實深感謝。比維籌祉雲蒸，勛猷日茂，引企芝暉，彌殷藻抃。昨接甬江北莆公所來函，據云莆帮報納貨捐，向由莆公所掣票，交税行繳局，票到註落，閱二十日過帳，歷辦有年，從無舛誤。莆公所彙數向各咸貨行收取墊款，亦須對月過帳。現奉尊諭減註，十日是該公所墊款之日，更多至數在十元内，令繳現洋，抑又未便。莆公所現係舍親劉斗三兄司事，囑弟代達一切，可否務懇俯照舊章遵行，則莆帮實感德便，弟亦叨荷盛情矣。泐此，敬請勛安，諸維惠照。

治愚弟名正具　十二月初三日

（四十四）

徵三仁兄大人閣下：

敬逕啓者：昨十六夜二鼓，敝營後哨勇棚被賊偷出號褂衣服並火食、洋銀等件。當時驚覺，分途追捕，比拿獲蕭吉福一名，失物隨經追回。洋銀窖於路亭，亦得取回。訊供與周治賓夥偷，一人在內偷取篋簍，（係越牆而入爲蕭吉福，起謀爲周治賓。）縋牆壘而下，碎其簍取物，隨逃被獲云云。十八日復拿獲周治賓，訊供亦同。俱湖南甯鄉縣人，兹解送台端，尚乞重賜究辦，是爲至叩。肅此，敬請勛安，伏維荃照百益。

計解呈蕭吉福、周治賓二名。

教弟劉玉田頓肅　十八日

（四十五）

徵三叔父大人閣下：

啓者：念二日宋阿福到洲，捧讀手示，聆悉一切。得悉大人榮任鎮海營務，節制蛟川軍務，同籌勞心勞力，定然功侔定遠，勛並伏波，敬賀之至。然宋阿福到上海，因長江輪船延遲兩日，由本日雇挑力回里，望可放心。所委辦之物件，照章辦來可也。明春踵轅，叩賀新禧。專此字奉，肅請陛安，惟希台鑒，不宣。

姪肇功頓復　十一月念三日泐

（四十六）

徵三親家大人閣下：

本月初三日奉讀手示弍函，敬悉。尊意欲爲笠安兄改捐兩浙，當詢吏、户兩部諸友，俱稱本年自五月以後，分發停止，不能辦矣。現在分發且不能辦，何況指省？至玉牒館，向來總是丙年開館，丁年告竣，此事尚早，且未知將來收捐否。如上次丙子開館，並未收捐，俟丙戌年再打聽，信知可也。阜康現已封歇，係本月初五日事，不知爲何而封。弟前月二十日託阜康號寄出蘇太常公行狀弍卷，其正本係泰州黄太史名羣杰所書，其稿本即閣下原本也。外信一函，未知寄到否？弟昨日聞伊號封歇，時已將晚，未能飭人出城一查，今早飭人前往，詢前信及稿本弍卷如已送到，則毋庸議；如未送到，則取回交信局送呈。弟現在尚未得缺，惟署中已得稿□，稍慰遠念。兒媳、小孫等俱叨平安。肅此奉覆，敬請勛安。如夫人、文郎、令愛均安。

姻愚弟崔國霖頓首　冬月初七日

（四十七）

徵三仁兄大人閣下：

敬逕啓者：　飭補清摺，遵各造三分，併呈單二紙送上，祈詧收。　斢換洋鎗，已荷面允，尚希賜一致局書，以便即日派弁齎赴换取。　瑣瀆金神，容晤拜謝。　肅此，敬請勛安百益。

附清摺六扣、呈單二紙。

教弟劉玉田頓首　初四

（四十八）

徵翁太守大人撝下：

逕覆者：　頃奉華緘，藉悉招寶山新造砲臺所需之鐵羊眼，由滬定辦已便，承囑往滬之便順帶。　現奉提憲札飭，赴鎮江裝偁淮軍，明早即行就道，特此附聞。　專此，即頌鈞安，唯祈荃照。

晚驄頓首　十二月初三夕

敝船並未往滬，原來之信付繳，希乞詧入是荷。

（四十九）

徵三老同年大人麾下：

接來示，欣悉籌祉增綏，指揮如意，爲頌。釐金諸弊一掃而空，自是吾輩本分。水清無魚，智者所戒，高明其留意焉。碑記充暢飽滿，中間問答尤曲盡海防情勢，洵巨製也。但此等文字最易得謗，須假一大帽子鎮之，未知方家以爲然否？謹將大箸不甚合式處簽出，請酌。敝處一切如恒，行商有盈無絀，足慰知己。佛粥日矢當各盡一觴，以當彼此遥祝，何如？厚兄在家，日日晤面。知念奉聞，此請籌安，不一。大箸附繳，祈查入。

如胞宗山頓首

（五十）

徵兄大人閣下：

刻奉初四日復書，誦聆一是。笠安館事決意辭卻，協軒函詢於我，問有無别意，雖詞意殷殷，而此中笠兄有難於相安之隱，礙難再作調停。想人生行止自有定數，莫能相强也。前聞代查改省一節，恐亦未能合拍，甚爲念念。笠兄於初七日已將眷屬遷住東關，即弟前在曹娥時所租之屋。何雲已爲覓得一事，每年辛工不過二三十千文，卻是常局，然又嫌不敷用度，不肯屈就，只好另圖。黄魚肚弟前覓得一個，係託何淦亭購來，服之甚好，因將次服完，是以奉托。承示鄭君説有北洋貨，需價三四十元，如果看係真正北洋者，重有三觔之多，此價恰不甚貴，望即爲我購來，至託至託。一昨回寓時，小梧兄示及尊處砲臺碑記藁，大筆淋漓，洵称傑構。惟其間問答似與碑記體裁不合，緣此間界限極嚴，不得絲毫紊錯，小梧深以爲然，未識尊見何似？念念問問。弟準擬開正月半後進省一行，我公得能抽身一同進省否？並希示悉。如亦欲進省，訂在何時？可以約定回舟，藉圖暢敘耳。手此，復請升安，並候示復，不盡。

弟傑頓首　十二月初九海上勒

（五十一）

澂三仁兄大人閣下：

月之七日接奉惠書與劉南容兄信，並所粘公文，拜讀之餘，謹悉種切。惟弟一介疏庸，毫無知識，辱荷鼎言汲引，得以器許上游，慚感交深，莫可言喻，自當努力報效，以副知己高情也。承示代詢鐵練、電綫各節，弟當至上洋，先訪南容兄，並將尊函攜交。據南容兄與協昌行張友俱云，電綫器具須往外洋採辦，申地無處可覓等語。弟復經另託友人到處探詢，查得製配電器，上海惟一洋人，業已他往，刻下惟渠徒弟一人能做。當據開條前來，並據云電綫盒各式不同，或打鈴（每廿元）、或摇字（每五十元）、或傳話（每九十元）、或號形（每廿五元），均須訂定製做。藥水箱每箇一元五角，電綫絲只須合用者，每一里約四千尺，每尺約洋一角。以上價目，均屬切實，不能稍減。倘再邀渠裝桿，得卅餘工，又須另議。弟得信後，又訪南容兄，（熟）〔孰〕知已往無錫，未得面商此事。或大駕來申面訂，或派人前來採辦，或應作何辦理，即祈示下遵照。又，鐵綀弟經看過，似珠綀較爲禁用，其徑一寸餘者，每百磅約洋四元之則。緣奉台囑，用特縷晰復陳，均希察照爲感。專此，即請勛安，不一。

愚弟陳旭頓首

再者，古翁之信至今未到，不識有何話説，閣下能知其詳否？又啓。

（五十二）

逕復者：　茲承來示，聆悉種切。電綫各項爲備禦要需，既已詢明價值，差人赴滬購辦，如待撥款，誠難濟急。以閣下長才擘畫，具徵妥善。弟處雖亦經費竭蹶，總當設法代籌。如需用時，即請備領來取。但係動借公款，仍須歸還，姑爲待用緊要，以副雅囑。泐此奉復，敬頌升安，不具。

愚弟瑞漳頓首　十二月十九日

（五十三）

徵三老同年大人如面：

勇丁二名，荷蒙薦出，可謂推愛及烏矣，謝謝感感！海防訛言日起，皆《申報》爲之簧鼓，殊令人切齒。執事部署周密，倘有蠢動，以逸待勞，可卜捷音在即。老同年卓著勤勞，上游必另有位置，故人與有榮焉。秋珊兄有來鎮海之説，迄今尚未動身；如來時，弟與厚兄同舟送至蛟門，覘細柳之威儀，聆班生之快語，再爲擾郇厨焉。弟瓜期將届，去留聽之，老同年以爲何如？手此敬謝，即請勛安，並賀年禧，不莊。

如胞宗山頓首

（五十四）

徵三仁兄公祖大人閣下：

前在貴處，滋擾良多，辱蒙指示，心感奚如。囑寄《海防新論》各書，已呈憲鑒。比惟措置裕如爲頌。晚於十三到杭，榮山已奉札赴淮招募，新正就可到甯、姚。唐生亦委赴淮招勇。囑買早綫一層，中函當即允許，所（下缺）

（五十五）

徵翁公祖大人閣下：

久未奉教，馳念殊殷。比維籌措勝常爲慰。衛方伯二次稟中丞，定閏五月初八日由皖起程來浙，府同通聞皆考畢，台駕未見晉省，豈以砲臺要工，中丞緩調乎？邢印中與衛方伯鄰縣而幼同窗，今已令仁和到任，蘭溪朱薪翁署理矣。楊乃武案全翻，部中補提葛畢氏轉嫁娘妹，楊乃武同族兄弟等八人又將解往。去年承委薦江小峯兄，昨已出信，由伊自至無錫，逕報張方伯矣。馮展雲先生陞閣学、鐵翁保道員，一時俱發，甚爲難得。昨日泐賀展翁一緘，駢四驪六，頗爲得意。海口激有釁端，陳國瑞已由軍機字寄沈制軍奏留。陳槐翁日前來寓辭行。弟謂今冬浙海難免無事，金鷄、笠山兩處砲臺未築，即招寶山一座，亦獨木難支耳，盍言於中丞，飭補築焉？寅擬秋後自備資斧，造流馬船，陸當馬，水爲船。惜無上憲諭札，恐滋事端也。張筱翁已在上海買輪船一隻，價銀八千，修資千金，係其賬友王養吾經手也（鎮江人），可惜可惜！中丞謝賞假摺早發，看此次批摺爲後文之去留。余古憲聞望日由徽動身矣。匆泐，敬請升安，不具。王厚翁前均此。

治寅頓首　閏月十八日

（五十六）

澂三仁兄大人閣下：

兩奉惠書，並復朱觀察函，均已聆悉。沈子谷兄杭住兩日，即刻回甯，由滬搭輪舟而返，屬弟飛寄一語，請尊處將加費一層補稟道憲，以省中當批甯查明詳奪也。王宅幛分用厚兄存物改字分呈，取有謝帖兩分，免寄核驗。新方伯聞十二日由安徽啓節，應赴南京勾留二三日，計月底、月初總可以到滬上。五品銜計洋五十元，望留意爲三舍弟潘綬恩翰林院待詔銜上加之。此請近安。厚田兄並此。

弟紀恩頓首　十三日

（五十七）

徵翁仁兄大人閣下：

前於上月十八日接奉惠函，垂詢中營加給口糧一事，當以照章應加，即於是日專函奉復，由馬封遞上，乃竟未邀台閲，殊出意料之外。頃又接閏月初五日來函，讀悉一切，此營口糧（自開差起）應行加給，望即轉致可也。匆復，即請績安，不一。

弟樹勳頓首　初七

（五十八）

瀓三尊兄大人閣下：

奉書，知前函如期送到，工事已蒙親閲詳復，當將各情形轉告海公。屬趕七月完工，至遲亦當八月，好一日則早一日也。憲意如此，似難再遲。吾兄辦事幹練，素所知之，特未識鑒別，多子小星從何得來，實所佩服。月前嘉興傅明煊總戎以其弟明川病故，乃妻爲杭痞拐帶而逃，獲縣男女並押，來函聞弟有納寵之意，爲之作伐，可爲笑柄，並言與子，或我兄授之意歟？（僊配□矣，又復高壽。頭上更有一項好物，奇特之至。）呵呵！新方伯今日進公館爲守，吾輩仰之敬畏，聞係六月初二日接印。上海之物再加理問，不便宜矣。能否徑以童生另尋出路，便乞探示。胥云翁信已送去復厚兄矣，並告一聲。沈子翁行色匆匆，未獲一杯訂飲，歉歉歉歉。肅此，祇請日安。

弟紀恩頓首　廿六日

（五十九）

澂三司馬大人鈞座：

前日奉讀台翰，敬悉升祺介吉，時躬安羊，快慰遠頌。所辦蔦漿，昨又發上叁擔，計代付英叁元。此後已囑伊止辦，其帳即與其结清，先後計發叁拾擔，共付洋叁拾元。又，前王石翁面付洋五元正作挑力（每擔弍百文，洋價算一百），合訖矣。謹此奉復，順請升安。

王石翁均此。

名正肅　閏五月廿五日

（六十）

徵三仁兄大人閣下：

勇至，接誦手書，祇悉壹是。藉諗動定咸宜，百凡如意，慰頌慰頌。所有囑辦各船，已遵照飭傳該埠分別照辦，其鎮海换班之船，飭令封好交來勇押駕赴鎮赴奉；運河之船，封候隊伍到郡，一同前往可也。此復，即請勛安，惟察不既。

愚弟孫熹頓首　六月十日

（六十一）

徵三仁兄司馬大人閣下：

別來又深馳系，近審起居綏吉爲頌。頃接梁雲山復書，並前日託購太湖碑石價單一紙。弟展閲之下，不獨價值甚鉅，即搬運拖拽周折頗多。鄙意此間青石雖光潤不及，而擇其質之堅細者，似尚可用，未審老兄之意何如？兹將緘單併呈，統希酌奪。如尊意必以太湖石爲妙，即請照單備價，耑差逕赴雲山兄處購辦，並乞賜復，以便轉告也。專泐，即請勛安，惟希雅炤。

愚弟黄少春頓首　十一日

（六十二）

澂公太守大人閣下：

敬稟者：十一日曾修草函以及各料件等，並有提單壹紙，交大召輪船寄奉，諒蒙飭提驗收。祇因邇日未見回玉，爲念。即惟大人福履凝和，侍祺吉羊，引詹鈞暉，必符心頌。惟念沈司馬貴恙安否，想邇日定能痊愈。兹特附奉候函壹緘，便乞轉交爲托。費神之處，容圖謝謝，不盡餘情。一切稟詳前信，恕不再瀆，謹此草草奉布，順請升安，恭頌暑祺，伏祈□照，不宣。

晚生倪芹香頓首　六月十六日

（六十三）

再稟者：今坿上南容壹信，敢飭轉遞是托。惟是近來銀理緊促，拆息較□，至南榮名下，可否叨惠千餘兩，俾使晚可以解銷些，事爲熟商，不勝唐突，弗咎是幸。草此又布，肅頌台安。徵公太守大人鈞鑒。

晚生倪芹香再頓首　六月十七日

（六十四）

徵公太守大人閣下：

敬稟者：既望肅泐蕪函，諒登台電；稟陳一切，定邀青鑒矣。日昨接奉手教，拜聆一切。知前奉鐵件等均蒙收到，就審大人福履綏和，升祉凝祥，引詹慈暉，必符鄙祝。蒙委湖北余鼎翁處之洋知未匯到，必被前途延悞。日前曾有信去追查，尚無回信。晚今曾另托一的友，另匯玖拾洋，專送余公查收。書藉如果購就，仍托其原手寄申，計不日可有回信。

想閣下之前信，幾被遺悮未到，所購何種書籍，余公諒得其詳。否則，請人再列壹單擲下，晚當寄去，以便請余公可以代購也。特此奉聞，便希示曉。至前函奉懇一節，想蒙俞允，實緣被银理太緊，拆息過昂，市難兩欲，願出□□，日上無處掉現。若此市面，從來所鮮有者也。務請格外鑒原，事爲至禱，不勝感激。沈子翁貴恙全愈，可胜欣賀，另具壹函道候，並坿有劉南榮壹函，拜懇一並飭遞爲禱。累累瀆神，深抱不安，容圖樞示，坭谢不盡。肅此，草草又布，恭頌秋安，敬請升祺，惟希鼎照，不備。

晚生倪芹香頓首　八月二十日

（六十五）

瀓公太守大人閣下：

敬稟者：二十日曾肅蕪函，諒投几案；稟陳一切，定蒙台鑒。所懇叨惠南榮名下千餘兩務請刻日擲下，俾使晚以應月底解銷，萬弗有卻，事爲至禱乃幸。種種唐突，伏乞海涵，至禱乃盼。坿上南榮一信，請飭轉交是托。匆匆奉懇，容圖再稟，謹此肅泐，恭頌升安，敬請勛祺，惟希面照，不莊。

晚生倪芹香頓首　六月廿四日

（六十六）

澂公太守大人閣下：

敬稟者：　昨具蕪函，諒投几案。今晨奉到念四日台書，拜悉種切。蒙惠南容名下壹千兩，囑慎記莊匯下，該莊將尊緘信面批，以月底期向福泰莊過付。當即問諸福泰，該莊稱，以慎記尚無信來關照，且待至期收到□當遵入南容賬上可耳。種種極承盛情，銜感彌深。至有黄師爺帶下洋表，當已修整，因乏妥便，故而延遲，當俟黄師爺原手奉上可耳。先此布覆，恭頌台安，敬請勛祺，諸禱崇照，不莊。

附沈子翁一函，懇轉交是托。並及。

治晚生倪芹香頓首　六月廿八日

（六十七）

差此一事，列在接手號簿，可以另查等語。十七日再奉手片，船已遵辦押往矣。手此奉復，敬請勛安，統惟鑒察，不備。

愚弟□□□頓首　廿日

（六十八）

澂公太守大人閣下：

敬稟者：　昨奉台書，啓誦之下，拜悉種切。蒙委各件照示，遵奉統由慎記莊寄呈，另具發單壹紙，至請驗入。至有湖北書籍，昨已抵滬，本擬当即寄甬，奈因該箱過巨，移動不便，輪船不肯攜帶，兹將余鼎翁原信壹緘先行寄上，至請升啓。其書或可拆箱分寄，一切統請示曉，以便遵行。辰際金風玉露，爽氣秋高，恭惟大人福履咸釐，升祉凝和，撫良辰而增綏，納順序以迎祥，引企慈暉，曷勝遥祝。兹附有劉南容一信，並有皮帶一卷，至時敢飭轉交是托。費神之處，感謝莫罄，餘恕瑣贅。恭頌升安，敬請福祉，諸祈崇照，不莊。

外，另物兩件又壹包。

晚生倪芹香頓首　七月廿七日

（六十九）

澂三仁兄大人閣下：

雖山川修阻，而音問時通。敬悉勛猷疊進，福祉頻增，爲頌爲慰。兄前鈞諭，囑弟代購書籍，後又寄有洋元，久未收到。至七月初五日方收到漢鎮祥生恒漢平紋銀六十五兩弍錢五分，扣錢壹百零六串八百廿二文，付去歲書錢三十五串七百廿文，又付現買書錢七十七串壹百七十五文，又付搬書脚錢六百文，前後書錢並所開脚錢共壹百壹十三串四百四十五文，弟外代墊錢六串六百廿三文，謹將所購書籍裝成二箱，付漢鎮祥生恒寄於兄台，（倪芹香先生轉寄，）外有清單一紙，書到照單查收。耑此申覆，並請勛安，不一。

愚弟余朝貴頓首　七月十二日泐

（七十）

厚田、澂三兩兄大人閣下：

昨奉惠函並雲崧信，均已拜悉。邇惟籌祉精祥，賢勞楙著，上游倚重，薦牘同膺，吾黨生色在此舉矣，羡羡！中丞已奉廷旨，再賞兩個月，浙人之幸，亦我輩之幸。弟近以朱楙翁觀奉委建造餘杭城内忠義祠宇，屬同經理。本與乃弟夙昔有契，不敢有詞，往返兼策，勞瘁殊甚。又因六家叔需次江蘇通州病故，遺子僅一歲零，眷屬五口懸居異地，退無立錐，勢難袖手。已請大家兄往省，將眷接之來杭，再作歸計。本年虧累甚多，焦灼之至。新方伯微行訪辦地棍，擇尤連枷，街市一清，數年積習曾未□，今乃掃除，可見官較倩人做者自有天淵。尊處工程久盼告成，以速爲妙。如此秋燥，兩兄體氣若何？甯波公館若何？沈公已否北上？均關我念，風便示慰爲要。手此，敬叩鈞安。

家尊命筆請安。

弟紀恩頓首　兒姪輩侍叩　十六日

（七十一）

徵三仁兄大人閣下：

月前出巡蜃江，得晤彼間文武，藉悉平陽、北港之説實屬民謡，遂展輪回鎮，便往尊處一覽砲臺三合土工程，時因乘坐舢板，衣衫爲水漬濕，故未趨領雅教，此心至今耿然。比返舟次，因憶敝標二起精兵擬移駐城上，須築瓦棚，應與中丞面商一切，故趁此出門巡至台浦，改换小舟，於今日辰刻到省晉晤中丞。談及砲臺工程，弟答以此番由鎮而來，又經閲視，約九月左右可以蕆役，現在趕結三合土，一應工作均屬牢固，凡中外觀者無不稱道，中丞甚爲欣慰。據云俟假滿後黄花時節，當由台浦親詣工次一閲。金鷄山應築砲臺，弟亦提及，中丞之意仍當借重槃才，彼間基址培固喫力，中丞亦所深悉也。餘俟晤時面譚。楊雨卿未能踐言一節，弟瀕行時，據錦城云，實因船隻運工不及所誤，弟比已釋然，故中丞前並未提及。閣下晤雨卿，希即告知。甫卸征裝，酬應如麻而起，不及多敘，悤此奉布，即請勛安，惟祈雅詧。

愚弟黄少春頓首　八月初二夜三鼓

子穀兄處，弟日前未及問候，歉歉！此次中丞詢及病尚未痊，甚爲馳念，並乞代達，恕未另緘。

（七十二）

澂三仁兄大人閣下：

久不見叔度，胸次间不覺鄙吝復生矣。關山迢遞，企望良殷，即諗藎祉亨嘉，至以爲頌。六月内接奉惠書，知書值已蒙匯擲，其時尚未收到，曾即覆候起居，並陳一切，告慰綺注。月初，晤祥生恒鋼鐵店，云及尊處匯來書值，即囑家丁（擲）〔執〕條往取，而祥生恒云無洋錢，但給來漢平銀六十五兩二钱五分，續於十二日將書檢點，送交祥生恒轉送義昌，寄交倪芹香轉交尊處，諒不致誤。刻間未審曾否收到，正值系念，復奉來函，辱承眷顧，益增企慕。謹將銀數書值收條附陳，藉請籌安，統希心印，不備。厚田兄均此致候。

愚弟余朝貴頓首　小兒隨叩　七月廿五泐

計開收到祥生恒漢平銀六十五兩一钱五分，（焕）〔换〕錢壹百零六串八百廿二文，付去歲書價卅五串七百廿文，又付現辦書價七十七串百七十五文，又過江船钱脚钱共六百文，總共付钱壹百壹十三串四百四十五文，除付外塾钱六串六百廿三文，所有書數清單，前函呈覽。

（七十三）

澂公太守大人閣下：

敬稟者：頃奉台書，拜悉種切。就審履祉亨嘉，升祺集福，翹首雲儀，傾心鳧祝。蒙關書籍，是當分班寄奉，聞知新書均要完税，請大人專人至道署預先關知新關，莫妙於此，其書準於明後日分寄前來，先此稟聞。李伯相在煙臺與威公使会議數日，聞得刻已完備，仍以和約敘好。兹於上月廿八日返旆天津，共欽太平景象。再，沈子翁未識榮行北上擇於何時，日來開往天津輪船都有，適在匆匆，恕不另信詳告，請大人代爲轉致一切，並祈叱名請安爲禱是幸。肅此草草，臨池不次，恭頌升安，敬請勛祺，諸冀崇照，不具。

治晚生倪芹香頓首　八月初三日

（七十四）①

敬稟者：　初三日曾肅蕪函，於初四日寄奉，諒經送到。稟陳一切，定邀青鑒。辰際玉露澄清，金桂飄香，恭惟澂公太守大人福履延釐，升祉迎祥。節駐候濤，昌國蒼黎生色；情怡望海，前山草木長春。欣值月明三島，行看恩錫九重，引企鴻暉，弥深晃頌。晚久寄春江，頻聽秋聲，感居諸之浪擲，效燕雀之賀成，爰修尺帕，莫罄寸悰。臨穎匆匆不次，恭賀秋安，敬請勛祺，伏祈鼎照，不宣。

治晚生名正另肅　仲秋之十六

（七十五）

澂公太守大人閣下：

敬肅者：　初九日曾修蕪函交局並順奉，諒投几案，稟陳一切，定蒙青鑒矣。自日將來書壹大箱，弟裝作四小箱，交輪船寄往甬江，飭送慎記收存。因今接見慎記莊收字，知書已

①此信寄件人爲倪芹香。

收到。該莊代付上力□錢拾文，其帶資係小號代付。至尚有一大箱，再當改裝小箱，仍交輪船再寄慎記莊收存，請飭丁向該莊提取。凡蒙收到之□，敬希示曉。今晨王厚翁暨南榮兄抵滬，詢悉大人時祉安和，動履咸釐。引企鈞暉，允如心頌。厚翁行色匆匆，□□今日就是。順此布聞，一切容圖再稟。謹此草草，恭頌秋安，敬請升祺，諸冀崇照，不宣。

治晚生倪芹香頓首　八月十一日

（七十六）

再稟者：　埘上節帳，至請台核。此次節上浙款，用否走候面揭，或仍由甬匯申？敢希示曉，以便遵行。埘上沈子翁一函，並有南容一信，敢飭轉交。委寄書籍，今以分作四箱寄甬慎記莊收存，至請提驗是荷。並頌升安。

埘王碩翁一帳，請飭轉交是托。

晚生芹香再頓首　八月初九日

（七十七）

瀓翁太守大人閣下：

日前奉到□翰，拜悉種切。就審鼎祉日楙，福履時增，引企慈暉，曷勝遥頌。蒙委鐵絲繩，茲特遵奉，另具發單壹紙，至請驗入是荷。並有坿信三緘，拜懇飭遞。費神之處，感謝莫罄。餘恕瑣瑣，肅此草草。恭頌升安，敬請秋祺，諸惟霽照，不備。

治晚生倪芹香頓首　九月初三日

鐵絲繩概售□□，今與□局，減作□□，已是克己矣。

（七十八）

（上缺）難合用，必以繩爲宜，況而爲數無多，僅只二拾四丈，約在不（果）〔過〕三百幾拾磅，價值尚亦有限。本擬即班寄奉，茲特遵示先行奉覆，候示再寄。謹此草草，餘恕瑣瑣。恭頌升安，敬請勛祺，伏希鑒照，不備。

治晚生倪芹香頓首　八月廿二日

（七十九）

澂公太守大人閤下：

敬肅者：十三日曾修草函，於十四日托劉南榮兄寄奉，諒登台電；稟陳一切，定邀青鑒矣。並有提單各件，想蒙飭提驗入。另有寄慎記莊轉奉另件，以及書籍兩次共計七箱，想諒統經收到矣，邇日衹因未奉覆示爲念。就惟升祉迎祥，勛祺集福，載欣載頌。前函凡蒙收入，乞付佳音爲禱。餘言恕贅，肅此，恭頌秋安，敬請崇祺，伏希鑒照，不備。

治晚生倪芹香頓首　八月十八日

（八十）

澂叔大人尊前：

昨由餘厰轉到手諭，讀悉工務紛繁，竟致夜不成寐，此由心思過用，不僅辛勞也。苦差如此，誰其知之，誰其諒之！承囑造報一節，原擬候示即行，有何不可？詎知此番晉省會議，餘岱截源，先行清釐報數，餘地查報稟歸石堰埸經理，其實全賴我輩代爲照辦。至巡務，議以水陸兼行，勇數二百名之内，一切變更，諸務叢集一身，此有刻不能離之勢，如之奈何？現雖案未批定，而張公急于先籌，實不便置而他往。籌催至再，只有俟抵餘厰再行酌定。奉聞倘有他友可辦，無須辰来，可無庸議；否則，起造何時，約須幾日之處，再祈示知。辰准明早東渡，計望後總可抵餘也。悤次肅復，敬請勛安，伏惟垂照。

姪辰謹肅　九月九日武林旅舍

子谷司馬大人愈安。鳳翁、述翁均候。

（八十一）

徵翁司馬鄉台大人閣下：

睽隔芝標，時深葭朔；每懷雅範，倍切神馳。遥維升祺篤祜，潭祉凝庥，引領雲輝，傾心露頌。啓者：汪蔚珍之夫人，緣伊外母惦念，令渠之二姨姐前往安徽伴送來杭。汪老三瑞堂亦令伊之岳父護送，於月之初四日抵杭，暫住姨姪周小槎處（外母亦在此），擬躭擱一二月，仍回衢州母家。蔚珍靈柩尚未入土，所厝之地潮濕，柩橙現已生蟻，安葬不能再遲，而家計維艱，葬費難以籌畫。汪二嫂擬將所存尊處之衣履取回，由瑞堂之岳父帶回里門變賣，以爲葬費。不知台駕公出鎮海，本擬親謁，無如婦女出門諸多不便，是以囑元肅函奉聞，務請將所存之衣箱寄至潘小翁處，轉交汪二嫂。另有一函呈閱，便知底藴。專此奉布，敬請勛安，諸希藹照，不備。

張輔元謹肅　九月初八日申

汪瑞堂、汪二嫂兩函，祈檢閲爲荷。

忽數載。以山川遠隔，尺素難通，未獲時領教誨，歉仄奚似。即諗徵三仁兄大人閤潭安吉，月臨吉酉，星指長庚，想見酒賦琴歌，定與冰輪並逸。自玉林判袂，不意夏葛冬裘，忽政祉咸亨，爲欣爲頌。弟從事皖垣，幾如鷄肋縻人，遽難割棄，差幸舉家無恙，堪以告慰。月之二日，王七兄二姊來舍，云及伊母情殷思女，飭與偕往。但家嫂來皖數載，雖相居安逸，而思歸之念一日未忘。今伊姊相邀同往，正合其心，弟亦弗能阻止。弟本應親送，以俗事纏絆，未獲分身，兹請舍親季翁送往，祈將前所寄衣物等件，逐一交與二家嫂收執，毋使王七兄從中混沌，俾二家嫂稍有餘積，不致日後流離。至於二嫂回皖不回皖，均聽其自便，弟不過盡爲弟之道耳，是所拜懇，並望賜一回示。瑣費清神，容圖後謝。耑泐，恭請勛安，諸惟愛照，不宣。

鄉愚弟汪森頓首　八月十二日冲

大姊大人妝次：

分袂以來，三易裘葛。前蒙關拂，多方感激不忘。每惟潭祺納祜，蒸祉延禧爲頌。妹自扶櫬歸里，淹留三載，而辛苦備嘗，辱淩受盡，隨帶錢物皆爲家人日夕逼索殆盡，以致柩尚權厝，未安窀穸，且有蟻傷之慮，言之泣下。每乞兩叔設法營葬，以必須將在浙衣件變作葬資。妹思孑身未亡，半生糊口，遺物無多，猶慮不敷，貪壑無厭，終無了局。然葬務又難再緩，且所願不遂，勢必別生枝節。第人心不測，若一入手，而仍置停柩於不問，彼時更無可舉措，進退兩難，殊無善策。我姊卓識素欽，代爲籌畫良計，使有裨於終身，感禱奚如。

前月家二姊來皖，接妹歸甯，兩叔以存物須妹躬取乃許同行，並囑伊内親岳丈季翁同來守取，其勢不得不休。妹思分與若干，囑季翁帶皖即變賣作營葬資，飭留妹半生養饍，似此是否兩全，還請轉商諸大老爺。如为可行，請將衣箱即速托妥便帶省，交張耕雲大老爺公館，或交上板兒巷之灰譚巷内第一家牆門周小槎舍甥處亦可，因家母亦在此間，妹亦現寓此也。如無便，能於信局平寄亦妥。季翁在此坐守，當令其早日回皖爲是。本擬親行叩謁，並譚□衷苦況，乃爲路途不便，殊深怏怏。家母在此尚稱康健，妹軀亦云粗適，請毋垂念。還望賜以教言，使窮途人得所遵循，曷勝盼切。即請澤安，伫候玉音，不既。

愚妹歸平陽王氏襝衽啓

再者，如寄衣箱費事，亦請速賜回音，以俾着雙全或阿五來取，因季翁在此專候也。

（八十二）

澂公太守大人閣下：

敬肅者：十一日曾具草函，計登台電；稟呈一切，定邀青鑒。白日又交輪友寄奉書籍三箱，仍托慎記莊收存。連前寄共計七箱，至請向該號提驗檢入，便希示覆，以免懸懸。王厚翁榮旋，於昨日午後登舟，臨行遺有函件一緘，兹特坿奉，至請升啓是荷。餘言稟詳前信，恕不贅瀆。肅此草草，又布。恭頌勛安，敬請節禧，諸惟鼎照，不宣。

外抄□式紙、發單壹紙，乞轉交沈司馬爲托。並及。

治晚生倪芹香頓首　八月十三日

再稟者，前奉對賬，諒蒙台電。今南容兄添配些貴局應需各件，今由慎記莊奇奉，函請檢收。另具發單壹紙，希驗入是荷。又，抄奉彙揭帳壹紙，敢請逐筆核對。惟内有沈、張二君兩筆，抑或統歸閣下户内給算，未審允洽否？否則，二君倘蒙（下缺）

（八十三）

（上缺）辦一切，中丞頗爲欣慰，現擬新正初五由杭輪拖至乍，（中丞帶行三人，不過二十餘人，一隻大輪能彀坐否，請酌之。）請閣下即乘甯波輪船，的於初六日在乍浦等候，以便乘輪同閱甯、鎮、定、海暨温、台各口，至禱切禱。相晤非遥，餘容面敘。此謝，順請台安，統希垂照，不一。各營官處祈爲一一道謝是荷。

治晚生徐杰榮頓首　十五日

（八十四）

徵兄大人閣下：

三十日曾上一書，諒邀垂詧，即審百凡迪吉如頌。弟恙雖日就全瘳，而飲食精神恒難復舊，或亦就衰之年使然耶？生平又不吃補食，據醫者云，鰉魚肚此物最好，与弟此時氣體食之極宜，無如北洋貨難覓，擬請我兄代覓一個，務要真正北洋者，縱價稍昂，亦在所不惜也。囑書大字，兹寄上，仍乞椽筆一爲鈎畫，或者尚可用歟？連兩匝月，海内沙民顛連困苦，撫恤殊難言之，未免多愧懟耳。肅請籌安，不盡欲白。

弟杰頓首　初三日未刻

賜函請逕寄崔□□局内爲禱。

（八十五）

徵翁先生太尊大人：

幕府連日厚攈郇香，備承麈教，感荷不可言栘别，解維風潮俱順，抵寓朝饔方罷，可謂迅速之至，即承勛履並崇爲快。范君事，即經嗣禎前此所定之管帶達中營之張春園參戎，與袁殿兄大家關説，已有頭緒。緣范君到郡，所稱虧空數目只有二千元左右（並無一月零八百），且一切拖泥帶水話頭亦已删去，大約人人皆法語之言。先生既肩此任，事事固應認真整頓，似不宜操之過急。湘憲因屬函致先生，須用『水磨工夫』四字，有心人自能領取也。即如達軍送册點名一節，浙憲謂未便代請六一公劄行，俟該營管帶官機請點名時，尊處即復以未曾奉有提台公文，似有未便，則該營官自必回明提台，是不請之請也。湘公又云好在卓志兄接帶達軍副右營，此君爲提台所倚重，（湘憲所言各節，均屬知己之談，先生以爲何如？）尊處有事難徑行之處，先爲籌商，當可水乳交融也。專此奉達，敬叩勛安。

嗣禎謹上　十一月初六日

再，禎事昨奉湘憲明示，即由局詳遵，以局中事務日繁，徑請添員，不候楊統領回信較爲直捷。鄙意仍求此事，正如久旱之望霖雨，雖霖雨難賙，而霏霏亦可沾潤矣。先生稟達撫憲，俯加拂拭，庶可見信，不至以格例爲詞也。又拜。

（八十六）

徵三先生太守大人撝下：

月之二日，奉布寸箋，計澈英鑒。昨初五日，得單見湘憲，曾將尊處一切詳爲轉陳。據云勇於任事，最肯留心耐勞，自是先生本領。故一聞台端奉檄辦理甯鎮海防營務，湘憲心中不覺如釋重負矣。且云中丞之所以深嘉此間同袍之能和衷共濟者，即有惟恐其或不能和衷耳，渠不禁一旦豁然，言既近情，故旁人亦樂爲籌畫。卓志改期初六日接手，初五日可以到鎮。擬先謁台端，原定朔日，今忽遲遲，非有他也，請紓廑念。月朔衙參，嗣禃晉見宗憲，承屬一切，以人多未得轉陳，惟道憲係是日下午單見，已得詳陳一切，（點名事須提軍公文或信，料已言之，憲亦謂然。）而嗣禃承照拂之事，聞諸湘憲，已由總局擬稿詳道，大約不候西帥回信，道憲未之言明。湘憲處以座中人多，亦未便（下缺）

（八十七）

（上缺）清暉，曷勝欣羨。弟自十一年十月祖慈見背，遵例守制，所幸家慈以下均稱清泰，敢慰廑念。所不幸者，家道日見蕭條，待哺者十有四口，既少餘貲，尤乏生機，日坐愁城，半籌莫展。同志者皆勸弟作吳越之游，但槖筆依人，又慙才疏，難令生光。至三月間情窮勢迫，不得已束裝就道，沿途托鉢，至本月十二日始抵錢江，襆被雖未付之質中，而家下之庚呼在所不免，殊令人難以消受。本擬親趨行台，細訴離（綜）〔悰〕，並私假我東風，路途跋涉，似難爲力，託之楮君，代訴衷曲。素承不棄，許我知己，敢以直陳苦況，並非外人所可見而所可聞也。惟想知我之鮑叔，輒能解我之倒懸也。用特肅楮專价張雲齋呈，仰懇于無可設法之中，假我洋禽四五十隻，俾小草不至槁死，皆出于吾弟之所賜也。耑此，順請勛安，佇望惠風遥拂，不勝翹首盼切之至。

如弟王家瑞頓首　九月十四

現寓在望仙橋河下晉陞堂客棧内。附呈券據一紙，祈收覽惠存。

(八十八)①

澂翁太守大人閣下：

敬肅者：初一日沕奉蕪稟，交協興信局寄奉，外附白鐵釘臺包，諒經送到；順陳一切，定蒙電鑒。另有鐵板五塊，交漢廣輪船寄至甬江招商局内，托汪子述兄報關提存。另附有字條一紙，希飭紀至甬，向招商局汪子兑處提歸可耳。凡蒙收到，足下便祈(下缺)

①此信寄件人爲倪芹香。

杜徵三友朋手札第十册

（一）

徵翁尊兄大人閣下：

昨奉一書並庫銀千二百兩，計邀詧照矣。弟即刻動身晉省，大約月杪當可回甯，彼時再圖良晤。頃接省信，尊處砲臺經費，中丞已允照三萬一千六百餘發給，特此奉聞。應找之數，祈於廿外飭人向敝賬房取用爲荷。倚裝草之，不盡欲言，即請台安。

小弟慶藩頓首　十一月十三日

（二）

徵翁公祖大人麾下：

初六日得手教，以前開沙船三舟定二千内之價，着購一舟備用。適同日鄧蔓翁着人來甬，云奉台命驗視各船，遵即派人同去，一面與月翁至各號減定船價。據驗明，一舟底身均極堅固，非前買之船可比。惟其價經再三懇讓，所減無幾，終於原約之價大相懸殊。唐想以一北船之價，足買南船三舟，棄三取一，終覺非計，應請罷論。南船知均經驗過，全豐來函，謂源順、生茂兩舟首蒙許可，此兩舟如果合宜，照前開之價還可減些，已函囑全豐行鄭君刻實言之。捷順船雖稍小，而價較别船便宜，唐詢知該船今年往返南北，駛停俱穩，且船身直高，與二千外擔船彷彿，亦可定實。此外擬再買一舟，於三陽、寶恒、如隆諸船内，擇價最相宜者取之，即可完事矣。唐擬明早由甬返舍，此事接應不便，可否之間，請公祖同全豐行主鄭君酌定之，即囑照行可也。如各船主必欲面與唐訂明船價，可囑鄭君陪至舍間接頭也。今晨接申友回信，以該號尚有如華一舟，託唐代售。唐前知此船不甚堅固，故未列入。兹將申友原信附呈，即乞垂閲，並祈囑鄭芳翁協同一驗。如尚堪留用，其價由唐自定，甚可便宜也。至如隆可買與否，亦囑芳翁向其接頭可耳。肅此奉稟，敬請勛安，諸維朗照，不備。

治晚生陳紹唐頓首　初八燈下

（三）

徵三仁兄大人撝下：

昨奉手翰，屬發孫商人電箱、信子價銀（規元）壹百兩，比即如數發給矣。惟敝局申報省局，應取領字申送，可否即由老兄代爲軍門出具領字，抑由經管之人具領以憑報省（孫保太收條不便申送省局），悉候尊裁見復爲荷。專布，敬請勛安，惟照不具。

愚弟陳汝濟頓首　九月九日

（四）

徵三仁兄大人閣下：

頃展賜箋，並漱珊兄致尊函，備悉壹是。日前所購電箱值銀壹百兩，乃蒙閣下往復函商郡局，撥給此款，已泐東鳴感矣。此次應出報省領字，孫保太收條本不能爲憑，亦不必煩瀆尊處，弟行即飭敝部經管之達字中營出具印領，呈報冰案轉送郡局可也。瑣屑屢屢，銘肊曷極。此復，即頌籌安，不一。

局函附還。

愚弟歐陽利見頓首　初十日

（五）

澂兄大人閣下：

昨奉初五日手書，知第二批蒲包六萬隻、鹽滷一船已經收到。所囑仍有二萬趕速運鎮一節，查第三批蒲包（二萬）業於本月初四日裝船，派劉什長押解尊處，並前解赴乍浦之包，取有姚觀督四書，令其一併呈覽，計期劉什長總可到鎮交納。惟弟處所派兩起親兵解運蒲包，相隔匪遥，至今未見回局銷差，殊深惦念。前派之吳什長名玉山者，並帶有洋鎗二十桿，請兄轉託吉人兄代爲修理者，不知該什長已否交到，務請閣下一查示復爲禱。前後統計解運蒲包十四萬隻，除乍浦二萬，所餘十二萬不識尊處留用若干？定海派數若干？乞即示知。因嗣有札飭，將是項蒲包幫同商人運解料理解竣報查等因，弟處應即中報耳。日来海口樁事曾否次第告竣，念念。手此肅復，敬請勛安，鵠候玉復。

弟傑頓首　重九後二日

（旁批：　十四日復。）

（六）

致張奎垣軍門

軍門大人摛下：

日前兩奉鈞函，備聆種切，敬維福躬康吉，勛祉凝庥，爲頌無量。名如恒栗碌，徒負薪勞。初三日陡發颶風，海上商、漁各船頗有損壞。此間沉口船隻幾乎不免，所幸在事將弁多方救護，得免淪溺，僅壞一船。現在口門留有二十丈，兩邊密釘樁木，加以石船。敵果用船衝擊，似不致一無攔阻也。茲着千總張國華來温購辦棕薦三千條，以備護砲臺之用。業經稟乞味憲給發免税單矣。温口防事如何，敢祈示知，以慰遠念，是所叩禱。肅此，敬敂勛安，希維詧照。

名謹肅

（七）①

巨川仁兄姻大人閣下：

九月底奉手書，敬悉起居遂意，百福駢臻，爲慰爲頌。弟蛟川寄迹，戎務忝司，自五月法船退後，凱撤各營，料量善後，實有日不暇給。迨後赴省、赴滬、赴閩，僕僕風塵，倍形勞頓。滿擬得一海運藉位引見之資，奈叠奉撫憲札，現由省購定大砲七尊，飭令勘定基址，添築砲臺，則海運一役又作罷論矣。昨閱邸抄，知黄河堵塞，尊銜處分開復，欣喜之至。潤之兩次進京，均屬半途而返，現在來浙圖事，實屬爲難。兼之弟自南田賠累以後，虧空四千，

①自此札至最末一札，均爲杜冠英致他人函稿。

去年已還其半，辦理豁免，追繳墊款銀二千五百兩，將來北上，又須銀三千兩，更無可如何之時，真有愛莫能助之勢。前函尚未收到，想爲驛站所誤也。弟於九月間又□一女，所幸母子平安，堪以告慰。道途遥遠，音問不能時通，目下已得子否？念念。手此云云。

十月廿三發　馬封山東济南府长清縣正堂

（八）

致貝敏修鎮軍 廿五

敏修軍門仁兄大人麾下：

未通音問一月有餘，遥想起居萬福爲祝。弟才本粗愚，謬司戎務，夏間法船退後，滿擬料量經手，即可回杭，奈薛觀察以善後事宜稟請中丞，責令承辦，辭之不允，無可如何。兹有寅友陳松喬大令，去年隨石帥赴閩，旋又奉諱返杭，景況艱難，未能家居讀禮，現擬仍赴閩省，道出舟山，不敢冒昧叩謁，屬弟一言介紹，尚祈軍門賞見。如蒙略可佽助，俾松喬大令戴德而行，以後稍有寸進，皆大君子之所賜也。

愚弟

（九）

致鄭仙崖 廿六發

仙崖仁兄大人麾下：

前肅復函，計已早邀鈞鑒。淹浦賞格，兹由廖度曾交來慈溪，原函一併附呈清覽。如何辦理之處，請麾下自酌之。手此。

（十）

致黄蓬仙 廿六發

蓬仙仁兄大人閣下：

前奉手函，以令親張增甫大令仙逝，屬弟於營中告幫以作扶櫬之資，並稟請恤典等因。第增甫兄自去秋來鎮，六、七月間，合家大病，前後在弟處通挪洋約二百元，加以身後棺衾等項又六十八元，程稻材幫助四十元，暫爲敷衍。昨又出一知單，向營友佽助。無如防營凱撤大半，楊軍遠調台州，僅祗錢軍二營，縱可幫忙，亦屬有限。應請閣下憐念親誼、鄉誼，從豐貺賻，先於省中同鄉代爲求助，俾增甫之柩得返西江，白髮、孤兒不致流落，增甫有知，當感激於泉壤矣。請恤於前月抄附入陳潄翁案内出稟矣。

（十一）

慰王申甫丁外艱 廿八發

月中接奉訃函，並讀素簡，驚悉老伯大人椿庭棄養，蓬島歸真。噩耗傳來，盡傷曷罄。維我尊兄大人肫懷孺慕，純孝性成，自必爵踴悲深，雞斯痛距。第念老伯大人享大年於鹤祘，膺一品之鸞封，繞膝則蘭玉滿前，慰心則瑶瑜競秀，固已恨無遺髮，含笑九京矣。尚祈順變節哀，勉循中制，是所熱禱。弟遠違千里，莫致瓣香，祗奉罽障些言，聊當牛蒭一束，肅此，敬慰孝思，並祈珍衛。

（十二）

致程亦陶 廿九發

亦陶仁兄鄉大人閣下：

省垣小住，快挹鴻儀，時節如流，幾更蟾度，敬維鼎祺豫泰，履祉咸亨。樹駿望以待時，卜鶯遷於指日。引詹芝宇，曷罄頌揚。弟自愧軨才，謬司營務，六月間由杭返棹，旋即赴中、赴閩，至九月始行回防。數月來僕僕風塵，殊形況瘁。現在修築砲臺，大興工作，終日督率，寢饋不遑。幸天氣晴和，丁役踴躍，差强人意耳。特懇者：舍姪際辰以鹽運判出仕兩淮，到省雖已有年，宦況頗形窘迫。近聞貴本家尚齋先生現署兩淮都转，樓臺近水，庇蔭良多。閣下念篤梓桑，務祈轉致一函爲之吹拂，俾得引重上游，不致久無差委，則感激之私如同身受矣。手泐，奉懇。

（十三）

致鄭仙崖 十一月初一日發

仙崖仁兄大人麾下：

日前奉上寸函，計已早邀英盼。敬維動定佳勝爲慰。特懇者：敝友張增甫兄自去秋經撫憲委派來鎮，深資臂助，方幸剡章附列，何期鬼録倏登，竟於九月間在防病故。老母遺孤，家徒壁立。故鄉遠在江右，一家八口，不但眷柩難以旋歸，即殯殮日用之資亦復茫無着手。現在棺木、衣衾經弟勉爲部署，並承楊、錢兩統領各助百番，吉人、印波、漫雲、鐵生諸君子各助二三十番不等，杯水车薪，尚難濟事，不得不代爲徧呼將伯。麾下同舟忘切，古道照人，尚祈鶴俸量分，從豐賻助，則感激不僅張氏一門已也。如蒙慨允，務祈初十前後見寄，俾渠靈櫬於十一月内附輪西上，尤所深禱。

（十四）

致台州府陳六笙

六笙觀察大人閣下：

頻年違教，積想爲勞，祗以戎務倥偬，未克常通音敬，寅衷縈念，子墨難宣。敬維履綏延釐，鼎祻集祜，引詹㦤範，曷罄芬鋪。甯鎮籌防，倏忽三載。今夏法船退走，防務解嚴，其間赴杭、赴滬，僕僕不遑。八月初，又奉制憲電調赴閩。勾當既畢，於重九旋歸。本擬求卸仔肩，圖安鳩拙，適仲帥新託北洋購定巨砲七尊，飭令隨同叔憲在鎮口擇要安置，大約須一二年始能竣事。汲深綆短，隕越時虞，尚祈時錫指南，俾資循守。懇者：舍間舊居房屋一椽，擬藉法書，用光蓬蓽，另呈樣紙，務祈公暇揮寄，珍逾拱璧云云。

（十五）

稟督憲楊 初五發

敬稟者：竊〇〇軍牙下走，慈範重親。回鎮後曾肅蕪椾，諒已上塵鈞鑒。恭維大人宫衛即晉，籥頌允孚。○○一介庸愚，毫無知識，素蒙憲台頻年覆幬，藉免愆尤。此畨回防，原擬籲求劉撫憲允卸仔肩，另賞差委，適省局新託北洋購定克虜伯四百磅鋼砲二尊、二百磅鋼砲五尊，飭令在鎮口擇要安置。日來隨同薛道詳細審度，以笠山濱臨前敵，擬於山之前麓築臺，安置四百磅砲二尊、二百磅砲一尊，並擬將小港舊臺擴充培厚，以資輔助。其招寶山威遠臺擬於靠北一面，另置二百磅砲二尊、百餘磅鋼砲六尊，以資夾輔。至小金鷄山與安遠臺相對，爲口門最狹之所，現擬於安遠臺旁及小金鷄山頂築臺，各置二百磅砲一尊，前後均開砲門，用旋轉鐵路，如○○前次稟請憲臺金牌、長門相對築臺式樣，以便内外兼顧。所有各臺鐵板、三合土一律擴充培厚，以盼完密。頃已將大概情形稟由薛道轉請劉撫憲示遵，至各臺舊先膛鐵砲不能及遠，須稟請設法添購鋼砲。所慮餉粮支絀，一時籌措爲難耳。謹將籌議情形繪圖貼説，稟呈鈞鑒。是否有當，伏乞訓示祗遵。

再，卑當面求賞撰威遠砲臺碑文，伏祈遇便賜寄，尤深企禱。

（十六）

復鐵生曼雲 初四發

〇〇仁兄大人閣下：

頃奉手書，並慨賻張增甫兄洋二三十元，足徵古道照人，仁懷純篤，欽佩莫名，容俟彙齊寄付張宅。大約本月底眷柩皆可起程也。手泐奉復。

（十七）

楊督憲 另篇

敬再稟者：　〇〇从姪際辰以運判需次揚州有年，該員人頗誠謹，可否仰求憲恩轉函九帥，畀一長差，得以及時報效，則高厚鴻施，不啻〇〇舉家蒙身受蔭矣。

（十八）

致賀焦達廷乃郎得舉 初七發

達廷仁兄大人閣下：

久違芝采，時切葭思；乍聽好音，曷勝懽抃。欣悉世兄棘闈鏖戰，高擷榜花。敬維堂構貽謀，詩書啓後。此日名駒展足，喜看燒尾於龍門； 他時大鳥高翔，定卜蜚聲於鳳閣。遥瞻瑞靄，曷罄賀忱。弟蛟水從公，烏授虚擲。聽鵲音之貫耳，吉叶鹿鳴； 揮犀管以紓忱，藉伸燕賀。敬頌大喜，祇請台安。

（十九）

復江鏡庵 初七發

鏡庵仁兄大人閣下：

別違半載，如隔三秋，乍奉瑶章，並承書箑，感□□之錦注，羨筆法之精超，祇領之餘，莫名感謝。並諗榮移文旆，襄據棘闈。分造士之權梂，採梗楠於寒谷； 秉量才之尺廣，羅桃李於公門。遥望光暉，曷勝欣羨。弟謬襄戎務，莫釋薪勞，幸邇來公私順平，賤體尚叨平惔，堪慰眷念耳。鷗程迢阻，切馳系而彌殷； 雅範遥揆，藉魚函以將意。

（二十）

復程稻村 初七發

稻村仁兄大人閣下：

久未奉教，載渴載飢。叠接手書，猥以鶚薦之幸邀，辱荷鴻詞之寵飾，寸衷抱愧，尺楮難宣。敬維蕃祉雲蒸，藎勛日楙。合多士而試以藝，甄陶争路之驊騮；取一人專拔其尤，預植公門之桃李。引詹芝采，曷罄芬鋪。弟粟碌如恒，薪勞莫釋。愧剡章之忝列微名，濫與書勛；感藻飾之過情修簡，藉伸謝悃。敬請台安。

（二十一）

致江敬庵 十七發

敬庵仁兄大人閣下：

月初泐復寸函，計已早邀英盼。近惟勛祺喬駿，履祉延鴻，引企芝暉，允符藻頌。弟如常魚鹿，乏美可陳。幸公私順平，頑軀牣適，差堪告慰注存耳。特懇者：敝友俞〇〇兄向在浙江辦理錢穀事宜。此君品學兼優，慎勤練達。近聞閣下榮補在邇，循良吏治，佐理自必需人，聞舊友業已退辭，則新友宜先聘定。用特專函介紹，尚祈留意延訂烏屋，俾其得託棲枝，則感激盛情如同身受矣。如蒙俯允，即祈早日訂□，不勝翹盼之至。手泐奉懇，祇請

（下缺）

（二十二）

致俞欣木

欣木仁兄大人閣下：

久違芝采，時切葭思，昨奉手書，備承心注。敬諗蓮祺集祜，蕃祉延釐，允符肊頌。承囑一節，自當專函代爲介紹。能否有成，尚難逆料。兹將薦函附上，即請閣下移至面交，或者毛生自達片言，較勝於旁人説項，亦未可料也。手此奉布復，順頌籌安。

（二十三）

復彭笠樵 十八發

未親芝采，恒翹跂以維殷；忽辱藻揚，益捫心而抱愧。寅丹誌感，子墨難宣。敬維笠樵仁兄大人蕃祉雲蒸，藎勛日楙，以潘岳栽花之手，試陳琳起草之才。榷局襄勤，展鴻猷於借箸；楓宸錫寵，頒鸞詔以酬庸。引睇升華，傾心豫頌。弟海濱從事，營務謬司。愧鶚薦之濫邀，鵷濡時懔；裁猩椾以鳴謝，蟻悃藉伸。肅泐奉復，祇請台安。附璧全柬，不莊。

（二十四）

候補府王、楊、徐蘭府吳春泉 鄉愚弟

會垣小住，喜汪度之□親；末座叨陪，更郇香之渥擾。寅衷誌感，子墨傾忱。即諗雲士、伯新、澍生仁兄大人鼎祉延綏，升華集祜。望隆熊軾，懽孚有脚之春；寵賁鸞章，洊上需頭之表。台麾引領，載頌傾心。弟別後東渡，雨雪載塗，於念六回抵鎮海。緬芝光而額手，飽德醉心；攄葵悰以抒忱，暮雲春樹。肅泐銘謝，即請勛安，統惟垂照，不莊。

鄉愚　鄉愚弟　愚

（二十五）

萬統領

虎林趨詣，喜雅教之頻聆；蛟水回帆，感綺筵之賜餞。午衷銘篆，子墨傾依。就諗寅握仁兄軍門大人鐘鼎銘勛，旂常懋績。裕鷹揚之令望，裘帶從容；拜螭坒之殊恩，絲綸優渥。台麾行領，屢舞頃心。弟云云。

鄉愚弟

（二十六）

通判翟、知縣江、焦，前□□場余鵜橋 鄉愚弟云云

同前鏡盦仁兄、輔廷亲家、達廷仁兄大人鼎祉延綏，履祺集祜，播勛聲華於浙省；佇卜鶯遷，澤溥茅檐，拜邀恩寵於虞廷。九天特頒鸞詔，芝標引領，藩頌傾心。弟云云。

鄉　鄉愚弟　鄉

（二十七）

達字前營劉 二月十八日

桂亭仁兄大人麾下：

伻來，拜奉惠書，知前上蕪械已邀聰督。並諗勛勤卓越，動定綏和。此後台防益見安於磐石，欽佩何似。承示一節，西翁請假赴邗，尚未返旆；日内歸來，敬當代爲轉達。然鄙見總以將原人追回送辦爲正，果係誣枉，自有公論；若徒空言上請，即獲允准消釋，仍不足以杜旁人之口。我兄素性豪邁，諒不以弟言爲河漢也，即祈卓奪爲幸。專此奉復，祗請勛安，不具。

名另肅

（二十八）

超武鄧 十八日

曼雲仁兄大人撝下：

頃奉惠書，備叨存注，並知元旋協吉，道履綏和，爲頌。修船稟迄未奉批，應不致再有躭延。日内奉到，即當馳告尊事。弟處亦有所聞，風影訛傳，抑何可笑。潘行並畫均已照收矣，費心感切，即請

愚弟

（二十九）

工部崔 廿五

春江仁兄親家大人閣下：

正切馳思，適奉朶翰，就諗槐廳集祜，衡部宣猷，引企停雲，傾心向日。承示即所請之二品誥軸，已蒙代爲領出，感謝無涯。現在敝友任雨泉孝廉計偕北上，榜後仍須回浙，請即交渠帶轉可也。至弟赴引之舉，去冬已蒙中丞允准，後因添置砲臺，又復委留監造，此差經

手，非二年不能完工，沐雨櫛風，事繁任重。聞中丞仍請開缺，果得請，弟擬懇求給咨北上，藉卸仔肩。如當事不致變更，弟亦擬於夏秋藉閱看南北洋砲臺之便，請咨引見。諸俟届時始能定奪。知關注念，敬以奉聞。所囑之件，蘇懷翁遠在皖省，往返亦多不便，當以尊意寄緘商之；候有回信，再當奉達。大小兒已於客腊旋里，兩處眷口均托順平，堪以告慰。另示一節，弟處尚無信來，一切敬聞命矣。敬再啓者：浙江歷年捕盜勞績，稟請奬敘一案，弟以同知保歸候補班補用。嗣奉部駁，以尋常勞績不能保歸候補班，飭令改奬。適弟海防案内，倖進一階，現蒙大府垂念微勞，稟請改奬候補知府，復以道員儘先補用。敬將原摺抄呈台覽，務祈轉托部友妥爲招呼，應須潤費若干，並祈酌奪，見示即當匯寄。瑣瀆清神，感謝何極。再請

（三十）

致蘇懷之 廿五

懷之叔岳大人閣下：

正月曾肅寸緘，託令姪運卿附入竹報，諒達典籤。就諗福祉潭祺，允符肊頌。英如常碌碌，乏善堪陳。撤防後，原擬請咨北上，藉卸仔肩，嗣因添置砲臺，又復委留監造，事繁責

重，且非一二年不能竣事。聞中丞仍請開缺，如果得請，英擬仍舊請咨。如中座不致變更，英亦擬於夏秋之交，借閲看南北洋砲臺便差赴引。諸候臨時始可定奪。歷年捕盜一案，現蒙大府稟請補知府，復以道員儘先補用。能否邀准，固難預計；而憲恩優渥，彌令報稱維艱矣。兹有懇者：舍親崔春江部郎來緘，云有清俸之餘，擬存尊典生息，囑爲轉致，敬將原緘呈覽，可行與否，即希惠復。倘荷見允，應如何匯兑，亦乞示遵。再，閲《申報》所登李四先生噩耗，未知是否訛傳。如果的確，並求代備綢帳一懸代送，需費若干，即乞示悉，以便奉繳。專此，即請

（三十一）

星河仁兄大人閣下：

曼雲四日交到手書並潘稼梅畫六張，均已拜悉。諒諗起居如意爲頌。弟寄迹蛟川，毫無況味。本擬請咨北上，藉卸仔肩，又因善後興工，未蒙允准，只好緩緩另作計較。潘君筆資六元，遵即送上，祈察收轉交爲荷。

（三十二）

復王厚田 二月廿六日

厚田仁兄大人閣下：

正切馳思，忽承鯉訊，拜誦之下，欣諗猷襄熊軾，榮署蠡城。從此吏治蒸蒸，循聲藉藉，引瞻喬靄，懽抃莫名。弟如恒碌碌，乏善堪陳。善後諸端，目下尚未定局，如中丞得請開缺，弟擬請咨北京。如中座不致變更，或於夏秋間借閲看南北洋砲臺之便，赴京一行，彼時方可定奪。承薦朱二尹，目下台工尚無定期，如有事機可圖，自當代爲留意；若稟請差委，恐不能行。囑撰余公碑記，弟據其实事，潦草撰成，文理粗疏，固所不計，是否有當，尚祈斧削裁奪爲禱。笠庵需次邗上，聞同班有七八十人之多，求謀差司固屬不易，如就鹽棧三館，究比閑居勝一籌也。手此奉復。

（三十三）

致程稻村 廿九日

稻村仁兄大人閣下：

日昨晉郡，匆匆晤教，未盡所懷。今早趁潮回防時，已五下鐘矣。委帶致送西園軍門禮物，刻已代爲送去，已經收納，屬爲謝謝。兹特送上犒賞，代茶壹元、□版一件，祈檢收。前承塾戲賞洋四元、錢八千文，昨午遣丁送交尊處接帖矣。匆此，即請

（三十四）

前台州府陳 廿九

六笙觀督大人閣下：

昨奉環章並惠書堂參兩□，望風銘篆，向日傾依。比諗鶚薦縈邀，龍章渥被，從此開藩秉臬，揚歷封圻，曷勝預賀。弟汲深綆短，隕越時虞，凱撤後原冀求卸仔肩，請咨北上。乃又奉飭籌辧鎮防善後諸務，築臺、購砲，責重事繁，約計工程恐非一二年不能竣事。台麾交卸回省，如果取道甬江，彼時正可暢聆教益也。弟日内赴滬，估修超武輪船，歸來約在下浣。倚裝怱泐，即請勛安。

〇〇〇謹肅　三月十二

（三十五）

親兵左營王 初五

輔臣仁兄大人麾下：

遠違麈教，正切馳思，頃奉惠書，快如握晤。就諗勛祺集祜，履縍翔華，爲頌。承示貴

部於臨海花橋地方殲除積匪，具徵長才碩畫，從此萑苻靖息，閭里乂安，曷勝欽佩。弟如常碌碌，乏善堪陳，近又籌辦善後諸務，事繁責重，時懼弗勝，尚祈時錫南車，俾資循守。西帥月初由惠濟回防，諒早安抵霞城矣。專肅奉復。

鄉愚弟　三月十二

（三十六）

范仰川　十二日

仰川仁兄大人閣下：

兩奉惠椾，以俗冗倥偬，致稽作答，歉歉。比諗道履綏和，潭居吉慶，爲頌。弟塵勞僕僕，終日不遑。近爲估修超武兵船赴滬，往返約需旬日，夏初又須開辦砲臺工程，責重事繁，時虞覆餗。我兄知我，其將何以教之？中丞再請開缺，已於月初出稟，能否得請，月内总有確音也。台皋弟久度外置之，乃覆蒙改奬，能否遥准，殊難逆料。房費一節，候奉部覆，敬當薄盡微忱，憑緘附繳，並希致意。嵊縣□船已來鎮海試驗，因不甚合用，比即發還矣。專肅，祇請

（三十七）

周衡山 十二

衡山仁兄大人麾下：

遠違芝采，時切葭思。比諗勛祉潭祺，允符肊頌。弟如常碌碌，乏善堪陳。近因修整超武輪船赴滬會估，月内仍即回鎮，夏初又有興辦砲臺之役。汲深綆短，隕越時虞，尚祈時惠南車，俾貲循守。任雨泉兄月初北上，已遵囑代饋洋蚨五十枚矣。專肅，祇請勛安，惟祈詧照，不具。

愚弟

（三十八）

前□廖 十四

自送台旌，時深結想，比披惠翰，藉慰私衷。就諗度堂仁兄大人升祉延綏，潭祺集祜，渥沛甘膏於蔀屋，榮頒温紵於楓宸，指顧真除，心傾載頌。弟蛟川從事，駒隙虛過，愧恧櫝之倖邀，彌濫竽而滋愧。近因稟修超武，赴滬估工，月内歸來，又有興辦砲臺之役。勞人草〔草〕，覆餗時虞，尚祈時錫南車，俾資循守。榮補一節，上臺正資倚畀，諒不久即有好音，曷勝預賀。肅泐，祇請升安，晉叩老伯母大人以序万安。敬璧謙版，後勿再施爲禱。

愚弟

（三十九）

鄞县程 三月廿四日

稻村仁兄大人閣下：

前於滬上接奉手書，敬聆種切。所需同文局念四史，比即往詢，□分已經售完，無從購買。惟五省合刊之一部，書肆尚有存者。弟頃購得一部，計價壹百五元。如尊處合用，請託便人赴滬購辦可也。其《快雪堂五種》，已代購到一部，即希詧及。前承寵召，適弟歸程阻滯，未獲趨陪，至深歉耿。肅謝，即請升安，諸祈詧照，不具。

附上《快雪堂帖》一部。

愚弟

（四十）

工部崔 三月廿四日

春江仁兄親家大人閣下：

前由任雨泉孝廉寄呈一緘，諒邀詧及。頃奉上巳日惠畢，就諗升祺勛祉，式洽頌私。弟如恒碌碌，乏善堪陳。近又赴滬估修輪船，甫於前日返鎮。夏初又有興辦砲臺之役，事繁責重，且非一二年不能竣工。此中苦況，頻年備歷，力辭不脱，無可如何。北上之行，一時尚難定計也。鴻順新正回府，頃接來信，已於春暮仍轉敝廬，隨誠齋讀書，請勿置念。仙鶴草候有武林之便，當代覓寄也。蘇懷翁處尚未接有回信。專此奉復，即請升安，惟照不具。

姻愚弟△△頓首

（四十一）

温州郭司馬 三月廿四日

外峯仁兄親家大人閣下：

風塵碌碌，音敬久稽，翹企芝采，時殷葭溯。頃奉三月初旬手翰，就諗起居勝常，慰頌無似。弟才軨任重，時凜冰淵。去秋凱撤後，原擬求卸仔肩，稍貲休息。乃中丞新自外洋定購四百磅子後膛砲二尊、二百磅子後膛砲五尊，飭於鎮海築臺安置。此中苦況頻年，弟已備嘗。且一經承辦，非兩年不能蕆事。實不敢再爲馮婦下車，乃屢屢推辭，未蒙允准，只好勉力從事。日内擬請〇提〇道來鎮定議，即行興工。至於北上之行，尚難自主。或於夏初，借閱看北洋砲臺差便一行，亦未可料，諸候臨時始能定奪也。所幸頑軀犕適，兩處眷口均托平安。大小兒在舍從師，二小兒隨侍在鎮，駑駘之質，未知能否裁成。去秋，小妾又添一女，差可爲台端告慰。尊況何似，便希示悉。朱有筌尚無回任之信也。附上歸繳《博古齋志書》，价值洋十二元，敬乞轉交爲荷。專肅，即請升安，惟照不具。

姻愚弟

（四十二）

統領楊 三月三十日

西園仁兄軍門大人麾下：

滬瀆歸來，兩奉惠畢，就諗勛勤卓茂，動定綏和；翹企龍門，無任雀忭。弟在滬勿留十日，即於十九回防，超武估價二萬五千餘兩，已於本月十六興工。此間臺工，日昨健飛軍門偕道府同來踏看，大略仍照原議。惟健帥意以金鷄山嘴與靖遠砲臺相近之處，應置巨砲一尊，扼守口門，已定議於添置招寶山兩尊之内，抽撥一尊移置該處，以期面面周到。弟已具稟撫帥，請於月初親往旅順各臺一看，藉貲閲歷。若候洋人來鎮，不特重費川貲，即其所畫之圖、所講之法，仿照北洋，何能具此財力？且又非親身歷驗，終屬渺茫，不如親行之爲愈也。現在各臺基址已經簽出，分派營勇、石匠先行開拓，日内即可興工。如到天津傅相前，當爲麾下代陳一切；若候尊處具稟，恐趕不及矣。象山撥出難民，已由惠濟送到鄒大令處，業將德意傳知，度渠另有稟牘申謝。炎暑漸迫，尚祈爲國珍衛，稍節勤勞，是所企禱。

（四十三）

致何瑞棠 四月初四

瑞棠仁兄大人閣下：

乍違雅範，瞬易蟾輝，就諗籌祉履祺，定符肊頌。啓者：頃接中丞來函，囑將鎮海去春接仗全圖詳細繪成册卷，送呈李傅相查閲。敝處雖有繪手，祇能粗摹形勢，不能描繪神情。夙聞點石齋圖繪畫報者頗多名手，特遣友赴申延請。孰優孰劣，請閣下探訪羅致，剋日與敝友同來，不勝翹盼之至。有費清神，容圖晤謝。

（四十四）

致楊統領 初八

西園仁兄軍門大人撝下：

昨復寸函，諒邀台覽。就諗勛祺日懋，福履雲蒸，允符頌悃。弟旅順之舉，本擬開工後即行束裝，刻奉中丞來函，云李傅相囑將鎮海去春接仗情形詳細繪成圖册，寄由傅相彙送醇邸進呈，批示飭將此圖繪就，即乘赴津看視砲臺之便，帶交北洋大臣。日内趕倩畫工繪圖貼説，一俟繪就，即就赴津之便，親齎送呈，約計啓行時日總在二十後矣。手泐，敬請

如弟

（四十五）

范仰川 四月十二日

仰川仁兄大人閣下：

連奉兩次惠書，知前上寸緘已邀聰督，並蒙寄到奬扎一道，感謝之至！比諗潭祺道

履，諸洽頌私。弟歷歷從公，益形況悴。砲臺工程已於本月初七日開辦，弟奉憲飭前往北洋各口閱看砲臺，藉資仿造。原擬即日趁輪北上，嗣奉仲帥來緘，傳相囑將鎮海上年接仗獲勝情形繪圖貼説，以便彙送醇邸進呈，飭弟即覓良工圖就，親齎赴津。現已趕緊照辦，須候完工始得就道，大約展輪總在榴花照眼時也。釐局一席，已經稟准交替，差免顧此失彼之虞。馮君處現擬酌送十二洋，寄由閣下轉交，即希詧及。專肅奉復，即請

（四十六）

紹興同知王 十二日

厚田仁兄大人閣下：

近以興辦臺工，諸形碌碌，以致音敬久稽。頃奉惠椾，快如握晤。承示台從，因竹憲北上晉省送行，此時計已回署。鎮海添築各砲臺，本月初七日一律興工。釐局一席，亦經稟准交替。弟已移住東嶽宫，以便就近照料。運卿能來相幫最好，朱韵梅已派寶山臺監工，我兄所舉，定然不謬。弟本擬興工後即往北洋閱看砲臺，適接仲帥來緘，以傅相屬將上年鎮海戰勝情形繪圖彙送醇邸進呈，飭弟辦就，親攜赴津。現已在滬聘請良工，即日趕繪總圖一幅，繫以總説，以賅全勢。另繪分圖十幅，貼總簽明，以詳歷年籌備、臨事挨戰之狀。

計須月杪始得竣工，展輪北行當在榴花照眼時矣。黑心鴨蛋，有便祈賞賜數十枚，是叩。專肅復奉云云。

（四十七）

首府吴 十二日

春泉仁兄大人閣下：

遠違棨（韡）〔韡〕，積想維勞，比維勛祉吉羊聰誓。比諗勛猷益懋，動定咸宜爲頌。所繪圖説，現已由上海雇到畫手，議以甯鎮全防布置爲總圖一幅，另作分圖十二幅，詳繪戰狀與事前之布置、臨事之嚴防，註明貼説，以期詳盡。候日内底本可告成，即當送呈仲帥鑒定，再繪正册。弟擬底本成後，即行先赴北洋，以便速回監督臺工。知關注念，敬以奉聞。再，年前代墊各款，昨曾開具總數呈（下缺）

（四十八）

（上缺）潭祺安燕爲頌。弟經理臺工已經開辦，鳌局亦得卸肩，擬即赴北洋遍閱新築各臺，以貲仿造，大約北行總在榴花照眼時也。懇者：舍親蘇汝羹閒住有年，極形困頓，疊蒙厚意栽植，感切懷來。頃渠來緘，云嚴州近有更動差使，特爲專緘奉懇，務祈轉求豐憲給予一差，紉佩雲情，儼同身受矣。專肅奉懇，即請

（四十九）

楊統領 十九日

西園仁兄軍門大人麾下：

前上寸緘，度邀電。現在新委員葛明府即日來鎮接辦，前款立煩掃解，務祈遇便見擲爲幸，再請

（五十）

段碧春 十九

敬再啓者： 前年閏五月間，麾下在敝局移用洋蚨五十枚，現在此局已奉省憲委員接替，捐款即須掃解，務祈即將前項見擲爲荷。

（五十一）

張漢仙方伯 五月初八日

漢仙方伯大人閣下：

塵氛歷碌，音敬稽延，翹企德暉，益縈鄙悃。頃讀致范仰翁書，欣知台從已抵武林。咫尺天涯，不能一親教益，尤深歉耿。比諗興居篤祜，動履綏和，卿月照臨，望風懸結。英劳辛盾墨，碌碌如常，凱撤以還，原擬求卸仔肩，請咨北上，乃中丞復以善後諸務謬付，經營購砲築臺，事煩責重，且非一二年不能竣役，已於近日一律開工。英即於日内遵飭前赴北洋，閱歷新築砲臺形勢，以資仿造。航海往還，約須一月。知荷注存，用敢縷述。所幸頑軀耐勞如舊，公務粗平，差足爲尊前告慰耳。風便尚祈頻惠吉音，以匡不逮。專肅布肊，即請

（五十二）

潘穆如觀詧 初八日

茂如姻伯大人閣下：

客秋回甬，曾肅寸緘鳴謝，度邀台覽。際此榴花照眼，欣知槐蔭延年。恭維績撫五辰，

鼇延重午。楙勛猷於八閩，晝鼓揚輝；拜綸綍於九天，宮紗錫寵。引瞻德範，曷既私衷。

姪云云如前。

（五十三）

李中堂 六月廿四日

銜　名謹稟宮太傅伯中堂爵前：

敬稟者：竊○○梓桑末植，樗櫟庸才。夙欽山斗之榮，時悵關河之隔。頃趨朱邸，藉仰黃扉，沐慈訓之周詳，益孺忱之欽慕。伏諗宮太傅伯中堂鷹揚尚父，虎拜皋陶。鞏三輔而帶礪山河，西賊聞范公之令；冠羣僚而雍容裘帶，東山談謝傅之棋。從兹五燭常調，恩眷勝金張之累葉；共企絲綸遠被，勛名繪褒鄂於凌煙。歷三台而福耀長輝，澂八表而威聲共懾，光争日月，頌洽萊臺。○○叩辭後，二十日駛抵旅順，詳閱砲臺形勢，回煙臺趁輪。二十三日趁輪回滬，探知劉制憲尚未啓節，隨即赴杭叩送，並面稟一切事宜，於本月十八日始回甬。所有經辦各砲臺，擬即逐細審度，稟商薛道陸續興辦。知關憲廑，合肅奉陳。所有○○感激下忱，故應肅奉。祇叩鈞祺，伏乞垂鑒。

○○○○謹奉

（五十四）

袁、周道台，直隸候補道謝□謝船津海關道 夾單 廿四日

敬稟者：竊〇〇濫竽浙水，望雲殷御李之懷；于役津門，捧日快識荆之願。寸忱誌感，尺牘難宣。恭維大人豸服揚庥，鴻麾介祉，固金湯於畿輔，寇公之鎖（籥）〔鑰〕深資；靖烽鏑於海疆，聖主之絲綸渥被。柏薇晉秩，葵藿傾忱。〇〇叩辭後，蒙撥兵船至營口，詳閱砲臺形勢，旋於五月二十三日回滬。因劉仲帥尚未啓節，即於二十四日赴杭叩送。候憲於初九啓程後，始得回甬。征塵甫拂，粟碌彌增，擬即將經辦臺工逐細審度，隨時稟商叔芸觀督，陸續經理。知關廑念，合肅稟聞。肅稟鳴謝，祇叩崇安，伏祈垂鑒。

〇〇〇〇謹稟

（五十五）

招商津局總辦黃 廿四日

從公津水，快挹鴻儀；厚擾郇厨，感銘蟻悃。路違千里，戀切五中。敬維花農仁兄大人茀禄雲蒸，蕃釐日茂。澤周輪舶，轉輸著作楫之才；惠被商民，拔擢荷頒芝之寵。引詹

喬靄，曷罄頌揚。弟別後由煙臺趁輪回滬，旋赴武林叩送仲帥入蜀，六月十九始得回防。幸公務舉叨平順，現擬將臺工逐細審度，即行稟請辦理。惟是回瞻汪度，時殷企慕之私，尚祈時錫韋箴，俾得遵循有自。肅泐鳴謝，敬請勛安，統惟荃照，不宣。

（五十六）

復沈子穀 廿五日

子谷仁兄大人閣下：

津沽遄返，正切馳思，昨日令弟惠臨並奉手教，捧誦之下，藉諗展裕課之鴻才，掌督銷之榷局，蓋勛楙著，蕃祉聿臻，抃慰無量。弟於五月初間附輪赴津，並到旅順閱看砲臺形勢。回帆抵滬，探知憲節啓行，隨即赴杭叩送，至嘉禾而返，於二十四始由甬抵鎮。征塵僕僕，祇益辛勞。承屬一節，以令弟卓越英才，定能脱穎，自當竭力圖謀，無如弟處局中所聘各友及監督工役諸人，早經派定位置，且踵至者尚多，親友逗遛弟處，未得事機，事少人多，寔屬無法安插，容俟遇有機緣，再爲竭力。方命之咎，尚祈鑒原爲幸。

（五十七）

温州鎮張 七月初一

奎帥軍門大人麾下：

塵氛粟碌，音敬稽延，翹企鈞暉，益縈積悃。比諗旌幛迓福，動定凝庥，驃姚之名爵益崇，定遠之侯封即晉，芝泥待賁，藻頌無涯。英碌碌如恒，無善可述。前者奉飭隨同叔芸觀察籌辦甬江善後，昨又遵飭往北洋閲看砲臺形勢，旋赴杭垣叩送仲帥入蜀，甫於近日回防。擬即將經辦各臺逐細審度，稟請興辦。才軨任重，隕越時虞，尚祈時錫南車，俾貲循守。懇者：家人吳泰，揚州人，書算均能，向在温屬各州縣署充當門丁，頗稱勤幹，頃由郭外峯司马緘薦來鎮。奈此間臺工無可位置，特給一緘，令渠趨叩崇墀，可否仰乞鼎言，於李伯質兄處代覓一枝，或於麾下補一書職，則感紉隆情，不特身受者已也。專肅，祗請勛安，諸惟督照，不備。

杜〇〇頓首

（五十八）

甯波府胡 初一

□溪仁兄大人閣下：

日前渥聆教益，爲快。回鎮後，擬即將臺工逐一估計，稟請興辦，候有端倪，敬當緘告。

兹有懇者：家人吴泰書算皆能，係舍親郭外峯舊僕，向在温屬各署充當門丁，尚爲勤幹。頃持外峯緘來弟處覓事，此間工程實無位置之處，特給一緘，令其趨叩台端，可否於李伯質兄處賞一薦緘，俾渠自往投遞，感紉隆情，備同身受。

鄉愚弟

（五十九）

致徐澍生、楊伯新候補府 初三

小住虎林，快親雅範。辱珍肴之飽飫，切銘感而難名，惜別忽〔忽〕，離懷耿耿。敬諗澍生、伯新仁兄大人茀禄雲蒸，蕃釐日茂。勤宣局務，鴻才展而器重上游；洊歷升階，鸞詔頒而恩濃帝陛。引詹芝采，曷罄芬鋪。弟别後隨送憲節至嘉禾，旋復繞道申江，至廿日始行回鎮。征途僕僕，衹益辛勞。現擬將各臺逐細審度估計，稟請興辦。吴山甬水，時殷馳系之私；去雁來鴻，尚冀箴言之錫。手泐鳴謝，敬請台安。

（六十）

致何瑞堂 地亞士洋行 初三

瑞堂仁兄大人閣下：

春申小住，快挹芝暉；嘉貺頻頒，感銘蓬悃；歸途匆促，別緒頓增。近諗財祉籌祺，駢臻萃集，爲慰。弟別後於次日抵甬，二十日回防，公務畢叨平敉。現擬將各臺逐細審度，估計興辦。惟仲帥既經入川，新任静帥向未來浙，一切經費事宜，尤當謹慎經營，稟請辦理。前託代購起砲鈎繩等件，現已稟詳上憲，一俟批下，再請費神置辦。手此鳴謝，即請財安，未一。

（六十一）

致余鶴橋 初五日

鶴橋仁兄□□人閣下：

正深馳系，適捧琅緘，藉諗吉旆元旋，仍以原班回浙敘補，慰慰。令兄雪舟遽赴道山，聞訃之餘，曷勝扼腕。弟送別後修船了當，亦即回防。旋奉仲帥飭往北洋閲看砲臺形勢，仲夏赴津謁見合肥相公，尚蒙青睞。隨至旅順各口閲看，念三回滬。聞仲帥尚未啓行，旋省叩送，初九隨節舸至嘉禾，始得由滬回甬。塵氛歷碌，責重事煩，尚祈時錫南車，以匡不逮。承帶衣物各件，感謝之至！兹特專丁攜皮箱趨前面領，即祈擲交帶回。如有代塾之款，並乞示知，以便寄繳。令弟在甬、在鎮幫同督工，頗爲得力，順以奉告。手此鳴謝，即請升安，惟照不具。

（六十二）

致金勉齋 初三

△△仁兄大人閣下：

省垣把晤，快領雄談；越宿分襟，遽聽驪唱。緬鴻儀之迢隔，候蟾影之重圓。敬諗履祉延庥，潭祺集祜。令聞昭而上游器重，聖眷優而寵詔榮頒，引企芝暉，曷勝藻頌。弟別後隨送仲帥至嘉禾，旋復繞道申江，至二十日回鎮。征塵甫浣，公務紛如。現擬將各臺形勢繪圖貼説估計，稟請興辦。特懇者：敝友江曉峯兄，黟縣人，書算皆能，來弟處圖謀館地，奈局中所聘内外各友，早經派定執司，無可更調；且此間海濱僻處，防務清閑，推轂更其不易。特付一信，請其趨謁台端，務懇推愛屋烏，爲謀一席，俾窮猿倦鳥得託棲枝，則感激雲情，悅同身受矣。手泐奉懇，敬請台安。

（六十三）

張方伯 初三

小圃方伯大公祖大人閣下：

榕城一別，葭思常縈，衹以歷碌塵氛，遂致音書迢遞，下忱悵結，尺牘難宣。比諗墾務宣猷，藎勞懋績，以留侯之令望，楙充國之殊勛。從茲狁鳥獵花，歡歌盛德；即日鸞綸鳳綍，寵拜真除。翹企芝光，傾心藻頌。冠〇如恒碌碌，乏善堪陳。自客冬奉委籌辦甬江善後，辭之不獲，只好次第興辦。今夏又往北洋閱看砲臺形勢，鞭絲帽影，僕僕不遑。況工分五六處，責重事繁，經費支絀，尤形竭蹶，箇中艱窘，早在洞鑒之中。尚祈時錫箴規，以匡不逮。北□墾務得長才碩畫，自必早具規模，異日絲繡平原，當不僅海陬一隅已也。尚祈偶示一二爲幸。

（六十四）

上海義昌成記樊時訓 初三

時訓仁兄大人閣下：

假道申江，快詹芝采，荷珍肴之叠賜，切銘感於衷懷，千里旋歸，五中系念。比諗財祺籌祉，萃集駢臻，引睇鴻儀，傾心驩頌。弟別後於十八日抵甬，二十回防，鞅掌從公，殊形況瘁。幸工次事務諸叨平敉，堪慰注存。頃來致張小圃方伯一函，因弟處寄遞乏便，特懇閣下費神覓便寄往台北□交爲禱。手此鳴謝，敬請

（六十五）

致王銘槐 初三日發

銘槐仁兄大人閣下：

于役津門，蘭芬快挹，荷鰖肴之飽飫，感泐難名。比諗財祉咸亨，籌祺豫泰，引詹芝采，式洽藻揚。弟別後附輪於五月廿三日抵滬，旋赴杭州候送仲憲，及至六月二十日回鎮海，塵氛鞅掌，粟碌勞形。幸公務舉叨平敉，堪慰注存。惟愚承辦臺工，責重事繁，經費支絀，

加以新任銜撫憲尚未到浙，一切事務尤當謹慎經營。知荷關懷，附以奉告。手泐鳴謝，敬請台安。

（六十六）

復范仰川 初四日

仰川仁兄大人閣下：

省垣把晤，快接茗談，匆促趣裝，頓增離索。别後送憲節至嘉禾，旋復繞道春中，勾留數日，至二十日始回鎮海。征塵甫浣，酬應爲勞，溽暑蒸人，正殷馳系，乍奉手教，欣諗階前蘭玉喜發孫枝。以兄世德之家，應得不凡之品。他日肯堂肯構，定能榮焕門楣，欣賀欣賀！翟輔翁辦理姚江鹽務，未能令行禁止，反被海鹽侮辱。在輔兄奉委而來，初不料此事之難辦；而鹽民藐玩，斷不容長此刁風。目下作何收場，尚無确耗。弟處海防案卷尚未繕齊，一俟抄彙成編，當即送呈削政。鎮防善後諸務，新撫軍既未來浙，一切經費支絀，尤當謹慎經營，稟請辦理，事繁責重，不得不然。張小甫方伯信已轉寄矣。知荷注存，附以奉告。手泐，恭賀大喜。

（六十七）

復蘇巨川 初四日

姻兄大人閣下：

夏日舒長，正深葭溯，朵雲遠賁，如接芝暉，三復迴環，五中篆竹。敬維蓋勛彪炳，蕃祉駢臻。化洽弦歌，普仁風於百里；寵頒綸詔，邀湛露於九重。引睇堂階，傾心藻頌。弟于役蛟川，抱慙鳩拙，自客冬委辦建築砲臺工程，今夏復往北洋閱看砲臺形勢，馳驅鞅掌，跋涉勞形。而任重才輇，事繁餉絀，且仲帥既經入蜀，新院尚未到杭，一切事務尤當稟命奉行。知荷關懷，附以奉告。手泐奉復，敬請升安，統惟愛照，不宣。

（六十八）

復劉桂亭 初四日

桂亭仁兄軍門大人麾下：

久違駿采，正切馳思，乍奉手書，快同面晤。藉諗蓋勛彪炳，蕃祉鴻延；翹企柳營，式符藻頌。弟自仲夏赴津，並至旅順看閱砲臺形勢。回輪抵滬，探知仲帥行期，旋即赴杭候送。復又繞道滬瀆，勾留數日，甫於二十日回防。冒暑遄征，殊形況瘁。現將各臺形勢繪圖貼説，估計稟請辦理。然臺工浩大，經費難籌，且新任撫憲尚未到杭，各務須稟命護院奉行，更其竭蹶。知關注念，附以奉聞。手泐，復請勛安，統惟荃照。

（六十九）

復曹荔庵 部郎中 初四日

荔庵姻兄大人閣下：

宦轍分馳，久疏鯉訊，瑶箋遠賁，深慰鴿忱，荷藻飾之過情，撫蓬衷而增歉。敬維藎勛彪炳，茀禄駢臻。郎署襄猷，駿績昭而頭銜聿轉；清班重譽，鴻恩沛而心簡特隆。翹企鴻儀，傾誠矑頌。以下與蘇信仝。

（七十）

致前任甯波府宗 初五發

湘文觀督大人閣下：

正深馳系，適捧瑶章，比以栗六塵氛，弗獲常通音敬，迺蒙記注，益切傾依。比諗動定攸宜，潭居安善，爲慰。鎮海砲臺工程，正月晉省時力求給咨北上，藉以卸肩。仲帥不允，二月叔憲到省，促以趕緊開工，早完早走。後又歷次電催，祇得于四月初一律興工。請領經費、各营工作，皆仰求於人，櫛風沐雨不計也。鎮海戰圖，原擬將總圖一幅、分圖十二幅，繕成底本，由英赴津閱看砲臺之便面呈傅相，奉諭宜删減。現蒙叔憲減去四幅，要張蒓生太守督繪，大約八、九月間方可告成。仲帥赴川時，臺工經費雖蒙出奏，然事經隔年，終屬爲難。馳回稟陳一切後，隨送節舸至嘉禾，静帥莅浙，尚無實信。如須北上，總在九、十月間耳。六月十九回鎮，事繁責重，未免時虞覆餗。幸叔憲就近督率，並有張蒓生太守會辦，諸得稟商，藉匡不逮。總、分圖各説並抄呈覽。伯英兄已請來鎮，專監金鷄山臺工，請紓廑念。專此奉復，即請禮安，惟祈詧照。

杜〇〇頓首

（七十一）

嚴子芹 初五發

子芹仁兄大人閣下：

頃奉惠書，並捧讀偉略，老謀卓識，不刊之論也。溯自同治以來，游勇之害幾徧天下，養癰成患之譬，顯與蕭牆之憂，誠如尊指，有不可勝言者。惟是籌費難，得人尤難。年前海防事起，宗湘文太尊亦建此議，並慮及紳董之徇私、團丁之怯懦，擬變通營制，設立營哨名目，就本地集貲多寡，以定團練弁勇數目。果能行之，無團練之弊端，收團練之實效，豈非盡善？究以籌費無著，徒托空言。今既撤防，建議尤非易易。昨以尊示各條轉送鎮海，如能仿行，則鎮民得以安枕。但恐爲經費所拘，不免奉行故事耳。手復，即請

（七十二）

唁李丹崖丁外艱 初六

頃讀訃書並披哀簡，驚悉尊公觀察大人神歸箕宿，曜掩台躔，噩耗乍傳，晝傷曷罄。夙諗丹崖仁兄大人純孝性成，殷懷孺慕，自必雞斯痛距，爵踴悲深。惟念尊公觀督大人山斗崇隆，壎篪濟美。沐國恩而邀家慶，笑看雁序聯輝；衍華胄而綴巍科，喜覩鳳池翔步。況復寵頒鸞誥，晉銜則一品封崇；榮服豸章，屬纊亦九原願慰。尚冀節哀順變，藉妥先靈，爲所爇禱。弟忝叨梓末，祇切芻忱，惟以迹阻蛟川，未克躬親鶴弔，謹具罽幛，用代楮儀，肅簡敬慰孝思。統惟珍攝，不宣。

（七十三）

蘇懷之 初七日

懷之叔岳大人閣下：

前奉鈞緘，以僕僕塵氛，未遑修復，正深歉耿，頃又奉讀賜書，敬聆種切。祇諗起居勝

常，潭廷萃吉爲頌。英於夏仲趁輪至北洋閲看砲臺形勢，便謁傅相，極蒙刮目。旋於月杪回杭，送仲帥後，仍由滬回甯。兩月奔馳，不遑安處。臺工雖早舉辦，而仲帥已去，新院未來，諸務無所稟承，經費尤形艱窘，未免時虞掣肘耳。李宅訃文早經寄到，似不能不略盡情。現已繕具唁緘，寄請轉交，並求代製甯綢祭幛一懸並送，其上下款式用再開呈，祈酌之。運卿欲得海運，無非爲將來晉階之計，遇有機緣，自當代爲設法。

（七十四）

署福建糧道潘 初七日

茂如姻伯大人閣下：

頃奉鈞書，知前上寸緘已邀台覽。並諗榮權豸節，聿著鴻猷。總八閩之糧儲，千艘飛雪；沛三山之膏澤，九坒褒勛。即登柏薇，允乎葵藿。姪於夏仲北上，謁見合肥相（圖）〔國〕，尚荷青垂，旋趁旅順口閲展砲臺形勢。月杪回滬，適得仲帥入川之行，赴杭叩送，並面陳一切事宜。到處拜留，夏杪始行回甬。事繁餉絀，責任綦嚴，加以新院未到，一切尤虞掣肘。所幸近依仁宇，尚祈時錫規箴，俾有遵循，是所企禱。

（七十五）

郭外峯 初八日

外峯仁兄親家大人閣下：

吳泰來，奉惠書，敬聆種切。比諗升祺潭祉，定荷頌私。弟自夏初開辦砲臺工後，奉仲帥緘飭繪寫上年鎮海戰圖，以便進呈。經營匝月，始將底本繪成。後又遵飭至北洋閱看砲臺形勢，便謁傅相，尚荷垂青。事竣回滬，又因仲帥入川，詣杭叩送。奔馳數月，夏杪始得回防。音敬多疏，半職此故。現在新院未到，諸少主張，餉絀事繁，時形掣肘，未知我兄何以教之。吳泰由甬到杭，又須回鎮，實無位置之處，渠願仍回蒼梧，頃爲緘致金帥，或爲補一書識，或爲轉薦郡署，不知能否應手。弟身體耐勞如故，兩處眷口尚安，用以報慰。

（七十六）

致陳印波 十二發

印波仁兄大人麾下：

武林往返，一月盤桓，酒綠燈紅，談心剪燭，何快如之。比諗餐衛咸宜，勛祺集祜，爲慰。弟别後於十八日抵甬，二十日回防。幸公務敉平，眷口均吉，堪慰注存。現在將各臺形勢繪圖貼説，稟請辦理。然臺工浩大，籌費維艱，現已備文領款，尚未接奉院批，且仲帥既經入川，静帥尚未到省，事繁責重，掣肘時虞。頃接余鶴橋兄致閣下一函，並寄送花翎一支、扣帶一付、靴頁一件、涌泉膏兩罐，特爲一並送上，即祈檢收。如有復函，即逕寄杭寓可也。手此，敬請勛安，惟照不備。

（七十七）

致鄧曼雲 十一日發

曼雲仁兄大人閣下：

頃接余鶴橋兄致閣下一信，並代購到新貂馬褂一件、領袖三件，共一包，又附送花翎一支、三品頂一座，用特代爲寄上，至祈檢收。其代購之件，計墊付英洋叁拾八元八角九分。來函云請閣下如數寄由弟處，代爲寄至杭寓。請將復書一並寄來可也。

（七十八）

致余鶴橋 十二發

鶴橋仁兄鄉大人閣下：

頃奉還翰並寄到箱件各物，均照祇收，復荷嘉貺之遥頒，益切感銘於靡既，藉諗升祺日茂，泰祉時增，爲頌爲慰。弟任事蛟川，如恒魚碌。囑爲分寄陳、鄧兩君物件，現已各致一函，妥爲寄去。其曼翁找洋，俟其如數交到，當即寄呈。令弟函件已爲轉交。諸荷隆情，感謝無量。承代塾修貂褂洋拾三元五角三分，兹特如數奉趙，至祈檢收。手此，復請升安。遞京都前門東城根康宅。

（七十九）

致崔部郎 十四日

春江仁兄親家大人閣下：

疊奉台緘，以僕僕奔馳，未遑裁復，至深耿歉。頃由余鶴橋鹺尹帶來惠畢，並誥軸二卷、執照一紙，併蒙代做貂裘等件，諸費金神，感謝無既。藉諗勛祺潭祉，式洽頌私。弟栗六如常，無善可述。砲臺工程煩重，辭之不獲，已於四月初一律開工，計非一兩年之久不能竣事。仲帥已去，新院未來，餉絀事繁，諸多掣肘。聞静帥即日履新，從前曾隸帡幪，或不致有齟齬也。夏初奉委親詣北洋閲歷砲臺形勢，續後又因醇邸飭繪上年鎮海戰圖以備進呈，籌商底本定後，端節二日始得趁輪北行，便謁合肥，極蒙刮目。因得仲帥督川之信，迅速南旋，送舊迎新，迄無暇晷。赴行之舉，恐須工竣時始能議及也。蘇府存款，已接懷翁信道及前事，諒有另緘知照矣。

（八十）

（八十一）

致王厚田 十四日

厚田仁兄大人閣下：

武林萍聚，積愫頓傾。別後隨送仲帥至嘉禾後，繞道春申，小作勾留，至十九始回鎮海。一切工程雖有眉目，而仲帥已去，新院未來，餉絀事繁，諸形掣肘。惟有先領款、後辦事，以期脚踏實地耳。昨閲《申報》，知静帥即日履新，不知果否？餘厰事，聞輔廷兄接手後，大为板户所窘，頂帽皆毁，輔翁已赴杭州云云。未知其後如何辦理，念念。囑購四省合刻念四史，上海千頃堂當已（買）［賣］完，甯波有之，而價目太昂，故未代辦。

（八十二）

復管帶練軍中營記名總鎮□儘先協鎮陳 十五日發

質生仁兄大人麾下：

久疏鯉訊，時切蟻馳，乍奉華槭，頓舒葭溯。辱荷藻詞飾注，益令蓬悃增慙。藉諗虎幄宣威，豹韜藴略。作一方之保障，蜃市風清；邀九陛之恩倫，螭蚴露湛。引詹駿采，式洽驩忱。弟從事蛟川，抱慙鳩拙，自首夏奉委建築鎮口砲臺以來，任重事繁，時虞掣肘。幸開工後諸務敉平，堪以奉告耳。承薦湘漢兄，自应延請，無如敝處各友早經派定執司，無從安插。且弟尚有戚友逗遛，此間無可位置者，人浮於事，寔屬爲難；而僻處海隅，轉薦更其不易，惟有緩爲留意耳。方命之咎，尚祈原之。手泐奉復，敬請勛安。

（八十三）

奉调入川記名提督軍門錢 廿七日

榮山仁兄軍門大人撝下：

前者台麾西指，適弟于役津沽。其後回杭，又復途中相左。多年契洽，倏忽分襟，並不獲覿面，一摅别忱，千里寸心，諒有同慨。弟由杭之滬，小作勾留，於季夏念日即回防次。復讀由京口惠寄手書，注念殷拳，尤深銘篆。比諗榮馳畫鷁，吉抵益州。從兹拜定遠之侯封，上驃姚之名爵，蘭驤遠道，心菽瓣香。弟碌碌從公，無善可述。前在津謁見傅相，尚蒙垂青，並蒙撥派兵輪至旅順閲看砲臺後，送至燕臺，趁輪回滬。現在鎮海各臺開拓基址，漸具規模。惟購砲將到，鐵木各料亟需往外洋購買。前次領款八千，已將用罄。昨又稟由叔芸觀察轉請續撥三萬金，以便趕緊採辦。聞静帥月内接印，值此新舊交替，能否應手，尚無把握。徒延日月，未免焦灼耳。台從何日抵川？仲帥大座擇期何日？長途冒暑，系念同深。益州情形何如？聞重慶有民教争鬪一案，已平復否？便中頻望示及一二爲要。另有懇者：□軍連少梧司馬係敝友，小吾司馬（宗山之兄）官蜀有年，於地方情形頗爲熟悉。據小吾兄云，此君頗有膽識，查辦土匪等事尚稱其才，特爲介紹，晤時祈留心體察，以收臂助。手肅，即賀秋禧，並頌勛祉潭祺，不備。

如弟

（八十四）

致周衡山 調川記名總鎮 廿七日

衡山仁兄大人摀下：

武林握别，雅教重親；禾上分襟，離思益切。比諗云云同前稿，至心萩瓣香。弟栗碌如常，無善可述，現在鎮海各臺云云，便中頗望示及一二爲要。手肅，即請勛安，並頌秋祺，不備。

鄉愚弟

（八十五）

川督劉 再稟 廿七日

敬再稟者：○○於禾上叩辭後，繞道春申，探詢鋼鐵、洋木價值，旋即回甬。現在各臺開拓基址，甃砌石脚，均已漸具規模。惟笠山一臺，因頂上地基狹窄，必須開鑿四丈，始能平坦。山石堅硬，頗費工作，現在工程亦有三分之二。各營努力工作，均堪告紓大人藎廑。惟購砲年底可到，洋木、鐵板亟須製造，以便砲到即可上臺。前蒙大人飭局撥銀捌千兩，昨又稟由甯紹台薛道續請飭撥三萬金，不知能否應手？幸衛撫憲即日履新，諸事當有稟承，○○惟有凛遵大人訓諭，隨同薛道勤慎奉公，以期毋負裁成。戰圖頃經裝裱告成，由薛道另稟馳送，尚希詧核。再請崇安。

○○英謹又稟

（八十六）

支應局唐 十三日

敬稟者：竊○○杭垣摳謁，重沐鈞陶；甬水遄歸，渥承寵賜。鰲山戴重，蟻悃銘深。

恭維大人因時篤祜，撫序延釐。沛兩浙之甘霖，懽騰寮寀；拜九天之湛露，寵賁絲綸。翹企臨風，傾心向日。○○叩辭後，初八到鎮，比即派人赴滬與洋行定購鋼鐵、洋木各料，約計外洋運到，總在臘杪春初。現在各臺石工具有眉目，特笠山規模較大，開拓稍覺爲難耳。至起砲機器，已經赴滬購辦，裝砲大船亦經開工製造，現于鎮城南門外水深處所建造碼頭，求工堅費省，以副憲台實事求是之至意。自維椎魯，深懼弗勝，惟有隨時隨事稟請訓示，庶無隕越之虞。肅稟，恭叩。

（八十七）

川督劉 九月廿三日

敬稟者：竊○○前於七月間附萬鎮專送戰圖之便，曾修寸稟，虔叩大禧，度已上邀鈞覔。伏惟大人旌幢迓福，裀鼎凝休，翹首鈐轅，傾心額頌。○○蛟水從公，鵜濡時凜，謬承栽植，委辦善後事宜，自維椎魯，深懼弗勝，惟有益策駑駘，以期仰副憲台實事求是之至意。現在各臺工已粗具眉目，月前遵飭將各臺繪圖貼説並開具作摺，再三核減，總共估銀十七萬一千二百七十兩，内請扣留預備銷費銀壹萬五千五百兩，實須請領銀十五萬五千七百七十兩。月初親攜赴省面稟衛撫憲，比蒙諭飭省局先行撥給銀三萬兩，其餘現稟由甯郡洋樂原捐項下按月撥銀一萬兩，未知能照准否。現已定購木、鐵各料，招雇工匠趕緊興造，以期早日告成。楊統領前月上省辭差，中丞不允等，已附片稟留。萬統領在鎮操防工作，甚爲認真，且與寅僚、紳士亦頗聯絡。知關藎廑，用特縷陳。至所繪戰圖正、副二册，月内均可藏事，合併陳明。肃请

（八十八）

調川提督錢、總鎮周 廿三日

榮山仁兄軍門大人、衡山仁兄鄉大人麾下：

暌違台範，數月俄經，秋初曾肅寸緘，由寅翁專送戰圖之便代送，頃由無爲州寄轉，未達典籤，至深歉耿。辰維勛祺集祜，鼎祉凝庥，引企台暉，英名晉頌。弟如恒碌碌，無善堪陳。月前晉謁静帥，將砲臺款項及一切做法面爲稟陳，幸蒙俯納。若經費源源接濟，可望早日告成。楊西翁月前晉省辭差，中丞不允，現已附片稟留。茆孔善丁憂回籍，現委提督何紹彩（湖南人）接帶，寅字兩旂及□□□□歸其節制。萬寅翁到鎮後極其相得，一方共事，何幸如之！麾下到川後情形如何？便中頻望示及，以慰懸盼。黄子瑜昨已病故，八旬老母極爲可憐。手肅，即請　　　　頓首

（八十九）

温州總辦彭 九月廿三

岱霖仁兄大人閣下：

久違芝采，時切葭思。比諗籌祉延綏，勛祺集福。裕度支於管榷，績懋招徠；邀薦擢於升階，恩承綸綍。台暉引企，再頌傾心。弟營務忝司，毫無樹建；臺工兼攝，祗益薪勞。尚祈不遺在遠，時錫南車，以匡不逮。懇者：舍親蘇經歷作梅，前奉省憲委辦雙穗鹽釐，幸隸仁帡，□定邀照拂，仍祈隨時訓迪，俾有遵〔循〕，禱紉良深。

（九十）

署江西藩台瑞 九月廿四

敬稟者：竊○○前於桂序曾玨蕪箋，比承温諭之遥頒，益仰鈞陶於大造。恭維大人維藩望重。屏翰勛高，裕兵農禮樂之司；西江澤溥，作舟揖鹽梅之寄。北坒恩濃，指晉封圻，心孚頌禱。○○從公（皎）〔蛟〕水，時凜鵜濡。幸經辦砲臺工程㮰有眉目，月前晉謁儒撫憲，尚荷青垂。此後諸有稟承，攢工較易。知廑憲念，用敢縷陳。更有请者：轅下胡巡檢其俊係〇〇同鄉舊識，人尚老成，頻年需次西江，亟圖報效，可否仰求栽植，量賞一差，以供驅策之處，出自恩施。冒昧瀆陳，曷勝惶悚。肅稟。

（九十一）

川督劉 再稟 十二月初三

敬再稟者：〇〇前於秋间曾肅兩稟並陳鎮海籌辦善後情形，蜀道迢遥，未知曾否上登鈞覽。現在南岸大金鷄山、小金鷄山，與北岸威遠、安遠兩臺基址均已砌成，笠山基址亦經開平，須俟明年春間砲到上臺，即可趕砌石牆。應用鐵、木等具已於十月中旬在東嶽宫設局雇匠先行製造，所定外洋鐵木料件，明正可望到齊。至砲臺經費單，請於甯郡洋藥原捐項下，每月撥濟洋一萬元，已蒙衛撫憲批飭照准，可以趲工。特所購砲位雖接電信，明春可到，尚不知能否應手。〇〇惟有實事求是，必期堅固。再，萬統領所部正營本紮城内總持寺，前月廿四日忽然起火，延燒金剛殿、大雄殿，幸軍裝等件概未損失。萬統領與紳民平日聯絡，尚無閒話。知關憲廑，合併附陳。

（九十二）

四川督憲劉 十二月初五

敬稟者：竊○○叩送後曾肅一稟，由無爲州轉寄；後又連上二稟，由信局遞川。山川阻深，未諗既否上邀鈞鑒？恭維大人鼎祻篤祜，棨戟凝庥，引企崇轅，傾忱晉頌。○○謬承委任，未報涓埃。承辦砲臺各工，自本年初夏開工，數月以來，五處石工均已漸次砌成。頃又由外洋購到鐵料九千餘擔、洋木一千餘株，設局製造，以便砲到配用。經費已領過三萬八千兩，現又稟奉批准，自本年十二月爲始，按月在甯波洋藥原捐項下撥領銀一萬兩。從此源源接濟，可無掣肘之虞。惟定購大砲尚未運到耳。以上情形，疊經附稟縷瀆。頃錢統領專差來甬，知尚未達憲聰，用再縷陳，上紓藎廑。

（九十三）

統領四川壽字等營錢 初五

榮山仁兄軍門大人麾下：

專弁來，奉惠書，敬聆種切。知前由信局所寄二緘，並上仲帥稟及衡兄信，均未遞到，關山遥隔，企念奚如。承示抵川後，接統壽字等營，顧望鴻猷，行見旌旗變色，曷勝艷羡。弟蛟門從事，時凛鶢濡，幸臺工漸具規模，經費亦按月籌定，可以趲工。寅兄營内，前因祝融肆虐，延燒前殿兩進，幸軍裝、民房尚無波及，已擇日移駐江干碶前營舊壘矣。前旂於前月調防臨安，後旂近又調防嘉湖，明春趲工，仍須稟請調鎮。西兄頻頻通信，俱各如常，台防亦極安謐，順以奉慰。

（九十四）

四川提督錢 四月廿日

榮帥仁兄軍門大人麾下：

荷聞榮篆西川，比即專緘，藉伸賀悃，關山迢隔，未諗何日上達典籤。昨奉華緘，藉悉勛祺叶吉，潭祉延釐，翹首军门，式洽鄙祝。弟鹿粟如常，鳩工無補。現在添建砲臺五座，漸具規模。大致石工已成七八，鐵工已成三四，砲到之後，即可料量三合土。前接地亞士洋行來信，前項砲位已于本年正月起運，計程日内可以到滬，將來起弔上臺甚非易易。惟各項工程月初静帥莅鎮，怱怱一閲，尚愜憲懷。惟稟准由洋藥項下按月撥添萬金，現奉部議更稟，雖静帥諭令仍由甯關撥給，而新捐短收，不能如期接應，未免稍形掣肘耳。便祈回明大帥，以慰廑繫。寅老應常仍司建築砲臺之役，綺亭一旂已於春仲調回，仍赴東港挑土，日内尚擬調碧春回甬趲工。知荷注存，順以奉告。瀛眷二月就道，聞在滬尚有躭擱，未知以何時到川，念念。風便尚希頻惠尺書，以慰懸企。

再啓：再，劉桂亭軍門玉田被參冤抑，早在洞鑒之中。渠擬赴川一行，弟實告以川中安静，光復難圖，不如静待機緣，再作計較。渠云川中是熟游之地，在劣縣又蒙仲帥提撕，此時在家閒居無事，所以前往叩謝仲帥，略訴被參下情，並非圖謀差使，託弟轉求老兄于仲帥婉言之。

（九十五）

川督劉 閏月初十日發

敬再稟者：○○謬蒙委任綜理要工，所有經辦情形各節，經附稟呈報，並蒙憲台言情略分，温諭叠頒。昨又蒙寓書唐道，殷殷策勵。自維駑鈍，感悚交並，惟有凜遵憲諭，核實興築，以期毋負栽成。現在砲臺石工已成六七，鐵工已成四五，新購大砲七尊，亦於四月念四裝運到滬，現派元凱、超武兩輪前往裝運，大約起弔上臺，總須一兩月方能停妥，便爲接續辦理土工。奉撥經費，亦蒙衛撫院源源撥濟，尚不致有掣肘之虞。萬統領所部除倪副將

一旂仍駐台防，餘均在砲臺工作。楊統領仍駐台州。地方安謐如故。知關藎廑，合肅稟陳，再請

（九十六）

前浙江提督軍門黃 閏月十七日

芍公軍門大人閣下：

敬肅者：睽隔鈞暉，忽忽又兩年矣。稟牘常伸，趨承無自，寸衷悵結，與日俱深。比諗瑞集萊衣，詳凝珂珮，引瞻碩望，益切私衷。冠英于役甬江，五更裘葛，未能樹建，祇益薪勞。年前劉仲帥委辦鎮防善後諸務，比與在事諸公定議：於南岸笠山建築大砲臺一座，購置四百三十磅彈後膛鋼砲二尊，又一百八十磅彈一尊。大金鷄山前麓建築砲臺一座，購置一百八十磅彈鋼砲一尊。江心小金鷄山□平山頂，建築砲臺一座，購置一百八十磅彈鋼砲一尊。北岸威遠砲臺，下層北面添建砲臺一座，購置一百八十磅彈鋼砲一尊。招寶山口內安遠新砲臺旁，添建砲臺一座，購置一百八十磅鋼砲一尊。計共添砲臺五座、大砲七尊。工程自上年四月開辦，經年一年，規模已成一半，大砲亦經裝送到滬，一二月內計可運鎮上臺。惟上下起弔，殊非易易。冠英材輇任重，監此鉅工，時虞隕越。尚冀軍門不遺在遠，時

錫箴規，庶幾遵循有自，感盼無已。蒙囑貴族坦卿兄，本應借箸，無如來者紛紛，大半閒居無事；而各營凱撤後，亦復位置爲艱，恐致久羈。已薄具贐儀，請先回籍，容俟徐徐再爲推轂耳。

（九十七）

閩督憲楊川督憲劉 六月十八日

敬稟者：竊○○前於午節曾修寸稟，恭叩崇釐，度已上邀鈞覽。伏維大人勛高韓、范，績懋□□，躬桓即拜於彤廷，頌禱彌殷於下悃。○○樗材薄植，謬總鉅工，隕越時虞，涓埃末報。現在任辦五工，砲臺石工約略將竣，木、鐵各件製造亦具規模。一俟大砲起弔上臺，便可錘築三合土。新購克虜伯二十一生的大砲五尊、二十四生的大砲二尊，均於前月裝運到鎮。○○當將砲身、砲架等件逐一瞥看，俱係新式，與克虜伯砲迥不相同。特砲身笨重，機具繁多，起弔不易，裝配亦難。七尊分別上臺，計非數月不能完竣。○○現與吳參將親自考核，督同砲臺弁兵，已將安遠臺二十一生的一尊裝配停妥，於本月十四、五兩日連試八砲，旋轉進退極其靈便。○○查照該廠砲受栗色藥九十餘磅，彈路可及十四五里。浙省現無栗色一種，試砲時改用七星餅藥，且因砲係初試，不敢受足，僅用藥七十四磅，遠測彈路，已及七里嶼之外，距安遠臺約十二里内外。將來若用栗色藥，加足磅數，力性更猛，彈路總在十五里之間，洵爲防海利器。栗色火藥現已由省局在外洋定購矣。知關憲廑，合肅奉陳，肅稟。

（九十八）

四川提督錢 六月十八

榮帥仁兄軍門大人麾下：

夏初兩上蕪緘，度邀鈞覽。頃間奉讀閏月中旬連惠手教，千里寸心，快如握晤。就諗勛猷日懋，潭福雲蒸。並知瀛眷已抵錦城，慰頌無似。承示到川後，規畫勤勞，軍民愛吉，臨淮壁壘一新，想見益州安如磐石。惟駐防二千里，巡防稽督，時費藎勤，尚祈稍節賢勞，爲國珍衛，是所企禱。弟才疏任重，隕越時虞，幸經辦砲臺規模已具大半，定購大砲七尊亦於前月運到。現已將安遠臺一尊安好，連日試放，極爲靈便，彈路可擊十數里遠，勝從前克虜伯舊砲也。仲帥購此利器，爲浙長城；　到川又百處具舉：　一路福星，洵不誣也。杏兄到川後尚未接信，晤時乞代致聲。西翁調署海門，由省過鎮，盤桓兩日，旋即渡台。寅翁仍率一營三旂駐鎮。疇五一旂尚在台州。知關注念，用特縷陳。

（九十九）

致崔部郎 九月十四日

春江仁兄親家大人閣下：

頃由金慈生別駕寄奉八月念四日惠書，藉諗勛福崇隆，起居如意；並知大世兄又徵蘭夢，德門衍慶，忭賀奚如。弟碌碌從公，時虞隕越，所幸經辦各工大致規模已成六七，新購大砲七尊，夏間運到，现亦分别起弔上臺，演放無誤。頑軀及兩地婿口叨芘平安，差堪爲台端告慰耳。來緘索寄詩篇，具徵雅人深致。特鄙人年少失學，韻語尤非所諳，重荷齒芬，益增顔汗。二小兒今年十一，承爲朱廡作伐，感何可言？將來月兄到浙後，如能成就，當再奉懇執柯。令孫媛年已將笄，承命代覓佳偶，自當徐爲物色，以副諄囑。更有懇者：大小兒紹沂前在浙省晉豫賑捐局報捐監生並鹽大使職銜，當時僅有部照，未領監照，不能應試。兹特將部照抄呈，敬祈轉詢部友，設法補給，需費若干，以便將原照寄請代領，諸費清心，感謝無既。慈生別駕尚未晤及，容再報命可也。專此奉復，即請勛安，並頌潭福，不具。

姻愚弟

附呈部照鈔稿一緘。

（一〇〇）

四川總督部堂營務處徐 十月初四

杏林仁兄大人麾下：

中秋曾上寸緘，度邀聰督。近諗勛猷彪炳，福德崇隆，遠瞻扶揺，無量頌禱。弟濫竽甬上，倏忽五年，補助毫無，薪勞如故，幸公私叨順，眷口平安，差堪爲知己告慰。此間新添大砲七尊，係由執事在浙時奉飭經購，本年四月裝運到滬。砲身既大，配件又多，經元、超兩輪船五次往返，始得到鎮。弟與吉人於瀕岸水深處所，擇地建築碼頭，購置機器、釣竿。輪船隨到隨卸，六月間即將安遠臺及小金鷄山臺二十一生的各一尊上臺裝好。兹笠山臺二十四生的兩尊、二十一生的一尊，亦接續裝成。所有三臺鐵木門框、鐵木八字鋏、砲門鐵門楣等項，於上砲後隨即裝好，營房亦甃砌完畢。安遠三合土，因上砲最先，已經捶高二丈以外。小金鷄三合土亦已捶平底脚。笠山三合土日内亦即興工。仍有大金鷄山臺及威遠臺二十一生的各一尊並砲門等項，如無風雨阻滯，十月内約可上臺裝配完畢。頃於九月念八請提道來工閱看，並演新砲。查照砲表，二十四生砲用栗色藥百卅磅，二十一生的砲用九十九磅，此項火藥省局雖經購辦，尚未運到，不得已，仍用七星餅藥代之。且因初試，不敢裝足，二十四生僅用百磅，二十一生僅用藥七十四磅。彈路迸逼金塘山邊前年法船停泊處所，路約二十里之遥。將來栗色藥到，裝足磅數，諒能更遠。至其機窾靈巧，轉動輕便，尤爲目未經見。仲帥購此利器捍衛海疆，更得執事經購盡善，曷勝欽佩。弟與吉人竭數月之力，按圖考究，始得配成，兼之砲身、砲架並鐵門、門框等件，大者重數萬斤，拖運登山固形竭蹶；起釣裝配，尤費經營。幸吉人於機器起重諸務頗知講求，砲兵熟能生巧，重難之工已經過半，尚不致有疏失。即數萬斤之砲門，一人可以開闔，製造亦爲得法，此皆仰托福芘，銖積寸累，僥倖得成，初非真有把握也。至寅老所部一營三旗，專任北岸及小金鷄山十工，力役不遑，深資臂助。子暟久任鎮海，兵民乂安，惟遊勇驅不勝驅，盜案頻仍，未免時深憂慮。西翁七月到任，台防安堵。頃因鄞縣出缺，府委代理，差强人意。順以奉聞，並希於晉謁仲帥時代爲詳陳一是爲幸。

（一〇一）

錢軍門稿 大致同前　初四

榮山仁兄軍門大人撝下　如弟

（一〇二）

復甯波府、局 十八日

小涵、練溪仁兄大人閣下：

一枝遲寄，雙鯉先頒，辱士元非分之揄揚，增鰥生無窮之愧怍，開緘泚汗，向日傾忱。弟防祇諗績懋持籌，勛高典郡，李潁川風裁特重，胡荆州清畏人知，翹首丰標，曷勝企慕。弟防秋鮮助，力役不遑，祇慙從事爐錘，敢詡營心盾墨？惟憑椞籆，用當韋弦。承示陳子誼茂才家學縹緗，英才卓犖，本聯世好，敢靳縶維？無如大工將次告成，朋榻正思裁減，人浮事簡，借箸無從，頃已薄具賮儀，聊供膏秣。子誼學優年少，似宜仍圖进取，枳棘之棲恐非所宜。愧無百尺樓，彌覺此心歉耿耳，尚祈鑒原一切爲幸。手肅奉復，祇請勛安，惟祈諒照不盡。

（一〇三）

致陳印波、楊西園 仝稿

仁兄大人麾下：

鷺堠遥睽，久虚良覿，鴻儀在望，時切馳思。敬維蕃祉時增，藎勛日楙，允洽頌忱。弟鞅掌從公，粟六如昨，所幸眷屬惾適，孱軀耐勞，尚堪告紓綺注耳。現在砲臺工程，值久晴之天，集衆擎之力，安遠臺將次築成，小金鷄已有七八成光景，大金鷄與威遠兩臺正在趲工甃砌石牆，笠山臺石牆將及砌就，現已開工築土，嗣後得能照此迅速，則來年夏季當可蕆事也。所有鋼砲均已一律起釣上臺，裝配如式，試放時進退旋轉均極靈捷。至添補、分帶教習砲兵各項，現已稟陳上憲，聞此事當可允准也。

（一〇四）

復蔣克階

克階仁兄大人閣下：

久違雅範，正切馳思，乍奉惠書，藉紓慕悃。就諗籌祺履祉，萃集駢臻，亮符頌肊。弟勞形于役，乏淑可陳；所幸天久晴燥，勇丁工役尚皆踴躍趲工，差强人意。赴省之舉，本擬月初挂帆，適昨日周沛南太守由省來鎮，奉中丞面諭，看閱各臺工程，並傳諭趁此晴天趲工，必須趕緊，武林之遊，恐年内無暇及此矣。承囑一節，已於周太守處約略提之。鄭工水災，庫款如洗，海防事恐須緩辦耳。

（一〇五）

復潘小圃

小圃仁兄大人閣下：

日前奉上寸函，諒已早邀青鑒。頃奉手示，快若面談。藉諗籌祉潭祺，慰如肊頌。弟海隅供役，日昃不遑，幸孱軀尚足耐勞，堪以告語耳。藥局一席，忽然更變，此乃當事誤聽人言，衹得以寬宏度量處之而已。令媳一病轉危爲安，誠爲幸事。湯把總此來，極思設法位置，無如目下臺工已成就七八，殘年度過，即思辭減朋僚，即此間做工營旂行將陸續撤調，而海濱局促，他處更無借箸之區，時勢使然，無能爲役。方命之咎，尚冀格外量之。厚田来信，染病兩月，今纔霍然。肅復，衹請勛安。

（一〇六）

復四川總督部堂營務處統領武字各軍徐 另篇附入年信

再啓者：敝處砲臺工程，已於前函上陳大略。近來兩月，風日晴燥，勇丁匠役尚皆踴躍趲工，現在安遠一臺年内告蕆，小金鷄三合土亦已過半，以後如無風雨阻延，明歲季春當亦可完竣。大金鷄及威遠兩臺，笠山砲洞、石牆將次砌就，刻下興工錘築三合土，大約來年夏末當可一律告成。至新購鋼砲，均已裝配如式，二十四生的安置笠山。前月坐超武到金塘山演放，笠山開放三砲，彈落金塘山邊，測量海路在十八里半。將栗色藥裝足，定可及二十里。鎮海有此利器，足以捍强寇而壯國威。惜乎法船侵犯太早，未受大創，亦恨事也。前月鎮地游勇驅不勝驅，盗案叠出，經弟會同萬統領暨營縣拿獲近十名，此時稍覺斂迹。前月省局提調周沛南太守奉静帥面諭，來鎮看閱臺工，詢知中丞以游勇为盗盡屬楚産，似有討怨楚軍之意。淮軍楊西園中丞頗稱许，萬寅摒亦無間言，此兩君者居心作事，尚洽衆意。黄綺亭一旅調赴餘昌一帶辦理冬防，已於月杪開差矣。西藏設或有事，仲帥欲调弟等西行，自當效力行間，以報知遇。餘容續佈，肅泐，再請勛安。

（一〇七）

致四川提督錢統領 大致同前 十二月初四日

再啓者：　正在發信，忽奉手示，以川中購到開花砲，操演純熟後求考□旱水雷，仰見籌畫邊疊，預事防患，欽佩莫名。劉、趙兩弁早經他適。劉僅能製造鐵器，於雷電各器素未講求。赵則自鎮海辦防以來，所有各項電綫、水雷，皆渠一手經理，技藝尚稱嫻熟。此人去年已往天津，迄無音信，已飭武祥順寫信往詢，看回信如何，再行奉聞。梅墟所用旱雷、電綫已存甯局，公家之物，恐不能帶，總看趙弁回信，往以與否，酌量購買。敝處砲臺工程近來天時晴燥，勇丁匠役尚皆踴躍趲工。現在安遠一臺年內告蕆。小金鷄三合土亦已過半，以後如無風雨阻滯，明歲季春當可完竣。大金鷄及威遠兩臺，笠山砲洞、石牆將次砌就，刻下興工錘築三合土，大約來年夏末當可一律告成。至新購鋼砲，均已裝配如式。二十四生的安置笠山。前月坐超武到金塘山演放，笠山放三砲，彈落金塘山邊，測量海路在十八里半；將來栗色藥裝足，定可及二十里。鎮海有此利器，足以捍强寇而壯國威。惜乎法船侵犯太早，未受大創，亦恨事也。鎮地游勇驅不勝驅，盜案叠出。經弟會同萬統領暨營縣拿獲近十名，此時稍覺斂迹。前月省局提調周沛南太守奉靜帥面諭，來鎮看閱臺工，詢知中丞以游勇爲盜，盡屬禁産，似有嫌怨楚軍之意。淮軍楊西園中丞頗爲稱許，萬寅墀亦無間言，此兩君者居心行事，尚洽衆意。黄綺亭一旂調赴餘昌一帶辦理冬防，已於月杪開差矣。西藏設或有事，仲帥欲調弟等西行，自當效力行間，以報知遇。餘容續達。肅泐，再請勛安。

（一〇八）

致何瑞堂 初四日發

瑞堂仁兄大人閣下：

前月陳君偕同洋人回滬，曾具寸函託帶，想已早經青及。就諗財祉咸亨，爲慰如頌。敝處新砲所缺之件，已託陳君轉達，諒已接洽，特不知尊處可曾函致原廠請其添配否？如未函致，即祈作速飛信催配，是爲至禱。手泐，祗請

（一〇九）

致張方伯 十一日

漢仙方伯大人閣下：

久違鴻範，正切馳思，乍於初五日接奉鈞函，捧誦之餘，祗聆壹是。敬維勛華日楙，景茀時增，允符肊頌。承示大駕莅申，〇本擬飛棹前來，一圖良晤，因初六、七日連朝風雨，不果成行，如在初五以前得信，則早日啓行。尚可以及期相見，現已逾期數日，想行旌早已返杭。一面緣慳，豈亦關乎定數耶？ 肅復奉聞，敬請

（一一〇）

復郭外峯

外峯仁兄親家大人閣下：

初六日接奉惠箋，備聆壹是。就諗勛祺潭祉，萃集蕃增，慰如心頌。弟抗塵走俗，栗碌如恒，所幸孱軀耐勞，公務平敉，差可告慰耳。杌櫈廿四張、皮倚一張，均已如數收到。頃據汪升云，此項倚櫈係託尊紀代購，共計五十一件，其價概已付清。除此次收到廿五件，尚有廿六件。又，前囑汪升函致尊紀添購杌櫈六張，計價若干，統俟皮櫈寄到，再着渠算繳可也。餘容續泐，手復，祇請

又，聞有圍棋子一副，係託尊紀代購，請飭與倚櫈一仝寄來。又及。

（一一一）

致招商局華

小湖仁兄大人閣下：

久違雅範，積想爲勞。祇維蕃祉雲蒸，籌祺日楙，允洽頌私。弟珞琭如恒，乏善可述，

幸時届歲暮，公事稍閒，藉以暫藏鳩拙耳。兹寄上公文三角，敢煩飭遞文報局，代爲轉寄爲禱。手泐奉託，即請

（一一二）

復郭外峯 十二月廿四日

外峯仁兄親家大人閣下：

頃由曼兄處寄到惠椾，並皮欖廿六張，均照收悉。邇值新年肇慶，敬維華堂靄峕，蕃祉延釐，歌燕喜以迎年，卜鶯遷於指日，臨風踵企，祝露心傾。月半前寄奉寸函，未審以何時得達。託購棋子一副，並添購皮欖六張，如已辦就，望即寄來，並望開示價值，以便奉趙也。附來元卿兄節信，請即飭送爲荷。

（一一三）

復楊西園軍門 十四年元月廿二日

西園仁兄軍門大人麾下：

前修側□，恭賀正元，遥計庚郵，諒邀丙照。頃奉華椾寵飾，祇令蓬悃滋慙。敬維望重

長城，威揚表海，燕喜歌而鼇延柳幄，鴻勛著而澤溥棠疆，仰企牙麾，頌符心版。弟于役土木，又易歲華，念馬齒之加長，詠鶂翼而增愧。所幸入春以來，婚口粗適，孱軀耐勞，日内陸續開工，庶務亦叨順遂，差足告語耳。頃有鎮海營把總張其嵩，素精醫術，敝局匠役及工作勇丁等偶被碰壓疾痛，大半就伊醫治，應效頗多，不肯收取謝禮，衆皆感之。昨來謁見，據云伊子張德興係太平營候補把總，久未得差，求弟爲之設法。弟重嘉其情，特泐寸函交伊子面呈麾下，務懇推屋烏之愛，量才驅使，賞委一差，則感紉雲情，恍同身受矣。肅泐奉懇，敬請

如弟

附呈名條一紙。

（一一四）

復徐杏林 二月初五日

杏林仁兄大人閣下：

去臘初旬，肅奉賀椾，諒已早登籤掌。頃於元月接奉十月初十日所發手教，誦悉壹是。敬維蓋籌績懋，勛履增綏，引睇鴻儀，曷勝驩抃。弟薪勞莫釋，粟碌如恒，所幸公私順平，差

可告語耳。現在各臺工程，安遠臺已經蕆事，小金鷄三合土將次築完，大金鷄及威遠兩臺石牆並笠山砲洞亦皆將次砌成，早經興工捶土，嗣後如無風雨阻延，夏末秋初當可一律竣事。舊歲稟請添補砲臺、弁兵，已奉院批允准，飭由提標練軍中挑選，俟提軍門公文一到，即可遵照舉辦。西藏如果啓衅，弟昨轉詢吳吉兄，已許荷戟相從，以報知遇。弟雖縛鷄力薄，而附驥情殷，屆時或与吉人兄一同策騎西來也，祈執事於晉謁制軍時代爲稟達。相距數千里，晤教末由，尚冀時錫箴言，以慰懸結。肅泐奉復，敬請勛安。

（一一五）

賀江鏡庵

鳳紀更新，猩椾互達；鴻儀遥企，馳系正殷。兹聞鵲報飛傳，欣諗鸞翔叶吉。敬維鏡庵仁兄大人譽隆上考，榮補平昌。甘雨隨車，涣新猷於百里；祥雲扶詔，邀寵眷於三遷。引企梟飛，曷勝雀躍。弟羈踪蛟水，瞉況毫無；從事鳩工，薪勞如昨。所幸臺工漸臻妥備，軍民安謐如恒，堪紓綺注。兹有家人張升，係弟署玉環時舊僕也，曾经當過簽稿，舊秋即來弟處，迄今未得事機，特付一函，命其趨叩台端，務祈推愛屋烏，量材録用。該僕年雖老而人尚樸誠，當不至有負仁人之栽植也。手泐奉愬，敬賀任喜。

（一一六）

復黄綺亭 初九日

綺亭仁兄大人麾下：

溯隔鴻儀，倏更鳳紀。昨奉手教，快若面談。敬維防務宣勤，藎勛聿著，引詹光霽，式洽頌私。弟粟六如恒，乏善可述，所幸開工以來，庶務尚叨順遂。昨接提憲公文，知達字後營已奉飭裁撤，而台屬防軍亦復裁撤兩營，因庫款之空虛，减防軍以省費，上游以撙節起見，想亦不得不然耳。近日連番春雨，工作未免稽延。惟願此後雨少晴多，庶趲工可期迅速也。承示本月底來鎮，甚洽鄙懷，良晤非遥，不勝翹跂以待。手泐奉復。

（一一七）

復陳企南

鳳律音調，倏易一周星紀；鷗程間阻，欣承五朵雲椾。荷藻飾之過情，撫逢衷而增愧。敬維企南仁兄大人鼇延歲首，榮覲天顔。從兹鳧舄翔華，小試調羹妙手；仁卜鵬程遠舉，大抒補衮宏才。遥睇鶯遷，曷勝驩抃。弟雉工于役，龍翔載蹮，自新正開工以來，幸諸務尚叨帡適。望歸帆而翹首，祇切馳思； 藉弱管以抒忱，用伸燕悃。閣下到省三月後，尚冀一返蛟川，以敘衷曲，約期以待，不盡依依。泐復，恭賀□釐，並頌春祺，統祈藹照。

（一一八）

復超武鄧

曼雲仁兄大人麾下：

久違雅範，積想爲勞。頃奉手書並花子一包收悉，謝謝！ 祇諗蓋勛楙著，蕃祉聿臻，慰頌無量，並悉貴船近日裝載撤勇開赴鎮江。所詢外洋火藥，弟於初頭函詢地亞士洋行，據云再遲三個禮拜當可抵滬，刻下尚未及期，容俟到申，再飛函奉達。手泐，復請

（一一九）

復崔春江 三月初一日

春江仁兄親家大人閣下：

頃奉還雲，備聆壹是。敬維勛華日著，景茀時增，允符肊頌。令郎鴻順已爲報捐，指分江西，仍歸議敘班補用，將來補缺較速，欣羡欣羡！ 小兒領照部費，本擬交金守戎帶都，因

匆促未辦，致使閣下爲難，歉歉。茲將庫平五十壹兩如數匯上，請查入。其部照務懇從速辦就寄來，不勝翹盼之至。手泐，復懇費神，敬請台安，並頌潭祉。

（一二〇）

致戴綬之 三月初一日

綏之仁兄大人閣下：

遥阻鷗程，久疏鯉訊，緬懷芝采，時切蕭思。敬維蕃祉延鴻，藎勛遹駿，式洽頌私。弟粟六監工，薪勞如昨，幸軍民和睦，公務平安，差可告紓綺注耳。特懇者：敝處機局鐵工將漸蒇事，有二鐵匠王六坤者，技藝嫻熟，人亦篤誠，現因減少人手辭出，想尊處司理機器，定必需人，用付一函，令其趨叩台端，如蒙推愛屋烏，試用收録，則不僅該匠之感激已也。手泐奉懇，敬請勛安。

（一二一）

致謝醫生李魯儀 名東燡　三月三日

魯儀仁兄大人閣下：

日前風疴爲患，辱承大駕惠臨，感藥名之頻投，切篆銘於靡既。祇維肱經三折，譽重一時；引企杏林，曷勝藻頌。弟自服藥後，雖未能遽爾脱體，而病勢大致就痊。想此後天氣煖和，當可以占勿藥也。兹奉上佛番四十元，非敢云致謝高情，亦藉以聊伸微悃，尚祈哂納。手泐鳴謝，順頌道安，諸維亮照，不備。

（一二二）

復范仰川 初四日

仰川仁兄大人閣下：

鞅掌從公，久疏音敬，乍奉手教，深慰心期。前奉爵幛一端，特因奉倩之神傷，用效傅嘏之慰唁，乃辱齒芬言謝，益令顔汗滋慙。敬維籌畫宣勤，寢興多福，引詹道履，定洽慕忱。東弟羈迹海濱，勞形塵俗，所幸軍民安謐，公務順平，孱軀耐勞，眷口猶適，差可告紓綺注。東廠一局，以閣下碩畫老謀，自足起衰救敝。惟積疲日久，整頓爲難，欲求庶務敉平，尚須費一番心力耳。此間各臺鐵木石工均已漸臻妥備，安遠臺早經竣事，小金鷄山臺土工將次蓋頂，大金鷄土工亦將興築，笠山及威遠兩臺現在趲工捶築，此後如無風雨阻滯，大約秋初當可一律告蕆也。承囑製造輪葉，刻下機局鐵工將次完畢，工匠開春僅留匠目一名、下手十餘人。且鐵葉須生鐵開爐鼓鑄，此間無生鐵廠，製造□難，方命之咎，尚祈見原。上月裁撤楚軍一營，派輪運送漢口等處，該散勇以籌措盤費爲名，竟敢糾衆購鹽至萬餘擔之多，遂致小港晒鹽買盡。潘偉堂現已另圖，餘皆照舊。知念附陳，手泐奉復，敬請

（一二三）

致總局李 初四日

小涵仁兄大人閣下：

前次來甯，暢聆教益；別經匝月，積想爲勞。敬諗藎畫宣勤，蕃釐楙集，至爲頌慰。弟前月痰証爲患，發時氣結不舒，頗形困頓。現在診醫數次，雖較前稍愈，而病勢尚未盡除。幸飲食照常，一俟天氣煖和，當可以漸次痊愈也。敝處煤炭用罄，兹具奉領字一紙，請即給付東洋煤壹百墩，發交來船運下，並祈入册。手泐，敬請勛安。

（一二四）

致秦更生 初五日

○○仁兄大人閣下：

鞅掌從公，久疏音敬，緬懷芝采，積想爲勞。敬維蕃祉雲蒸，藎勛日茂，允洽頌私。弟

粟碌鳩工，時虞隕越，幸軍民安謐，孱軀耐勞，各臺工程已大半告蕆，差堪爲知己告慰耳。去歲爲次子在直順賑捐局捐納監生，承情代發實收，感何可言！惟事隔經年，未寄擲給部照，深爲懸念，用特專函奉懇，尚祈代查。如監照早經收到，即請從速寄下，不勝盼禱，有費清神，容圖面謝。手泐奉懇，敬請勛安。

（一一二五）

致永嘉知縣西席

衡甫仁兄大人閣下：

久未聆教，馳念殊深。去冬鹿城把晤，轉瞬三春，歲月匆匆，不覺易催人老也。比維文祉吉羊，硯祺安燕，爲頌爲慰。△寄迹蛟川，無善可陳，草草勞勞，依然故我。舊屬《玉環志》已向家叔處取來一部，交局寄上查收爲盼。手此，即請文安百益。

（一一二六）

地亞士洋行何

瑞棠仁兄大人閣下：

日前道出申江，辱承厚貺，拜領，謝謝！辰維起居大吉爲頌。弟寄迹蛟川，無善可述，所幸賤軀牰適，堪慰錦懷。大砲釣竿五副，前日元凱裝來，合前兩副一併收訖。知念奉聞，即請文安，維照不備。

愚弟杜〇〇頓首

（一二七）

義昌成□樊

嗣勛仁兄大人閣下：

日前道出申江，辱承厚愛，醉酒飽德，感謝不忘，敬維起居無恙爲頌。弟蛟川寄迹，故我依然，所幸臺工告成，零星事件，首夏時可以清楚，堪慰錦念。《圖書集成》三批，故雨□前日元凱交來，費神之處，容當晤謝。手此，即請文安，維照不具。

（一二八）

虹口橋邊申昌號

綬之仁兄大人閣下：

日前道出申江，照嗣勛稿寫錦念。承假英洋五十元，已交陳良德兄轉寄寶號，諒已收到。手此，即請升安，惟照不具。

愚者杜△△頓首

（一二九）

榮山、杏林兩兄大人閣下：

去年十一月曾肅覆函，未知得邀垂鑒否？　三月接奉榮翁手書，讀悉履祺迪吉爲頌。弟臺工三年，飽飡風露，有趨奉六一公而毁之者（六字軍一字門，是隱語也），有所借不遂而毁之者，有工作不力而毁之者，外形勢大露，即放砲定坍，變化百端，讒言叠出，幸去冬十月告成，十一月報銷送出。院委李觀察光久驗收，至今三月，並無駁詰，千斤重擔始克卸肩。弟三月晉省，請咨北上。據司房云，知府過班，已於十二年分奏辦，期滿照章補缺後送部引見，赴都之役暫作緩圖。詢之同寅，皆如此説。只得仍回鎮海料量零星事件，四月間可以清釐。惟看守砲臺一差，前年冬間院委吴吉人管帶，去年三月防軍局忽然詳委陳勝文管帶，去冬院又委吴吉人管帶，六一公咨分南岸歸陳勝文，北岸歸吴吉人，逕行下委，衛中丞不允，仍爲吴吉人統帶，六一公即將吴吉人咨參，督憲不准。崧中丞接印後，六一公又咨分南北兩岸，中丞以砲臺、砲火統歸吴承管，堆土、種樹歸陳勝文承管，敷衍了事，而六一公心猶未死。似此光景，吳吉人亦不能久居鎮海也。黄綺亭小隊一差，去年李觀察回省，極力謀之，中丞不允，改委李□□就水師。崧中丞曾充淮軍營務處，所遺淮軍幾人，或不至被有力者奪去。手此，即請勛安，惟照不一。

愚弟杜△△頓首

（一三〇）

曉峯姻叔大人閣下：

昨接手函，並米字手卷，均已閱悉，辰維起居大吉爲頌。英寄迹蛟川，毫無趣味。去年臺工告成，尚剩洋千餘元，今年當道裝修木壁，又用去洋八九百元。辛苦三年，恐成賠累。承囑云云，係屬實在，然同處窘鄉，萬難幫補，兹送上洋十元，祈莞納，米字敬璧。肅此，敬請文安。

姻愚姪杜頓首

（一三一）

立安兄似面：

前接二月廿七日手示，知大駕已返澄江，即維起居如意爲頌。弟自去春三月陡發痰閉氣喘之症，身體不如昔年。今正晉省，痰多氣脹，將及兩月，此間苦於無醫，只好聽之。而二月底適有玉環朋友到此診治，服十餘劑，覺氣平痰少，擬趁此調治，可望復元。徐副已託筱公專信去問，並爲□□□□矣。厚田來信，清和時節可以束裝來浙，由鎮赴杭。昨接實卿叔由池州發來之函，云譜事二月十六日在四甲（詞）〔祠〕商議，大致每丁捐洋一元，捐輸次之，田畝又次之，不敷人丁再派。定於九月將譜稿送（詞）〔祠〕，設局编輯，規條由鶴亭寄來，尚未接到。敝眷中旬返里，四月間回鎮，如何計較再定。北上之舉，已函詢春江，並託筱公詢徐副轉矣。肅此。

（一三二）

厚兄大人閣下：

前日筱翁交來手書，讀悉一是。西瓜砲到，又奉鈞函，欣悉起居如意爲頌。弟北上之行，緩緩再説。弟恙自去年三月陡發痰閉氣急之症，因此地無醫，治之無益。及至十一月又發一次，以後痰多氣脹，日拖日深。二月底適玉環來一朋友胗治，連服十餘劑，似覺痰少氣平，大有轉機之象，擬趁此調養，可望復元。吳吉人被六一公參革，砲臺事件不知上游定委何人。官場險路，令人悚然。湫眷中旬返里，來去輪船，以圖便捷。立安得發番差，此是毫無滋味，不過薪水而已。中防尚未補人，筱翁不知能得否。四月間，弟尚在鎮海，是時如能取道于此，則掃榻以待，藉(祈)〔訴〕別離之情。手此。

（一三三）

致萃豐布店

萃豐寶號諸位先生：

史席許久，未通音問，心甚懸系。遥想起居均吉，爲頌爲慰。△謬統鷹師，徒增惶愧，兼司營務，倍切辛勤，所幸地方安全，藉藏鳩拙耳。兹托甬江裕泰匯付申江劉心一兄英洋二百五十元，請即匯交舍下收用，總總費心，容後道謝。手此，即請鈞安，惟照不具。

鄉愚弟△△△頓首　十一月十二日

（一三四）

致布理問蘇

汝羹内弟大人閣下：

昨奉□□，讀悉一是，即維禮祺大吉爲慰。兄戍守蛟門，無善可述。去冬砲臺告成，今春稟銷營務，上游以浙東重地，未許銷差。僅此八十金薪資，難于敷衍，東挪西借，羅掘已窮，拮据情形想在洞鑒之内。承囑云云，苦于無法可設，不得不違尊命，尚祈諒之。手此，即候禮祺，維希愛照，不具。

兄冠英頓首　十一月十二日

（一三五）

爲申復事：　本年十二月二十三日奉憲台札開云云等因，並奉抄發批稟各等因，奉此。旋據馮紳國楨帶領鼉龍甲砲船到鎮，○○會同錢統領，王、吴兩管帶同詣察看。該船底用大竹編簰，上用小竹編篷，兩旁四槳，如龜背式上□下□□□過輕。紹興内河或可行走，海口風潮，行駛殊□□便，頃又將該船拖帶至小金鷄山椿畔，經王管帶用兩磅過山砲試擊三砲，兩砲插篷而過，微損船篷，一砲擊穿，兩面俱洞。〇〇生長山居，於水師素未諳練，第以船輕且薄，竊恐仍未盡善。已商馮紳，即日駛郡，面請憲台察奪。緣奉前因，相應具文申復，爲此備由具申，伏乞照驗施行，須到申者。右申□件申復察看鼉龍甲船，據寔稟復由甯紹台道。

光緒十一年十二月（加印）　日　營務處頓首

附録一　杜徵三先生遺稿

文

序

古所謂才難之一語，是言天之生才難。詎知天之生才難，天生才而使才人展其才、盡其才，則尤難。歷披古今編簡，何代無才？或功將建而奸人擠之，使之不得展其才；或業將成而彼蒼厄之，使之不得盡其才：此誠古今之一大可痛憾者也。我族如觀察徵三先生者，乃抑一代之才人也，性豪邁，尚氣節。丱角時與璟爲莫逆交，往來過從，朝夕聚首，往往酒酣耳熱時談論文章、經濟，旁若無人，昂昂然有一日千里之概，非凡之品，不羈之才，爾時，即知大非池中物也。厥後，因時不靖，投筆從戎，本其素抱以見諸事，小用之而小效，大用之而大效。玉環，浙之海疆也，桀戟一臨而文教大興。鎮海，武林要害也，夷虜一窺而武功丕著。上游奇其才，下民賴其才，一時，草野頌德，縉紳賀功，篇章疊至。而公又不憚旁午，出其緒餘，萬言立就，文不廢武，武不廢文，公之才殆不可捉摸也。至若急族間之急務，創修譜、捐祭器，移孝作忠，則又忠而不忘孝者也。吁！公之才，何其無微不至若是哉！惜乎！朝廷簡畀方殷，而仙宫召至。倘天多假之以年，勳業未可量也。乃飄然長往，此即璟所謂天生才而使之展其才、盡其才爲尤難者也。可勝歎哉！可勝歎哉！

茲者，族間譜牒告竣，已摘其事之大者，登之《杜氏實録》以壽諸世，而公之哲嗣雩卿不忍先人之手澤一語一字而湮没也，盡出公之手録及同寅之酬贈，自貲而付諸梓，而囑序於璟。噫！以璟固陋之質、不學之文，而敢潤色鴻才哉？不得已，援平日觸往古之有才而不得展其才、盡其才者，與公先後若合符節，而弁之簡端，以抒鄙衷鬱鬱不平之氣，非敢云序也，亦聊以爲塞責云爾。

光緒二十二年歲次丙申四月之吉，族晚璟謹識。

重濬玉環溪河記

玉環爲東浙巖疆，依山爲治，城垣北枕於山，東、西、南皆溪河環繞，縈洄如帶。河之源有三，而其流則匯於一。考西河之源，出於田螺山，迢遞而下，一折至仙人洞，再折入校場，迤東與中青河合，歷南門達東門，三折過東山嘴，出陡門而入於海，所謂『天開河』是也。城以内溪水一道，由府山直衝而下，經廳署之西、巡衙之前，繞而西，轉而之東，從水門入天開河。夏秋之際，霪雨不時，山水挾沙石奔騰，河渠因之壅塞。道光間，同知陸公玉書疏濬之，未幾而旋漲如故。厥後愈漲愈高，暴雨時里巷街衢横流泛濫，民甚患之。

丁丑春，余奉檄來守是邦，訪求利病，父老咸以濬河對。於是，令城紳林鳳岐等董其事，乘農隙興工，里民之好義者相率佽助，鍬掘畚築，一循故道。由是塞者通，瀦者流，橋梁、道路之陂者復平，計内、外溪河添築石壩六處，閲五月而告成。父老相慶曰：『今而後，旱有蓄，潦有洩，可濯可烹，無虞泛濫矣。』余曰：『否，疏之難未若塞之易也。爾居民宜有鑒於先，歲加修剔，毋待積久而後爲，則今日之舉可爲一勞永逸之基矣，余固有厚望焉。』

重修關廟記

天下郡縣之有武廟尚矣，朝廷頒定禮制，命有司春秋致祭，所以答神庥而隆祀事，儀至肅、典至重也。

玉環自雍正五年漢陽張公坦熊展復廳治，建武廟於西青山下，嘉慶間漸就傾圮，同知姚鳴庭籌款爲之修葺，迄今蓋八十餘年矣。去年春，余莅任是邦，循例謁廟，見殿宇欹朽，爲怵然者久之。未幾颶風陡作，殿壁傾頹，則向之欹朽者更岌岌乎不可復支，於是謀所以新之。商諸參戎鄭君鴻章，鄭君韙其言，與予各捐俸錢以倡，而寅僚中亦相率佽助，以贊厥成。爰屬其把總陳祥高鳩工購料，凡楹桷之朽者易之，梁柱之腐者更之，牆壁之傾且圮者築而成之，屏牆内繚以短垣，殿宇中施以丹漆，計費錢七百緡有奇，經始於戊寅正月，至五月而工竣。

余思興墜舉廢，守土者之責也，是廟尤鉅典所關，敢不急爲更新以崇瞻仰？惟土木之功，歷久必敝，後之來者增修勿替，亦當作如是觀焉。事既成，鄭君屬余書其略，遂援筆而爲之記。

玉海書院記

自來書院之設，所以興文教、育人材，與學校相輔而行，實足廣學校所未及。玉環向有『環山書院』，已百數十年。余公餘之暇，月課多士，而江以北罕有至者，蓋以路隔重山，艱於跋履，故人多裹足，余竊以是爲憾。

適因公至楚門，有山巍然，上峙高閣，閣上供文昌神，下爲講堂，旁多列舍，即所云『天香書院』也。惟徒有其名，無所爲延師課士之資，故院亦虛設。余亟爲籌備公款，歲充經費，可以奉修脯、給膏火，而改其額曰『玉海書院』。自是以後，士之處江北者可無向隅之歎，江南之士亦聽其負笈來游，不分畛域。夫玉環自披荆斬棘以來，年歲寖久，文風寖盛，兹復南北數十里間，絃誦交興，其於興文教、育人材者，庶幾更有進焉。

抑余尤有望者，從來學期有本而士貴立品。諸生肄業其中，浸淫六籍，涵泳百家，又復陶鎔乎德性，砥礪乎廉隅，與賢師益友朝夕觀摩，則可爲華實並茂之才、體用兼備之學，豈惟工帖括而炫詞章哉！　諸生其共勉之，余雖去，亦惓惓有餘思焉。

玉環廳題名記

嘗讀司馬温公諫院題名記曰：『天下之政，四海之衆，得失利病，萃於一官。居是官者，當利國家而不爲身謀，使後之人可歷指其名而尚論之。』是温公之言不僅爲諫院規戒，凡在官者當奉爲典型也。

玉環廳自雍正六年總督李敏達公奏請展復增置玉環同知，以漢陽張公坦熊題補斯缺，迄今百六十餘年，守土者不乏名賢，其政績昭彰、廉明素著者，父老猶能傳述。若因人碌碌無所短長者，今已漫然無稽，況代遠年湮，莫徵文獻，其於褒貶之意無存焉矣。光緒三年，予攝知廳事，爰集紳耆，修輯廳志。事未竟而金谿胥君雲崧奉命調授斯任，因出《烏鎮分署題名記》見示，屬予書其始末，以勒於石。胥君之用心殆亦温公之遺意歟？

夫玉環孤懸海外，島嶼紛歧。戢匪安良，興養立教，惟同知是賴，其任亦重矣哉！予不敏，承乏兩載，於民隱未獲周知，愆尤叢集，思之疚心，則今日題名之舉，予不敢以爲榮而實以爲懼也，我玉民其共諒之。

是爲記。

重修玉環廳志序

皇帝御極之三年，予監造鎮海招寶山炮臺告成，奉檄攝玉環同知事。念是邦山海交錯，島嶼紛歧，受事後夙夜祗懼。幸文武和衷，民風質樸，凡所當興舉者，若學宫，若武廟，若名宧、鄉賢、忠義、節孝，浚城河，設社倉、玉海書院諸端，皆頼官紳襄助，次第訖成。獨念廳志爲文獻所關，自雍正五年展復時，同知張公坦熊草創成書，道光中雖經湯公承烈續修，事未竟輒卸任去，稿亦無存。迨咸豐間遭匪徒王璣之亂，廳中案卷復又蕩然。百五十年中之典章規制，既無以取法於前賢，復無以昭垂於後世。是以兢兢業業，不敢聽其湮没不彰，乃集廳人士而告之曰：『《尚書》有《禹貢》，《周禮》有《職方》，郡國之志於以仿焉。夫志者，史之餘也。史之要在禮樂、刑政，與將相、賢奸，大書特書，詞嚴義正；志之要在農田、水利、山川、阨塞，與賢人君子之德業、匹夫匹婦一行一節之美，例得直書，使後人觀感而興起焉。舊志僅載開創成法，其他闕如，況板已毁，書已殘，宜重修之。』衆皆忻然稱善。

爰命司鐸沈君厚齋董其事，延新昌呂孝廉小寰總厥成，商定綱目，發凡起例，並檢書籍有關乎玉環考據者，以授龐紳雲驤、韓紳姬宗、王生磊、吳生藻、陳生鳴商、戴生堯仁，分司搜輯，於四年二月開局，閲十一月而稿將成。適予有南田墾務之調，鎮海海防之差，所未寓目者水利、藝文、雜志耳，賴胥君雲崧踵續成之，俾展卷而知昭代安内禦外之略、山川險要瀦洩之宜、户口物産之庶繁、名宦先賢之功烈，下至閭閻纖悉之美，燦然具備，玉環之文獻其有徵矣乎！

書成，郵函問序於予，因誌其緣起，以見玉民之尚義急公，諸生之踴躍從事，未始非予與胥君之厚幸也。是爲序。

鎮海威遠靖遠鎮遠定遠炮臺記

鎮海縣城垣東接招寶山，南面江，北負海，爲全浙咽喉。自南齊浹口設戍，宋置砦兵，元以蒙古軍駐守，明初拓城置衛。嘉靖間，以招寶山俯瞰縣城，於山巔建威遠城，以爲犄角。我朝道光辛丑、壬寅間，英人犯順，沿江建造石臺，撥兵設炮，旋廢之。光緒丁丑，日本尋釁，臺灣前撫軍楊公昌濬議建炮臺，檄冠英任其事。因隨前提督黄公少春相度地勢，以招寶山之東正扼海口，遂於山麓鑿平巖石，建大炮臺一座，炮膛砌以石，炮門釘以鐵，炮洞砸以灰土。營房一如炮洞，取其以柔克剛，能避炸彈也。明年，臺成，復請添設炮兵，肄習炮法，舉守備吳杰督其衆，予餉糈，嚴賞罰，勤訓練，凡所議皆邀准。越歲庚辰，俄有違言，前撫軍譚公鍾麟，以金雞山、小港口，海舟皆可登岸，添建炮臺二座，仍檄冠英任其事，工程一仿招寶山。又越歲癸未，法侵安南，今撫軍劉公檄冠英總理海防營務，會同統領淮軍記名提督楊公岐珍，周視險要，惟招寶山南面山腰石廠直對小金雞山，江狹水淺，雖江心有水雷、沉船，仍恐敵船拖拽衝過，會請添築小炮臺一座，於甲申四月蕆事。

計前後十年，大工三舉，費帑金六萬五千有奇，共庋前後膛鋼炮十二尊，滑膛鐵炮十五尊，陸續添撥炮兵三百四十二名。舉凡鐵木材料，購自外洋，制度略仿西法；一切畚築之役，皆藉士卒力，故工大而費省。冠英自慙謭陋，惟與將弁勇丁同其勞逸，幸告厥成。招寶山臺名威遠，仍其舊也。金雞山名靖遠，小港口名鎮遠，而石廠則曰定遠，皆由威遠以推廣之也。緣是，悉舉在事銜名而詳其顛末，總立一石於定遠炮臺之內。紹興協副將楊春龢，記名提督袁有傑、劉玉田，陝西候補同知張權英，提標候補參將張藝勝、段生福，後營游擊袁子龍，例得備書。

是爲記。

玉環海防論

謹按海防之策，前人言之詳矣。顧時移世易，形勢屢更，因革變通之方與夫扼塞據險之要，雖聖人在上，聲教遠被，重譯來朝，鯨波永靖，然安不忘危者，文武將吏之職。矧玉環爲温、台屏蔽，浙、閩咽喉，曰守、曰戰、曰防，固不容以昇平時置而不講也。

請先以守言之。查輪船自閩入浙，由三盤、大鹿、披山外逕達甯波，設遇風信不常，由南北麂繞入三盤，過鹿西雙排，出雞冠裏洋而下，此輪船往來之路也。汪洋大海，火輪既疾且堅，廣艇、福烏兵船萬難與之角逐，戰既不易，守亦爲難。況三盤、黄大嶴、鹿西、雞冠、披山亘峙海中，無險可扼。即坎門、車首、台後坟、馬道、琛浦、大麥嶼、梁灣、小疊等隘，雖有山嶺可恃，但兵愈分則力愈薄，顧於此則失於彼，莫若專守廳城，稍資把握。夫玉環枕山爲城，北門最爲緊要。東西南三面結壘爲營，以扼其前中，青山築營以堵其後，沙嶴嶺、琛浦嶺各築小營一座，琛浦渡上下港門鑿沉石船二十艘，營船泊守其中，楚門屯列陸兵以爲援應，粮道既固，後路亦堅，守城者得以專心致志，無後顧之憂也。

或曰，玉環係温、台籓籬，今棄外洋而不守，自撤籓籬，以資敵也？曰：否。今沿海形勢以廣東爲首，長江爲腹，天津爲根本，牛莊爲後路，閩、浙、燕台各口皆屬手足耳。以浙江而觀，定海爲首，甯波爲腹，乍浦爲後路，温、台爲手足，玉環特一隅耳，番奴無所利焉。況彼所恃者洋面，我所恃者陸地，勢不能不舍我之短以制彼之長也。

所謂戰者何？即如明時倭寇、閩盜蔡牽，豕突狼奔，爲沿海地方之患。靖海之法利於戰，查南北麂、三盤、兩陝，羣山環繞，嵐嶼綿長，盜得之可以爲巢，我得之可以堵守，此必争之地也。似宜飭派温中游擊率領大隊師船分防駐守黄大陝、峴嶼山；派令守備一員管帶師船數艘以助聲援；黄門、坎門、玉環參將駐紮其中；師船分布梁灣、鹿西、車首頭等處；其寨頭、鷄冠，派玉環守備分帶師船駐守，巡哨於大鹿、披山。至石塘一山，亦爲衝要之地，宜派黄巖右營游擊督率師船，分哨於臨門、大鹿，毋分畛域，聲息相通。則勢如常蛇，擊首尾應，擊尾首應。而以温鎮移駐黄華，居中調度，何處喫緊，統領師船援應尾追，使賊船無樵汲停泊之區，則不戰而自遁矣。

所謂防者何？查永嘉之石子陝、太平之石塘，藏聚奸民，時出爲匪，或六七人一船，或八九人共艘，依山傍島，伺劫商漁。又有福建白頭舶船，牌照、鎗炮俱備，裝載貨物，有利則爲商，折本則爲盜。必須仿照長江水師章程，分段設防，或克有濟。查黄華關爲温郡門户，與石子陝、黄大陝、烏星、小門相距咫尺之間，應令温左游擊衙署移駐黄華，則岐頭、黄大陝、小門、峴嶼一帶可期安靖。查該游擊專轄瑞玉永交界洋面，移駐黄華，緝捕最便。至南北麂、三盤，各派温中營船二號，專駐温標守備一員，小門、梁灣、馬道、花巖浦、寨頭、雞冠諸山，飭令玉環營船常川駐守，而以玉環右營守備衙署移駐坎門，其石塘、靈門等洋專派黄標守備一員，帶領師船四號，一防靈門，二防石塘，每月與玉環營各派哨船一隻駐紮披山，以保漁民網户。仍飭温黄各標將，裨每月出洋會哨一次，專司督查，設有怠惰疏防，惟該營營弁是問。

以上守戰三策，不過據目前形勢而言，明臣盧象昇曰：『行軍變幻，頃刻靡常。』但神而明之，存乎其人，是在文武將吏之有實心者，庶幾有實效耳。

附詩

玉海書院題句 並序

杜冠英 徵二

光緒戊寅六月，余與玉環參戎鄭君偉堂、黄巖游戎鄭君仙崖，會督師船緝捕至楚門，因登西青山之文昌閣。斯時來迓者多塾中肄業生，余慨有志之士生於海陬，未能盡遂其讀書稽古之願，爰籌措公款以爲束脩、膏火之資，就文昌閣之舍而爲玉海書院，綴以長句更紀始末。

旌旗飛落楚門潯，爲掃鯨鯢按部臨。潮湧帆檣商舶集，雲連樓閣講堂深。漫争廛市魚鹽利，新種宮牆桃李陰。余攝是邦，請增學額。願與諸生探學海，好將修綆汲千尋。

和杜徵三太守玉海書院作

郭鍾岳 江都人

乘槎游遍海東潯，榴嶼山川憶舊臨。聞道好官爲政美，已知惠澤入人深。萑苻不作良苗害，桃李多增棠樹陰。更與少陵舒抱負，萬間廣廈待追尋。

前　題　　石祖芬 吳縣人

層樓高閣鏡鯵潯，多士争迎武庫臨。地控温台浮海起，山連壺嶠入雲深。培材豈獨留遺愛，勵學先教惜寸陰。伫聽榴民呼杜母，楚門棠樹蔭千尋。

前　題　　沈克昌 錢塘人

巍然高閣俯沙潯，山勢争奇樂眺臨。放眼縱觀滄海小，寄身曾傍白雲深。爲開夏屋留棠蔭，贏得春風遍柳陰。勖爾諸君應共勉，石渠秘笈細研尋。

前　題　　林鴻經 耆化

高閣嵯峨傍水潯，西風聯袂快登臨。潮迴遠岸波濤闊，氣懾羣酋智略深。小草有心應結子，甘棠無樹不成陰。謳思去後民方切，好竪豐碑共討尋。

題玉海書院用家大人原韻　　杜紹沂 雩卿

隨侍嚴君渡碧潯，崔巍傑閣快登臨。青浮遠岸山光接，白湧洪濤海氣深。秋水魚龍争幻影，春風花木易成陰。是邦願得舟常繫，藝圃相將細討尋。

乙酉冬隨張蒓生太守赴鎮海與廖侯度堂會觴於招寶山寺同座杜徵三觀察吳吉人副戎皆春正與法酋戰勝有功者譚及當時戰狀歷歷如昨蒓公命嗣祚以詩紀之嗣祚雖不解韻事然以豐功偉績雅願揄揚且欲拋磚引玉也曷敢辭爰成二律用當露布

彭嗣祚 益陽

其一

蛟門天險勢雄哉，夷船翻風激水來。巨炮庋藏臺聳固，大兵屹立嶽崔嵬。金尊此日羣賢集，鐵甲當時一擊摧。果有神靈能捍患，西瓜子落不花開。

其二

聽譚往事膽猶寒，酣戰淋漓仗二難。杜預用兵同范老，吳璘克敵勝田單。江横木石金甌固，軍合淮湘玉壘團。聖主恩寬容納款，懷柔遠被慶安瀾。

和韻　彭循堯 星沙

扼險奇峯勢壯哉，犬羊曾逐腥風來。孤拔道光時曾犯甯郡。棘門兒戲當年事，細柳軍容此日嵬。堅壁不教烽隧入，突圍重見鐵輪摧。梅花未使驚風雨，任我安排次第開。口門梅花樁敵莫敢逼視，一釘一除皆杜觀察經營之力也。

指揮如意賊心寒，欲越雷池一步難。漢將早經籌守善，鮮卑旋已怯兵單。中西器備神機妙，淮楚營連士氣團。最是閩疆新挫後，奇勳全賴挽狂瀾。

和韻　張濬萬 純生

放眼長天亦快哉，銀濤萬里盪胸來。梵宮鐘磬雲霄落，上將旌旗石壁嵬。駭浪乍聞鯨鱷舞，轟雷已報犬羊摧。於今把酒臨風望，蜃氣全消毒霧開。

其二

森森武庫肅霜寒，慘淡經營事大難。萬木截流銅柱屹，千山飛霰鐵衣單。神機動處天花散，電氣光逾月魄團。我欲摩崖紀殊績，愧無椽筆壯波瀾。

和韻

楊鑑 金匱人

貔貅十萬云乎哉，武庫仍應借箸來。丰度司勳表整暇，威名長塹壓崔嵬。金戈隊伍屹如立，鐵甲樓船勢若摧。真个蛟門鎖鑰在，一丸封固不能開。

其二

笙歌元夜陣雲寒，背水成營欲撼難。既已豹韜授羊祜，豈真牛火學田單。淮湘氣激義同憤，主客兵多併作團。當日淮西摹碑碣，韓潮巨筆助波瀾。

和韻

杜鴻逵 仰之

掃盡鯨鯢勢壯哉，上元簫鼓捷書來。雷轟炮石番輪潰，日照旌旗將壘嵬。南北臺横山崖嵂，淮湘軍憤敵奔摧。鎚幽鑿險經營固，鎖鑰蛟門孰敢開？

其二

一奮雷霆敵膽寒，從容決策定艱難。貔貅震怒鋒無匹，羊犬成羣勢總單。旗彩滿營軍氣壯，炮聲翻海浪花團。浙東從此干戈戢，把酒凭軒眺碧瀾。

和韻　杜景曾 詠甫

馬江形勢本雄哉，夷艦曾經破浪來。非得我軍能整暇，奚教此塹自崔嵬？營排兩岸兵威振，炮擊重圍敵氣摧。遥望蛟門真扼險，丸封未許萬人開。

其二

火彈沈波星斗寒，運籌帷幄事偏難。戍樓雲布牙旗冷，元夜霜凝鐵甲單。水爲雷轟風色壯，燈因電掣月光團。滿城簫鼓欣聞捷，偉績千秋挽倒瀾。

丙申夏家雩卿兄以其尊先君子徵三先生遺稿索題先生勳業炳炳雖不徒以文字傳而讀其文汪洋恣肆不愧名作者且可考政績之大端因勉成俚句恭題於後

卅年宦海夢痕涼，捧讀遺編齒頰香。試向豐碑尋舊迹，摩崖筆墨盡汪洋。遺稿中多碑文。

萬里春頒海國天，黔黎争説使君賢。琴堂化美多清暇，採得民風入簡編。公攝玉環，曾修廳志。

戰壘巍巍勢壯哉，北門曾屈寇公來。蛟川一擊夷奴後，始識書生具將才。公鎮海一捷，法夷和議始决。

回首光陰逝水同，文章武庫仰高風。閒窗静讀《籌防録》，勳業千秋壯浙東。薛公福成所著《浙東籌防録》，採入公之政績。

族姪鶴皋甫稿　希范堂梓

附録二　杜氏家譜　文信公派　尚志公支

二十三世

仲選　伯照子。生道光壬午正月初六申時，卒道光丙午六月廿五巳時，葬桐樹塢，午向。

冠英　伯安子。乳名觀儒，字芝生，號徵三。任浙江玉環同知，調辦浙江海防營務處。光緒乙酉擊敗法夷艦，奉旨繪鎮海海口並戰狀圖進呈。閩浙總督楊昌濬委公巡閱閩中及北洋各口炮臺，指陳得失，記以圖式。前甯紹台道薛福成所著《浙東籌防録》、提督歐陽利見所著《金雞談薈》及《鎮海縣志》皆採公之勳績，紀其實也。捷聞，奉御批嘉獎，特升知府，旋奉旨加三品銜，以道員補用，並交軍機處存記。旋加二品封典，賞戴花翎。捐貲倡修宗譜，置田以贍黄田渡貲，恤苦濟貧，善舉不一。生道光庚子十二月初八巳時，卒光緒庚寅三月十一亥時。贈太常寺卿，蔭一子入監讀書，以知縣用。娶必吉嶺署浙江布政使司蘇式敬女杏，誥封夫人，生道光乙巳八月十五寅時，卒民國甲寅五月初二申時，厝屋邊竹園裏。納徐氏巧雲，誥封宜人，生咸豐辛亥十月廿二酉時，卒光緒庚寅九月十三子時，與公合厝河東蛇形頭。子二： 紹沂、紹沅，徐氏生。女四： 長月嫦，適甘棠工部員外郎升授御史崔國霖次子、縣丞鴻順； 次月娥，適涇縣水東通判翟國棟次子、庠生金榜； 三彩卿，適甘棠翰林崔澄三子祥潤； 四鳳卿，適青陽楓樹窠陳佩然。

仲海 伯祥長子，生道光乙巳七月廿六巳時，咸豐中避亂失考。

仲山 伯祥次子，生道光戊申八月廿六巳時，咸豐中避亂失考。

二十四世 惟行凡三人

惟寶 仲國子，字漢漳，生咸豐丁巳三月廿九戌時，卒光緒戊子九月十二卯時，寓葬揚州廣儲門外大王塘田中。娶黄氏，割股救夫，生同治己巳五月十一申時，卒葬缺。子一： 守和，殤。

紹沂 冠英長子，字魯川，號雩卿，由軍功保舉兩浙即補鹽大使，生同治辛未十一月□□酉時，卒民國庚午六月十四申時，寓厝南京。娶江都知府□□□□□□封孺人，生同治壬申九月廿二寅時。納查氏（蘭），生同治辛未九月初八□□。子三： 瑞森，係立弟紹沅長子； 寶成，寶慶，查氏生。

紹沅 冠英次子，字相徯，號芷卿，蔭襲知縣。生光緒丙子五月十四卯時，卒民國癸亥十一月初一子時。娶甘棠崔有炘長女春，敕封孺人，生光緒戊寅正月十二巳時，卒缺，葬烏龜墩。繼娶崔有炘次女翠玉，敕封孺人，生光緒丙戌十二月十七，缺時，卒民國辛酉十月廿五巳時，與公合葬黄岑，牛形。子三：瑞森，繼兄紹沂後，前崔氏生；瑞麟、和鑾，後崔氏生。女三：長□適洪田曹長柯；次□，適甘棠崔貢三；三，盆姑，未字，卒葬楠木山子塢。

二十五世 和行，凡五人

瑞森 紹沂長子，生光緒丙申九月廿七巳時，娶青陽山南章順修女瑞霞，生光緒戊戌二月十六辰時。子繼曾、學曾、慕曾，女紫雲。

寶成 紹沂次子，流寓南京。

寶慶 紹沂三子，流寓南京。

瑞麟 紹沅長子，生宣統己酉十一月二十未時。娶青陽南陽陳氏降霞，生民國壬子十一月十七寅時。子樹松； 女，長芳蘭，次多蘭。

和鑾 紹沅次子，生民國乙卯六月初十丑時。娶洪田曹氏雲霞，生民國己未十一月廿三寅時。女佩蘭。

二十六世 德行，凡四人

繼曾 瑞森長子，生民國癸亥十月廿一子時。

學曾 瑞森次子，生民國乙丑七月初三卯時。聘青陽章先堂女有珠，生民國丙寅正月廿（下缺）

附　安徽古籍叢書已版書目

舊聞隨筆
定本莊子故
張籍集注
文學研究法
桐城文學淵源考・撰述考
包拯集編年校補
康輶紀行・東槎紀略
北山樓集
桐城耆舊傳
疑庵詩
三餘札記
方望溪遺集
爾雅翼

識小録・寸陰叢録
東萊詩詞集
明太祖集
王侍郎奏議
程氏家塾讀書分年日程
朱楓林集
敬孚類稿
施愚山集（四册）
吴敬梓吴烺詩文合集
張孝祥詞箋校
竇山公家議校注
翠微南征録・北征録合集
阮大鋮戲曲四種

老子注三種
杜詩説
朱書集
論語解注合編
郭祥正集
皖人詩話八種
唐詩評三種
左傳微
績學堂詩文鈔
鈍齋詩選
老子注譯
莊子詮詁
説文假借義證

劉銘傳文集
包世臣全集（三册）
戴震全書（七册）
田間易學
莊屈合詁
田間詩集
田間文集
古事比（二册）
安徽出土金文訂補
秋崖詩詞校注
道聽途説
蘭苕館外史
青泥蓮花記
舌華録
明語林

夜雨秋燈録・續録（二册）
包拯集校注
毛詩後箋（二册）
劉文典全集（四册，列入特輯）
壹齋集（二册）
孟子講義
楊仁山全集
弢翁藏書年譜（列入附輯）
不得已附二種
歙事閑譚（二册）
惜抱軒詩集訓纂
張孝祥詩文集
吴汝綸全集（四册）
朱子全書（二十七册）
明實録安徽經濟史料類編（列入附輯）

姚瑩年譜（列入附輯）
青溪集
藏山閣集
田間詩學
俞正燮全集（三册）
皖人戲曲選刊・鄭之珍卷
詠懷堂詩集
所知録附四種
文選箋證（二册）
歙紀
方孝標文集
七頌堂集
劉文典全集補編（列入特輯）
程瑶田全集（四册）
皖人戲曲選刊・方成培卷

皖人戲曲選刊・龍燮卷
凌廷堪全集（四册）
黄生全集（四册）
東輶紀程
蕭雲從詩文輯注
程文炳文集
程恩培集
方盦山詩集（二册）

趙紹祖金石學三種
小爾雅義證
勉行堂詩文集
貴池唐人集
龍眠風雅全編（十册）
無爲集
杜詩提要

分篇水經注（二册）
李宗棠文集・東游紀念
李宗棠文集・奏議輯覽初編
松泉集（二册）
梅鼎祚戲曲集
通鑒注商・新舊唐書互證
杜徵三友朋手札